완역판

교회 정치문답 조례

> 완역판

교회 정치문답 조례

J. A 하지(J. Aspinwall Hodge)
배광식, 정준모, 정홍주 옮김

대한예수교장로회총회

발간사

그리스도의 몸 된 교회는 일찍이 성경을 따라 교회의 법도를 정하여 진리와 법 위에 서서 어두운 세상의 빛이 되어 왔습니다.

중세시대처럼 교회 자체가 어두웠던 때도 있었지만, 종교개혁시대 이후에는 교회법을 새롭게 하고 교회를 온전케 하고자 힘쓴 결과 웨스트민스터 헌법이 생겼고, 세계 장로교회가 모두 이 웨스트민스터 헌법에 의하여 치리하게 되었습니다.

우리 대한예수교장로회총회도 공의회 시대부터 이 웨스트민스터 헌법에 의해 교회를 다스리다가 1917년 제6회 총회에서 이 헌법을 수정 채용하였고, 그 후 수차례 수정 보완하였습니다. 그럼에도 부족함이 있어 각 치리회에서 헌법을 적용 치리함에 각각 해석을 달리하는 일이 생겼습니다. 따라서 총회 헌법 해석의 모태가 된 「교회 정치문답 조례」(J. A. Hodge 저서)를 1917년 곽안련 선교사가 번역하여 사용하였고 그 후 다른 번역본들이 나왔던 것입니다. 그러나 여러 가지 부족한 점이 많아 2008년 제93회 총회에서는 총회 헌법해설집 편찬위원회를 통해 새롭게 번역 출판하기로 결정하고 원문에 충실하게 완역하게 되었습니다.

이제 총회 헌법 정신을 잘 이해하고 각 치리회에서 헌법을 해석하는 데 본서가 근간이 되어 혼란을 막고 그리스도의 몸 된 교회를 온전케 하는 데 이바지할 수 있기를 간절히 소원합니다.

특히 2012년은 장로교 '총회설립 100주년 기념'의 해입니다. 한국 장로교 정치의 근간을 이루는 헌법 조례를 100여 년 만에 제대로 번역하여 완역하게 된 점은 장로회 정치를 재정립하고, 교회를 바로 세우기 위한 새 출발의 일이자 한국 교회의 미래를 위한 기초 작업으로 여겨져 더욱 뜻깊게 생각합니다.

본서의 번역을 맡아 수고해 주신 배광식 목사님과 정준모 목사님, 정홍주 목사님, 그리고 총회출판사업국의 노고에 충심으로 감사드립니다.

본서를 대하시는 모든 분들에게 예수 그리스도의 은혜와 사랑이 충만하시기를 기원합니다.

주후 2011년 8월

대한예수교장로회총회
헌법해설집 편찬위원회
위원장 이정호 목사

최초의 「교회 정치문답 조례」는 하지 박사가 1886년에 저술한 『What is Presbyterian Law as Defined by the Church Courts?』를 1917년 곽안련 선교사가 축약 번역하여 출판한 것입니다. 이를 1919년 제8회 총회가 참고서로 채택 결의하여 사용해 오다가 1968년 현대어 국한문 번역본이 나왔고 이후 한글 번역본도 출간되었습니다.

본 저서의 저자인 J. A. 하지(John Aspinwall Hodge, 1831~1901)는 장로교 조직신학으로 유명한 찰스 하지의 조카이며 일생을 목회자이자 대학 교수로 봉직하였습니다. 30년 이상을 목회했던 그는 교회의 실천적인 사역과 법에 대해 여러 권의 책을 저술하였습니다. 하지의 책을 한국에 처음 소개했던 곽안련(Charles Allen Clark, 1878~1961) 박사는 평양신학교 실천신학 교수로 재직하였으며, 한국에 있는 동안 무려 42권의 책을 저술한 헌신적인 선교사였습니다.

그런데 곽안련 선교사의 번역본과 순 한글 번역본 제작 과정에서 누락, 수정, 첨가가 있어 본래 하지 박사의 「교회 정치문답 조례」 원본 번역에 대한 간절함을 갖게 되었고, 본 총회 헌법의 기본이 되는 웨스트민스터 정치에 대해서도 잘 알게 되는 귀한 기회라 여겨 제93회 총회 결의를 거쳐 본서를 출판하게 되었습니다.

워낙 방대한 책을 축소해서 번역했던 1917년판의 표현을 존중하며 직역을 한다는 원칙 하에 이미 번역본에 익숙해진 단어와 문장의 원래 의미를 살리고자 노력하였습니다.

독자들은 현재 우리가 사용하는 총회 헌법이 시대에 따라 많이 수정되었으므로 웨스트민스터 정치와 이를 해석하여 문답식으로 만든 본서와는 많은 차이가 있음을 이해해 주시기 바랍니다. 그것은 서구와 우리 나라의 사상적 배경 차이 때문이며, 또한 본래 저자가 질문-답변하는 종교개혁자들의 전통적 교육 방법을 따르고 있기 때문이라고 생각합니다. 따라서 본서의 내용이 현 총회 헌법과 다소 차이가 있다는 점을 감안하시기 바라며, 원저자의 원문을 충실히 번역하는 데 중점을 두었음을 밝혀 둡니다.

작금 교회 내 여러 가지 정치적, 법적 문제가 수없이 일어나는 현실을 볼 때, 총회 헌법과 그 해석의 중요성을 더욱 절감하게 됩니다. 이러한 상황에서 본 교단이 「교회 정치문답 조례」의 원전을 번역하는 것은 매우 뜻깊은 일이라고 생각됩니다.

원전이 매우 방대하기에 제1문~제375문까지는 배광식 목사가, 제376문부터 제672문까지는 정준모 목사가, 제673문~제853문까지는 정홍주 목사가 번역하였으며 역자의 서술 방식의 차이로 여러 권의 책을 보는 느낌을 받을 수도 있음을 이해하여 주시기 바랍니다.

참고로 몇 가지 이해를 더 구합니다.

첫째, 본서의 성경 약호는 일반적인 관례를 따랐습니다.
둘째, 미국장로회 또는 미국장로회총회란 말은 원전을 그대로 존중하여 그대로 직역하였습니다.
셋째, 문답 수는 원서와는 다르게 일련번호로 배열하였습니다.
넷째, 원서에는 없고 이전 번역본에만 있는 문답은 삭제하였습니다.

끝으로 이 책이 나오기까지 헌법해설집 편찬위원장 되시는 이정호 목사님과 여러 위원들, 그리고 실무로 수고하신 총회출판사업국장과 직원들에게 감사를 드립니다.

주후 2011년 8월
대한예수교장로회총회
배광식 목사, 정준모 목사, 정홍주 목사

저자 서문

저는 지난 25년간 사역을 해 오면서 교회 정치에 관하여 지속적으로 일어나는 질문에 대해 즉각적이면서도 권위 있는 대답을 해 줄 필요를 수차례 경험했습니다. 신학교를 갓 졸업한 젊은 목회자였던 시절에는 갑자스럽게 '당회장', 즉 당회의 의장이 된 것에 대해 당황스러움을 느꼈습니다. 저는 그 높은 의무감에 대해 사실상 무지하였고, 설교 준비에 대한 압박감으로 그런 의무들을 간과하고픈 유혹에 빠졌습니다. 그러나 교회 정치와 권징에 관한 질문들이 쏟아졌으며, 저의 의견이나 다른 이들이 주장한 이론은 소용이 없었습니다. 따라서 교회가 어떻게 그 헌법을 규정하고 그것을 적용해야 하는지 알아야 할 필요성을 느꼈으며, 교회 내의 최고 판결에 관한 해석과 결정을 기록하기에 이르렀습니다.

또한 중직자, 즉 장로와 집사로 소명을 받은 분들이 헌법을 대충 읽은 후에 엄숙한 서약을 했기 때문에 각자의 자세한 책무에 대해서는 난감해한다는 사실을 발견했습니다. 그래서 '치리'할 수 있을 만큼 준비되지는 않았지만 하나님의 교회를 돌볼 수 있고 가르치기에 적합한 자이면 되도록 모든 후보자들을 장립하였습니다. 교회 직원들에게 장로교회와 교회 내에서 그들의 특권과 사역, 그리고 다른 교단과의 관계와 관련한 가르침이 필요했습니다.

성도들에게 이러한 필요를 채워 주기 위해서 저는 교회 정치에 관한 공부반을 조직했고, 공부하는 사람들을 돕기 위해 '교회 정치Form of Government'에 관한 질문을 준비했습니다. 관심이 증폭되었으며 우리 교회의 모든 직원들과 구성원들이 그 질문들에 대해 신뢰할 만한 답을 하는 것을 보면서 이것이 크게 도움이 될 것이라는 확신이 생겨났습니다. 이 책을 통해 저는 저 혼자만의 의견도 아니요, 다른 사람들의 이론도 아닌, '교회 치리회가 정의하는 장로교 법Presbyterian Law as Defined by the Church Courts'을 알려줌으로써 교회의 구성원들을 돕고자 합니다. 건전한 교리, 직원들의 효율성, 그리스도인의 올바른 사역 그리고 그리스도의 교회에 속한 다른 교파와의 원만한 관계, 이 모든 것은 교회 정치에 관한 성경적인 형태를 이해하고 적절하게 사용하는 데 달려 있습니다. 교회 정치에 대한 원리는 신·구약시대를 통해 점차적으로 발전되어 왔으며 자세한 설명이 있었습니다.

그러므로 교회의 교육은 전 교회에 영원하고 영적인 가르침이 되어야 합니다. 그리고 신학교에서의 실제적인 교육과 노회 앞에서의 철저한 심사는 성직자로 하여금 가르치고 다스리는 데 더욱 잘 갖추어지게 할 것입니다.

교회의 진정한 연합은 교단 간의 존중뿐 아니라 다른 교파의 성직과 조례와 권징을 인정하는 것을 요구합니다. 그리스도는 그의 모든 예배자들이 상호 발전하고 서로 함께 즐기는 온전한 친교에 이르도록 교회적이고 개인적인 관계로 이끄십니다. 그러므로 저는 가능한 한 다른 교회들의 중대한 특징을 그들이 인정하는 기준에 부합하는 용어로 진술했습니다. 이 책이 우리를 장로교인으로서 더욱 충성되고 유능하게 만들고 그리스도의 온몸을 더욱 잘 세워 나가는 일에 도움이 될 줄 믿습니다.

주후 1886년
J. A 하지(J. Aspinwall Hodge)

WHAT IS PRESBYTERIAN LAW

AS DEFINED BY

THE CHURCH COURTS?

FIFTH EDITION.

WITH AN APPENDIX CONTAINING THE DECISIONS OF THE GENERAL ASSEMBLIES OF 1886 AND 1887, WHICH, NOT BEING REFERRED TO IN THE INDEX, SHOULD BE CONSULTED ON ALL QUESTIONS.

BY THE
Rev. J. ASPINWALL HODGE, D.D.

PHILADELPHIA:
PRESBYTERIAN BOARD OF PUBLICATION
AND SABBATH-SCHOOL WORK,
1334 CHESTNUT STREET.

耶穌敎長老會政治問答條例

首章 總論

問 答 問

敎會는 무어시뇨

敎會라 ᄒᆞ는 것은 耶穌基督를 信ᄒᆞ는 衆徒의 會集혼 것을 ᄀᆞᄅᆞ치는 거신되 두 가지 區別이 잇ᄉᆞ니 現지 아니ᄒᆞ는 敎會와 現ᄂᆞᆫ 敎會니라

(一) 現지 아니ᄒᆞ는 敎會는 하ᄂᆞ님의 擇홈을 닙고 敎會의 首가 되신 그리스도 耶穌 內에셔 춤으로 聯合된 萬國 聖徒인되 以前과 只今과 以後에 하ᄂᆞ님ᄭᅴ만 아시는 바 된 거시니라

(二) 現ᄂᆞᆫ 敎會는 全世界 各處에셔 耶穌의 眞道를 信고 遵行ᄒᆞ노라 ᄒᆞ는 무리와 其 子女들이

只今 現ᄂᆞᆫ 敎會의 形便이 엇더ᄒᆞ뇨

政治問答條例 一 首章 總論

■ 차례

발간사 • 4
역자서문 • 6
저자서문 • 9

1부 **서론** 총론 ·· 19

2부 **제1장** 원리 ·· 33
       제2장 교회론 ·· 41
       제3장 교회 직원 ··· 54
       제4장 목사 ·· 59
       제5장 치리장로 ·· 67
       제6장 집사 ·· 74
       제7장 교회의 예배의식 ································ 84

3부 **제8장** 교회 정치와 치리회 ···························· 125
       제9장 당회 ·· 133

	제10장	노회 ……………………………	174
제11장	대회 ……………………………	230
제12장	총회 ……………………………	245

4부
제13장	장로, 집사 선거 및 임직 ……………	285
제14장	강도사 및 목사후보생 ……………	303
제15장	목사, 선교사 선거 및 임직 …………	334
제16장	목사 전임 ………………………	366
제17장	목사 사면 및 사직 ………………	375
제18장	선교 ……………………………	386

5부
제19장	회장 ……………………………	485
제20장	서기 ……………………………	500
제21장	허위 교회 ………………………	506
제22장	총회 총대 ………………………	508

부록　색인 • 520

1부

평양신학교 출신 장로교 최초의 목사 7인(1907년)

또 만물을 그의 발 아래에 복종하게 하시고
그를 만물 위에 교회의 머리로 삼으셨느니라
교회는 그의 몸이니 만물 안에서
만물을 충만하게 하시는 이의 충만함이니라

엡 1:22~23

서론

총론

1 교회란 무엇인가?

교회는 눈에 보이지 않은 무형 교회invisible church와 눈에 보이는 유형 교회visible church가 있다. 무형 교회는 머리 되신 그리스도 아래, 이전과 지금과 이후에 모여 연합하는 택함을 받은 만국 성도 전체를 말한다. 유형 교회는 온 세계 모든 세대와 각 처에서 참 신앙religion을 고백하는 모든 자들과 그 자녀들로 구성된 회society이다.

2 유형 교회는 오늘날 무엇인가?

유형 교회는 각각의 신조와 예배 형태와 정치는 서로 구별되지만 머리 되신 그리스도를 수호하며 성경을 주님의 진리와 뜻이 담긴 영적 계시로 받아들이는 여러 교파와 교회들을 말한다.

3   교회 정치의 주요한 종류가 무엇인가?

1. 교황정치The Papal - 교황정치의 특징은 그리스도의 대리자가 있고, 사도들의 영원한 무리가 있고, 절대무오한 그들의 지배에 순복하는 사람들이 있다는 것이다.
2. 감독정치The Prelatical - 교회를 다스리는 권세를 지닌 사도직의 영원성을 가르치고 참 신앙을 고백하는 사람들과 감독에게 순복하는 사람들로 구성되어 있다. 저교회파Low Church(영국 국교회 중 의식을 비교적 경시하고 복음을 강조함) 제도에는 원래 사역에 있어서 지금도 존재해야 한다는 세 가지 직급이 있다. 그러나 그러한 제도가 꼭 필요하다고는 하지 않는다.
3. 자유정치The Independent - 교회의 통치와 행정권이 형제들에게 있고, 교회는 각각 독립적이고 각각 예배드리는 회중으로 구성되어 있다.
4. 조합(회중)정치The Congregational - 이 정치는 교회의 모든 권한이 그 교회에 있거나 혹은 형제들의 연합된 지체 안에 있다고 주장한다. 교회는 친밀한 형제의 연합으로 지내고, 지체 안에서 서로 연합하고 자주 문의하고 조언을 받으며 서로 도움을 받는다. 그러나 이 모든 것은 상호 신뢰와 사랑에서 비롯한 것이지 높은 권한을 가지고 하는 것은 아니라고 말한다. 교회는 직원들을 선출하고, 그 신조를 결정하며, 그 구성원을 재판하고, 그 예배의식을 결정하는 독립적 권리를 가진다. 비상시에 소집하는 교회의 연합체인 공회는 오직 자문만 할 수 있다.
5. 장로회정치The Presbyterian - 교인들이 교회 정치에 있어서 주체적인 권리를 갖는 정치이다. 이 권리는 일반적으로 치리장로라 불리는 대표자들에 의해 행사된다. 말씀과 교리를 가르치는 장로인 목사들은 교회의 최고 항존직이며 계급에서는 동일하다. 유형교회는 3심제처

럼 하회는 상회에, 상회는 최고회에 종속된다는 의미에서 하나이며, 또한 하나가 되어야 한다.

4 개혁교회(The Reformed Church) 중 장로회 정치를 따르는 교회들은 어디에 있는가?

프랑스, 네덜란드, 독일, 스위스, 스코틀랜드, 아일랜드의 개신교회들과 영국의 분리주의자 교회 중 일부, 그리고 이들이 세운 미국과 캐나다에 존재한 개신교회들이 있다. 또한 앞에 언급한 장로교연맹Presbyterian Alliance에 속한 교회들이 전부가 아니다. 여기에 웨일즈의 장로교와 벨기에의 선교교회, 이탈리아의 왈도파 교회, 동프리스란드의 개혁교회, 스페인의 복음주의 교회, 네덜란드와 러시아에 있는 보헤미아와 모라비아의 개혁교회들, 이탈리아 자유교회, 식민지 케이프Cape Colony, 자유주 오렌지Orange Free State, 나탈Natal, 남아프리카, 오스트레일리아, 뉴질랜드, 오타고Otago, 실론Ceylon, 뉴헤브리디스New Hebrides에 있는 화란 개혁교회들이 추가되어야 한다. 또한 이방 땅에 설립된 다양한 선교지 교회들도 추가되어야 한다.

5 장로회 정치 기원은 종교개혁가들에서 비롯하는가?

장로제도의 세 가지 원칙, 즉 장로에 의한 정치, 교역의 동등성과 치리회의 3심제도는 하나님의 교회에서 계속 인지되어 왔다(출 3:16, 18:25, 26, 민 11:16). 예표적이거나 일시적인 제사제도에 관해서는 다양한 계층의 성직자들이 있었으나 가르치는 장로들, 혹은 서기관들, 혹은 율법학자들은 다 같은 계층에 있었다. 특별하고 한시적인 직원이었던 사도들은 각 교회에서 장로를 임명하였으며, 서신서에서 잘 다스리는 장로들과 말씀과 교리에 수고하는 장로들을 구분했다(행 15:25, 딤전 5:17).

현존하는 가장 오래된 교회들은, 우리가 그 교회들의 정치에 대해 알거니와 다 장로회 정치를 사용했다. 터툴리안과 바로니우스에 의하면 사도 요한이 살아 있을 당시 기독교를 받아들였던 왈렌시아 교회와 보헤미아 교회, 근동의 시리아 교회, 고대 영국 교회와 스코틀랜드 아오나 섬의 쿨디 교회가 장로회 정치를 받아들였다. 이상의 교회들은 그들의 정치형태를 사도들의 가르침과 전례에서 전수받았다고 주장했다. 칼빈을 위시하여 여러 종교개혁자들은 정치와 권징의 원리를 하나님의 말씀과 앞에 언급한 고대 교회들에서 기원으로 삼았다.

6 영국에서 노회에 관한 첫 기록은 언제인가?

1572년 영국 런던 근교의 원즈워스Wandsworth에서 노회가 처음 조직되었다.

예를 들면, 1574년 카트라이트T. Cartwright는 트레버스의 저작을 '하나님 말씀의 교회 권징에 관한 온전한 선언'이라는 제목으로 재출간했다. 1584년에는 런던 국가대회National Synod에서「거룩한 권징」이라는 책을 수정했고, 이것은 1590년 이전에 500명의 영국 목사가 서명한 것이었다.

7 종교개혁시대에 스코틀랜드 교회가 받아들인 교회 정치서는 어떤 것인가?

일반적으로 스코틀랜드 종교개혁자들은 1560년 개신교가 법적으로 확립되기 전에 제네바에 있는 영국 교회에서 사용한「공동 예식서Book of Common Order」를 예배 규칙과 권징 규칙으로 지켰다. 그러나 이것은 대규모 회중들로 이루어진 교회에는 부적합한 것으로 드러났다. 교회의 형편에 맞도록 적용된 치리서는 그 사건 이후에 즉시 국회에 상정되었으나 받아들여지지 않았고, 같은 해 「교회정치서Book of Polity」 혹은 「제 1 치리서First Book of Discipline」를 제네바 총회가 승인했다. 이것은 교회의 비준은 받았으나 정식으로 국가의 승인을 받은 것은 아니었다. 그 후 1578년 총회는 「제2 치리서The Second Book of Discipline」를 채택하고 이에 의거하여 1592년 교회 정치The Church Government를 제정했다.

8 웨스트민스터 회의는 언제 개최되었는가?

목사들과 평신도들이 모인 웨스트민스터 회의는 영국 의회 명령에 의해 1643년 7월 1일부터 1649년 2월 22일에 걸쳐 가진 회의이다. 이 회의는 웨스트민스터사원 예루살렘실Jerusalem Chamber에서 열렸다. 스코틀랜드 교회에게 감독제도의 예배형식과 청교도 성직자 제명과 「주일성수 규례집Book of Sunday Sports」을 강요하고 새로운 예배 형식을 도입해 커다란 불만이 있었던 역사적인 배경이 있었다. 이 회의는 영국 교회의 교회 정치와 예배 형식을 확립하고 그릇된 비방과 해석으로부터 영국 교회의 교리를 옹호하기 위해 영국 의회가 소집했다.

1643년 10월 영국 의회는 웨스트민스터 회의 참가자들에게 "현재 대주교와 주교 등으로 이루어져 있지만 앞으로 변화되어야 할 교회 정치를 대신하여 그들 사이에 공통된 권징과 정치를 다루어 이후에 하나님의 거룩한 말씀에 가장 합당한 예배 모범 혹은 예배 형식이 교회 안에 존재하도록 하라"고 명령했다. 이 회의는 치리회 권한은 없었으나 이런 의제에 관하여는 의회와 협의했다. 선출된 회의 회원 중 20명은 영국 교회 목사들이었고 이들 대다수가 이 회의 회집의 반대를 선포한 왕으로부터 좌석을 할당받지 못했다. 그리고 개회 때 참석한 목사는 69명이었다. 이들 대부분은 장로교인이었고, 10명은 자유교회 소속, 6명은 교회가 국가에 종속되어야 한다고 주장하는 에라스투스Erastus주의자였다.

전체 참가자 수가 120명의 목사와 30명의 평신도였다. 1644년 회의는 의회에 공예배 지침서(예배모범)The Book of Public Worship를 제출한 바 있고 1646년에는 신앙고백서The Confession of Faith를 제출했다. 1647년 회의는 의회에 대요리문답The Larger Catechism과 소요리문답The Shorter Catechism을 보냈다. 스코틀랜드 총회는 즉시 이것을 받아들였으며, 영국 의회는 공예배 지침서(예배모범)와 신앙고백서를 비준했다. 이 둘은 요리문답과 함께 영국과 아일랜드 장로교회의 표준이 되었으나 영국에는 스튜어트 왕정이 복고되어 감독제도가 재확립되었다.

9. 미국의 최초 장로교회가 어떤 교회인가?

불확실하다. 뉴욕의 최초 장로교회는 1628년 화란 개혁교회가 세웠다. 맥도날드 목사Rev. James Macdonald는 롱아일랜드의 자메이카Jamaica 장로교회가 영국인들이 세운 가장 오래된 장로교회라고 주장했다. 이는 1672년에 조직되었으며, 질레트 박사는 이 사실이 더 신빙성이 있다고 주장한다.

메케미 목사Rev. Francis Makemie는 메릴랜드 주 서머싯 카운티Somerset co.의 르호봇Rehoboth에 교회를 세웠다. 모든 상황을 고려해 볼 때 교회의 조직은 1684년에서 1686년 사이에 된 것으로 추정한다. 1691년에 메릴랜드에는 적어도 세 개의 교회가 있었는데 르호봇에 메케미를 담임목사로, 스노우힐Snow Hill에 S. 데이비스S. Davis를 담임목사로, 프랜시스 앤Princess Ann에는 윌슨T. Wilson을 담임으로 했다. 최근 발견한 기록에 의하면 메릴랜드의 교회가 미대륙에서 가장 먼저 있었던 것으로 보인다. 질레트 박사에 따르면 1684년 메케미 목사에 의해 세워진 메릴랜드 주의 스노우힐에 있는 교회가 미국 최초의 장로교회이다. 그러나 덧붙여 말하기를 "어떤 장로교 회중들이 다른 지역에 이보다 앞서 모였을 개연성이 있다"고 했다. 메케미 목사는 르호봇 교회를 세운 후에 스노우힐 교회를 설립했다.

메릴랜드에 있는 4개 교회의 역사는 더 오래되었다. 프리홀드Freehold와 우드브리지Woodbridge와 뉴저지New Jersey에 있는 교회들은 1698년에 세워졌다. 필라델피아Philadelphia에서는 장로교회가 1692년에 처음으로 세워졌다. 델라웨어Delaware 주의 뉴캐슬New Castle과 사우스캐롤나이나South Carolina 주의 찰스턴Charleston 지역 장로교회들이 오래되었으며, 뉴잉글랜드New England에 정착한 대부분 청교도들은 장로교로서, 초기에 도착한 자들은 조합정치(회중정치)를 따르는 자들이었지만 그들 스스로 장로교와 동일시했다. 그러나 장로교회들은 뉴잉글랜드New England에 설립된 지 아주 오래되었다. 아마도 1710년 코네티컷Conneticut 주에는 맨스필드Mansfield에서 첫 장로교회가 세워진 것으로 보인다. 그 교회는 8명의 장로들이 치리했고 첫 번째 목사는 31년 이상 목회를 하였다. 1741년 코네티컷 주의 밀포드Milford에 장로교회가 설립되었는데 뉴브런즈윅New Brunswick 노회 소속이었다. 이들 외에 1687년 매사추세츠Masachusetts 주 보스턴Boston에는 위그노들이 세운 프랑스 장로교회가 있었다.

10 미국에서 최초로 조직된 노회는 어느 노회인가?

1704년 초에 조직된 필라델피아 노회가 아마도 최초일 것이다. 회의록 첫 페이지는 분실되었으나 1706년 12월 26일 뉴저지 주 프리홀드에서 열렸던 노회 회의록 일부는 남아 있다. 이 노회는 7명의 목사로 구성되었고 존 보이드John Boyd의 수습기간에 대해 심사하기 위해 모였다. 그 다음 주일인 12월 29일에 노회는 그를 많은 회중과 공회 앞에서 목사안수를 했다. 1718년 아일랜드 북부에서 4명의 목사와 함께 많은 장로교인들이 뉴잉글랜드로 왔다. 목사들과 장로들은 다소 비공식적이긴 해도 가능한 자주 모였고 어려운 문제가 있으면 아일랜드 대회로부터 조언을 구했다. 그리고 보스턴 노회가 정식으로 세워진 1745년 이전에는 이런 비공식 노회가 계속 있었다. 이 노회는 처음에는 6명의 목사로 구성되었다.

11 미국에서 최초의 대회(Synod)는 언제 있었는가?

1716년 9월 필라델피아 노회는 심사숙고하여 교세를 확장시켜 하나님을 기쁘시게 할 것을 선언했으며, 하회로 나누거나 노회로 나누는 것이 참 신앙에 유익하다고 판단하여 연례적으로 회의를 구성하는 대회로서 필라델피아 혹은 다른 곳에서 모이는 것이 바람직하다고 하였다. 또한 각 노회 회원 모두가 구성되는 모임이 되거나 적어도 그 해에 모이는 모임이 되어야 한다고 했다.

그러므로 필라델피아 노회는 하회가 되는 첫 노회를 필라델피아에서나 적당한 다른 지역에서 모이는 것이 가한 줄 알아 6명 목사로 구성되었다. 두 번째 노회는 뉴캐슬에서 모였고(6명 목사로 구성), 세 번째 노회는 스노우힐에서 모였고(3명 목사로 구성), 롱아일랜드의 목사들은 정착한 형제들과 함께 최선의 노력으로 네 번째 노회를 설립했다. 이 노회들을 합하여 필라델피아 대회라 불렀다.

12 최초의 총회(General Assembly)는 언제 있었는가?

1788년 뉴욕과 필라델피아 대회는 네 개의 대회로 나누기로 만장일치로 결의했다. 즉 뉴욕과 뉴저지 대회, 필라델피아 대회, 버지니아 대회와 캐롤라이나 대회이다. 이 네 개의 대회로 구성된 최초의 총회가 1789년 5월 세 번째 목요일 오전 11시에 필라델피아에 있는 제2장로교회에서 열리고 위더스푼 박사Dr. Witherspoon, 혹은 그의 부재시에는 로저스 박사Dr. Rodgers가 설교하여 총회를 개회하기로 하였고 아울러 총회장이 선출될 때까지 사회를 보기로 결의했다. 위더스푼은 총회 중 설교와 사회를 보았고, 로저스는 최초의 총회장으로 선출되었다.

13 웨스트민스터 표준문서(The Westminster Standards)는 언제 채택되었는가?

1729년 원original 대회이자 교회의 최고치리기관인 필라델피아 대회는 웨스트민스터 회의의 '신앙고백서'와 '대요리문답', '소요리문답'을 채택하고 현재와 미래의 회원들이 이 표준문서들을 기독교 교리의 건전한 체계와 형태를 지닌 필수적 문서로 공인하고 이상의 것들을 신앙고백으로 채택한다고 동의했다.

더 나아가 이 대회는 웨스트민스터 신앙고백서 부록인 '예배 모범, 권징과 교회 정치'도 본질적으로 하나님의 말씀과 위배되지 않는다고 공포했으며, 모든 회원들은 형편과 기독교인의 분별력이 허락하는 대로 근접하게 지켜나갈 것을 진심 어리게 권면한다고 공포했다.

이 대회는 문서들을 채택하는 과정에서 제20장과 23장에 있는 "대회가 목회 권한을 시행하는 권위를 지니고 있고, 국가 관리는 그 대회를 조정할 수 있는 권한이 있다는 경우와 국가가 종교를 위해 다른 이들을 탄압할 수 있는 권력이 있고, 또한 개신교가 대영제국의 권위를 계승하는 것에 반대하는 경우에"라는 항목을 받아들일 수 없다고 만장일치로 선언했다. 그렇게 제외된 문구는 미국이 독립한 후 변경되었고, 대회는 "그리스도 교회는 시민 정부와는 전적으로 구별된 영적인 사회이고 정부 관리의 간섭과는 달리 그들만이 가지는 독립적인 교회 정치를 시행할 수 있는 권리가 있다"고 여겼다.

우리 정치의 일반적 기준은 성경과 위배되지 않는다고 믿으나 하나님께서 교회 정치와 권징의 자세한 모든 환경까지 계시하시거나 명하시지 않고 기꺼이 그리스도의 정통 교회들을 위한 공간을 남겨 두신다고 믿는다. 그래서 세밀한 부분은 차이가 있는 것이다.

총회를 구성하기 위한 그 대회는 철저하게 표준문서들의 수정을 명령했으며, 하나의 위원회가 구성되어 미국 교회의 실정에 맞는 권징과 교회정치의 제도를 파악하게 하도록 했다. '정치형태와 권징'의 초고는 1788년에 미국 장로교 헌법으로 채택되었으며, 하회 치리회의 절차규칙으로 엄중하게 지켜져야 한다는 지시를 받았다. "비준된 '교회 정치와 권징'과 '신앙고백서'는 계속하여 우리 신앙과 행위의 헌법과 고백이 되어야 하고 총회의 보호 아래 노회의 3분의 2가 개정과 수정에 대한 동의를 하고 총회가 그 변경과 수정에 대해 일치를 봐야 한다"고 결의했다. 동일한 시간에 '예배 모범'은 수정, 승인, 비준을 받았다. '대소요리 문답'은 대요리문답만 약간 수정하고 승인받았으며, '신앙고백서'와 '대소요리문답'과 '교회정치와 권징'과 '예배모범'은 '미국 장로교의 헌법'으로 선포되었다. 본문 확인과 각주는 나중에 첨가되었지만 헌법의 일부로는 되지 않았다.

14. 웨스트민스터 표준문서들은 언제 개정 및 수정되었는가?

1804년과 1805년에 개정이 있었는데, 개정된 표준문서들은 더욱더 설명이 용이하며, 전 체계가 거의 완벽에 가깝도록 수정되었다. 1816년 헌법을 개정하기 위해 위원회가 선출되었고, 1820년 그 결과물을 각 노회에 보내어 채택하도록 했다. 그리하여 표준문서들을 현재의 형태로 축소하였으며 단지 여러 군데만 수정함으로 개정되었다. 노회의 이런 활동은 1821년 총회가 비준했다.

1878년에는 헌법을 개정하기 위해 위원회를 구성했다. 1880년 위원회는 경과를 보고했고, 개정된 '권징조례Book of Discipline'를 제출했다. 1881년 2차 개정이 있었고, 그다음 해에 완성했다고 보고되어 신앙고백서를 개정하는 것을 마쳤다.

2부

우리는 하나님의 동역자들이요
너희는 하나님의 밭이요 하나님의 집이니라
내게 주신 하나님의 은혜를 따라
내가 지혜로운 건축자와 같이 터를 닦아 두매
다른 이가 그 위에 세우나
그러나 각각 어떻게 그 위에 세울까를 조심할지니라

고전 3:9~10

제1장

원리

제1문 제1장(원리)은 언제 작성했는가?

첫 번째 문장을 제외하고는 1788년 뉴욕 및 필라델피아 대회에 의해 작성되었으며, '교회 정치'의 서문에 붙여졌다. 이 대회는 4개 대회로 나누어졌고 그 이듬해 총회로 된다. 독립전쟁이 끝나고 미국은 독립이 보장되었으며 국가에 대한 교회의 관계에서도 변화를 맞이하였다. 이것은 교회의 수적 증가와 함께 대회로 하여금 교회의 조직을 완성시키며, 시의적절하고 필연적으로 교회 정치의 원리를 선언하게 되었다.

제2문 원리 선언의 목적은 무엇인가?

그것은 어떤 문제에 관하여 불완전한 견해로 말미암아 종종 발생하는 성급한 해석과 불성실한 의견들을 미연에 방지하여 교회 정치 제도의 몇 가지 부분들을 명료하게 하고 전체적으로 분명하고 완전히 이해되도록 하게 하기 위함이다.

제3문 장로회 정치의 제1원리는 무엇인가?

"하나님만이 양심의 주재가 되시어 신앙 혹은 예배에 관련한 문제에 대하여 하나님 말씀에 위배되는 사람의 교리와 명령으로부터 사람의 양심을 자유롭게 하셨다"는 것이다.

제4문 기독교인의 자유는 무엇인가?

자유란 국가 권력이나 교회 권력, 또는 합법적인 권력이나 어떤 합법적인 권력의 시행 그 어떤 것이라도 반대하는 것을 말하는 것은 아니다. 이는 하나님의 율례에 항거하는 것이 되기 때문이다. 신앙이나 예배, 혹은 교제와 관련하여, 기독교 원리나 자연의 빛에 반대하는 의견을 고수하거나 펼치는 것 역시 그 권리가 아니다.

기독교인의 자유는 하나님의 뜻이 자연과 계시에 의해 알려진바 된 것처럼, 하나님께 제한 없이 온전히 순복하는 것이다. 그 결국은 원수의 손아귀에서 구원함을 받아 우리가 인생의 모든 순간에 거룩함과 의로움으로 두려움 없이 주님을 섬기는 것을 말한다.

제5문 개인의 분별권이란 무엇인가?

하나님의 말씀을 살펴보고 그 참뜻을 헤아릴 자유와 의무는 모든 사람에게 있다. 그런데 의식주의자들ritualists은 인물에 관계 없이 지위가 높은 교회의 직원들은 성령의 도구이고 모든 신자들은 그들의 모든 결정에 주저함 없이 순복해야 한다고 가르친다. 그러나 성경에 따르면 모든 신자들은 제각기 영들을 시험하여 그들이 하나님께 속했는지 알아보고, 믿음을 부인한다면 그가 사도이든지 하늘로부터 온 천사이든지 상관 없이 배척하라고 하며, 이런 판단이 신자들에게 필요하다고 한다.

그러므로 개인의 분별권은 하나님께서 주신 권리이므로, 신앙에 관련한 모든 문제들에서 보편적이고 어느 누구에게도 양도할 수 없는 권리이다. 어떤 신조나 교회 정치도 국가가 강요해서는 안 된다. 교회는 공권력의 지지를 받는 어떤 종교적인 제도를 바라서는 안 되며, 더 나아가 보호와 안전을 위해서 필요하고 또 동시에 모두에게 공정하고 동등해야 한다.

제6문 교회에 대한 국가의 본분은 무엇인가?

국가는 어떤 형태의 교회 정치제도를 강요하거나 부과할 권리가 없고, 교회의 어떤 부분이라도 특별히 찬성하거나 지지할 권리도 없다. 국가의 의무는 인간이 양심에 따라서 하나님께 예배드릴 수 있도록 공평하고 공정하게 교회를 보호하는 것이다. 교회와 국가 간의 전적 분리가 최고의 원리이다. 국가는 시민 각자에게 세금을 부과하므로 로마 가톨릭이나 어떤 다른 교파들이 건립하고 확장하는 데 헌금을 하도록 강요할 권리가 없고 다른 종교와 통합할 것을 강요할 권리도 없다.

제7문 장로회 정치의 제2원리는 무엇인가?

장로회 정치의 제2원리는 교회 설립에 관한 규례로 "어느 교회, 혹은 어느 교파든지 그리스도께서 정한바 교회의 모든 체제뿐 아니라, 그 입회규정, 성직자와 구성원의 자격요건 등을 스스로 정할 권리가 있다"는 것이다. 누구에게나 공동체와 관련을 맺는 것을 거부할 수 있는 자유는 있지만 자의적으로 그 공동체에 입회한다면 입회 규정과 법례를 따라야 한다. 그러므로 어떤 이의 양심이 교회의 기준에 부합하거나 혹은 수동적으로 순복하게 된다면 그는 겸손히 생각하고 항변할 충분한 자유를 가진 후에는 어떠한 분열의 의도 없이 그 공동체를 탈퇴해도 가하다.

단 조건은 개인이 받아들일 수 없는 것을 교회가 장로교 교리나 정치에 필수불가결한 것이라고 강요할 경우에 그러하다. 이 경우는 당연히 교회의 표준을 수용하고 채택해야 하는 교회의 직원들에 해당한다. 그러나 무흠교인communicants-성찬을 받는 사람은 예수 그리스도 안에서 믿음의 고백에 의해서 입회가 가능하다.

제8문 교회가 이 권리를 행사함에 있어서 과오가 있을 수 있는가?

교회가 이 권리를 행사함에 있어서 공동체의 규정을 너무 느슨하거나 협의적으로 제정하면 과오가 있을 수 있다. 그러나 이런 경우에도 교회는 다른 교회의 자유와 권리를 침해한 것이 아니라 그 자체의 권리를 부적절하게 사용한 것뿐이다.

제9문 장로회 정치의 제3원리는 무엇인가?

장로회 정치의 제3원리는 직원과 그 직책이니 "우리의 거룩하신 주님은 그의 몸인 유형 교회의 세움을 위해서 직원들을 임명하셨는데, 이는 복음을 전파하고 성례를 집행할 뿐 아니라, 진리와 본분을 준수하도록 권징을 행하기 위함"이라는 것이다.

제10문 직원의 직책은 무엇인가?

직원의 직책은 그리스도께서 부여하신 임무로 복음을 전파하고, 성례를 집행하며, 권징을 시행하는 것이다. 직원은 교회의 이름으로 거짓된 자나 추악한 자들을 책망하거나 추방하는 것을 어떤 경우에서도 하나님 말씀에 근거한 범례대로 행한다. 그러므로 직원의 권위는 그리스도께서 나타내신 바를 선포하며 공포하고 그리스도께서 지시하는 바에 따라 그의 법을 적용하는 것이다.

제11문   장로회 정치의 제4원리는 무엇인가?

장로회 정치의 제4원리는 "진리는 선을 위한 것이다"라는 것이다. 진리의 위대한 시금석은 구세주의 규례를 따라 거룩하려고 하는 경향이 있는가 하는 것이다. 열매로 그들을 알리라고 하심과 같다.

제12문   진리와 선과의 관계는 무엇인가?

진리는 선의 유일한 원천이며, 선은 진리의 열매이자 증거이다. 진리와 거짓을 같은 선상에 두는 것과 사람의 의견이 어떠하든지 별로 중요시 여기지 않는 것만큼 유해하고 애매모호한 것은 없다. 믿음과 행위, 진리와 본분은 떼려야 뗄 수 없는 관계이다. 그렇지 않으면 진리를 연구하거나 지킬 필요가 없다.

제13문   장로회 정치 제5원리는 무엇인가?

장로회 정치의 제5원리는 직원 자격에 관한 규례이니 "좋은 성품과 원리를 가진 사람들도 진리와 형식에 관해서 의견을 달리할 수 있다"는 것이다. 이 모든 것에서 각 신자들과 공동체는 서로에 대해서 상호 용납하는 태도를 나타내어야 한다.

제14문   어떻게 서로 인내할 수 있는가?

그리스도인과 교회의 특징을 알고 다른 사람과의 관계를 인정하는 데서 상호 인내가 보여진다(막 9:38~40, 롬 14장). 주님의 도리를 더욱더 온전하고 꾸준히 가르치는 것과 진리를 고수하고 행하되 상대방을 공격하거나 판단하지 않는 데서 상호 인내가 보여진다(갈 2:3~5, 11~14, 롬 14:1~23, 고전 10:32, 고후 6:3, 마 7:1, 약 4:11).

제15문 교회의 표준문서에 완전히 동의하지 않은 자를 교회가 받아 입회케 할 수 있는가?

그리스도에 대한 믿음과 사랑과 순종을 고백하는 모든 자는 명확히 판단하건대 예수 그리스도의 신실한 제자로 입회케 해야 한다. 이들을 교회의 교리로 훈육하기 위해 입회케 해야 한다.

제16문 교회 직원은 믿음이 건전해야 하는가?

교사로 인정받은 모든 자는 건전한 믿음을 지녀야 한다.

제17문 장로회 정치의 제6원리는 무엇인가?

장로회 정치의 제6원리는 직원의 선거규례로 "어느 특별한 회이건 그 직원의 선거권은 그 회 안에 있다"는 것이다.

제18문 교회에 어떤 직원을 둘 것인가?

교회 직원의 임명과 법도에 대한 온당한 방법뿐 아니라 그들의 성품과 자격과 권위에 관해 성경에 기록되어 있다.

제19문 교회 직원은 누가 선출하는가?

교회의 직원 선거권은 직원의 권위를 인정하는 자들에게 있다. 목사와 치리 장로, 집사는 그들이 섬기고 있는 개 교회에 의해서 피선되어야 한다.

제20문 장로회 정치의 제7원리는 무엇인가?

모든 교회의 치리권은 일반적으로 몸 된 교회 전체에 의해 행사되든지, 아니면 교회가 권한 위임한 대표자에 의해 행사되든지 오직 섬기는 자세가 되어야 하고 선포적이어야 한다.

제21문 치리권이 뜻하는 바가 무엇인가?

성경의 신앙과 행위의 유일한 법칙이다. 그러므로 어떤 교회 치리회든지 그들의 권위를 구실로 삼아서 회원의 양심을 속박해서도 안 되고 법을 만들려고 해서도 안 되며 하나님의 계시된 뜻에 근거하여 모든 결정을 해야 한다.

제22문 교회의 치리권을 행사함에 있어 따르는 위험이 무엇인가?

모든 대회나 위원회는 인간이 필연적으로 가지는 약점 때문에 과오를 범할 수 있다. 신앙을 고백하는 모든 이들에게 공통적이고 또, 이미 제정된 법에 근거하여 판단하는 권리보다 새로운 법을 만드는 주장이 더 위험하다. 그럼에도 불구하고 이 권한은 필연적으로 항상 과오를 범하는 인간에게 위탁할 수밖에 없다.

제23문 장로회 정치의 제8원리는 무엇인가?

"교회가 권징하는 일에 힘을 다해 엄격히 시행하는 것은 교회의 영광과 행복을 증진케 하는 데 있다"는 것이다.

제24문 권징은 어떻게 시행하여야 하는가?

교회의 권징은 순수하게 도덕적이거나 영적인 목적으로 시행되어야 하며 어떠한 공권력의 영향을 받아서는 안 된다. 또한 다른 권력으로 말미암아서도 안 된다. 다만 교회의 고유한 판결은 공평하다는 사람들의 인정과 모든 교회의 머리 되신 위대한 예수 그리스도의 지지와 은총을 받게 된다.

교회의 권징은 인간이 가진 힘을 행사하는 것이 아니라 하나님의 법을 시행하는 것으로, 하나님의 정확무오한 말씀과 교회의 위대한 머리 되시는 그리스도의 이름으로 시행된다. 교회의 권징 목적은 교회에 건전한 교리와 성결함과 선행을 격려하며 과오를 바르게 함에 있다.

제2장

교회론

제25문 지상 교회의 설립자는 누구인가?

모든 권세와 능력 위에 뛰어나신(빌 2:9), 이 세상에 하나님의 나라인 그의 교회를 세우신 예수 그리스도시다.

제26문 지상 교회는 언제 설립되었는가?

인류의 타락 이후에 첫 구속의 약속을 주셨을 때(창 3:15, 6:18)부터 교회는 여러 세대를 거쳐서 한결같이 동일한 교리의 제도를 유지해 왔으며 더욱더 분명히 계시되어 왔다. 예표와 제사제도가 각기 정해진 소임이 이루어지면서 이제는 종결되었는데 보다 간결한 예배, 나아가서 보다 영적인 동일한 예배 형태를 유지해 왔다. 또한 교회 정치 형태도 본질적으로 원리적인 측면에서 한결같이 유지해 왔다(행 7:38, 눅 1:68~79, 계 13:8, 요 4:21~26, 출 3:15~16, 민 11:25, 행 14:23).

예를 들면, 1879년에 미국의 남장로교회가 채택한 '교회 정치'에는 "율법 이전에, 율법 아래, 그리고 이제는 복음 아래의 유형 교회는 하나이고 동일하며 참 신앙을 고백하는 이들과 그들의 자녀들로 구성원을 이루고 있다"고 언급하고 있다.

제27문 기독교 교회는 언제 설립되었는가?

예수께서 십자가에 못 박혀 죽으시고 부활하신 후 성령을 선물로 보내주심으로 설립하셨다(요 20:2, 22, 행 1:8, 3:1~47).

제28문 예수께서 여전히 지금도 교회의 머리가 되시는가?

예수 그리스도는 지금부터 영원까지 교회의 머리가 되신다(엡 1:20~22, 시 68:18, 단 7:14).

제29문 보편 교회(만국 교회, Universal Church)는 어떤 사람들로 구성되었는가?

세계 모든 나라 가운데 예수 그리스도에 대한 거룩한 믿음을 고백하고 그의 법에 복종하는 모든 자들과 그의 자녀들로 구성되었다.

제30문 교회의 일치(연합)는 어떻게 성립하는가?

교회의 일치는 외형적 조직이 아니요, 눈에 보이는 우두머리에 충성함을 통해서 이루어지는 것도 아니다. 신앙을 고백하며 예수 그리스도의 권위에 복종하고 그리스도와 연합하는 가운데 이루어진다(요 10:16, 엡 4:1~16). 이런 그리스도의 몸의 유형적 일치가 약간 분명하지는 않지만, 주를 믿는다고 고백하는 사람들이 다양한 교파로 나눠진다고 해서 깨어지지는 않는다. 또한 마음에 근본적인 충성심을 가지고 말씀과 성례를 지켜나가는 사람들은 예수 그리스도의 교회의 참 지파로 인정된다.

이것은 미국 남장로교회의 선언이기도 하다.

제31문 보편(만국) 교회는 어떻게 예배하는가?

헤아릴 수 없을 만큼 큰 무리들이 한데 모여서 성만찬을 행하고 하나님께 예배드리는 것이 불가능하기에, 성경의 모범대로 각 지교회로 나누어서 예배드리는 것이 자연스럽고 합당하다.

제32문 성경은 이를 어떻게 나타내는가?

하나님께서 모든 세대 가운데 제정하셨다. 제사와 절기는 오직 예루살렘에서만 지켜졌지만 안식일마다 사람들이 가까운 회당에 모여서 예배를 드리고 가르침을 받았다. 그리스도도 안식일마다 회당에 들어가셨고, 사도들은 유대와 시리아와 로마제국 전역에 걸쳐 교회를 세웠다(눅 4:16, 갈 1:21, 요 4:23, 행 15:21).

제33문 지교회는 무엇인가?

어디든지 예수 그리스도를 믿고 그 말씀대로 행하는 사람과 그 자녀들이 하나님을 경배하고 거룩한 생활을 위하여 자원하는 마음으로 연합하며 특별히 규례를 세워서 서로 복종하는 그리스도인들로 구성된 교회를 곧 지교회支敎會[1]라 한다.

제34문 교회 설립의 주된 목적은 무엇인가?

교회 설립의 주된 뜻은 예배와 거룩한 생활인데 우선 '예배'는 하나님께 기도와 찬양드리는 것과 하나님께서 우리에게 주시는 교훈을 받는

---

[1] 노회로부터 나누어진다는 뜻의 지(支)자를 사용하여 노회에 대한 지교회다.- 역자 주

것이다. '거룩한 생활'은 성도들이 하나님의 말씀을 배우고 적용하면서 서로 긍휼히 여기며 도우며 생활하는 것이다.

제35문 교회 설립의 주된 목적을 규모 있게 이루기 위해 필요한 것이 무엇인가?

교회 설립의 주된 목적을 이루기 위해서는 반드시 일정한 교회 정치에 순복해야 한다. 잘 연구되어야 하고 기록되어야 하고 모든 이의 손에 쥐어져야 한다(히 8:5, 갈 6:16). 기록하지 않은 판례는 불확실하며 가변적이니 혼란을 초래한다.

제36문 장로교회 지교회는 무엇인가?

장성한 사람들로서 예수 그리스도의 제자 됨을 고백하고 그 길을 걸어가는 사람들이 구성하여 교회를 설립하고, 신앙고백과 장로회 교회 정치의 원리에 입각하며 한 사람 이상의 치리장로를 선출하여 노회의 장립을 받게 하고 위임식을 하게 되면, 자원하는 마음으로 주 안에서 그들의 권위에 순복하는 사람들의 영적 지도자가 비로소 되면서 장로교 지교회가 된다.

제37문 지교회를 새로 설립하는 방법은 무엇인가?

지교회를 설립하기 원하는 사람은 그 지역 안에 있는 노회에 청원서를 제출하여 허락을 받아야 한다. 청원서는 교회 설립 목적과 그 타당성을 일일이 기록하여야 한다. 합당한 위원들을 선정하여 노회에 청원서를 제출하여 허락을 받아야 한다. 지교회 조직은 정당한 권위가 있는 선교사나 근처에 있는 목사에 의해 조직된 그런 불편한 상황이 아니라면 항상 그 지역 안에 있는 노회에 신청해야 한다.

제38문 목사가 노회의 허락 없이 임의로 지교회를 세울 권리가 있는가?

장로회 정치상 교회를 설립하는 일은 노회가 권한을 가지고 있기에, 목사라도 개인의 자의로 교회를 설립할 수 없다. 그러나 노회에 청원하기에 극도로 어려운 상황이거나 경제적으로 핍절하거나 개척단계에 있든지 부득이한 경우에는 노회의 특별 허락하에 목사가 교회를 설립할 수 있다.

제39문 교회 설립 인허 청원서는 누가 날인하는가?

교회 설립을 희망하는 모든 교인이 날인하며, 청원서에는 아래의 사항을 기재하여야 한다. 이 모든 사실은 노회 앞에서 준비하여 제출해야 한다.
1. 교회로 이명하여 입회할 교인 명단
2. 신앙고백을 하는 자의 명단
3. 교회를 유지하는 데 헌금할 자의 명단

제40문 노회가 지교회 설립 청원서를 기각할 수 있는가?

노회가 청원서에 대하여 형편을 조사하여 지교회를 설립하는 것이 합당하면 허가할 것이나, 그곳에 이미 설립된 교회가 많고, 단지 교회 수를 늘리기 위한 목적이고, 입교할 수가 극도로 적을 뿐 아니라 기존 교회의 보조에만 의존한다면 청원을 기각할 수 있다.

제41문 노회는 지교회를 어떻게 설립하는가?

노회가 지교회 설립을 허락할 때에는 청원자들을 만나기 위해 목사와 장로로 구성된 위원회를 선정한다. 위원장은 목사로 하고 설교를 맡는다. 기도한 후 위원들은 우선 새로운 교회로 입회할 사람을 만나 보고

만약 타 교회 교인이라면 이명증서나 추천서를 받아야 하고, 그 다음 신앙고백을 살펴보고 받아들이는 데 전혀 문제가 되지 않는지 판단한다. 신앙고백을 문답하여 인정받은 사람이 세례를 받지 않았으면 바로 세례를 받을 수 있게 해야 한다. 입회한 사람은 공적으로 기립하여 손을 들거나 기록된 문서에 날인하거나 장로회 정치와 교리에 따라 교회 관계를 지속할 것을 동의하며 서약해야 한다.

다음 단계는 장로회 정치에 의하여 투표하여 장로와 집사를 선택하고 임직한다. 집사도 장로를 선택하는 것과 같은 방식으로 선택하고 임직한다. 이와 같은 교회 직원들은 무흠한 입교인들이 투표하여 선택을 하고 위원장 목사가 임직을 한다.

새로 설립되는 교회는 "○○○○장로회 ○○노회 소속 지교회로 ○○교회가 설립된 것을 공포합니다. 아멘"이라고 공포한다. 교회의 이름은 그 교회 무흠교인들이 정하도록 한다. 예배는 회장의 기도와 축도로 마친다. 위원회는 차기 노회에 지교회 설립을 보고하고, 노회는 그 지교회 명칭을 명부에 기록한다. 미국 남장로교의 경우는 교회 회원들이 손을 들고 아래의 질문에 "예"로 응답함으로 서약을 해야 한다.

〈아래〉"귀하는 하나님을 의지하여 장로교회 신앙과 원리에 입각하여 교회의 일원으로 함께 동역할 것과 교회 전체의 순수성과 조화를 세워 나갈 것을 엄숙하게 약속하고 서약하는가?"

이후 사회 보는 위원장이 "귀하는 하나님의 말씀과 성부와 성자와 성령의 이름으로 장로회 신앙과 질서를 따르는 교회의 일원으로 선포하노라"고 말한다.

제42문 노회 구역 밖에서 지교회를 설립할 수 있는가?

교회가 없는 지역에 교회를 설립하는 것은 전도자의 직무 가운데 한 가지다. 그러나 반드시 신설되는 교회와 가장 근접한 노회에 교회 설립 일정이나 방법 등을 가능한 빨리 보고하여 해당 노회의 관리 아래 두어야 한다. 현존하는 노회법상 노회만이 목사를 장립할 수 있는 권한이 있는데, 노회가 없는 외국 선교지에서 조직된 교회는 노회나 대회가 동의할 경우 선교사가 속해 있는 노회에 가입되어야 하는지를 총회가 판단해야 한다.

제43문 목사 없이 교인들만 회집하여 지교회를 설립할 수 있는가?

관리할 목사가 없는 경우에는 교인들이 회집하여 예배드리는 것은 인정할 수 있으나 완전한 지교회를 세울 수는 없다. 그들은 즉시 가장 근접한 노회에 청원하여 지교회 설립을 요구하고 정식예배를 위해 준비해야 한다.

제44문 교회가 치리장로를 세우지 않은 경우 어떻게 해야 하는가?

치리장로가 세워질 때까지는 노회의 주관하에 교인들을 돌아볼 수 있고, 또 예배를 인도할 수 있는 설교자를 청할 수 있다.

제45문 불완전하게 조직된 교회는 어떤 교회인가?

조직 교회는 무흠한 교인과 장립받은 목사를 두지만, 신·구파 연합안 The Plan of Union 하에 어떤 교회는 임직받은 장로 없이 설립된 경우도 있었다. 당회의 책무를 어느 정도 담당했던 상비부가 있었고, 부원들은 그 연합안이 폐기된 1837년까지 최고심의기관에서 교회를 대표하는 것을 허락받았다. 신파 총회는 이들을 계속 인정했다.
하지만 연합의 조건을 보면 "불완전하게 조직된 교회는 5년 이내에 철저히 장로교가 되어야 한다"고 되어 있으며, 1880년 총회는 구파와 신파[2])가 재결합할 때, 노회는 위원회 위원들이나 안수받지 않은 자들이 불완전하게 조직한 교회를 신속하고 안전하게 조직할 수 있도록 즉각적이고 효과적인 방법을 시행해야 한다는 헌의안을 채택했다. 그렇게 함으로 교회는 완전하고 신속하게 조직될 수 있었다.

총회는 노회의 순복과 신실성과 분별력을 확신했으며 노회로 하여금 그 문제에 관심을 끌게 했다. 1881년 총회는 이 결의와 관련하여 공동선언Concurrent Declarations에 동의하지 않은 몇몇 교회들이 있었는데 공식적인 정보는 없었다고 언급하였다. 하지만 불완전하게 조직된 교회들이 온전한 장로교회가 되기 위한 조건이 오래 전에 통과되었으므로, 총회는 특히 이러한 점에서 자신들의 의무를 이행하지 않는 교회들을 상기시켜주기 위해 다음과 같은 신념을 표현해야 했다. '1869년 총회가 이 공동선언을 채택함에 따라서 두 파는 진지하게 그것을 따를 의무가 있다.'

제46문 노회가 미조직 회중(congregation)도 돌아볼 수 있는가?

그렇다. 청원자들이 교회를 세울 때 노회가 찬성하지 않더라도 노회는 조직되지 못한 회중을 돌아보며 설교자를 파송할 수 있다.

제47문 노회가 미조직 교회일지라도 돌아볼 수 있는가?

노회가 미조직 교회를 돌아보며 설교자를 파송할 수 있다.

---

2) 1837년 미국 장로교회는 구파(Old School)와 신파(New School)로 분열하였다. 신파는 부흥사 찰스 피니(Chales G. Finney)의 영향 아래 웨스트민스터 표준문서의 교리 중 원죄의 타락과 죄인의 도덕적 무력함을 부인한 그룹이다. 반면, 구파는 웨스트민스터 표준문서를 그대로 받아들이는 그룹이다. - 역자 주

제48문 | 회중이란 누구인가?

장로회 교회 정치에서 '회중'이라는 용어는 종종 조직 교회를 말하지만 교회와 회중은 구별되어야 한다. '교회'란 정식으로 임직받은 교회 직원들 아래 성도와 그의 자녀들로 구성되는 것을 말하며, '회중'이란 때때로 '예배모범'에서 공예배를 위해 한 장소에 회집하는 자를 일컫는다. 또한 교회 정치에서는 교회의 사역을 돕는 일에 공헌하는 자들을 말한다. 지교회의 관례와 내규나 국가의 법에 따르면 주로 재산 소유와 관련하여 일정한 권한을 가지고 있는 자들을 말한다.

'교회 정치'에서는 교회의 무흠교인은 회중의 회원들이고 회중 앞에 의견을 지닐 수 있지만 지교회 내규를 따라 누가 회중의 회원이 될 수 있는가를 결정할 수 있다. 예를 들면 가장이나 헌금을 하는 남자회원 혹은 교회의 재정 지원에 일조하는 모든 자들이나 어떤 경우에는 투표로 교회의 내규에 서명한 자들로 회원을 정할 수 있다. 그렇게 구성된 회중은 당연히 영적인 치리권은 없지만 재산 소유권에 관심을 가질 수 있을 뿐 아니라 담임목사의 선택에 따라 교회 정치에서 언급하는 문제들에 대해서도 관심을 기울일 수 있다.

제49문 | 노회 소속 지교회는 소유 재산을 어떤 방법으로 관리하는가?

교회 재산은 국가 법에 따라 반드시 사단법인 혹은 재단법인이 되어 있어야 한다. 국가가 내규를 정할 때 교회의 원리와 질서를 간섭하는 어떤 경우라도 용납하지 않도록 극도로 조심해야 한다. 이때까지 받아들여졌던 국가법이라 할지라도 교회의 원리나 질서에 방해가 되는 경우라면 회중은 가능한 한 빨리 그런 법안을 폐기하거나 수정하도록 노력해야 한다. 그래서 그 법안이 교회 질서와 장로교회 정치에 위배되는 일이 없도록 해야 한다.

어떤 노회가 교회 재산에 관련한 것을 감독하고 회중을 치리하게 되면 새로운 회중의 내규를 노회에 제출하여 승인을 받아야 한다. 미국은 주에 따라 재단법인의 법이 있으며 그 아래 회중이 주체가 될 수 있는 경우도 있다. 그런 경우에는 조심스럽게 그 법을 살펴보아야 하고 그 조항들을 조목조목 다루어야 한다. 또한 일반 사회법이 장로회 교회 정치와 일치하지 않는 특별한 경우를 위해 내규를 정해야 한다.

제50문 회(Society)란 무엇인가?

미국 뉴잉글랜드에서는 법인에 대해서 일반 사회법이 회society라고 칭한다. 회는 교회의 재산권을 가지는 법적 단체로 무흠교인이든 아니든 회중의 재정을 담당하는 일반 회원들로 구성되어 있다. 그 정관은 회원의 조건을 규정짓고 권리를 결정한다.

회중 교회에서 이것은 중요한 단체이고 교회와 독립하여 모임을 갖는다. 담임목사를 선정하는 일과 같은 문제에서 그 '회'가 모임을 가져서 일치하기 전에는 교회의 투표는 효력을 지니지 못한다. 어떤 장로교회에서는 '회'라는 것이 회중과 교회와는 구별되는 단체로 쓰이고, 또 다른 장로교회에서는 회중과 동일한 의미로 사용되지만 장로회 교회 정치에서는 생소한 독립 단체이다.

제51문 재단이사회가 교회 재산을 소유한다면 장로회 교회 정치에 위배되는가?

재단이사회가 장로회 교회 정치의 원리대로 선출되고 정식으로 법인화되면 교회 재산을 소유 및 관리할 수 있다. 그러나 가난한 사람을 위해 모금한 기금이나 성찬에 관한 비용은 관리할 수 없다. 이 직무는 집사회 the Decons-안수 집사회를 말함_역자 주에 위탁해야 한다. 이사들은 내규에 따라 선출해야 하고 적어도 1년에 한 번은 공동의회에 전체보고를 해야 한다. 이사회 임원들의 권한과 임기는 정관에 의해 결정한다. 교회의 담임목사는 그의 직임을 가지고 이사회의 사회나 방청을 할 수 없다.

제52문 이사회 이사들은 누가 선출하는가?

성찬에 참여하는 데 결격사유가 없어야 하고 세상 일과 영적인 모든 일의 모임에 참여하며, 투표할 수 있는 교회의 남, 여 회원에 의해 선출된다. 이것은 교회 정치의 일반적인 원리이다. 1866년 구파 총회는 교회의 성찬 참여회원은 모든 교회의 권한을 부여받은 개교회 당회의 결정 없이 교회 재산권과 관련한 어떤 경우라도 투표하는 권리를 박탈해서는 안 된다고 했다. 종종 그 투표권은 내규와 정관에 따라 교회를 유지하기 위해 헌금하는 무흠교인이 아닌 자에게도 부여하는 경우가 있다. 1884년 신파 총회에서 법적인 문제는 교회가 소재되어 있는 국가의 법(미국은 주정부 법을 말함)에 의해 결정된다고 선포하였다.

제53문 이사들을 선정하거나 본 교회의 재정에 관하여 의논할 일이 있을 때 어떤 방법으로 회집하여 처리하는가?

각기 본 교회의 규례에 의하여 회집하여 처리한다. 그 회집을 통해 회중은 회장과 임원을 선출한다. 그 회의 서기는 회록을 철저히 기록해야 한다. 회의의 결정에 대하여 불복하는 사람들이 있으면 당회에 심리를 구하고, 만일 또 불복하는 경우가 발생하면 노회에 소원을 낼 것이다. 그러나 회중의 투표로 교회 회원의 권리에 영향을 줄 수는 없다.

제54문 집사회가 교회 재산을 관리할 수 있는가?

관리할 수 있다. 지교회의 정관에 있으면 상관이 없다. 어떤 교회는 집사회를 장로회 교회 정치 아래 유일하고 적절한 이사회로 여긴다. 1833년 총회는 교회의 구제헌금을 관리하는 직임과 더불어 교회의 세상과 관련하는 일을 집사회에 이임할 수 있다고 선포했다.

제55문 교회 재산을 달리 관리하는 경우도 있는가?

정관이 만들어지기 전까지 혹은 이사회를 구성하기 위해 충분한 수가 구성되기 전까지 일시적으로, 또는 특별한 경우에 소유권은 한 사람 혹은 여러 사람 이름으로 할 수 있다.

그러나 교회 재산을 한 개인이 관리하는 것을 추천할 사항은 아니다. 더욱 바람직한 것은 노회가 노회 자체를 위해서, 또한 자체 이사회를 위해서 정관을 가지고 있어야 한다. 선교사나 작은 교회들을 위해서 그들이 재산을 관리할 수 있을 때까지 노회가 재산을 보관할 수 있다. 이런 예가 종종 일어난다.

제56문 재단이사회는 어떤 권한을 가지고 교회 재산을 관리하는가?

재단의 권한은 정관과 국가법(미국 주법)의 규정대로 하되, 교회를 상업적이나 유희적인 목적으로 변경할 수 없다. 구파가 1860년에 그렇게 선포했고, 1863년에 좀 더 확실하게 언급하기를 "교회는 하나님을 예배하기 위해서와 교회 정치와 하나님의 말씀에 비추어 어긋나지 않는 범위 안에서 영적인 진보를 위해 사용해야 한다", "당회는 회중의 유익을 위해 감독해야 하고 예배의 목적을 위해 교회 건물을 사용할 것을 지시 관리해야 한다", "이사회는 교회를 예배 처소로 사용하려는 당회의 바람을 귀하게 여겨야 한다", "당회를 통하여 이사회는 교회 건물이 언제 어떻게 사용되어야 한다고 통보를 받으며 당회의 허락을 거절할 권한이 없다"고 했다.

그러나 교회가 예배 목적 외에 다른 목적으로 사용하려면 이사회는 거부할 수 있다. 이사회는 당회가 원하는 대로 이행하지 않으면 회중에게 그 사실을 언급할 수 있고, 다음 단계는 노회에 소원을 내고, 필요하다면 상위 치리기관으로 그 문제를 가지고 갈 수 있다. 1864년 신파 총회에서 선포하기를 일반적인 법의 원리로 그 문제를 처리할 수 있다고 했다. 1874년 총회는 "교회 헌법에 따라 당회의 권한은 바로 성도의 영적 유익을 감독하고 예배와 예배에 관련한 일을 다루는 것이며, 당회의 감독과 관리하는 것을 무효화하고 간섭하는 이사회의 어떤 행위도 성도들이 인정하지 않으면 그것은 불법이며 무효다"라고 결정했다.

교회 건물, 주일학교와 교실에 관해서도 이사회는 당회의 동의와 당회가 원하는 것을 반대하여 사용할 권리를 가지지 못한다고도 결정했다. 1872년 미국 대법원은 "모든 종교행위와 교회의 목적을 위해 재산을 사용할 때는 이사회가 교회 당회의 지도를 받는다"고 결정해 놓았다. 이사회는 교회 재산과 관련한 공적인 일에는 철저히 교회의 당회 지도 아래 있어야 한다.

제3장

교회 직원

제57문 예수 그리스도의 교회는 어떻게 설립되었는가?

은혜로우신 우리 주께서 처음으로 각국 중에서 이적을 행하는 권능을 받은 사람들을 불러서 교회를 세우게 하시고 연합하여 한 몸이 되게 하셨다. 그러나 이적을 행하는 권능은 지금 존재하지 않는다.

제58문 가장 먼저 택하여 세우시고 특별한 권능을 받은 사역자들을 무엇이라 칭하였는가?

사도 혹은 열두 제자라고 칭하였다. 그들의 이름은 마태복음 10장 2~4절에 기록되어 있다. 가룟 유다가 죽은 후에 맛디아가 열두 제자의 수에 들었고(행 1:16~26), 바울은 이방인의 사도라고 불렸다(롬 1:1, 갈 1:1~24, 2:7~8).

제59문 사도란 어떤 사람인가?

사도란 그리스도께서 친히 보내신 자로, 예수의 말씀과 부활의 증인이다(행 1:21~22, 고전 9:1).

제60문 사도의 특별한 직무는 무엇인가?

사도의 특별한 직무는 예수의 증인이 되어 복음을 전파하며 예배를 드리고, 예수의 이름과 그 권능을 의지하여 교회의 말씀과 예배와 교회 정치를 반포하며 교회를 설립하고 확장하는 일을 주관하는 것이다(행 1:8, 26:16, 갈 1:12, 고전 5:3~5, 고후 10:8, 11:28).

제61문 사도가 이 직무 외에 다른 직무도 행하였는가?

그렇다. 사도는 목사요, 장로요, 성도들을 섬기는 자로 봉사했다(엡 3:7, 벧전 5:1, 롬 15:25).

제62문 사도가 가졌던 특별한 권능은 무엇인가?

사도에게는 특별한 세 가지 권능이 있었다.

1. 영감 Inspiration (요 14:26, 16:13)
2. 이적을 행하는 권능 miraculous powers (마 10:8)
3. 사람에게 안수함으로써 성령을 받게 함(행 8:17~18)

제63문 그 권능이 지금도 있는가?

없다. 사도가 가졌던 특별한 권능이 지금은 그쳤다. 그때에 이런 기적을 행하게 하신 것은 하나님께서 주신 특별한 권능으로 사도성을 보장하고, 그리스도의 말씀을 설명하기 위함이다. 성령의 영감은 하나님 말씀이 구두와 기록된 말씀으로 오류가 없음을 보장한다.

교회가 설립되고 하나님의 완전한 말씀을 신앙과 행위의 유일한 법칙으로 삼으면서 사도들에게 주신 이 특별한 권능은 더 이상 필요하지 않다. 사도의 직임도 더 이상 존재하지 않는다. 교회 역사는 성령의 영감과 이적과 성령의 나누어 주심이 그쳤다고 인정한다.

한편 가톨릭은 그때와는 약간의 차이는 있지만 아직도 이런 사도적 권능이 있다고 주장한다. 예를 들면 교황의 말에는 오류가 없으며 소규모 기적들을 일으키며 안수함으로 축복하는 형태를 말한다. 이런 사실은 교회 역사가 보증해 주지 않는다. 가톨릭 사도교회(어빙교도)나 말일성도그리스도교회(몰몬교)는 사도직과 권능을 다시 회복할 것을 주장하지만 그 주장은 받아들이지 않는다.

제64문 사도직의 계승자가 있는가?

사도직의 계승자는 없다. 사도 외에 그 누구도 그리스도의 부활과 말씀의 직접적인 증인이 될 수 없고, 누구도 그들과 같이 특별한 권능을 가질 수 없으며, 누구도 그들과 같이 특별한 사역을 행할 수 없다. 초대교회에서 12사도와 바울 외에 어떤 누구도 그리스도께로부터 택함을 받거나 인정되지 않았다. 그 외의 거짓 사도들과 적그리스도들은 예언되었고 책망 받았다(고후 11:13, 살후 2:3~4).

로마 가톨릭교회와 영국 감독교회에서는 사도들이 어떤 지역의 감독 역할도 하였고, 그 지역에서 목사를 통괄하고 장립하는 권한이 있었고, 자신들의 교회의 감독이 그 사도의 직분을 계승하여 온 자라 주장하였다. 하지만 성경에서는 사도들이 각기 자기 마음대로 각처에 다니면서 전도하였고 작정한 지방이 없었으며 또 홀로 계승자를 장립하지 않았다. 또 성경 용어상 감독은 초대교회에서는 목사에 해당했다. 목사를 장립하는 권한은 노회에 있고 감독과 장로가 동등함을 가르쳤다.

제65문 사도시대에 교회 안에 또 다른 비상직원(Extraordinary)이 있었는가?

사도 외에 예언자가 있었는데 이들은 때때로 성령의 영감을 받았으므로 항상 성령의 충만함을 받은 사도와는 구분되었다. 따라서 사도의 직분이 교사로서의 권위에 있어서 예언자보다 더 중하다(고전 14:1~40).

제66문 예언자의 직분이 폐지된 까닭은 무엇인가?

하나님의 말씀이 완성되었기 때문이다.

제67문 예수께서 사도와 예언자의 직분을 폐하기로 정하셨는가?

예수께서 사도직이나 예언자의 직분을 교회 안에서 지속하라는 지시를 남기지는 않으셨고, 사도 시대가 끝난 후에 사도가 가졌던 권능과 영감과 이적을 주신 일이 없으므로 폐하기로 정하신 줄로 안다.

제68문 교회 안에 계속 존재하는 통상직원(Ordinary)이란 무엇인가?

교회 안에 계속 존재하는 통상직원, 곧 항존직은 목사(또는 감독)와 교인 대표인 장로와 집사다.

제69문 그 세 가지 직분이 항존직인 이유가 무엇인가?

세 가지 직분이 계속 존재해야 하는 이유는 설교와 영적으로 감독하는 것과 구제를 위해서다. 이는 교회에 가장 필요한 직분이므로 항상 있을 것이다. 성경도 그 세 가지 직분의 책임과 자격과 선택 방법을 자세히 가르친 것을 보아 항상 존재할 직원인 줄 안다.

제70문　**유대의 각 회당에 어떤 직분이 있었는가?**

회당장과 그를 보조하여 사람들을 감독하는 장로들이 있었다(행 15:21, 18:8, 17).

　제71문　**회당장과 장로들은 초대교회에서도 존재했는가?**

이 직분은 초대교회에서도 거룩한 권위로 인정하였고 유대인들과 이방인 모두 이 직분을 익히 알고 있었다. 회당은 복음 전파를 위한 가장 효율적인 장소였다. 사람들과 회당의 장로들이 그리스도인이 되었고, 회당은 교회가 되었다. 사도들도 오래 지속되어온 제도를 계속 유지했고 그에 따른 직원들도 인정했다. 회당이 없는 곳에 교회를 세울 때에는 사도들은 목사와 장로, 집사를 택하여 세웠다.

제4장

목사

제72문 교회에서 최고의 직분은 무엇인가?

교회에서 최고의 직분은 목사의 직분이니, 그 위엄과 유용함에서 그러하다. 성경은 그 이름과 권위와 자격과 본분과 상급에 대해 보여 주었다.

제73문 목사의 직분에 대하여 어떤 칭호가 있는가?

성경에 목사의 직임을 맡은 자에 대하여 다양한 이름이 있는데, 그 이름은 그의 여러 가지 소임을 나타낸다.
1. 감독 – 그리스도의 양 떼를 감독한다(행 20:28).
2. 목사 – 그리스도의 양 떼를 신령한 양식으로 양육한다(벧전 5:2, 렘 3:15).
3. 그리스도의 사역자 – 그리스도의 교회를 섬긴다(고전 4:1).
4. 장로 – 근엄하고 분별력 있으며, 양 무리의 본이 되고, 집에서나 그리스도의 교회에서 잘 다스린다(벧전 5:1, 딛 1:5, 딤전 5:1, 17, 19).

5. 교회의 사자 - 하나님 말씀의 사자다(계 1:20, 2:1).
6. 그리스도의 사신 - 죄인들에게 하나님의 말씀을 선포하고 그리스도를 통해 그들이 하나님과 화목하게 되도록 보냄을 받았다(고후 5:20).
7. 하나님의 비밀을 맡은 청지기 - 하나님의 광대한 은혜와 그리스도께서 세우신 규례를 나누어 준다(눅 12:42, 고전 4:1, 2).

제74문 **목사를 감독이라 부름이 옳은가?**

성경이 그렇게 부르므로 옳다. 감독의 자격과 직무는 목사에게도 적합하며(행 20:28, 딤전 3:1~7), 항상 존재할 직분 중 목사보다 더욱 귀한 자가 없다.

제75문 **목사는 직무상 모두 동등한가?**

성경은 목사들이 직무상 동등함을 가르치고 있다. 더 높은 자가 없으며, 모두 같은 자격과 명칭과 직무를 갖는다.

제76문 **목회 사역을 세 가지로 나눈 교회가 어디인가?**

감독교회(성공회)는 3계급으로 나누니 다음과 같다.
1. 주교(감독, Bishop) 2. 신부(사제, Priest) 3. 집사(부제, Deacon)
주교는 모든 목회자들과 교회를 감독할 권위가 있고 입회와 직원의 장립 일체를 주장한다. 신부는 지교회의 담임이며, 주교에게 복종하면서 집사를 지도한다. 교회 사역을 하면서 교구에서 신부를 보조하는 집사는 자격을 부여받은 후에는 설교도 할 수 있다.
로마 가톨릭교회는 이에 더하여 교황이 있어서, 그는 그리스도의 대리자며 베드로의 후계자로서 로마 가톨릭 전 교회에 대하여 최고의 권위와 무류성을 가진다고 말한다.

제77문 성경에 목사를 '제사장(priest)'으로 불렀는가?

구약시대에 그리스도의 예표와 그의 사역의 그림자로서 제사장이 있었다. 그러나 유일한 대제사장이요 중보자이신 예수 그리스도께서 완전한 제사장이 되사 속죄제를 드리신 후에는 초대교회 어디에서도 '제사장'이라는 직분을 목사에 적용한 적은 없다. 희생 제사를 드리는 일도 그쳤다.

제78문 목사의 고유한 직무는 무엇인가?

목사의 고유한 직무는 아래와 같다.
1. 말씀을 전파한다.
2. 성례를 집행한다.
3. 성도들을 축복한다.
4. 임명 또는 장립한다.

제79문 목사가 치리장로와 함께 하는 직무는 무엇인가?

지교회를 다스리고 당회, 노회, 총회 등에 참여한다.

제80문 목사가 집사와 함께 하는 직무는 무엇인가?

빈곤한 교인을 보살피고, 교회의 재정으로 구제하며, 교회의 재산을 감독한다.

제81문 목사의 모든 직무 중에서 그리스도와 교회와 관련한 것은 무엇인가?

목사는 그리스도의 일꾼이요, 오직 주님께만 복종하고 주 안에서 성도들을 섬긴다. 목사는 하나님의 백성을 다스리는 자가 아니요, 반드시 덕을 세우며 유익하도록 세워졌다(고전 3:5, 4:1~5, 행 15:6~31, 벧전 5:3).

제82문 목사의 직무는 지교회에 소속되어야만 가능한가?

목사는 일반적으로 강도사 시절에 설교 경험을 많이 쌓은 후에 교회의 청빙을 받아 노회에서 장립 받는다. 그러나 지교회에 위임되지 않아도 선교사 사역으로 장립을 받을 수 있다. 만약 노회의 명으로 시무하던 교회 임무에서 물러나더라도 목사의 직은 계속된다.

설교를 할 수 있고, 성례를 집행하고, 사람들을 축복하며, 결혼 주례를 하고, 임직에 동참하고 각급 치리회의 회원이 될 수 있다. 참고로 스코틀랜드 장로교회에서는 오직 목사와 신학교수만이 교회 치리회에서 투표할 수 있는 권한이 있다.

제83문 담임목사(pastor)는 무엇인가?

지교회의 청빙으로 노회에서 한 지교회 이상 위임 받아 위임예식을 행한 목회자이다.

제84문 임시목사(Stated Supply)는 무엇인가?

노회의 허락을 받아 지교회에 임시로 몇 개월 혹은 몇 년 동안 강도권이 있는 목사의 직무를 행하는 자이다. 노회는 교회와 목사들을 감독할 권한이 있다. 주로 타 교회와 합하게 될 가능성이 있는 연약한 교회나 담임목사가 유고되거나 오래 병상에 있는 교회에 임시목사가 있다. 임시목사는 교회에서 어떤 권한이나 당회권이 없다.

임시목사가 응급한 상황이 아닌 일상적인 일로 교회에 계속 관여를 하면 그것은 장로회 교회 정치와는 무관한 악한 일을 도모하게 된다. 신파와 구파가 모두 이 사항에 동의하였다. 미국 재연합총회에서 "임시

목사는 노회의 동의 없이 강단에서 설교를 하면 임시목사로 섬기는 그 목사를 노회가 소환해야 한다"고 선포했다. 더불어 임시목사는 담임목사로서 당회에서 어떤 권리나 권한이나 임무가 없다고 했다. 계속해서 "임시목사는 노회에서 어떤 임무도 부여할 수 없다"고 천명했다.

제85문 동사목사(co-Pastor)는 무엇인가?

목사 2인 이상이 합력하여 한 지교회 이상을 동등한 권리로 시무하는 목사를 말한다.

제86문 원로목사(Pastor Emeritus)는 무엇인가?

한 교회에 오래 시무하다가 정년이 되거나 병약함으로 담임목사직을 지속할 수 없을 때, 교회가 그 목사와의 관계를 지속하기를 원하면 노회의 승인으로 원로목사로 추대한다. 노회에 청원하면 그는 담임목사의 모든 업무에서 놓이고 다른 목사를 담임으로 위임한다. 생활비는 받던 대로 혹은 일부를 계속 지급받는다. 원로목사는 당회의 요청이 없으면 당회에 참석하지 못하고, 교회 내의 어떤 치리권도 가지지 못한다.

제87문 부목사(Pastor's Assistant)는 무엇인가?

교회나 위임목사가 노회의 허락을 얻어 위임목사를 임시로 혹은 영구적으로 보조하도록 택한 목사다. 담임목사가 그의 거취에 대한 책임이 있더라도 교회 안의 일을 하므로 회중의 의견을 들어 보아야 하고, 회중이 그 생활비를 주더라도 담임목사를 보조하는 일을 하므로 교회는 선출을 통해 결정해야 한다. 부목사는 당회에 참석하거나 교회의 공적인 치리권이 없다. 그는 담임목사의 지도대로 일할 의무가 있다. 참고로 스코틀랜드에서는 부목사를 '목사를 돕는 자(조사)'로 부른다.

제88문 무임목사(Minister without charge)는 무엇인가?

시무하던 직무를 사면하고 다른 교회의 직무를 받지 않은 목사를 무임목사라 한다.

제89문 이명목사(Minister 'in transitu')는 무엇인가?

한 노회를 시무 사면하고 이전하여 아직 다른 노회에 이명서를 접수시키지 않은 목사다. 이명이 처리되는 동안 그는 이전된 노회의 관할 아래 있으며 다른 노회에 소속되기까지 투표권을 행사하거나 총회 총대로 가지 못한다.

제90문 피빙목사(Pastor elect)는 무엇인가?

목사나 강도사가 지교회의 청빙을 받았으나 위임식을 거행하거나 거절하기 전까지는 피빙목사라 한다.

제91문 전도목사(Evangelist) 또는 전도자란 무엇인가?

목사로 장립을 받았으나 지교회를 담임하지 않고 교회가 없는 지방에 가서 복음을 전하고 교회를 세워 성찬과 세례를 베푸는 목사다. 전도목사는 대중에게 설교하고, 교회와 지역의 부흥을 위해서 얼마간 그곳에 머물러 전도하는 무임목사이기도 하다. 평신도 중에서 교회에서 권한을 부여받거나 인정을 받은 자로 교회의 감독권은 없으나 개인적인 의무로 전도인의 일을 하는 자를 전도자로 부른다.

제92문 선교사(Missionary)는 무엇인가?

선교사는 장립 받은 목사로서 교단에서 파송을 받고 이방나라에서 복음을 전하는 전도자를 말한다. 내지 선교사라 함은 노회 소속이 되어 있지 않은 지역이나 교회가 없는 곳, 또는 연약한 교회에서 사역하는 국내선교부the Board of Home Missions에 소속된 목사나 전도자를 말한다. 출판부에 소속된 자들을 권서인Colporteur으로 불렀으나 현재는 출판부 선교사Missionaries of the Board of Publication로 부른다.

제93문 종군목사 혹은 기관목사(Chaplain)는 무엇인가?

정부의 임명과 노회의 허락으로 선출되어 육군이나 해군, 형무소나 고아원 안에서 일하는 목사다. 그는 믿음과 인격에 관하여는 정부와 관련이 없고, 다른 모든 목사들처럼 노회의 치리를 받는다.

제94문 순회선교사(Itinerant Missionary)는 무엇인가?

노회가 연약한 교회를 돌아보기 위하여 임시로 파송하여 순회 설교하는 목사다. 초대교회에서는 자주 있었던 일이다. 대회나 총회에서 일정과 장소를 내정했다. 구파 총회에는 목사들이 돌아가면서 일정시간 순회사역을 감당해야 한다고 정했다.

제95문 목사가 그 외에 어떤 일을 할 수 있는가?

총회 전도부 등 각종 위원회 총무, 신학교 교수, 교회가 세운 학교법인의 교사, 출판사나 신문사 발행인 등의 일을 할 수 있다. 이 모든 일은 신앙과 본분에 관한 노회의 치리에 복종하는 가운데 행할 것이고, 항상 자기가 그리스도의 일꾼으로서 목사임을 망각하지 말고 일해야 한다. 이것은 미국 남장로교회가 채택한 '교회 정치'에 강조되어 있다.

제96문 은퇴목사(retired Minister)는 무엇인가?

목사가 연로하거나 신병이 나서 명예롭게 퇴직함으로 교회 시무를 마치면 은퇴목사가 된다. 지교회의 직무를 다시 맡을 수 없으나 여전히 노회의 회원권을 가질 수 있다. 은퇴목사는 평신도가 아니므로 장로나 집사가 될 수 없다. 어떤 지교회의 무흠교인으로도 등록할 수 없다. 해당 교회의 내규에 따라 출석위원으로 투표하는 것을 허락한다는 예외의 특권 외에는 어떠한 경우라도 교회에서 투표권을 가질 수 없다.

제5장

치리장로

제97문 | 치리장로(Ruling Elders)는 무엇인가?

치리장로는 목사와 협력하여 교회의 행정과 권징을 수행할 목적으로 교인이 선출하는 교인의 대표자다.

제98문 | 교회에 언제부터 치리장로가 있었는가?

아브라함 때부터 모든 시대에 항존직으로 있었다(창 24:2, 50:7, 출 3:16, 4:29, 30, 12:2, 18:12, 신 5:23, 시 107:32). 모세 시대에 이르러 백성의 대표자로 장로를 세웠다. 그들은 체계적으로 치리가 있는 재판정을 세우고 백성의 송사를 재판하였는데, 70인의 장로로 구성된 최고 조직도 있었다(출 18:21~25, 민 11:16, 출 24:1). 이후에도 장로들과 재판정은 수차례 언급된다.

회당이 생겼을 때(정확한 시기는 확실치 않지만), 장로들은 여러 회당과 연결되어 회당장이라 불렸다(마 5:22, 26:3, 눅 7:3, 행 4:8, 23, 6:12, 23:14,

24:1, 25:15). 초대교회에서 예수를 믿고 돌아온 자들은 유대인이요, 후에는 회당의 규율에 익숙한 이방인이었는데, 회당은 로마제국 전역에 세워져 있어서 때때로 회당 전체가 예수교회가 되어 교회 정치를 제각기 본 회당의 정치와 같이 세웠다. 그 외 교회들도 비슷한 방식으로 세워졌다(행 14:23, 20:17, 딤전 5:1, 17, 19, 딛 1:5, 약 5:14, 벧전 5:1, 5).

많은 교부들이 교인들을 대표하는 자를 목사와 구분하여 장로라고 언급하였다. 예를 들면 교회 역사에서 왈도파Waldensians와 로마 교회에 의해 이단이라고 정죄되었던 많은 교회들이 있지만, 실제로 그들은 순수한 교리와 예배와 정치를 유지했고 항상 장로직을 보존해 왔다.

장로는 거의 모든 개혁교회가 채택하고 있는 직임이다. "이 직임은 대부분의 개신교 개혁교회가 성경에 명명되어 있다고 이해하고 있으며, 또한 이 직임은 교회 정치의 직분으로 치리는 하지만 말씀과 가르치는 사역을 하지는 않는다"(고전 12:28, 롬 12:7, 8, 딤전 5:17).

구약에서 잘 알려진 이 직임은 초대교회에서도 계속되었다. '전 회중과 회중의 장로들'은 레위기 4장 13~15절에서처럼 같은 뜻으로 사용되었다. 장로들은 교인들의 대표이므로 치리권을 사용한다. 사도들은 교인의 대표로서 치리권과 장로직임을 회당에서부터 초대교회로 소개했다.

예를 들면, 스코틀랜드 장로교회의 정치는 다음과 같이 소개한다. "유대교회 안에 교회 정치구조에서 제사장과 레위 족속과 관련이 있는 백성의 장로가 존재했던 것처럼, 교회 안에 정치와 교회 일꾼들을 그리스도께서 세우셨으며 그는 또 교회 안에 말씀의 일꾼뿐만 아니라 교회 치리와 관련하여 목사들을 조력할 수 있는 사람들을 특히 치리의 은사가 있는 사람들을 세웠다." 개혁교회는 이들을 장로라고 말한다.

제99문 **목사와 치리장로 직분은 어떻게 구분되는가?**

바로 앞에 언급한 것은 스코틀랜드 장로교회 교회 정치에서 인용한 것인데 목사와 장로는 구별된다고 말한다. 목사와 장로는 서로 다른 자격을 가지고 있고 세우는 기관 또한 다르다. 장로는 목사가 장립하고, 목사는 노회가 장립한다. 장로는 당회가 관할하고, 목사는 노회가 관할한다. 장로는 목사 임직에 동참하지 못하고 성례를 집행하지 못한다. 목사로 부르심을 받으면 다시 임직을 받아야 한다. 목사가 선교지 같은 위급한 상황을 제외하고는 장로로 섬길 수 없다.

스코틀랜드 교회에서는 종종 총회에서 교회 대표를 하기 위해 교회들이 목사를 선출한다. 그러나 그것은 목사와 장로가 동일한 직임이라는 가정에서가 아니다. 이 점에서 '교회 정치'는 목사와 장로를 구분한다.

제100문 **장로는 어떤 점에서 목사와 다른가?**

목사는 하나님의 사자요 그리스도의 대사다. 장로는 교인의 대표자다. 장로는 목사를 도와 일을 하지만 목사의 지도를 받아야 한다. 설교권이 없으며, 성례를 집행할 권도 없다.

제101문 **장로의 본분은 무엇인가?**

장로는 목사와 더불어 당회와 노회와 대회 및 총회에서 교회를 치리하고, 교인을 감독하며 훈육하고 심방하는 모든 일에 목사를 돕고, 교회의 평안을 구하고 연합하게 할 것과 거룩하게 할 것을 구하여 행하며, 목사가 없을 때에는 목사를 구할 동안에 노회의 지도하에 주일마다 인도할 강도인을 택하여 세우며, 사람을 얻지 못하면 자기가 성경 본문과 읽을 책들을 선택하여 예배를 인도해야 한다. 노회의 관할하에 그러한 신령한 사역은 추천되거나 주선될 수 있다.

제102문 장로는 누가 선출하는가?

"장로는 교인의 대표이므로 교인이 선출한다." 이 말은 가장 많이 인정하는 문구이고 많은 회중들이 사용한 문장이다. 예를 들면, 1822년 총회에서 "본 교회의 무흠 입교인이 선거로 장로를 택하는 것이 가장 바람직하다. 하지만 장로교회와 관련한 어떤 교회에서는 장로를 선택하는 특권을 다른 사람들에게 허용한 관례가 있다"고 언급했다. 전 교인에 의해 선출된 장로는 무효가 되어서는 안 된다.

1830년 총회에서는 세례받지 못한 사람은 장로를 선출할 자격이 없다고 했고, 1855년 구파 총회에서는 무흠교인만이 장로를 선출할 자격이 있다고 판결했다. 또한 미국 남장로교회에서는 모범이 되는 무흠교인만이 교회 직원들을 선출할 수 있다고 정했다.

제103문 장로 피선거권을 가진 사람은 누구인가?

본 교회의 무흠 입교인 중 남자에게 장로 피선거권이 있는데, 타의 모범이 되는 사람이어야 한다. 시벌施罰 중에 있는 사람은 안 되며 유아세례를 반대하는 자도 안 된다. 회중 가운데 무임목사는 지교회 회원이 될 수 없고, 장로에도 자격이 없다.

제104문 장로는 그 직임을 어느 교회에서 행할 수 있는가?

오직 자기를 피선한 교회 안에서와 총대로 파송된 노회나 대회, 총회 안에서만 가능하다. 무임장로는 치리권이 없다. 한 교회의 장로는 동시에 타 교회의 장로직을 가질 수 없다.

제105문 장로는 반드시 교인의 투표로 선출되는가?

목사가 지명하여 장립한 자는 장로라 칭할 수 없으며 시무도 할 수 없다. 반드시 투표로 선출되어야 한다. 정당하게 선출되지 않고 교회 직원으로 정해지지 않으면 교회 회원으로만 인정할 수밖에 없다.

제106문 장로는 임직을 받아야 하는가?

목사는 피택장로를 기도로 준비시켜야 한다. 1868년 신파 총회에서는 피택장로는 장로로 임직 받기 전까지는 당회에 참석하거나 장로 직무를 할 수 없다고 했다.

장립은 목사의 기도로 하게 되거나 목사의 안수기도로 할 수 있다. 어떤 방식으로 할 것인가는 개교회의 재량에 맡기기로 했으나 사도적 모범에 따라 안수기도가 일반적이어서 1833년 총회에서는 그렇게 하는 것이 적절하고 합법적이라는 의견을 내놓았다.

제107문 장로는 어느 치리회 관할하에 있는가?

장로는 지교회의 일원으로서 본 교회의 당회가 관할한다. 그러나 장로가 1인뿐이거나 장로들이 고소되었으면 노회가 이를 맡아 재판한다. 장로가 교회에 덕이 되지 못하여 교회를 섬길 수 없으면, 당회가 본인의 동의나 노회의 권고로 조치를 취해야 한다. 1869년 구파 총회에서 노회는 당회의 요청 없이도 개 교회의 형편을 살펴 영적인 안정을 위한 명을 내리기 위해 개 교회를 방문할 권이 있으며, 장로를 시무 정지할 수 있다고 결정했다.

제108문 장로는 항존직이며 그의 임기는 어떠한가?

장로와 집사직은 모두 항존직이며 임의로 그만둘 수 없다. 장로는 사면은 할 수 있으나 그 직위를 박탈할 수 없다. 그러나 부득이한 경우 사면하고 무임장로가 될 수 있다.

제109문 장로는 어떤 경우에 직무가 정지되고 무임이 되는가?

아래와 같은 경우에 장로 직무가 정지되고 무임이 된다.
1. 사망한 경우이다.
2. 연로하거나 병약하여 직무를 계속할 수 없을 때, 본인의 동의나 노회의 권고로 당회가 그 직위를 해면解免할 수 있다.
3. 이단 사상에 물들었거나 도덕적으로 문제가 있지 않더라도 직무상 교인 다수와 불합하게 되면 본인의 동의나 노회의 권고로 당회가 이유를 들어 해면할 수 있다.
4. 이단성이나 부도덕함의 죄가 있으면 당회의 재판을 거쳐 해면될 수 있다.
5. 상회의 결정에 불복할 때, 해면될 수 있다.
6. 상회의 권고가 있을 때 교회의 화평을 위해서 장로는 사임해야 한다. 사임은 당회에 해야 하며 수락이 되었을 때만 효력이 발생한다.
7. 한 교회로부터 이명증서가 오면 그 교회와의 직무상 관계는 종결된다. 1867년 신파 총회에서 그렇게 결정했다. 그것은 미국 장로교회 교회 정치 13장 2조에 있는 대로인데 1856년 신파 총회 기록에서 함축하고 있으며, 장로가 본 교회로 돌아왔어도 장로직을 다시 수행하기 위해서는 다시 선출되어 임직을 받아야 한다고 결정을 내린 것이다.
8. 장로의 시무기간을 한정하여 장립되었는데 그 기간이 완료되었을 때이다.

제110문 무임장로가 당회 재판에 참석할 수 있는가?

무임장로는 당회 재판에 참석할 수 없다. 장로 시무기간을 한정하여 선출하고 그 기간이 만료되었을 때 당회가 그 장로의 의견을 들어볼 수는 있고 투표는 할 수 없다. 당회나 노회에서 그를 상회 총대로 임명한 경우 교회를 대표하여 갈 수 있다.

제111문 면직당한 장로의 직분이 회복될 수 있는가?

교회의 동의와 더불어 당회의 특별한 조치가 없으면 장로직을 복직할 수 없다. 다른 교회로 이명하였으나 다시 본 교회로 돌아온다면 다시 투표하여 임직을 받아야 한다. 왜냐하면 이명이란 의미는 전 교회의 모든 의무가 이명과 동시에 종료되기 때문이다. 이것은 교회 정치와 판례에 너무나 명백하게 보인다. 예를 들면, 1868년 신파 총회에서는 장로가 이명한 지 3년이 지나 제출하지 않은 이명증서를 지니고 본 교회로 돌아와서는 사용하지 않은 사유를 충분한 이유와 함께 설명하여 납득이 되면 회원의 회복을 바로 복직의 의미로 받아들였다.

제112문 다른 교파에서 장로의 의미는 무엇인가?

감독교회(성공회)에는 사제라고 부르는 직임이 있다 하더라도 장로라 부르는 경우는 없다. 개혁된 감독교회는 사제라는 말을 받아들이지 않고 대신 장로Presbyter라는 말을 사용한다. 감리교회에서는 목사, 설교자 혹은 장로로 부른다. 또한 사회 장로Presiding Elders라는 것이 있는데 그것은 감독이 선출한 장로로서 한 구역을 최대 4년 이상은 돌아보지 않고 교회와 목사들을 감독하고 감독을 보조하는 역할을 한다. 화란 개혁교회와 루터교에서의 '장로'는 장로교 정치의 '치리장로'에 해당한다.

제6장

집사

제113문 집사란 무엇인가?

성경은 집사를 교회 안에서 구별된 직무라고 명약관화하게 지적하였다. 그의 직무는 가난한 자를 돌아보며 그들을 위해 모금한 헌금을 나누어주는 일이다. 이에 덧붙여 그들은 교회의 세상일을 관리하도록 합법적으로 되어 있다.

제114문 집사직은 언제 교회에 소개되었는가?

구약시대에는 집사에 대한 언급이 없다. 헌금은 레위 지파와 제사장의 관할하에 있었다(출 38:21, 민 1:50, 53, 에 8:24~30, 33). 직무로 인한 것 대신에 개인의 헌금과 관할에 의해 가난한 자를 구제하는 법 아래 특별조항이 있었다(출 23:11, 레 19:9, 10, 25:25~55).

윌슨 목사 Rev. James M. Wilson, D.D는 '집사'에 관한 소책자(23쪽)에서 "멕클라우드 박사의 말에 의하면, 유대 회당에는 7개 직분이 있었으며 이들은 공예배를 담당했고 회중의 질서를 유지했으며 교회의 재정을 맡는 권한을 지니고 있었다"고 했다(교회문답 54문). 제일 마지막 재정을 맡은 직분을 회중의 차잔Chazan이라고도 하고 집사라고도 했으며 (쁘리도의 연계성 제1부 6권), 쁘리도의 말에 의하면 차잔들은 즉, 감독자였으며 또한 정해진 목사였으며 회당장들의 아래 있었다.

또한 그들은 회당의 모든 일에 대한 책임과 감독을 맡았으며, 율법서와 선지서와 그 외 다른 성경을 공예배서로 보관했고, 회당에 속한 모든 집기를 보관하는 책무를 맡았다. 회당의 질서는 모든 장로교회가 그렇듯 신약시대 교회의 모형을 따랐다. 회당에도 가난한 자를 돌보는 직분이 있었고 예배를 감독하고 재정을 관리했다. 사도행전 6장 1~6절에는 집사 직분이 초대교회로 도입되는 내용과 사건과 직분의 필요성에 대한 언급이 있으며 또한 집사의 자격과 의무, 선출과 장립에 대한 것도 있다.

제115문 집사직은 항존직이었는가?

사도행전 6장 1~6절에서 보면 집사직이 일시적이고 긴급하게 필요해서 도입된 것이 아님이 확실하다. 집사에게 맡겨진 사역은 영원한 것이다. 왜냐하면 가난한 자는 우리와 항상 같이 있고(마 26:11), 교회는 가난한 자들을 도와야 하기 때문이다(갈 2:10). 초대교회의 이 헌금은 사도시대에도 그랬듯이 항상 교인들을 구제하기 위해서와 교회 설립을 위해서 사용되었다.

집사의 자격은 정직하고 칭찬을 받으며 성령과 지혜가 충만하며 한 아내의 남편이며 자녀와 가정을 잘 다스리는 자여야 한다(행 6:3, 딤전 3:12). 집사직은 특별하고 임시적인 직분이 아니다. 완전히 조직된 교회의 합법적인 직분으로 인식되었다(빌 1:1, 롬 12:7-섬기는 일-ministry, 헬라어 디아코니안, 벧전 4:11-에이 티스 디아코네이). 이 직분은 교회 역사 안에 항상 다른 형태로 존재했고, 모든 개혁자들이 인정하였으며, 모든 교파의 교회들에서도 존속했다. 또한 임의로 그만둘 수 없는 의미에서 항존직이다. 본인의 잘못으로 해면되지 않으면 누구도 그 직분을 박탈할 수 없다. 다만 어떤 경우에는 집사는 그 직분을 그만둘 수 있고 집사대행도 그만할 수 있다

제116문 집사의 직무는 무엇인가?

집사의 직무는 가난한 자를 돌아보고 그들의 필요에 따라 모은 구제품을 나누어 주는 일을 하며, 교회의 세상일 temporal affairs을 관리한다. 이 직무는 심방이 필요한 자를 심방하며 진정 원하는 것이 무엇인지 묻고 일자리를 얻도록 도와주고 위로하는 일을 한다. 교회의 직원이 되어 영적인 위로와 교훈과 기도를 하되 항상 세상 구제와 연결지어 주어야 한다. 여러 많은 교회에서 집사의 직무는 성찬집기와 성찬에 관계되는 모든 것을 관리하며 구제비나 혹은 특별재정에서 성찬에 필요한 것을 준비하는 것이다.

제117문 집사가 맡는 재정은 어떤 것인가?

구제비이며, 이것은 모금할 수 있다. 성례일의 헌금은 구제비로 쓰여야 하며, 구제비를 제외한 특별헌금에 대해서는 관리할 책임이 없다. 구제받을 사람은 교인이거나 교인이 아니어도 괜찮다. 미국 남장로회는 집사의 직무에 당회의 지도 아래 신앙적인 목적을 위해 헌금하는 것과 구제하는 것을 포함했다.

'교회의 세상일'이란 교회의 의식(규례)을 지원하고 교회에 속한 건물을 세우고 보존하기 위해 모금한 모든 헌금을 관리하는 일도 들어간다.

이 모든 것들이 집사의 직무이다. 스코틀랜드 교회 제1 치리서 The First Book of Discipline에는 "집사는 교회의 건물세를 책임져야 하며 또한 교회는 결정에 따라 집사를 교회 사역과 그 교회의 구역에 있는 학교와 가난한 자를 돌보게 할 수 있다"고 되어 있다. 또한 "교회와 예배를 위한 모든 것, 즉 토지, 건물, 소유와 건물세 등 교회와 관련된 일체를 기부한 것이나 유지 기금이든지 금욕에 대한 헌금이든지 왕이나 귀족들이 지닌 어떤 합법적인 재산이든 간에 성도들의 헌금과 더불어서 모든 것을 교회의 재산에 귀속한다"고 명시되어 있다.

이런 교회의 재산은 집사가 목사, 가난한 자, 병든 자나 교인이 아닌 자에게도 나누어 주어야 하고 그 외 교회의 다른 일들을 위해 사용되어야 한다. 여기에 덧붙이기를 학교와 학교장이 있고 총회의 서기가 포함되며 교회 문제를 맡는 사람들 syndics or procurators도 들어가고, 시편 낭송을 맡은 자와 교회의 일반 직원들도 포함한다. 일반적으로 교회의 세상 일은 재단이사들에게 책임이 있고 집사들은 구제헌금만 관리한다. 집사가 교회의 재산을 관리하는 경우는 재단이사회 이사일 때 가능하다. 왜냐하면, 재단이사회가 교회 재산을 관리하기 때문이다.

제118문 모금한 특별헌금은 누가 맡는가?

교회 당회가 총회와 각 치리회 기관으로부터 여러 명을 추천받아 공평하게 분배한다. 교회가 각 부서 회계에게 보내는 헌금이 있는데 매달 나눠 보내기도 하고 일괄적으로 전체를 보낼 경우도 있는데 총회가 권고하는 액수대로 교회의 각 기관에 나누어 준다.

제119문 당회가 구제비에 관해 직접 관할할 수 있는가?

"구제비 관리와 사용은 집사가 맡은 엄중한 직무이므로 당회도 구제비 사용에 관해 충고할 수는 있다." 1857년 구파 총회가 그렇게 결정을 했다. 그 문제는 신파 총회에서나 혹은 교단 합동 이후에는 대두되지 않았던 것 같다. 다만 가난한 자를 돌아본다는 것은 집사의 명백한 직무이다.

제120문 집사와 목사의 다른 점은 무엇인가?

집사는 평신도laymen이고 교회의 어떤 부서에서도 사역할 수 있지만 치리회원이 될 수는 없다. 장립, 설교, 성례의 집행이나 교회 정치에도 관련이 없다.

제121문 집사와 치리장로의 다른 점은 무엇인가?

장로는 교회 전체를 영적으로 돌아보고, 집사는 주로 교회의 세상일을 담당하고 때때로 구제와 교회 재산과 재정을 맡는다.

제122문 사도들이 세운 집사는 설교를 하였는가?

집사로는 설교하지 않았다. 사도들이 집사를 세운 목적은 사도들과 목사들의 섬기는 일을 덜고 그들이 기도와 말씀 전하는 일에 전무하게 하기 위해서였다(행 6:2~4). 집사는 가르치는 자질이 요구되지 않고, 정직하고 신중하며 치우치지 않고 절제하고 믿음이 있고 일관성이 있고 성령과 지혜가 충만해야 하고 이익을 탐하는 자가 되어서는 안 된다(행 6:3, 딤전 3:8, 9, 10). 스데반은 '기사와 표적을 사람들에게 행하였고' 다른 사람들과 평범한 대화에서나 또는 그를 신성 모독이라고 고발한 산헤드린공회 앞에서 지혜와 성령으로 말했다(행 7장). 지혜와 성령으로 말한 그의 변호나 변론은 본질적인 면에서 설교이며, 오히려 그것은 공적이면서 권위 있는 복음 선포라고 여겨진다.

그러나 집사로서 설교한 증거는 없다. 성경 어디에서도 집사직과 관련하여 설교를 언급한 적이 없다. 심지어 감독교회the Episcopal churches에서도 집사(부제)는 그의 직임으로서 설교하는 것이 허용되지 않고 만약 한다고 하더라도 감독으로부터 일정한 시험을 거쳐 자격을 득해야 한다. 스데반은 일곱 집사 중 한 사람인 빌립처럼 집사의 직분과 전도인의 직분, 즉 두 가지 직분을 가진 것 같다(행 6:5~10).

제123문 누가 피택집사(chosen Deacons)가 되는가?

세움을 받은 사람은 성찬식에 참석할 수 있는 자, 즉 본 교회 무흠 세례입교인으로서 남자를 말한다. 그러므로, 무임목사는 지교회 회원이 아니기에 어떠한 경우라도 목사는 집사가 될 수 없다. 이 사실은 1865년과 1869년 구파, 신파 총회에서 다시 한 번 확인되었으며 1874년 총회에서 이 원리를 인정했다(참고, 치리장로의 직분 자격에도 해당된다).

제124문 여자도 피택될 수 있는가?

"집사는 남자 회원 가운데서 택하여야 한다." 찰스 하지 박사Rev. Charles Hodge, D.D가 말하기를 "초대교회에서 남자 집사가 아닌 여자 집사는 어떤 특별한 경우에 피택을 받았다. 그러나 일반적으로 그렇게 했다는 증거는 없다"고 했다.

하지만 바울이 '교회의 일꾼(헬라어-오이도는 테스 에클레시아스)'으로 부른 뵈뵈, '주 안에서 수고한' 드루배나와 드루보사와 '주 안에서 수고한 사랑하는' 버시는 추측건대 겐그레아 교회의 여집사로 여겨진다(롬 16:1~12). 디모데전서 3장 11절, 5장 11절이 말하는 남자 집사의 아내들(헬라어-구나이카스)은 '정숙하고 모함하지 아니하며, 절제하며, 모든 일에 충성된 자'가 되어야 한다고 했는데, 어떤 이는 여기에 나오는 집사의 부인들은 공적으로 교회와 관련한 여자 집사라고 추측한다.

디모데전서 5장 9절에서 60살이 되지 않은 자를 과부의 명부에 올리지 말라는 표현은 거기에 나오는 과부는 교회가 도와주어야 하는 가난한 부인을 말한다고 주장하는 이들도 있다. 그러나 다른 이들은 또, 교회의 여성도들을 담당하는 피택 여자 집사를 말한다고 주장한다.

그러한 여자 직원들은 유대인 사이에서 보다 이방인 개종자의 여자들 사이에서 특별하게 필요한 것으로 이해했다. 어떤 이들은 다비다 혹은 도르가가 여자 집사직분을 가지고 있었다고 주장한다(행 9:36). 초대교회사에서 가난하고 병든 여자들을 돌보는 책임을 가졌던 사람들이 이 집사직을 가지고 있었지만 서방교회Latin Church에서는 11세기에, 동방교회Greek Church에서는 12세기에 사라졌다.

사도시대의 교회에서는 여집사가 피택되거나 장립되었다는 증거는 없다. 마치 갈릴리 사람들이 그리스도께 했듯이 많은 여인들이 물질로 사도들을 섬겼으며, 집사의 아내들과 더불어 가난한 사람을 위해 시간과 공을 들였지만, 공적인 직위가 없는 조력자로 간주했다. 새로운 직무가 필요하다고 해서 긴급안에나 교회의 실행안, 장로회 헌법에 명시한 것은 없다. 다만 미국 남장로회가 조례로 언급하기를 "만약 필요하다면 교회 당회가 경건한 여인godly Women들을 지명하여 병중에 있는 자나 죄수들, 가난한 과부나 고아나 일반적으로 낙심해 있는 자들을 돌보게 할 수 있다"고 했다.

제125문 집사는 누가 선택할 수 있는가?

치리장로와 집사를 선출할 수 있는 자는 교회 교인이며, 치리 장로와 집사는 모두가 인정하는 방법과 교회 교인이 하던 대로 선출해야 한다. 집사를 선택할 수 있는 자는 장로를 선택할 수 있는 자에 준한다.

제126문 집사는 장립과 임직을 받아야 하는가?

집사도 장립, 임직, 사면, 면직, 제명, 휴직, 복직, 정직, 시벌과 해벌 등 치리장로에 준하여 동일한 규칙을 적용한다.

제127문 한 사람이 집사와 장로를 동시에 할 수 있는가?

1840년 구파 총회에서는 "집사와 장로의 직분은 구분되어야 하지만 부득이한 경우 필요에 따라 한 사람이 양 직분을 동시에 수행하는 것뿐만 아니라 집사의 직분이 없었던 시절에는 겸할 수밖에 없었다는 사실이 총회 헌법에 어긋나는 것은 아니다"라고 공포했다. 집사가 없을 때에는 당회가 가난한 자들을 돌보거나 한두 명의 장로를 택하여 집사의 일을 하도록 해야 한다.

신파 총회에서는 이 문제에 대해 어떠한 입장도 표하지 않았지만 '교회 정치' 13장 2조에 한 개인이 겸직도 가능하다는 함축성을 내비쳤다. 1880년 총회에서 "집사로 피택되어 한 교회에서 치리장로로 임직하게 되면 그 사람은 집사로서의 직무를 수행할 수 없는가?"라고 질의했을 때 "그렇지 않다"고 답을 했다. 집사가 없는 교회는 당회가 일반적으로 가난한 자를 돌보고 장로 중 한둘을 지명하여 집사의 직무를 행하도록 한다.

제128문 집사는 치리회의 회원이 될 수 있는가?

집사는 목사도 아니고 교인의 대표자도 아니므로 치리권이 없다. 치리회원이 될 수 없다.

제129문 집사는 어느 치리회의 관할을 받는가?

집사는 지교회 무흠교인이므로 당회 관할하에 있다. 집사는 직무를 휴직할 때 당회의 조언을 구해야 한다. 집사의 직무보고와 회계내용을 적어도 1년에 한 번은 교인의 대표기관인 당회나 교회 교인들에게 제출하여 확인과 인정을 받아야 한다. 스코틀랜드 교회 제2 치리서 Second Book of Discipline에서 확인된 바로는 "교회와 가난한 자의 재산은 어느 개인의 용도로 바꾸거나 잘못 분배가 되어서는 안 된다고 말하는 소속노회와 장로회(집사는 회원이 될 수 없다)의 결정과 지명에 따라 실행해야 한다"고 했다. 미국 남장로회는 "헌금과 분배의 내용과 모든 절차 기록은 완벽하게 집사가 잘 보관하고 있어야 하고, 1년에 한 번은 당회의 검사와 인정을 받기 위해 제출해야 한다"고 요구했다.

제130문 성찬식 때 집사가 장로를 보조할 수 있는가?

1867년 구파 총회에서는 당회가 재량대로 결정할 수 있다고 했다. 재연합 총회 the Assembly of the reunited Church에서 인정받은 내용이다.

제131문 시무 기간을 정하여 집사를 선택할 수 있는가?

'교회 정치'에서는 시무 기간을 정하여 집사를 선택할 권한이 없다. 집사직에 피택된 사람이 자신의 의사로 사면하지 않거나 헌법에 따라 사면하지 않는 한 정해진 기간이 만료되어도 해면할 수 없다.

제132문 집사회란 무엇을 말하는가?

집사는 개인적인 의무로 활동할 수 없고, 함께 모여 집사회 a Board of Deacons를 조직해야 한다. 집사회는 회장과 서기와 회계를 택해 그들의 임무를 규모 있게 수행하며, 가난한 자를 찾고 병중에 있는 사람을 심방하고 낙심한 자를 어떻게 위로할 것인가 결정한다. 집사회는 들어온 헌금과 사용한 헌금의 기록과 회계 장부를 철저히 보관해야 하고, 동의를 얻기 위해 당회에 적당한 때에 제출해야 한다.

세상일을 집사회가 맡을 경우 교인의 기금에 대한 기록은 따로 보관해야 한다. 당회원은 종종 집사회의 회의에 참석해서 조언도 하지만 투표권은 없다. 미국 남장로회에서는 당회의 책무 중 하나는 집사회의 모든 절차의 기록을 검사하는 것이라고 공포한 바 있다.

제133문 다른 교파 교회의 집사는 어떠한가?

감독교회Episcopal Church의 부제(집사)는 직위상 최하위 사역자들이다. 회중교회(조합교회)의 집사는 신령한 직분으로 이해한다. 그들은 구제와 관련이 없고, 교회가 선택을 하나 장립은 하지 않는다. 그들은 목사와 더불어 자문위원회를 조직하여 교인을 돌아보고 그들의 임무를 수행할 때 필요한 것을 교회에 보고하며, 성례를 베풀 때 목사를 보조한다. 침례교회는 교회 정치에서 조합교회(회중교회)와 같다. 때때로 안수하여 집사를 장립한다.

감리교회의 집사는 감독교회(성공회)의 집사 직분의 내용과 같다. 개혁(화란)교회의 집사와 루터교회의 집사는 장로교회의 집사와 같다. 단 루터교회의 집사는 성찬식에서 목사를 보조하며 공적 예배에서 필요한 모든 일을 하는 것을 제외하고는 장로교회의 집사와 동일하고 또, 목사에게 합당한 사례를 주며 교회의 세상일을 감당하는 것을 제외하고는 장로교회의 집사에 해당한다.

제7장

교회의 예배의식

제134문 교회의 예배의식(율례)이란 무엇인가?

교회의 예배의식은 하나님의 권위로 세워졌다. 교회 헌법의 규칙이나 최고 치리회의 결정을 교회의 예배의식(율례)이라고 하지는 않는다. 단지 규칙이나 결정은 교회 권위를 지니는 것이므로 다시 새로운 규칙으로 개정할 수 있고 후에 결의를 내놓을 수 있다.

그러나 율례는 하나님께서 세우신 것이고 양심에 기초하며 하나님의 명령이 아니고서는 변경할 수 없다. 하나님의 모든 법, 정해진 예배와 절기와 제사의식과 예표와 직원 등은 성경에 기록되어 있으며 이를 율례라고 부른다(출 18:20, 민 9:12, 시 99:7, 눅 1:6, 골 2:14, 히 9:1,10, 롬 13:2). 그러므로 교회의 율례는 머리이신 그리스도께서 정하신 것이므로 그 권위가 있으며 영원히 지속할 의무이다.

제135문 그리스도께서 세우신 예배의식(율례)은 어떤 것이 있는가?

1. 기도 2. 찬송 3. 성경 낭독 4. 성경 강론과 설교 5. 세례와 성찬 6. 공적인 엄숙한 금식과 감사 7. 교리문답 8. 구제와 기타 경건한 목적을 위한 헌금 9. 권징 10. 성도를 위한 축복

제136문 예배의식(율례)을 주신 목적은 무엇인가?

그리스도께서 사역과 계시와 율례를 주신 것은 이 세상에서 마지막 날까지 성도를 모으시고 온전케 하기 위함이다. 그의 약속대로 주의 임재와 성령으로 율례가 우리에게 유익이 되게 하신다.

제137문 누구의 유익을 위해서 율례를 주셨는가?

몸 된 교회와 현재의 성도와 장차 성도가 될 모든 사람들의 유익을 위해 율례를 주셨다(고전 14:4~40).

제138문 구약 율례와 신약 율례가 다른 점이 무엇인가?

율법시대의 언약은 유대인들에게 주어진 약속들과 예언과 희생제사와 할례와 유월절 어린 양, 그리고 다른 예표와 율례들에 의해 이루어졌다. 이 모든 것은 그리스도를 예표하였고 그 시대에는 성령으로 역사하시어 약속된 메시야를 믿는 믿음 안에서 택한 백성을 교훈하시고 세우기에 충분하였고 또한 효력이 있었다.

복음시대에는 본질이신 그리스도께서 나타나셨는데 언약을 시행한 율례는 말씀 전파와 세례와 성찬이었다. 구약의 율례에 비해 보다 단순해졌고 드러나는 영광은 덜하지만 더욱더 완전하며 명백하고 영적으로 유익하여 유대인과 이방인을 포함한 모든 민족에게 주어졌다. 그리하여 이것을 신약이라 부른다. 그러므로 본질이 다른 두 가지 은혜의 언

약이 있는 것이 아니라 다양한 시대 아래 단 하나의 동일한 언약이 있는 것이다.

제139문 구약과 신약의 두 가지 율례 사이에 어떤 관계가 있는가?

구약의 율례는 예표적이고, 제사와 관련되어 있어 의식적이며, 복잡하다. 신약의 율례는, 본질은 보존되었고 다만 외적인 형태가 바뀌었다. 성전의 복잡하고 의식적인 제사는 하나님께 직접 예배드리는 것으로 더욱 단순해졌다. 휘장이 벗겨지고 우리는 담대히 은혜의 보좌 앞에 나갈 수 있게 되었다(요 4:21~24, 히 4:16). 약속이 성취되고 예표된 모든 것이 이루어진 후에 예언과 예표를 지닌 율례는 선포의 형식 또는 이루어진 것을 '전하는' 형식을 취한다(고전 11:26). 그런 것을 통해 감사히 기념하고 성별하여 참여하게 한다(요 6:53~63, 고전 10:16).

제140문 율례와 성례의 차이가 무엇인가?

율례란 보다 더 일반적인 용어이고 하나님께서 제정하신 것을 포함한다. 율례는 우리에게 구원의 유익을 전달하기 위해서 세워졌으며 은혜의 수단이라고 불린다.
성례는 그리스도께서 정하신 거룩한 율례이며 그 안에는 인지할 수 있는 표지로 그리스도와 새 언약의 유익이 모든 믿는 자에게 나타나며, 인쳐지고 적용된다. 성례에는 두 가지가 있는데, 세례와 성찬이다. 이것을 '인침의 율례 sealing ordinances'라고 한다.

제141문 이 율례를 책임지고 시행할 자는 누구인가?

지교회의 담임목사와 당회에 책임이 있다.

제142문 교회 안에서 누가 기도하는가?

목사가 직접 인도한다. 그러나 목사가 합당하거나 필요하다고 여기면 본 교회 장로나 합당한 교인에게 예배의 한 부분인 기도를 부탁할 수 있다. 하지만 책임은 항상 담임목사에게 있다. 비공식적이거나 그룹별 모임이나 기도회에서는 남자 성도가 목사의 주관하에 기도할 수 있다. 이는 1817년과 1832년의 목회서신pastoral letters에 잘 나타나 있고, 또 총회의 권고사항이며, 1849년 구파 총회의 권고사항이기도 하다.

경건한 여성들의 기도모임을 전적으로 인정하지만 여자가 가르치거나 권면하거나 공적으로 기도를 인도하는 것은 성경에 금지되어 있다. 1874년 총회는 "총회는 교회 안에서 매주 정기적인 기도모임에서 여자가 설교할 수 없고 기도 인도도 할 수 없다고 명하는가?"라는 질의에 대해 "그렇다"고 대답했다. 다만 예외는 비상시에나 또는 담임목사와 당회의 결정에 있다. 덧붙여 말하기를 "총회는 여자가 기도모임에서 설교하고 기도할 수 있는 권리에 대한 성경적 견해에 대해 결정한 바는 없지만 이 모든 문제를 담임목사와 당회의 재량에 맡긴다"고 했다.

제143문 예식서(liturgies)를 사용할 수 있는가?

'예배모범Directory of Worship' 제5장에서 즉석 기도extemporary를 가르치고 있다. 1867년 구파 총회에서는 기도서를 사용하는 것에 대한 공식 입장이 필요하다고 여기지 않았다. 왜냐하면, 장로교회의 예식서가 이미 있었고 성경의 단순성에서 비롯되어서 그동안 받아들여졌기 때문이다. 예식서는 바뀌지 않았다.

1869년 구파 총회는 "예배가 의식적으로 또, 예전적으로 되어가는 경향이 분명한데, 이를 거부한다"고 공포한 바 있다. 1874년 총회 역시 "공예배에서 응답하는 식으로 드리는 예배순서는 신약성경에서도 그 근거를 찾을 수 없고, 장로교회 예배형식의 일관성을 해치는 불가피한 경향이 있다는 점에서도 지혜롭지 못할 뿐 아니라 더 이상 장로회 교회 정치를 따르는 것 같지도 않다"고 공포했다. 지교회의 모든 당회는 장로교의 정신과 실천의 원리에 입각해서 "예배 모범에 나타난 단순성을 보존해야 한다"는 권고를 받았다. 총회는 예배형식을 마련하는 것을 거절했다.

제144문 기도의 합당한 자세란 무엇인가?

1849년 구파 총회에서 기도하는 자세를 다음과 같이 인정했다. 성경에서의 예와 초대교회의 관례를 따라서 공기도는 일어서서 하는 것이 합당하고, 개인기도는 무릎을 꿇고 하는 것을 인정했다. 초대교회에서는 앉아서 기도하는 것을 이교도들이 하는 자세로 불경건하게 여겼다. 그러므로 "앉아서 기도하는 것은 예배자가 병중에 있지 않으면 허용되지 않으며, 심히 합당하지 않은 행동으로 간주하여 그렇게 할 경우 목사가 충심으로 또 인내심을 가지고 견책해야 한다"고 결론지었다.
이것은 1857년 다시 확인되었고, 1854년 신파 총회에서는 예배드릴 때 어떤 곡조를 사용해야 할지와 어떤 자세로 기도드릴지와 누가 성가대에 참석해야 할지 성경이 자세히 언급하지 않기 때문에 교회가 예배 형식과 기도 자세와 찬양에 대해 일관된 조치를 취할 수 없다고 결론을 지었다. 1870년 총회에서는 기도와 찬양에 대한 어떠한 결정도 합당하지 않다고 언급했다.

제145문 찬송할 때 누가 관여하는가?

다른 예배순서도 그러하듯이 목사가 지도해야 한다. 예배 중 찬송시간으로 얼마를 할애해야 하는지 목사가 신중하게 결정해야 한다. 교회에서나 집에서 시와 찬미로 하나님을 찬송하는 것은 모든 그리스도인의 의무다. 모든 교인들은 찬송가를 가지고 예배당에서 찬송 시간에 함께 참여할 것이다. 또한 찬송을 배우고 연습하는 것이 좋으며, 목소리뿐 아니라 마음과 합당한 태도로 마땅히 하나님을 찬양해야 한다.

제146문 찬양대를 조직함이 합당한가?

예배에서 중요한 것은 찬양대 조직에 관한 것인데, 이는 당회 결정에 따른다. 스코틀랜드 교회에서는 강단 가까이 선창자 Precentor가 있어 성도들의 찬양을 인도하는 관습이 있었는데 이것은 장로교와 스코틀랜드 교회에서 예배 시 찬송을 부르는 한 방법이었으며, 세월이 많이 지났어도 최근에 다시 그렇게 하는 곳도 있다.

그보다는 잘 훈련된 찬양대를 조직하는 것이 더욱 일반화되어 있다. 1867년 구파 총회에서는 찬양을 인도하는 자는 가능하면 실제적이어야 하고 교회와 조화되고 치리회에 순복하는 자이어야 한다고 공포했다. 찬양대의 구성과 음악 악기를 도입하는 것은 경건하고 영적 감동을 위해서 쓰여질 때 정당화될 수 있다. 또한 악기는 거룩한 노래를 보조할 때 사용되어야 한다.

예배시간에 주의해야 할 점은 예술적인 재능을 나타내 보이려고 해서는 안 되고, 목소리의 감미로움만을 위해서도 안 되며, 음악의 기능만을 보이려고 해서도 안 된다. 잘못하면 예배가 곤란하게 되어 어떻게 되돌릴 수 없다. 연습을 위해 주일 외에 다른 날을 정해야 하고 또, 찬송을 부를 때 많은 사람이 하지 않고 적은 수의 사람이 부르는 것이 낫다고 성경 어디에서도 언급하고 있지 않다.

제147문 악기를 사용할 수 있는가?

찬양대에 관하여 언급한 내용은 악기 사용에도 동일하게 적용된다. 악기 사용도 성가대 조직과 마찬가지로 당회 결정에 따른다.

1845년 구파 총회는 "교회 정치와 예배 모범에 따라 예배와 질서에 관한 전체 지도는 목사와 당회에 맡기는 반면, 음악을 조정하고 연주하는 미묘하고 중요한 문제는 각 당회에 맡기고 교회의 덕을 세우기에 적합하게 상당한 주의와 분별을 가지고 절제하며 악기를 사용해야 한다"고 질의에 답했다. 그리고 이것은 1884년에 다시 확인되었다.

제148문 성가 영창을 할 수 있는가?

구파나 신파 총회에서 추천받은 많은 책 중 교회에서 사용할 수 있는 영창을 발견했다. 양 교단 찬송가준비위원회는 시편이나 성경에서 영창을 할 수 있는 말씀을 선정했다. 1875년 재연합교단에서 채택한 「장로교찬송가Presbyterian Hymnal」도 비슷한 과정을 겪었다.

제149문 어떤 찬송과 어떤 음악을 할 수 있는가?

'예배 모범' 4장에는 책이 구비되어야 한다고만 되어 있다. 앞에 기술한 대로 모든 문제는 각 교회 당회의 주관하에 있다. 그러나 마음대로 당회의 권위를 사용하지 않아야 한다. 성도 대다수의 동의를 구하지 않고 새로운 책을 채택할 수 없다(1753년). 총회는 종종 이런 문제에 있어서 교회가 일치되는 것을 보는 것이 바람직하다고 했으나 권위로 하지는 않았다. 다만 때때로 몇 권의 책을 인정했고, 준비위원회도 구성했고, 위원회나 상비부에 의해 출판도 했으며, 진심으로 교회들이 사용할 것을 추천했다.

총회는 처음으로 「루즈판 시편Rouse's version of the Book of Psalms」을 인

정했고 스코틀랜드와 아일랜드 교회와 미국의 장로교회 여러 교단에서 사용하였다. 후에 「다윗의 시편을 본받아Imitaiton of the Psalms of David」라는 와츠Watts의 책과 그의 세 권의 찬송집이 추천되었다. 1830년 총회에서 준비한 「시편과 찬송가Book of Psalms and Hymns」가 인정된 후 추천되었으며, 「교회 시편기자Church Psalmist」가 1843년 신파 총회에서 채택되었다. 1838년 구파 총회는 「시편과 찬송Psalms and Hymns」을 수정하라고 했으며 그것은 1843년에 다시 만들어져 인정받았다. 1866년 「찬송가Hymns」는 인정받았고 모든 장로교회에서 사용하도록 했으나, 현재 사용하고 있는 찬송가를 이것으로 대체해야 한다고 요구하지는 않았다. 재연합교단reunited church은 1875년에 「장로교 찬송가Presbyterian Hymns」를 채택했다. 1882년에는 주일학교 찬송가를 만들려고 했다.

와츠의 시편과 찬송의 도입은 처음에 심한 반대에 직면했다. 1755년 대회는 와츠의 책이 채택되면 스코틀랜드판도 동일하게 공예배에 사용해야 한다고 결정을 했다. 1765년 대회는 "성경에서 영감 있는 시편을 신령한 예배에서 원래의 목적과 기독교회의 전래대로 찬송으로 부르는 것은 합당한 일이며, 시편을 모방하는 것도 허용할 것을 결정한다"고 공포했다. 1787년 대회는 오랫동안 와츠의 책을 사용하는 것을 허락해 주었는데, 그의 책은 오히려 구시편Old Psalms이라고 불리는 루즈판Rouse's version을 인정하는 것이며 또한 시편곡조를 두고 공개적으로 엄격하고도 비기독교적인 검열을 하는 것을 결코 인정할 수 없다"고 선언했다.

그 다음 해에 어느 목사가 "하나님을 공적으로 예배하는 데 다윗의 시편을 루즈가 구절을 나눈 것을 토론하고, 루즈의 책 대신에 와츠의 시편 모방을 채택하면 교회가 돌이킬 수 없는 치명적인 심한 오류에 빠지는지에 대해" 공식적으로 질의했다. 총회는 그 목사를 양심의 가책에서 자유롭게 해 주려고 했으며, 그에게 교회의 평화를 깨지 않도록 권고했다. 1822년에는 그 찬송가를 공식적으로 허락했다.

제150문 누가 하나님의 말씀을 읽고 강론하고 설교하는가?

정식으로 장립받은 반듯한 담임목사, 전도자, 목사와 강도사가 할 수 있다. "담임목사나 당회의 동의 없이 교회에서 어떤 사람이 설교하는 것은 적절하지 않다." 이 문장은 담임목사나 지교회 당회가 교회에서 행해지는 가르침에 책임이 있다는 의미로 받아들여진다. 담임목사는 설교자가 장로교회에 속해 있거나 아니면 우리 교단이 인정하는 교단에 속해 있는 목사와 강도사를 초빙하여 대신 설교하게 할 수 있다.

이상과 같이 동일한 책임하에 담임목사는 때때로 학업의 진보가 아주 좋고 노회에서 자격을 받지 않은 목회자 후보생이라도 은사를 발휘하도록 다소 공적인 강론과 설교를 본 교회에서 하게 하고 담임목사의 지도를 받도록 해야 한다.

담임목사가 없고 다른 목사도 구할 수 없는 경우에는 장로나 집사가 공예배의 사회를 볼 수 있고 성경과 신앙고백서를 선정하여 봉독할 수 있다. 그러한 것은 노회가 추천하고 인정하는 신령한 사역이다. 1856년과 1857년 구파 총회에서는 담임목사가 부재할 경우 장로가 성경을 강론하고 적절한 권면으로 진리를 전할 자격이 있다고 인정했다.

총회는 설교권이 없는 자나 평신도가 설교하는 것은 적절하지 않다고 했다. 만약 어떤 이가 사역에 소명이 있으면 신학공부를 할 것이며 모든 것이 준비가 되면 정식으로 자격을 득해야 한다.

여자의 경우, 여자들을 위한 모임에서도 권면이나 설교나 기도를 인도하지 말 것이니 이는 성경에 분명히 금한 것이다. 1872년에 복음사역에서 여자의 설교권과 장립에 관한 것과 여자가 강단에서 가르치는 것과 설교하는 것을 금한 것에 대해 질의한 내용에 충분한 대답을 하였다. 1878년 총회의 결정은 노회의 시행에서 언급한 성경 구절(고전 14:33~37과 딤전 2:11~13)이 교회의 정식회의에서 여자가 설교자 직분을 가지는 것을 금하는 것을 밝힌다고 했다.

제151문 목사가 설교를 읽을 수 있는가?

금하는 바가 없다. 1761년에는 모든 목사와 강도사는 편리하다면 강단에서 인내심을 갖고 설교를 읽으라고 요구했다. 1841년과 1849년에 구파 총회는 젊은 목사들에게 읽지 말고 다른 방법을 택하라고 권면했고, 그 방법은 보다 더 성경적이고 효과적이며, 하나님의 백성에게 일반적이고 보다 더 합당한 방법이어야 한다고 했다. 읽지 않고 설교하는 방법은 많은 연구와 묵상과 기도를 요한다. 그러므로 목사들이 설교를 빈틈없이 준비해야 하며, 아무런 준비 없이 즉석에서 장황하게 설교하지 말아야 한다. 노력함으로 하나님을 섬겨야 할 것이다.

제152문 강해설교란 무엇인가?

하나님 말씀의 많은 구절 혹은 적은 구절을 나누어 설명하고 적용하는 것을 말한다. 성경봉독으로 시작하고 그 성경말씀을 가지고 강의하듯이 설교하는 것이다. 하나님의 거룩한 말씀을 강해하는 것이 사람들을 교훈하기에 매우 유익하므로 성경의 많은 부분을 때때로 강해하는 것이 합당하다. 이 설교 방법은 1799년에 목사들에게 특별히 추천된 방법이다.

제153문 성례란 무엇인가?

성례는 그리스도께서 제정하신 거룩한 의식(율례)인데, 인지할 수 있는 표지로 성도들에게 그리스도와 새 언약의 유익이 나타나고 봉인되고 적용된다.

제154문 성례는 몇 가지가 있는가?

구약시대에는 할례와 유월절 예식 두 가지만 있었다(창 17:10, 출 12장). 신약시대에 와서도 그리스도께서 교회 안에 두 가지 성례를 제정하셨는데 세례와 성찬이다. 이것은 모든 개혁교회들의 교리이다. 로마 교회는 세례Baptism, 성찬Lord's Supper, 혼례Matrimony, 신품례Orders, 고해성사Penance, 견진성사Confirmation, 종부성사Extreme Unction의 일곱 가지 성례를 주장한다.

제155문 세례란 무엇인가?

세례는 성례이며 성부와 성자와 성령의 이름으로 물로 씻음 받아서 우리가 그리스도에게 연합되었음을 의미하고 인치는 예식이다. 이로써 은혜 언약을 받으며 우리는 주님의 소유가 된다. 할례가 유대교의 입회 의식이었다면, 세례는 그리스도 교회의 입회 예식으로 신약에서 세례는 구약의 할례를 대신한 것이다. 영적인 의미를 보여 주는 면에서 구약의 성례는 본질적으로 신약의 성례와 동일하다(골 2:11, 12). 하지만 신약시대에는 할례는 금하고(갈 5:2) 세례를 주었다(행 2:38).

제156문 누가 세례를 베푸는가?

로마 교회에서는 통상 신부가 세례를 베푸는데 비상시에는 어떤 남자나 여자라도 세례를 베풀 수 있다고 되어 있다. 감독교회(성공회)에서는 사제의 부재시나 그의 지도 아래 부제Deacons가 세례를 베풀 수 있다. 장로교회와 마찬가지로 개혁교회는 어떤 경우에라도 개인이 세례를 베풀 수 없고 반드시 하나님의 비밀을 맡은 자라 불리는 목사가 베푼다. 목사가 아닌 강도사나 장로도 세례를 베풀지 못한다. 마찬가지로 면직 당한 목사는 세례를 베풀지 못하고 세례를 베푼다 하더라도 무효가 된다. 목사가 시벌 중이라면 목사의 기능을 발휘할 수 없다. 시벌 중에 있는 목사가 다른 교단이나 교파와 연합한 후 이 예식을 시행하고 또 그 교단과 교파에서 품행이 바르다면 그 교단이나 교파에서 인정받을 일이다. 배교자가 시행한 세례는 평신도가 세례를 베푼 것이 되므로 무효이다. 목사가 부도덕하거나 그 직무를 수행할 자격이 없더라도 권징을 받지 않았다면 그가 베푼 세례는 유효하다. 세례를 베풀 때 합당치 않은 일이 있으면 당회는 일일이 조사하여 노회에 최종 결정을 위해 보고해야 한다.

제157문 세례의 효능이 세례 베푸는 사람의 인격에 의해 영향을 받는가?

성례는 효과적으로는 구원의 수단이 된다. 성례 자체 안에 있는 어떤 덕이나 세례를 베푸는 사람의 인격으로서가 아니라 오직 그리스도의 복으로 말미암고, 또 성례를 믿음으로 받아들이는 자들 가운데 역사하시는 성령으로 말미암아 효능이 있다.

제158문 다른 교파가 베푼 세례를 인정할 수 있는가?

지교회 목사는 인정받지 못한다 하더라도 그리스도의 교회라고 인정되는 교회가 베푼 세례는 인정해야 한다는 원리를 가지고 있다. 그러나 유니테리언 교회가 베푼 세례는 무효라고 1814년 총회에서 선언했다. 삼위일체 같은 근본 교리를 부인하거나 예수 그리스도가 그 본질과 능력과 영광에서 성부와 동일하다는 것을 부인하면 진정으로 복음을 전하는 목사로 인정할 수 없고 그가 베푼 세례는 무효라고 총회가 신중하게 만장일치로 결정했다.

구파 총회는 1864년에 캠벨주의자Campbellites와 제자파Disciples가 베푼 세례는 무효라고 결정했으며, 1845년에는 로마 교회(가톨릭)가 그리스도 교회가 아니고 또한 신부도 목사가 아니므로 로마 교회의 세례는 무효라고 선언했다. 미심쩍으면 당회는 그 신청자가 세례를 받아야 할지 받지 말아야 할지 그 여부를 결정해야 한다. 1875년의 총회는 "로마 교회에서 개종한 자가 다시 세례를 받아야 하는가?"라는 질문에 답하기를 "세례에 관한 것은 우리 장로교 교단의 신조를 따르는 개 교회 당회의 결정에 맡긴다"고 했다.

1879년 다시 총회는 '신앙고백Confession of Faith'에서 로마 교회와 그들의 수장에 관해 설명해 놓은 것을 그대로 받아들이고, 1835년 총회에서 다룬 주제를 다시 한 번 더 확인했다. "로마 교황을 우두머리로 한 위계질서를 가진 로마 교회는 거짓된 교회이다. 이 교회는 성경 교리를 단호하게 반대하며 또한 많은 그리스도 교회를 타락시키고 퇴락시켰다. 로마 교회는 최고의 권위를 휘둘러 교회들을 감독했다." 1835년의 결정은 "교황제도가 그리스도를 배교하는 것이고 로마 교회는 참 교회가 아니다"라고 했다. 초기 개혁교회들은 로마 교회의 세례를 인정하였다.

제159문 누가 세례를 받을 수 있는가?

세례는 유형 교회에 속하여 그리스도를 믿고 순종할 것을 고백하는 자들에게 베푼다. 유형 교회에 속한 유아들은 세례를 받을 수 있다. 그리스도를 믿고 순종할 것을 실제로 고백하는 사람들과 양 부모 다 믿거나 한 사람이라도 믿으면 유아세례를 받을 수 있다.

시벌 중에 있는 교인의 자녀는 유아세례를 받을 수 없다. 주님을 믿는 주인이면Christian masters and mistresses 그들의 자녀는 세례 받을 권리가 있고 또한 양심에 반대하는 가책이 없으면 자신이 섬기는 이들Servants 의 자녀에게도 세례를 받게 해야 한다. 그리스도인 주인은 주님의 교훈과 양육으로 훈육할 환경이 된다면 종Slaves들의 자녀들도 유아세례를 받게 해야 한다.

그리스도인 종들은 믿지 않는 주인의 휘하에 있는 그들의 자녀들이 참 신앙으로 교육을 받을 수 없을지라도 세례를 받게 하려고 노력해야 한다. 선교회나 기독교 장학금에 의존해서 신앙교육을 받았지만 아직 분별연령years of discretion 영미 14세를 말함에 이르지 않은 아이들, 즉 선교단체가 돌보고 있는 불신자 고아들이라 하더라도 세례를 받을 자격이 있다. 이것은 1843년 구파 총회에서 결정한 사실이다.

목사는 자녀를 유아세례 받게 하려는 교인을 면밀히 살펴 기독교의 가르침대로 살 것을 고백하며 실천적 삶을 살아야 하며 명백한 기독교인으로서 합당한 삶을 살지 않으면 교인으로 받아들여서는 안 된다.

제160문 세례는 받았지만 무흠교인이 아닌 부모(not communicants)의 자녀에게 유아세례를 베풀 수 있는가?

교회 헌법에 유형 교회의 회원에 대한 자세한 설명이 없다면, 그 뜻은 온전하게 정규적으로 출석하는 교인을 말한다. 즉, 무흠 세례입교인 communicants을 말한다. 그 외에 회원의 종류는 세례 받은 회원, 시벌 중 회원, 결석한 회원으로 구분한다. 세례는 믿음의 행위이므로 믿음의 고백이 반드시 필요하다. 총회는 기독교의 참된 고백의 정의를 내려 주고 상세히 신앙지도를 요구하지만 헌법 외에 더 분명한 규칙을 세울 필요는 없다고 응답했다. 어렵거나 의문이 있는 경우는 각각 합당한 치리회가 결정해 주어야 한다.

제161문 유아세례는 몇 살에 받을 수 있는가?

유아세례는 불필요하게 미루어서는 안 된다. 유아세례를 언제 베풀지는 성경과 교회의 신조에 분명히 나와 있지 않다. 부모의 신앙으로 아이가 세례를 받을 수 있는 나이를 당회와 목사가 결정할 일이다.

제162문 신앙을 고백하면 세례를 베풀 수 있는가?

1860년 신파 총회에서는 그리스도를 진실히 믿고 순종하기로 고백하는 자는 세례를 받을 수 있다고 결정했다. 빌립과 에디오피아 내시의 경우처럼 어느 특정한 교회에 즉시 입회할 것 같지 않은 사람에게도 세례 베푸는 것이 합당하다. 그러나 보통의 경우 세례는 바로 유형 교회의 입회를 의미하며 특별한 교단에 가입해야 한다.

1864년 구파 총회에서 "친구의 회Friends' Society 회원인데 계속 회원으로 남기를 바라고 예수는 하나님의 아들이라고 고백하고 또한 기독교의 핵심 교리를 수호한다면 세례를 받을 수 있는가"라는 질의를 받았다. 내려진 답은 대소요리 문답을 참고하라는 것이었다.

제163문 세례 받을 시 대부모(god-parents)란 무엇인가?

감독교회(성공회)에서는 유아세례를 받을 때 대부모와 후견인이라고 불리는 사람들이 아이를 위해서 '마귀와 세상과 육체를 끊어버리고 기독교 신앙의 모든 신조를 받아들이고 하나님의 거룩한 뜻과 계명을 따를 것'을 서약한다. 남자 아이는 대부 두 사람과 대모 한 사람이 있어야 하고, 여자 아이는 대부 한 사람과 대모 두 사람이 반드시 있어야 한다. 실제 부모는 후견인이 된다. 대부모가 합당한 사람들이라고 간주될 때 사제는 그 아이에게 세례를 베푼다.

개혁된 감독교회Reformed Episcopal Church에서 유아세례를 받을 때 둘

중 한 사람은 본 교회 무흠교인이든지 다른 복음주의 교회 교인이면 된다. 부모는 아이를 신앙과 주님의 훈계로써 양육할 것을 서약한다. 이것은 감리교에서도 그러하다. 후견인 제도는 스코틀랜드 교회와 자유 교회Free Church에서 허용한다.

제164문 다른 교파에서는 누가 유아세례를 받게 되는가?

조합교회(회중교회)는 장로교와 같다. 이전에는 '절반 계약half-way covenant'이 있었는데, 다시 말하면 이전에 세례를 받았지만 현재 개인의 신앙고백을 하지 않은 부모라 할지라도 기독교 진리를 확신하고 자녀를 신앙으로 양육하기를 소원한다고 고백하며, 자녀를 훈육하고 부모로서 자녀에게 모범을 보일 것을 약속할 때 그 자녀의 유아세례를 허락하는 것이다. 그러나 이것은 이제 일반적으로 폐기되었다.

침례교회는 신앙고백과 서약을 한 성인에게만 세례를 베풀며, 침례의 형태로 한다. 다른 형태로 세례를 받은 것은 인정하지 않았다. 미국 침례교회는 폐쇄된 성찬을 지키는데 그것은 다른 교단 사람은 그들의 성찬식에 참석 못하게 하기 위해서다. 침례교회는 종종 침례교인들이 다른 교단의 성찬에도 참예하지 못하게 금한다.

제165문 교회에서 출교되면 세례가 무효가 되는가? 그리고 해벌되면 다시 세례를 받아야 하는가?

1881년 총회는 그와 같은 경우에 무효가 되지 않으며 다시 세례 받지 않아도 된다고 응답했다.

제166문 세례를 베푸는 방법은 어떠한가?

성부와 성자와 성령의 이름으로 물로 세례를 베풀어야 한다. 사람을 물에 잠그지 않아도 되나 세례 받는 사람에게 물을 붓거나 뿌림으로써 올바른 세례를 베풀어야 한다. 유아에게 세례를 베풀 때 얼굴에 물을 붓거나 뿌림으로써 세례를 베풀되 다른 어떤 의식도 필요가 없다. 순서는 기도로 마쳐야 한다. 1834년 총회는 "장로교회 목사가 침례로 세례를 베푸는 것이 합당한가?"라는 질문에 "신앙고백에 위배되지는 않는다"고 응답했다.

제167문 세례를 베푸는 장소는 어디가 합당한가?

세례는 보통 예배당 안에서 성도가 지켜보는 가운데 베푸는 것이 합당하며 설교 직후에 행하는 것이 바람직하다. 지금은 설교 전에 세례를 베푸는 것이 더 일반화되어 있다. 세례는 성도 앞에서 베푸는 것이 합당하지만 특별한 사정이 있으면 목사의 판단에 따라 개인의 집에서 베풀 수도 있다.

제168문 성찬예식이란 무엇인가?

성찬예식은 성례로, 그리스도께서 약속하신 바에 따라 떡과 포도주를 나누는 예식이다. 성찬예식을 통해서 예수님의 죽으심을 생각하고 육체와 인간의 방법이 아니라 믿음으로 그리스도의 몸과 피에 참예하고, 그것이 가져오는 영적인 복과 성장을 누리게 된다. 성찬예식은 그리스도께서 구약의 유월절을 대신한 것이다(마 26:17~30).

제169문 성찬예식은 누가 베푸는가?

세례와 성찬은 오직 합당하게 장립 받은 말씀의 사역자인 목사만이 베풀 수 있다.

제170문 누가 성찬예식에 허락되는가?

무흠한 세례입교인이 성찬예식에 허락된다. 무지한 자나, 신성 모독하는 자, 불미스러운 일이 있는 자, 드러난 죄에 빠져 있는 자는 성찬예식에 참석하는 것에 경고를 받아야 한다. 시벌 중에 있는 자는 당회의 명대로 해벌될 때까지 성찬예식에 참석할 수 없다. 어떠한 경우에라도 신속한 조사와 처리가 뒤따라야 한다. 또한 무흠 세례입교인이 교회와 개인의 건덕에 합당치 않은 경우에는 당회가 그를 권고하여 성찬에 참여하지 못하게 할 수 있다.

당회는 그리스도를 믿어 순종하는 이들과 타 교회로부터 정식 이명증서를 제출한 자들은 교회의 회원으로 받아들여야 한다. 분별할 수 있는 성년이 언제 되는가는 정할 수 없다. 이 문제는 당회의 신중한 결정에 맡긴다. 교회의 직원은 인치는 예식에 참예하는 자들의 자격을 결정하고, 믿음의 자녀들이 성찬예식에 참석할 수 있는 시기가 언제인지도 결정한다.

복음주의 타 교단 무흠 세례입교인은 성찬예식에 초청되어 연합하는 것이 관례가 되어 있으나 복음주의자 교단 회원도 아닌 자를 초청하는 것은 장로교회 정신과 조례에 어긋난다. 인종차별을 묵인하는 성찬예식서의 언어는 올바른 사용이 아니다. 성찬식에 초대받은 자를 설명할 때 교회회원 자격에 대해 언급하지 않았지만 분명히 회원을 의미했다.

제171문 나누어 주는 표는 무엇인가?

나누어 주는 표는 금속, 뼈, 혹은 두꺼운 종이로 만들어진 것인데 성경 본문이 적혀 있으며 미국, 스코틀랜드, 아일랜드에서 사용되었다. 성찬예식을 베풀기 전에 당회가 무흠 세례입교인에게 나누어 주는 것을 말하며, 이는 성찬에 참여할 수 있는 자격을 당회가 인정하는 표이다.

제172문 어떤 포도주를 사용할 수 있는가?

성찬식 포도주에 대한 여러 질의들에 대해 총회가 "지교회 당회가 결정할 일로 순수한 포도주로 사용할 것을 추천한다"고 답을 했다. 1881년 총회에서 "성찬식을 합당하게 지키려면 발효된 포도주를 사용해야 하는지 혹은 교회마다 발효되지 않은 포도주가 있으면 그것을 사용해도 좋은지?" 질의를 받았을 때, "이 문제에 대해서는 새로운 규정이 필요하지 않다"고 답을 했다.

제173문 성찬예식은 어디서 베풀 수 있는가?

성찬예식은 주일에 교회에서 베풀며, 사전에 광고를 하고 예배를 드린 후 베푸는 것이 좋다. 선교사의 경우 교회 직원이 있는 교회에서만 성찬을 베풀 수 있다고 하는 이전 해 총회 안을 철회할 것을 동의했는데 이어서 그 안은 철회되었다(1798).

일반적으로 목사는 당회의 동의 없이 자신이 목양하지 않는 교인에게 성찬식을 베풀어서는 안 된다. 그러나 특별한 경우 예외는 있다. 1863년 총회는 가톨릭 신부나 혹은 다른 사람이 베푸는 성찬식에 참예하는 것은 성찬과 그리스도께서 제정하신 뜻을 거스리는 것이 된다고 하는 '신앙고백' 29장 4항의 교리를 재확인하면서, 죽음이 임박한 사람이나 오랜 지병이 있을 경우 담임목사는 장로와 함께 아픈 사람과 거기에 참석한 무흠 세례입교인들에게 성찬을 베풀 수 있으며 그 성찬 예식에 대한 합당한 교훈을 줄 수 있다고 결정했다. 그 사실 기록은 당회록에 기록되어야 한다.

제174문 성찬예식은 얼마나 자주 베푸는가?

자주 베푸는 것이 좋지만 횟수는 교회의 덕을 세우기 위해서 목사와 장로가 잘 판단하여 결정할 일이다.

제175문 금식과 감사일을 지켜야 하는가?

성찬예식 전에 금식하는 것을 전통으로 하는 교회가 있다. 복음에는 기독교 안식일인 주일 외에 거룩하게 지키는 날이 없지만, 하나님의 섭리의 특별한 경륜에 따라 금식과 감사일을 정하여 지키는 것도 성경적이고 합리적이다.

제176문 주일은 어떻게 지켜야 하는가?

주일에는 모든 세상일을 내려놓고 삶을 규모 있게 정리하여 성경이 가르치는 대로 주일을 거룩하게 지키는 데 방해를 받지 말아야 한다. 이 날은 주께 거룩하게 지켜야 하고, 다른 날에 하는 오락을 삼가야 하며 가능하면 세상적인 생각이나 대화도 삼가야 할 것이다.

총회는 주일을 거룩히 지키는 것이 교회와 국가의 번영을 위해서도 필요하다고 공식의견을 제출한 바 있다. 더욱이 모든 사람이 주일을 거룩하게 지키는 의무는 하나님의 법을 따르는 것이고 근본을 하나님께 두는 것이라고 총회는 강조했다. 주일을 거룩히 지키게 되면 하나님이 주시는 복과 특권을 완연히 향유할 수 있는 권리가 있다는 것도 피력했다. 주일을 범하는 정도가 심해지는 것을 인식하고서 총회는 종종 하위 치리회, 목사, 장로, 주일학교 교사들과 가장들에게 주일을 합당히 지키기 위해 성경의 교훈과 경고를 들어야 한다고 권고하였다. 1814년과 1867년 총회는 목사들에게 중요한 편지를 보냈다. 1812년, 1814년과 1884년에 우체국에서나 군대에서 주일에 불필요한 노동을 반대하는 탄원서를 의회에 제출했다. 주일을 범하는 죄를 짓는 성도에게는 권징을 실시해야 한다고 당회들은 권고를 받았다. 가장 중요한 결의는 1812년,

1814년, 1826년, 1836년, 1838년, 1863년, 1873년(이전 총회의 결정을 재확인), 1874년, 1876년, 1879년, 1882년, 1884년, 1885년에 있었다.

폐기되긴 했지만 주일을 범하는 것은 방종, 오락하는 것, 예배를 등한시하는 것과 여행, 소풍, 음악회, 미술 화랑과 오락과 흥미를 위한 장소를 여는 것, 일요일 신문의 소지나 판매 혹은 구독하는 것 등을 포함했다. 1869년 구파, 신파 총회는 주일에 군대묘지를 관리하는 것도 반대했다. 총회는 성도들이 주일을 범하는 회사의 소유주나 관리자나 고용인이 되지 말고, 주일에는 승객도 되지 말고, 일요신문의 편집자나 후원자가 되지 말기를 바라며 주일을 범하는 심한 죄를 짓지 않기를 바란다고 종종 조언했다.

1838년에는 다른 교단과 협력으로, 1882년에는 주일문제에 관해 미국 정부와 의회의 관계자들이 관심을 가지게끔 복음주의자들이 협력해줄 것을 촉구하는 미국 남장로회의 서신이 접수되었다. 1880년과 1881년에는 주일문제대책위원회가 구성되어야 한다고 제의했으나 적절치 않다고 여겨졌으며, 1882년에 주일성수문제는 절제위원회에 맡겨야 한다는 제의가 있었다. 그러나 그 다음 해에 위원회와 총회가 실제적이지 않다고 판단했다.

제177문 주일 이외의 날을 누가 지정할 수 있는가?

개인적인 금식과 감사일을 지키는 것이 언제가 합당한지 결정하는 것은 그리스도인 개인과 가정이 판단하여 정할 일이고, 교회의 특별한 집회는 당회 결정에 따르고 더 넓은 지역을 위한 것이면 노회나 대회가 지정한다. 금식과 감사일을 전체적으로 지킨다면 대회나 총회가 결정해야 한다. 국가가 금식과 감사일을 지정하는 것이 적절하다고 여기며 기독교 국가에 살기 때문에 그것과 관련한 모든 경비를 지불해야 하는 것이 목사와 성도의 의무이다.

1756년 프랑스와 전쟁할 때와 1762년 스페인과 전쟁할 때, 1777~1780년 영국과 문제가 있을 때 대회는 금식을 선포한 적이 있었다. 그리고 1808~1814년 영국과 2차로 전쟁하는 동안과 전쟁 직전에 총회가 금식을 선포했다. 1861년에는 미국 독립전쟁이 발발했을 때 구파, 신파 총회는 금식을 선포했다.

교단은 주일을 지키기 위해서와 믿지 않는 세상의 회개 등을 위해 기도일을 정했다. 1859년 이후 매년 1월 첫 주간을 세계 기도주간으로 지켜서 그 관례는 거의 법으로 지켜졌다. 1880년에 복음주의연맹 위원회는 기도주간을 결정했는데 만족할 수 없어서 특별위원회가 구성되어 총회에서 추천하여 가결되었다. 그 이듬해 총회는 그와 같은 주제를 상정하기를 거부했지만 복음주의연맹이 해마다 제시한 프로그램을 따르기로 결정했고 총회는 또 복음주의연맹 위원회에게 적절한 시기에 프로그램을 구성할 것을 요청했다. 기도주간 프로그램을 하게 되면 기도의 최고 목적인 성령의 역사를 모든 사역에서 인식할 수 있기 때문이다.

지난 기도주간인 1월 첫 주 목요일은 대학과 신학교, 세례받은 자들, 그리고 전도사역의 성장을 위한 기도의 날로 지켜졌다. 6월 두번째 주일에는 어린이 주일로 지켜 어린아이들을 위해 특별한 예배를 드렸다. 뉴잉글랜드 지방에는 여러 주의 주지사들이 매년 금식일을 정하여 지키며, 미국 독립전쟁 끝무렵에는 미국의 대통령과 다른 주 주지사들이 11월 한 날을 감사주일로 정했다.

제178문 혼례는 성례인가?

교회에서만 유일한 것이 아니므로 혼례는 성례가 아니다. 국가에서 사회의 안녕을 위하여 혼례식을 법률로 정하여 모든 국민이 지키게 하는 것이 합당하다.

제179문 혼례는 누가 집례해야 하는가?

혼례는 합법적인 목사가 엄숙하게 집례해야 한다. '장로회 교회 정치'에서는 강도사를 말씀을 맡은 목사로 인정하지 않지만, 총회는 국가법이 인정하는 한 강도사가 혼례를 엄숙하게 집례해도 교회의 규정을 어기는 것으로 생각하지 않는다. 구파 총회는 1844년에 그와 같이 결정했다.
국가 관리가 집례한 혼례나 국가 법에 따라 한 혼례는 교단이 인정하지는 않지만 합법적인 결혼이다. 국가 관리 앞에서나 친구회Society of Friends 가운데 한 혼례에는 공적인 선포와 서약서의 서명이 있다. 목사는 혼인과 증명에 관련된 국가법을 알려 주어야 하고 그것을 지키도록 해야 한다. 어떤 주에서는 그 주에 거주하지 않는 목사가 집례를 하면 그 혼인은 불법이다. 혼인하기를 원하는 청소년이 있다면 특별한 주의를 기울여야 한다.

제180문 누구와 혼인해야 하는가?

신자는 주 안에서 혼인해야 한다. 분별력을 지니고 스스로 동의할 수 있는 모든 이에게는 혼인을 허락한다. 그렇지만 주 안에서 혼인하는 것이 그리스도인의 의무이다. 개혁 신앙을 진실하게 고백하는 사람은 이단을 믿는 사람이나 가톨릭교도, 우상 숭배하는 사람과 혼인해서는 안 된다. 경건한 자는 사악한 자나 저주의 이단사설을 따르는 자와 결혼을 통해 함께 멍에를 멜 수 없다.
혼인할 두 사람은 둘 다 스스로 분별력을 가지고 선택할 수 있는 나이여야 하며, 너무 어린 경우와 부모와 함께 살아야 할 경우라면, 목사는 혼례를 집례하기 전에 부모의 동의를 받거나 다른 사람의 보호를 받게 해야 한다. 부모들은 자녀가 원하지 않는 결혼을 강요해서는 안 되며, 또한 자녀가 결혼을 원한다면 그 결혼을 정당한 이유 없이 동의하지 않으면 안 된다.

1850년 구파 총회는 닝포Ningpo 노회로부터 신앙고백을 한 그리스도인이 불신자와 혼인한 경우에 대해 질의를 받았다. 그 물음에 대한 위원회의 회신은 총회가 채택하지 않았던 답으로 권면했는데 "그리스도인이 일반적인 부득이한 상황에서 불신자와 결혼할 경우 죄로 간주해서는 안 된다"고 했다. 그리고 "선교사가 선교지역에서 그와 관련한 최종 판단자로 생각되는 특수한 경우를 제외하고는 징계를 해서는 안 된다"고 했다.

제181문 혼인을 금할 경우가 있는가?

결혼은 한 남자와 한 여자가 해야 할 일이므로, 한 남자가 한 명 이상의 아내를 가지거나, 한 여자가 한 명 이상의 남편을 가지는 것은 불법이다. 1879년 총회는 "미국 대법원이 최근 일부다처제의 죄는 헌법에 위배되는 범죄라고 선포했으며, 범하게 되면 반드시 고소와 재판에 회부된다는 결정을 내렸다"는 데 대해 하나님께 감사함을 표했다. 또한 "많은 책임 있는 그리스도인들이 선한 영향력을 끼쳐 국민의 정서에 호소함으로 일부다처제를 반대하는 법을 제정하기에 이르렀다. 그럼으로써 이 사악하고 반인륜적인 종교적인 제도, 즉 극악한 제도의 잘못을 폭로했다"고 전했다.

1881년 총회는 또한 이와 같은 사악함을 다시 반대했고 덧붙여 다음과 같이 말했다.

1. 총회는 사악한 죄악은 미국의 얼굴에 치명적인 오점을 남기는 것이라고 하나님과 사람 앞에서 엄숙히 선언한다. 왜냐하면 하나님의 존재

하심은 이 나라가 서 있는 이유이고, 아울러 그 악이 빠른 속도로 완화되지 않으면 하나님께서 확실한 심판을 하시리라 믿기 때문이다.
2. 미국 대통령이 취임연설에서 밝힌 것처럼 일부다처제 같은 죄악을 강력하게 다스리겠다는 결연한 의지를 보여준 것을 우리 총회는 환영하는 바이다. 우리 총회는 또한 그 죄악을 발본색원하기 위해서 추진하는 대통령의 모든 합법적인 노력과 애씀에 대해 기도하는 바이다.
3. 우리는 일부다처제를 반대하는 유타 주 주지사인 머레이Murray와 주지사의 고문들과 미국 지역 법원들이 취한 입장을 충심으로 인정하고 있다는 사실을 밝힌다.
4. 그 죄악이 집단적인 제도로서든지 아니면 개인적으로 저지른 일이든지 간에 그 죄악을 철저히 도말하기 위해 가장 지혜롭고 효과적인 법안이 무엇인지 제정해 달라고 국가 입법부에 청원한다.
5. 우리 총회는 정치적인 노선에 관계없이 우리 교단 성도들에게 합법적으로 영향을 미쳐 일부다처제가 이 나라에서 영원히 존재하지 못하게 헌법을 수정할 것을 강력히 권고하는 바이다.

미국 장로교회 목회자와 성도들의 만장일치된 정서를 대변하는 이 입안은 대통령과 의회에 상정되었다.

한 예로 10년 동안 부인이 남편을 따라 이 나라에 이민 오지 않았으나 떨어져 있는 남편을 남편이라 생각한다면 그 부인의 남편은 결혼할 수 없다. 그러나 정당하게 이혼할 사유를 당회에 분명하게 증명한 경우 시민법정이 부당하게 그를 부인한다 하더라도 그는 교회의 특권을 허용받아 결혼할 수 있다. 진정성이 있는 일체의 증거를 요구하고 상당한 주의를 요해 교단의 절차가 민법과 일치하도록 해야 한다. 도덕의 중요한 문제가 고삐가 풀려 느슨해지면 안 된다.

첫째 부인이 사망한 사실이 확실하지 않은(만족할 만한 증거가 없음) 남편은 다시 결혼해서는 안 된다. 이미 그렇게 결혼한 목사라도 목사 부인이 사망한 확실한 증거가 없으면 목사로서 직임을 수행해서는 안 된다. 1875년 총회는 "회심하기 전에 부인이 2명이었던 예수 믿지 않은 사람은 어떻게 해야 하는지" 질의를 받았을 때, "그리스도인이 되었다면 그는 중혼을 계속 유지할 수 없고 교회도 그것을 정당화할 수 없는 문제"라고 응답했다. 고통스러운 처지에 있는 회심한 이교도들을 아주 부드럽게 대우해 주어야 하고 신앙으로 예우해 주어야 한다. 회심한 사람은 처음 부인을 제외하고 다른 부인들과는 헤어져야 한다고 권면받을 때, 헤어질 부인과 자녀들이 충분히 먹고살 수 있는 것을 제공해야 하고 또 부인에게 재산이 좀 있다 하더라도 남편이 능력껏 최대한 많은 것을 주어야 한다.

이혼한 자는 성경적인 근거가 받쳐 주지 않으면 결혼할 수 없다. 신앙고백서(24장 6항)에는 간음한 연고나 의도적 버림 외에 어떠한 연고로도 교회나 민법이 이혼을 정당화할 수 없다고 되어 있다. 신파 총회는 노회가 이와 관련된 2명의 목사를 면직시키고 출교시킨 경우를 추인한 바 있다.

술 취함, 학대, 무시, 성격 차이 등은 성경적으로 충분한 근거가 없으므로 이혼의 충분한 사유가 되지 않는다. 이유가 확실해야 하고 증명되어야 이혼이 허용된다. "한 편이 간음을 한 완벽한 증거가 있으면 노회가 그 결혼을 무효라고 공포하여 교회의 징계 없이 재혼할 수 있는가"라는 질문에 대해 1785년 대회에서 재혼할 수 있다고 찬성하긴 했지만 많은 수는 아니었다. '신앙고백서' 24장 5항은 "결혼 후 간음의 경우 혐의가 없는 편이 이혼을 소송할 수 있고, 이혼 후에는 마치 배우자가 사망한 것처럼 하여 다른 사람과 결혼할 수 있다"고 되어 있다. 그러므로 혐의가 있는 자는 다시 결혼할 수 없는 것처럼 보인다. 이것이 대부분의 의견이고 때때로 시민법정이 이를 지지해 준다. 결혼을 취소하면 이혼한 두 사람 다 결혼할 수 있다고 하는 사람들도 있다.

하나님의 말씀에 금지되어 있는 근친 사이는 결혼해서는 안 된다. 근친의 결혼은 사람의 법으로나 상대방끼리 동의한다고 해도 합법화할 수 없다. 남편과 아내로 함께 살 수 있을지 모르지만 합법적이지 않다. 남편은 혈통으로 아내의 여형제와 결혼할 수 없을 뿐 아니라 남편의 여형제와도 결혼할 수 없다. 아내도 혈통으로 남편의 형제와 결혼할 수 없을 뿐 아니라 아내는 아내의 남자 형제들과 결혼할 수 없다. 대회나 총회가 아래의 결혼은 불법이며 양쪽 다 권징을 받아야 한다고 치리 결정을 했다.

1. 남형제의 미망인과 결혼

결혼이 15년 이상 유지된 경우 총회가 어떤 의견을 내는 것은 적절하지 못하다고 여겨 당회가 다루게 했다. 그들이 처해 있는 상황과 입장에 따라 처리하도록 맡겼다.

2. 부인의 남형제의 딸과 결혼

이런 경우는 명백하게 말한다면 레위기 법은 금지하지 않으나 일반적으로 개신교 국가는 관례적으로 반대하는 입장을 취한다. 성경은 그리스도인들이 악한 일이나 악한 모양의 어떤 것이라도 피하도록 가르치는데, 이는 이 가르침에 반대되는 것이다. 또 교단을 해치는 것이다. 그런 사람들은 당회가 책망해야 한다. 당회의 책망에 순복하고 공적으로 고백하면 교회의 특권을 박탈하지 않아도 된다.

3. 사망한 부인의 여형제의 딸과 결혼

이와 같은 결합은 성경에서는 금지하지는 않으나 개신교회의 일반적 관례에는 상반되고, 우리 가운데 많은 신중한 그리스도인들이 그것을 반대하므로 묵인해서는 안 된다. 이런 경우 여러 치리회에 회부된다.

4. 여형제의 딸과 결혼

이런 결혼은 교단 치리회의 처리가 요구되고, 회개하지 않을 경우 교회가 징계해야 한다.

5. 형제의 미망인과 자매의 미망인과의 결혼

레위기 법은 금하지 않지만 합당하지 않은 결혼이다.

6. 이복 형제의 미망인과 결혼

1760년 대회의 대다수는, 이런 관계는 하나님의 법과 지상법에 위반되며 위험한 죄의 경향이 있다고 여겼다. 회원들이 이 점에 대해 분명하게 하지 않아서 결정을 한 해 뒤로 미루고 불법이라고 했고 그런 관계를 지속하는 한 수찬정지를 해야 한다고 했다.

7. 사망한 부인의 자매와 결혼

교회 앞에 자주 대두되는 문제였다. 1761년에 레위기 법도 반대하고 이 나라의 민법도 반대하니 교회의 권징을 받아야 마땅하다고 결론을 내렸다. 1783년 대회에서는 "이 결혼이 레위기 법을 직접적으로 명백하게 위반한 것은 아니다 하더라도, 개신교의 일반적인 전통에 위반되고 신중하고 균형 잡힌 그리스도인들에게는 받아들일 수 없는 사실이다. 교단에 잘 알려진 의견과 판단을 통해 볼 때도 이 결혼은 동의하기 어렵다. 이런 결혼을 한 자들은 마땅히 징계를 받아야 하고 대회는 명백하게 이 결혼을 허락하지 않아야 한다. 그러므로 우리 교단은 무지하고 합당하지 않은 이런 결혼을 정죄한다. 하지만 이 판결에 관계된 사람들은 서로 헤어져야 할 필요가 없다고 의견을 모았다. 당회는 성찬을 받기 전에 그러한 사람들을 엄히 훈계해야 한다. 대회는 회원들에게 이런 결혼을 정당화해서는 안 되며 또 묵인해서도 안 된다고 권면했다.

1821년에, 사망한 부인의 자매와 결혼하는 문제나 이와 유사한 결혼은 "심히 부적합할 뿐 아니라 가정의 순수성에도 문제가 되고 대부분의 교회를 극도로 해치는 결과가 된다"고 선언한 바 있다. 아직 총회는 문제가 되는 이런 결혼이 성경에 분명하게 금지되어 있고 명확히 근친의 결혼이므로 부득이하게 이런 결혼을 한 자들에게서 교회의 특권을 박탈해야 한다는 결정을 내리지 못했다. 다시 이 문제는 당회로 되돌아왔다. 1826년에는 사망한 부인의 자매와 결혼한 자를 노회가 수찬정지의 권징을 했는데 소송이 올라왔다. 총회는 그 소송을 기각했는데 그 근거는 '신앙고백서'(24조 4항)가 변경될 때까지 그 판결은 존속되어야 한다는 것이었다. 노회들은 50대 18로 그 조항을 삭제하지 않았다.

1842년, 구파 총회는 법을 어긴 목사에게 그 목사직을 정직했고 수찬정지까지 내린 것을 지지해 주었다. 3년 뒤 권징이 끝나갈 무렵에 총회는 노회가 수찬정지와 정직을 해벌한 것을 기념하여 기도를 했다. 1848년, 구파 총회는 사망한 부인의 자매와 결혼하여 교회로부터 정직 당한 사람의 소송을 기각한 적이 있다. 1879년 총회는 "사망한 부인의 자매와 결혼하는 사항을 다루는 문장을 삭제하여 '신앙고백서'를 수정하기 위해서는 헌법 수정절차가 필요하다"는 헌의안에 답하여 "총회의 판단으로는 상당히 많은 논란이 된 이 주제를 처리할 시기가 지금은 마땅하지 않다"라고 결정을 내렸다.

제182문 이혼에 대해 어떻게 권면해야 하는가?

인간은 타락하고 부패하여 하나님께서 결혼을 통해 하나로 연합시켜 놓은 것을 분리(이혼)시키는 데 있어서 부당한 논쟁을 일삼는 경향을 가지고 있다. 또한 교회나 국가가 도와주려 해도 받아들이지 않고 고의적으로 이혼하려는 자는 결국 결혼이라는 결속을 무효화시킨다. 그러나 결혼에 대해서는 일반적이고 질서 있는 행동 방침이 준수되어야 하고 이에 관련된 사람들이 자신의 뜻이나 판단대로만 하도록 놔두어선 안 된다.

구파, 신파 총회는 종종 이 나라의 여러 지방에 성스러운 결혼 유대를 경시하는 풍조가 경종을 울릴 만큼 심각하다고 환기시켜 주었고, 결혼의 성스러움을 떨어뜨리려고 하는 시도와 이혼의 근거를 성경이 인정하지 않는 범위까지 넘어서려는 의도 자체를 혐오한다고 피력한 바 있다. 1872년 총회는 "이렇게 느슨해진 입장(결혼과 이혼-실제적으로 비도덕화되어가는)을 정중히 반대하고 목사들이 자신들의 도덕적인 영향력을 발휘하여 공동체에게 더욱더 건강한 정서를 키우고 교회 안에 성경적 전통을 철저히 지켜나갈 것을 교단의 모든 목사들에게 촉구했다.

1874년 총회는 결혼관계에 대한 비성경적인 견해가 전반적으로 팽배해져 결혼의 책무가 종종 무시되어 남편과 아내가 경미한 사유로 별거하고 이혼하는 비율이 해마다 증가하는 것을 개탄하면서 1869년 구파 총회의 안을 다시 지지해 주었다. 목사들은 비성경적인 근거로 이혼한 사람과 결혼해서는 안 된다고 경고와 권고를 받았다. 이 일은 종종 되풀이되었다.

제183문 낙태란 무엇인가?

태아를 없애는 것이다. 1874년 총회가 지지한 1869년 구파 총회는 이혼과 낙태와 같은 범죄에 대해서 아래와 같이 언급한다. "영아 살해 같은 무서운 범죄는 태어나지 않은 아이를 부모가 없애 버리는 가공할 만한 일이며 이 일이 놀라울 정도로 확산되어가는 사실을 더 이상 간과해서는 안 된다." 총회는 낙태를 하나님과 하나님의 본성에 대항하여 저지르는 범죄라고 규정지으며, 비일비재하게 저질러지고 있는 이런 살인을 더 이상 은폐해서는 안 되며 이 범죄에 죄의식을 느끼는 자들이 회개치 않으면 영생을 얻을 수 없음을 경고했다. 자기 자녀를 양육해야 할 책임과 의무를 회피하는 모든 이들은 태어날 자녀에게서 생명의 복을 빼앗아 버리고 하나님의 말씀에 정면으로 맞설 뿐 아니라, 본성에도 어긋나는 포악을 저질렀으므로 이 땅에서도 마땅히 처벌받아야 할 죄를 저지르는 자들이다.

제184문 비밀리에 하는 결혼을 어떻게 다루어야 하는가?

목사들은 특별히 부모나 보호자의 동의가 제대로 되어 있는지 의심스러울 때는 비밀 결혼을 허용하지 않도록 각별히 주의를 기울여야 한다.

제185문 약혼을 파혼할 수 있는가?

양측에서 약혼 파혼을 합법적으로 동의하면 파혼할 수 있다. 그러나 성급한 약혼과 정당하지 않은 방법으로 약혼하는 것은 잘못이다. 1750년 대회가 이런 일에 대해 공적으로 책망했다.

제186문 혼인하기 전 혼인을 광고해야 하는가?

혼인은 공공한 성질의 것이어서 사회의 안녕과 가정의 행복, 종교에 대한 믿음도 이와 관련이 깊다. 그러므로 혼인하기 전 적당한 때에 미리 혼인을 광고하는 것이 좋다. 1820년 총회는 "어떻게 하는 것이 만족할 만한 혼인광고가 되는지" 질의를 받았을 때 "노회가 가장 좋은 판단자가 된다"고 답해 주었다.

오래 전에는 결혼 전에 교회 앞에 최소한 2번 정도는 광고했다. 지금은 결혼하는 자의 가정이나 결혼할 자를 아는 지인에게 혼인을 알리는 것으로 충분한 광고가 된다고 여긴다.

제187문 교회가 채택한 요리문답서가 무엇인가?

"웨스트민스터 회의의 대요리문답과 소요리문답이 있는데 이는 교회의 신조와 교회의 중요한 부분을 구성한다." 1729년과 1788년 채택하는 과정에서 이 사실은 분명히 확인되었고, 1832년 재확인되었다. 구파와 신파 양 교단의 분리가 있었지만 양 교단은 대·소요리문답을 교회의 신조로 받아들였다. 또한 재통합 때 이를 교리와 교회의 근거로 삼았고 1872년 총회는 출판부가 제출한 십계명, 주기도, 사도신경이 들어 있는 수정한 소요리문답서를 인정해 현 교단의 문답서와 똑같은 것을 채택하였다.

한편 1870년 총회는 하이델베르그 문답서를 기독교 교리와 의무의 귀한 성경 요약이라고 여겼고, 많은 교회들이 문답서가 자녀를 교육하는 데 적합하다고 인정했다.

제188문 누가 요리문답(Catechisms)을 배워야 하는가?

부모는 그 자녀가 세례를 받을 때, 요리문답으로 기독교의 원리를 가르쳐야 한다. 요리문답서는 교리의 탁월한 요약이고 그리스도인의 의무를 이행하는 데 도움을 주는 책이다. 세례 받은 자녀들은 교회의 보호와 지도 아래 요리문답서를 읽고 암송해야 한다. 장로교의 여러 교단들과 연합한 교단이 그렇게 해야 한다고 강조해 왔다.

또한 주일학교에서 모든 자녀들과 청소년들이 요리문답을 배워야 한다. 1878년 총회는 출판부로 하여금 주일학교 교재에 소요리문답에 대한 짧은 해설을 포함시키도록 하였고, 당회를 통하여 교회 주일학교 교사들과 부모들은 자녀에게 교회의 교리와 통치에 관한 진리를 가르치라고 권고했다.

1868년 구파 총회는 강도사 후보생들은 소요리문답에 관해 전문가가 되어야 한다고 했고, 1877년 총회는 총회 산하 모든 후보생들은 소요리문답을 다 암송해야 한다고 결론지었다.

제189문 누가 요리문답을 가르쳐야 하는가?

부모와 주일학교 교사와 목사, 장로가 가르쳐야 한다. 1849년 신파 총회는 "주일학교 설립으로 인해 목사와 부모가 더 이상 교회의 자녀들에게 소요리문답을 가르치지 않아도 된다고 생각해서는 안 된다. 모든 목사와 장로는 주일학교 교재로 채택된 소요리문답을 젊은 청년들에게 부지런히 가르쳐야 한다"고 결의했다. 1840년, 1846년, 1854년 구파 총회에서도 비슷한 결의가 있었다. 1870년 총회에서는 주일학교에서 자녀들에게 요리문답서를 가르치는 것을 대신하거나 능가하는 교육은 없다고 부모들에게 상기시켜 주었다.

스코틀랜드에서나 미국 어느 곳에서는 한 사람 이상 장로와 함께 목사가 교인의 여러 구역을 번갈아 방문하여 요리문답을 가르치기도 한다. 1년에 한 번 혹은 분기마다 한 번씩 목사가 어린이들에게 소요리문답을 가르치기 시작했으며, 매 주일 소요리문답의 한 문제 혹은 두 문제로 교육기도 했다.

제190문 요리문답은 언제 가르치는가?

가정의 가장은 신앙의 원리를 주의 깊게 자녀들과 가정에서 일하는 사람들에게 가르친다. 공예배를 마친 후 주일을 거룩하게 구별하여 요리문답 교육을 하는 것이 좋다.

제191문 요리문답 교사(Catechist)는 누구인가?

요리문답 교사는 경건한 평신도로서 일반적으로 목사후보생이 아니라 요리문답을 가르치기 위해서 공인된 사람이다. 1800년에 미국 흑인, 원주민, 진리를 모르는 사람들을 위해 기독교 교리를 가르치는 요리문답 교사를 두었는데, 노회는 일정한 자격을 갖추어 공인된 사람이 요리문답을 가르치게 했다. 총회는 노회가 내린 결정을 바로 처리하지 않았고 단지 거기에 대한 총회의 지시사항이 없으면 요리문답 교사를 두는 것이 합당하지 않다고 여겼다. 1806년 라이스 목사Rev. David Rice가 제안한 교육받지 못한 자에게 교사 자격을 주는 계획안은 총회가 인준하지 않았다. 그 이유는 교육을 받지 못한 자를 권면자나 문답교사로 세우는 것은 교회에 위험요소가 된다고 여겼기 때문이다.

제192문 학습교인(Catechumen)은 누구인가?

학습교인은 요리문답을 배우는 사람이다. 초기 교회에서는 세례를 받기 위해 신청한 자들을 안수하여 십자가를 그음으로 학습교인으로 인정했고 기독교 교리를 체계적으로 교육했다. 바로 그들을 학습교인이라 불렀다.

제193문 교회에서 하는 헌금의 종류는?

교회는 구제와 기타 신앙적인 목적을 위해서 헌금을 거둔다. 구약시대에는 가난한 자들에게 나누어 주었다(출 23:9~11, 레 19:10). 초대교회에서는 자기들의 재산과 소유를 각 사람의 필요대로 나누어 준 것이 헌금의 첫 번째 동기부여이다. 초대교회는 신자들이 자기의 소유를 가지고 와서 필요한 사람들에게 나누어 주었다(행 2:45). 그리고 사도들은 바울과 바나바가 이방인을 위한 사역을 떠날 때 교제의 악수를 하면서 가난한 자를 기억하라고 부탁했으며 이 일은 후에 사도 바울이 행하였다(갈 2:10). 우리가 아는 대로 처음으로 헌금을 한 것은 예루살렘 성도들을 위한 것이었다(롬 15:24~27). 헌금으로 목사를 부양하고 교회의 확장을 위해 여러 가지 활동을 해야 하는데 이는 마태복음 10장 10절, 로마서 10장 15절, 15장 27절, 고린도전서 9장 7~14절 같은 성경구절에 잘 표현되어 있다. 장로교회는 안수집사들이 구제헌금을 거두고 나누어 준다. 1707년 노회는 교회들에게 선교할 것을 환기시켜 주었으며, 1707년 처음 모이는 대회에서 선교적인 목적을 위해 헌금이 모금되었다. 모든 교회는 매년 선교의 확장을 위해 헌금하도록 했다. 총회는 교단의 사역을 전반적으로 나누어 여러 부서 혹은 상설위원회를 설립하여 감독하도록 했다. 해마다 헌금을 하는 교회들의 신뢰를 얻어야 했기 때문이다. 1755년 대회는 당회가 헌금에 관하여 대회가 정한 것을 금지하는 행위는 우리 교단정치와는 어울리지 않는다고 선언했으며 1790년에 재확인했다. 1872년 총회는 산하 모든 교회들에게 총회가 추천한 명분을 위해 정기적으로 헌금하되 하나님의 말씀이 정한 대로 하도록 지시했다. 총회의 지시가 제대로 이행되는지는 노회가 담임목사를 살펴봐야 한다고 했다. 총회에 헌금을 하는 것을 등한시하는 교회는 교단 기금의 도움을 받아서는 안 된다. 1879년 총회는 "모든 교회의 회원들은 1년에 한 번 총회 기관에 헌금할 기회가 있는데, 이는 교단의 최고 권위를 지닌 총회의 요구이다. 각 교회의 당회는 이것을 만류할 권리는 없고 오히려 목사 개개인이 알릴 의무가 있으며, 헌금의 특권을 언급하면서 매년 총회에 하는 헌금에 대한 총회의 요구사항을 강조할 책임이 있다"고 했다.

이상의 헌금 외에 총회나 대회는 노회나 교회가 직접적으로 감독하지 않는 성경, 소책자, 단체, 대학교와 신학교 등을 위한 헌금을 거둘 수 있다. 각 교회 당회는 교회에서 합당하다고 여기면 어떤 헌금이든지 거둘 수 있다. 이것은 '교회 정치'(9장 4항)의 당회의 권한에 함축되어 있으며, 또한 총회가 헌금에 관하여 노회가 어떻게 해야 하는가를 추천한 내용에 들어 있다.

제194문 권징이란 무엇인가?

권징은 주 예수 그리스도께서 교회에 제정하신 법제도를 시행하고 권위를 행하는 것으로 교회가 그 회원과 직원과 치리회를 관리하고 보살피는 행위이다. 미국 남장로교는 "두 가지 의미가 있는데 첫째는 교회가 교회 구성원들을 치리하고 가르치고 훈련하고 인도하며 관리하여 전반적으로 교회를 유지해 가는 것, 둘째는 제한적인 의미로 치리회에 관한 것을 의미한다"고 언급했다.

제195문 권징의 대상자는 누구인가?

권징의 대상자는 무흠 세례입교인이다. 유형 교회의 경내에서 태어난 모든 자녀도 교회의 회원이므로 세례를 받아야 하며, 교회의 보살핌 속에서 있어야 하고, 권징과 치리의 대상이 된다. 그들이 분별력 있는 나이가 되면 교회 회원으로서의 의무를 다해야 하기 때문이다.

1878년 총회는 산하 교회들에게 "교회의 권징은 성경적인 의미에서 시벌받는 사람을 개선하고 불미스러운 일을 제거할 뿐 아니라 교회의 자녀들을 지식과 경건함으로 합당히 훈육하여 시벌받지 않도록 하는 의미"라고 엄숙히 상기시켜 주었다. 이런 목적을 위해 목사와 당회는 젊은이들을 바로 교육하고 권위를 가지고 감독해야 하고, 나아가서 교회에서 세례 받은 자녀들이 가정과 주일학교에서 제대로 교육받는지 살펴봐야 한다.

그러나 종종 묻는 질문이 있으니 "유아세례는 받았지만 입교를 하지 않은 자들은 어느 정도의 의미로 교회 권징에 순복하는가?"이다. 이에 대해서는 1799년 공적으로 인정된 신조들이 충분한 대답을 하고 있다고 본다. 목사와 노회와 위원회가 이 문제를 여러 번 신중하게 고려하였으나 위원회의 보고는 명확하지 않았고, 아직 권위 있는 대답이 없었다. 하지만 이들도 무흠 세례입교인처럼 교회 권징을 받아야 한다는 것이 많은 사람들의 견해이다.

그러나 이것은 논란이 많다. 세례를 받았지만 무흠입교인이 아닌 자는 '예배 모범'(9장 1항)에 따라 교회의 권징(교육)은 받을 수 있으나 치리를 받지 않아도 된다는 경우가 있다. 이 사실은 남부 장로교회에서 분명히 언급한 바 있다. 어떤 의미(조사, 훈련, 보호 및 관리)에서는, 세례 받은 모든 사람은 교회의 회원이 되어 권징의 대상자가 되고 교회의 혜택도 받을 자격이 있다. 또 다른 의미(치리)는 그리스도를 신앙고백 한 자들을 다 포함한다. 「교회 헌법Book of Church Order」 제2장은 무흠입교인은 아니지만 입교하지 않은 자의 권징에 관해 할애하고 있는데, 거기에는 감독을 받아야 한다고 기술되어 있다.

유아세례를 받았지만 아직 입교를 하지 않은 자들이 불량한 성격의 소유자이고 신성 모독한 자들과 어울리면 교회는 그들을 믿음으로 품으면서 하나님의 말씀이 지지하는 모든 수단을 동원한다. 아울러 교회 직원들이 보여줄 수 있는 그리스도인의 신중함을 보여 주어 다시 그들을 받아 들여 언약의 특권을 누리게 하며 언약의 의무사항으로부터 자유롭게 해 준다. 교회의 치리와 훈계를 온유와 감사함으로 순복하는 자들은 특별한 관심을 받게 된다.

제196문 교인은 주로 어느 치리회의 관할을 받는가?

무흠 세례교인은 그가 속해 있는 교회의 당회가 관할한다. 만약 교회가 폐지되면 그 교회가 속했던 노회가 교인들을 관할하고 다른 교회로 이명증서를 주어 보낸다. 노회는 이전 교회 당회가 권징을 시행했지만 결론이 나지 않은 경우를 결정해 주어야 할 것이다.

이명증서를 가지고 다른 교회로 가는 교인은 다른 교회에 정식으로 등록하기까지는 본 교회의 회원이며 본 교회 당회의 관할하에 있고, 그는 투표권이나 직임을 맡지 못한다. 만약 1년 내에 이명증서를 가지고 본 교회로 돌아오면 당회는 그 사실을 기록하고 이전에 본 교회에서 가졌던 교회의 직임에는 복직하여 행사할 수 없다.

징계나 재판 중에 있는 교인은 본 교회 당회의 관할 아래 있다. 치리장로와 집사는 무흠 세례입교인이므로 당회의 관할에 있다. 그러나 어떤 경우에는 노회가 장로를 관할할 수도 있다. 목사후보생과 강도사는 공부하는 동안 노회의 관할하에 있지만 지교회의 회원이며 신자의 덕과 행위로서는 당회의 관할하에 있다.

모든 목사는 주로 그가 속해 있는 노회의 관할에 있다. 노회가 폐지되면 노회가 속했던 대회가 회원들을 관할하고 경내에 있는 노회로 이명해 준다. 이전 노회가 시행했으나 결론을 내지 못한 권징이 있으면 대회가 그 결정을 할 것이다. 노회가 사직을 허락한 목사는 교회의 개인 회원으로 돌아오게 된다. 그 목사의 이름은 노회 명부에서 삭제되고 노회로부터 원하는 교회로 보내는 편지를 받는다. 이 규칙은 사면된 목사에게도 해당된다.

교인이나 목사가 속해 있는 치리회는 그들에 의한 불법 행위의 장소나 때를 불문하고 재판을 할 유일한 권한이 있다. 상회 치리회는 하회 치리회가 순종하기를 거부하거나 무시하면 절차를 세울 수 있다.

제197문 축도는 누가 할 수 있는가?

축도는 하나님의 백성에게 그리스도의 이름으로 권세 있게 축복하는 것이다. 한편으로는 기도의 본질이며 또 한편으로는 하나님의 뜻과 목적을 선포하는 것으로 이루어진다. 강도사나 혹은 다른 사람들이 하는 형식이 있다면 축도의 본질은 바뀌고 단지 기도의 형태로만 될 것이다. 강도사들에 의해 사용된 축도 형태가 있는지는 의심스럽다. 그러나 우리 교단은 이에 대해 아직 공식 의견이 없다. 단 총회 회의결의 및 요람 Assembly's Digest에 기록이 있는데, 이것은 명백히 목사가 행해야 하는 순서이며 이점은 모든 교단에서도 통하는 관례이다. 교회 정치Form of Government에서 자주 언급되는 주제인데, 축도는 오직 목사만이 할 수 있다.

3부

한국 최초의 신학교인 평양신학교

그가 우리를 대신하여 자신을 주심은

모든 불법에서 우리를 속량하시고

우리를 깨끗하게 하사

선한 일을 열심히 하는

자기 백성이 되게 하려 하심이라

딛 2:14

제8장

교회 정치와 치리회

제198문 일정한 형태의 교회 정치가 필요한가?

교회에 일정한 형태의 정치는 반드시 필요하다. 교회도 국가와 마찬가지로 명확한 법이 있어야 한다. 법을 준수하고 시행하기 전에 그 법을 만들고 알려야 한다.
사람의 어떤 공동체나 개인도 일반적이고 가변적인 원칙이나 의견으로 다스릴 수 없다. 그러므로 하나님께서는 예배 형식이나 교회 정치 형태를 명확하게 정해 주셨다. 하나님께서 정하신 것이 불필요한 것일 수 없으며, 일정한 정치가 없는 사회나 교회는 자주 혼란에 빠지고 문제가 발생할 수밖에 없다(겔 43:11,12, 딤후 1:13, 갈 6:16, 빌 3:16).

제199문 교회 정치 형태를 어디서 찾아보아야 하는가?

그리스도의 나라인 교회의 본질과 성경 말씀, 특히 신약과 초대교회의 모습과 타락하지 않은 교회에서 교회 정치의 형태를 찾아 우리 교회의 형편과 적합성을 살펴야 한다. 성경과 초대교회의 모습과 일치하는 것으로 교회는 교인들에 의해서와 노회와 대회나 총회에 의해 다스려져야 한다.

제200문 어떤 형태의 교회 정치를 말하는가?

교회의 본질과 성경과 초대교회의 모습에 따라 연합하며, 교회 정치는 적합성이 있는 장로 정치를 말한다. 다시 말하면 목사와 교인이 선출하여 장립받은, 교인의 대표인 장로들로 구성된 당회(치리회)가 교회를 다스리는 정치이다. 또한 모든 목사는 동등한 권한을 가진다. 치리회는 당회와 노회와 대회와 총회를 말하며 하회는 상회에 순복해야 한다. 모든 이는 전체 교회에 순복한다(마 18:15~20, 행 15:2~28, 고전 5:4, 딤전 4:14).

제201문 장로회 정치만이 교회의 존속에 꼭 필요한가?

꼭 그렇지 않다. 만국 교회는 모든 나라의 그리스도에 대한 거룩한 신앙과 그의 법에 복종하는 자들과 그들의 자녀로 구성된다. 저희가 고백하는 신앙과 순복하는 것이 완전하지 않더라도 교회의 회원이다. 겉으로 나타나는 조직은 하나님의 계획을 잘못 해석하거나 인간의 생각으로 인해 오류가 많을 수 있다. 왜냐하면 여전히 이 조직은 지상의 유형 교회이기 때문이다. 이 완전하지 않은 조직은 위험에 노출되어 피해를 받을 수 있다. 그러므로 그리스도를 믿음과 그의 법에 복종하는 것만이 신자와 참된 교회에 필수적인 것이다. 따라서 이 믿음을 일관되게 고백하는 우리가 교회 정치에 관해서 의견과 형태가 다른 사람들을 사랑으로 포용해야 한다.

제202문 다른 교파는 어떻게 봐야 하는가?

그리스도에 대한 거룩한 신앙과 그의 법에 순복할 것을 고백하는 모든 교회와 교파를 사랑으로 포용해야 한다. 다른 교파가 하나님의 말씀을 신실히 따른다면 그들의 신조와 법과 예배와 성례와 권징을 존중해야 하며, 그들과는 개인적으로나 교회 간에 교류와 협력을 유지해야 한다. 그리스도의 거룩한 참 신앙을 부인하는 교파, 즉 예수를 부인하는 유니테리언 같은 교파들은 교회로 인정해서는 안 된다. 마찬가지로 본질적인 교리를 부인하는 이단 사설을 주장하는 교파와는 화합할 수 없다. 분열을 일삼는 목사와 교인들은 교회에서 권위를 받았다고 인정해서도 안 될 뿐만 아니라 우리 교회와 화합할 수 없는 교파로 여긴다.

제203문 교회의 치리회가 세상권력을 가지는가?

교회의 치리회는 세상일에 대하여서는 치리권이 없고 처벌할 권한도 없다. 교회는 전적으로 도덕적인 일이나 신령한 일에 대해서 치리할 수 있고 목회와 관련되어 있고 선포적이다. 국가는 교회를 위한 법을 제정하거나 지키라고 강요할 수 없다. 교회 역시 국가에 호소하여 교회에 대해 법을 시행하고 세상에 대한 처벌권을 행사할 수 없다(눅 12:13,14, 요 18:36, 행 15:1~32).

미국 남장로교는 "교회의 기능은 하나님 나라와 교회 정치로서 시민의 복지를 다루는 국가의 정치와는 구분되며, 성경에 나타난 대로 그리스도의 법을 시행할 뿐"이라고 했다.

제204문 교회가 '도덕적인 일이나 신령한 일'에 대해서 치리할 수 있다는 의미가 무엇인가?

교회에는 세상적인 권위가 없다. 다만 시민 정부가 요구하는 경우 특별히 양심의 자유를 위해서 겸손하게 기도하는 것 외에는 교회가 세상일에 간섭할 수 없다. 교회는 이 세상에 속하지 않고(요 18:36) 영적인 나라에 속하였으므로 그 권위가 도덕적이고 신령하고 하나님과 하나님의 법을 다룬다.

제205문 교회가 가진 '목회적이고 선포적인' 권위란 무슨 뜻인가?

교회는 고유한 절대적 권위가 없다. 오직 그리스도만이 법의 제정자로서 교회의 절대적인 머리가 되신다. 교회의 치리회가 시행하는 법은 그리스도의 대리인으로서 그리스도의 이름으로 그리스도의 뜻에 따라 이루어져야 한다. 따라서 치리회가 그리스도의 법을 선포하고 시행한다는 뜻이다(행 15:1~32).

제206문 치리회는 어떤 범죄를 심문할 수 있는가?

치리회가 모든 교인과 직원과 하회의 교리와 행위 가운데 하나님의 말씀에 위배되는 일에 대하여 심문할 수 있으며, 그 본질상 죄가 아니라 할지라도 다른 사람들로 하여금 죄를 짓게 하거나 신앙의 성장을 저해할 수 있는 일에 대해서 심문할 수 있다.

제207문 각 치리회의 권한은 어떠한가?

각 치리회는 그리스도의 법에 대한 순종을 요구할 수 있고 불순종하거나 규범이 없는 자들의 교회의 특권을 거절할 권리가 있다. 성경적으로 필요한 권위를 세우기 위해서 증거를 확보하기 위한 권한을 사용할 수 있고 시벌할 권한도 있다. 각 치리회는 교회 정치와 질서를 범한 자를 소환할 수도 있고, 증인이 될 만한 다른 교인을 소환할 권한도 있다. 이 권한은 개인에게나 각 치리회에나 동일하다. 1877년 총회는 "노회의 훈계에 당회가 계속하여 순종하지 않으면 노회는 그 당회를 노회 불복종으로 시벌하는 것이 합당하게 치리하는 것이 다"라고 선포했다.

제208문 치리회가 어떤 벌을 부과할 수 있는가?

치리회가 가지는 최고의 형벌은 뉘우치지 않는 자를 출교하는 것이다. 벌은 반드시 그 죄와 범죄한 상황을 잘 살핀 후에 결정한다. 당회가 부과하는 형벌은 다음과 같다. 권계, 견책, 정직, 면직, 수찬정지가 있고, 이런한 시벌로도 뉘우치지 않는 자를 유형 교회에서 제명하는 출교가 있다(마 18:15~20, 고전 5:4~5).

제209문 치리회는 어떻게 벌을 부과하는가?

치리회는 치리하기 전에 반드시 정식으로 절차를 밟아야 한다. 그러나 자책Self-Accusation, 죄의 고백Confession of Guilt이나 치리회 방해, 사직 청원, 사직 없이 제명, 성례 불참, 다른 교파와 교제, 정직 중 완고하며 회개치 않음 등의 범죄를 한 자는 절차 없이 재판을 할 수 있다. 범법행위가 오로지 교회에서 발생되면 판결을 내릴 수 있다. 시벌을 하거나 해벌하는 것은 '예배 모범Directory for Worship' 10장에 명시한 대로 치리회가 행할 것이다. 출교에 대한 판결은 범법한 자에게 공적으로 광고해야 한다. 그러나 치리회가 출교에 대한 선포를 하고 시행해야 할 때 출교에 대한 사유가 충분하면 당사자가 없어도 가능하다.

목사는 권고, 견책, 정직, 면직 또는 출교의 벌을 받을 수 있다(교회의 특권은 유지하면서 시벌 혹은 특권을 유지하지 못한 채 시벌받음. 이 중 하나만 적용한다). 정직을 당한 목사는 1년 만기가 될 때 회개의 합당한 증거가 없으면 재판 없이 면직될 수 있다. 목사에 대한 판결은 일반적으로 어떤 형태로든지 전 교회에 광고해야 한다.

제210문 해벌절차는 어떠한가?

1. 시벌 중에 있는 자가 치리회가 판단할 때 충분히 회개하였으면 본 당회나 교회 앞에 회개하게 한 후 성도의 교제를 회복한다. 목사는 아무리 깊이 죄를 뉘우치더라도 상당한 시간이 지나는 동안 현저하게 모범을 보여 겸손과 덕을 세우는 모습을 보이지 않으면 해벌할 수 없다. 벌을 부과한 치리회가 조언과 동의를 함으로 온 교회와 참 도리에 손상되지 않고 해벌을 시행하는 것이 바람직하다.
2. 상회가 하회의 보고, 소송, 소원에 대한 결정을 번복하면 해벌할 수 있다.

제211문 교회 치리회는 다른 권한을 지니고 있는가?

증인에게 선서하게 할 수 있으며, 법을 해석할 수 있으며, 하회가 기록한 문서나 결정을 검사할 수 있으며, 회원을 입회하게 할 수 있으며, 교인의 영적 유익을 위해 최선의 방안을 간구할 수 있으며, 상회 총대를 선정할 수 있으며, 목사후보생을 심사하며, 강도사를 인허하며, 목사를 장립할 수 있으며, 담임목사를 위임할 수 있으며, 면직할 수도 있으며, 교리와 권징에 관한 문제를 해결할 수 있으며, 잘못된 견해를 유죄판결할 수 있으며, 교회를 시찰할 수 있으며, 악을 바로잡을 수 있으며, 교회를 합하거나 분리하거나 신설할 수 있으며, 교회의 영적인 유익에 관련된 사항을 교회의 보호 아래 명령할 수 있으며, 노회를 설립 또는 합병 분리할 수 있으며, 노회가 교회 헌법을 준수하고 있는가 살필 수 있으며, 전체 교회에 유익한 일을 제안할 수 있으며, 교리와 권징에 관한 모든 논란을 결정할 수 있으며, 실책과 부도덕에 대한 감독을 할 수 있으며, 대회를 신설할 수 있으며, 전체 교회의 관심사를 감독할 수 있으며, 외국 교회와 교류할 수 있으며, 교회 분리논쟁을 억제할 수 있으며, 관례를 개혁할 수 있으며, 사랑과 진리와 거룩함을 모든 교회로 하여금 북돋을 수 있다.

제212문 교회 권위를 행사하는 목적이 무엇인가?

권징의 목적은 진리를 보존하고 그리스도의 권위와 영예를 수호하는 것이며, 죄악을 제거하고 교회의 순수성과 덕을 세우는 데 있고 범죄자의 영적 유익을 위해서이다(고전 5:4, 14:26, 딛 1:9, 살전 5:12~13, 히 13:17).

제213문 교회 권위는 어떤 정신으로 시행해야 하는가?

예수 그리스도의 정신으로 하고, 곧 겸손과 온유와 오래 참음과 온순함과 단호함으로 두려움이나 치우침이 없이 해야 할 것이다(갈 6:1, 고후 10:1, 8~10, 딤전 5:1, 딛 1:13, 약 2:4, 9, 3:19, 딤후 4:2). 권징은 그 타당한 목적에 맞도록 매우 신중하고 분별력 있게 시행해야 한다. 피고에 대해 악의에 차 있거나, 강포한 자이거나, 시벌 중이거나 시벌의 과정 중에 있는 자나 피고의 고소에 개인적으로 관련이 있는 자이거나 고소하기를 습관적으로 하는 자이거나 급한 성격이거나 심히 경솔한 자로부터의 고소라면 더욱 조심하여 신중히 시벌할 것이다.

제214문 몇 개의 치리회가 있는가?

교회는 당회, 노회와 대회의 치리회가 있다. 당회는 교인의 대표모임으로 지교회의 목사와 장로로 구성이 된다. 노회는 한 지방 안에 있는 5인 이상의 목사와 각 교회를 대표하는 장로로 구성한다. 1716년까지는 노회가 가장 높은 상회 치리회였으며, 이 글이 작성된 시점에는 총 노회 General Presbytery로 되어 있다.

대회는 더 큰 지역의 감독들과 장로들의 회집이며 최소한 3개의 노회가 있어야 한다. 1716년부터 1788년까지 대회는 상회 치리회였다. 총회는 장로교회의 최고 치리회이다. 총회는 교단의 모든 지교회들을 대표하는 한 몸을 나타내며, 각 노회의 목사와 장로로 조직된다.

제215문 출판물에 대하여 그것이 오류가 있고 유해하다고 선언할 권리는 어느 치리회가 지니고 있는가?

총회의 견해로는 어떤 치리회라 할지라도 교단 내 유포된 모든 출판물에 대해 언급할 권리와 책임이 있다. 그 저자의 생존 여부와 교파에 관계없이 유해한 의견을 가르치는 출판물이 있다면 치리회가 판단하여야 한다. 각 치리회는 저자가 이단이라고까지는 언급하지 않더라도 오류가 있는 책이면 엄중히 경고한다. 이는 교회를 오류로부터 보호하는 가장 강력하고도 귀중한 권리이다.

제9장

당회

제216문 당회는 어떻게 구성되는가?

당회는 지교회 목사와 장로들로 구성된다.

제217문 특별당회를 조직할 수 있는가?

치리장로는 대표하는 교회의 치리권을 지니고 있다. 그러므로 노회는 장로들에게 타 교회 당회원으로 섬기게 할 권한이 없다. 노회가 정한 특별 당회는 다른 교회의 장로들로 구성되어 있고, 권징도 시행할 수 있다. 1823년과 1824년 총회가 그렇게 결정했다.

1860년 구파 총회는 지교회 당회가 정족수의 부족으로 권징을 연기하는 경우를 미연에 방지하기 위해 인접한 교회의 장로로 구성한 특별당회를 소집하는 조항을 정하는 것을 거부했다. 1824년 결정한 총회 헌법에 의하면 어떤 노회라도 그런 권한을 행사할 수 있는 위원회에 대표로 보낼 수 있는 권한이 없다고 선언했다. 또한 교회와 장로를 재판하고 정죄하고 시벌할 권한이 특별당회에 있지 않다.

제218문 당회가 결의할 수 없다면 어떻게 처리해야 하는가?

교회에 목사가 없으면 노회가 당회장을 임명하거나 당회가 본 노회의 목사 가운데 특별한 경우 당회장을 청할 수 있다. 그것도 불가능하면 장로 중 한 사람이 당회를 주재할 수 있다. 당회가 작은 규모여서 장로가 한 사람밖에 없거나, 여러 장로가 피소되었으면 노회가 문제를 맡아서 처리할 수 있으며, 또한 그것이 의무이다.

당회 규모가 작거나 당회원이 권징 사건에 다소 관계가 되었거나, 새롭거나 중대하거나 특이하여 해결하기 어려운 사안, 혹은 하회 치리회가 분리할 위험이 있는 새로운 원칙이나 선례를 남길 만한 사건이라면, 상회에서 판결을 하도록 당회가 노회에 지도나 결정 심리 판결이나 조언을 요청할 수 있다.

제219문 당회의 성수는 어떠한가?

이 치리회의 정족수는 2인 이상의 장로와 목사 1인이 있어야 한다. 1852년 구파 총회는 당회 구성에 있어서 노회가 판단해 볼 때 장로 한 명이 그 사건에 활동할 자격이 없는 경우에라도 1인 목사와 1인 장로만으로 구성할 수 없다고 하였다. 만약 장로가 1인뿐이라도 목사나 노회가 명한 당회장이 있으면 권징건도 다룰 수 있다. 1869년 구파 총회는 "장로 2인이 있는 당회에서 장로 1인이 당회 일을 거절하여 교회를 떠나면 나머지 1인이 맡아서 당회장과 함께 성수가 되어 당회를 섬긴다"고 했다.

제220문 목사가 없어도 당회가 성수가 되는가?

성수가 되기 위해서 목사가 필요하다. 목사가 참석할 수 없는 매우 부득이한 상황이라면 장로 중 한 사람의 진행으로 당회를 이룰 수 있지만 노회의 판단을 받아야 한다. 1869년 신파 총회에서 "노회가 관할하에 있는 당회에 임시당회장이 필요한가에 대한 것을 분별해야 한다"고 결정했다. 담임목사가 있는 교회라면 담임목사가 현직에 있음이 확실하므로 목사가 병 중에 있거나 부재한 경우를 제외하고는 장로끼리 당회를 가지지 못하며 같은 노회의 다른 목사가 반드시 사회를 보게 해야 한다.

제221문 성수가 미달하면 회무를 처리할 수 있는가?

성수법은 절차상 단순한 법이나 순서상 필요한 조항 가운데 하나가 아니라 치리회 자체를 존재케 하는 중요한 법이다. 회원이 성수에 미달할 경우 치리회를 구성할 수 없으며, 어떠한 유기적 기능도 행사할 수 없다. 1861년 신파 총회에서 그렇게 결정했으며, 신파 총회와 연합 총회는 항상 위에서 언급한 대로 결정했다.

성수 미달이 되어 결정한 어떤 결의도 다른 유관한 기관에서 인정하거나 권한을 부여받기 전까지는 인정해서는 안 된다. 만약 성수에 미달하지만 회를 열었다면, 비록 중대한 사건에 대해 의논을 하고 결정을 내렸다 하더라도 비공식적으로만 인정될 뿐이다. 그리고 그 결정을 다음 당회에 보고하여 당회가 채택하면 그때 비로소 효력을 갖게 된다. 당회원들의 비공식적인 모임이 자주 있으며 때로 매우 중대하더라도 당회라고 할 수는 없으며 유기적 기능을 행사할 수 없다.

제222문 누가 당회장이 되는가?

본 교회의 담임목사가 항상 당회장이 될 것이다. 그는 자기 직무상 그리고, 노회의 위임에 의해 당회장이 된다. 그는 당회장으로서의 행실과 결정에 대해 교회 앞에서나 당회 앞에서 해명할 처지에 있지 않다. 그러므로 질서적인 면에서 당회나 공동회의가 그를 소송할 수 없다. 당회장은 오직 노회의 관할하에 있고, 노회만이 감독하거나 재판을 할 수 있다. 당회장이 목사라면 당회장이 당회에 소송하는 것은 질서에 맞지 않다. 당회장의 경우는 노회에서 다루어야 한다.

제223문 예외가 있는가?

자문을 받는 목적이 아니면 일반적으로 목사가 사회를 보라고 초청받는 것은 타당하다. 그 경우 담임목사가 당회와 합의하여 같은 노회에 속해 있는 다른 목사를 초청하여 사회를 보게 할 수 있다. 목사가 병 중에 있거나 부재중일 경우 적용은 같다. 이와 같은 경우는 타 노회 목사가 당회장이 될 수 없음을 명백하게 보여 준다. 이에 반대하는 견해는 없다. 그러나 1843년 구파 총회는 노회원이 다른 노회에 속해 있는 교회 당회를 주재하는 것이 질서에 맞다고 결정을 한 적이 있다. 다음해 곧 다음과 같은 결정이 통과되었다. "당회가 같은 노회원 목사를 당회장으로 할 수 있다는 결정을 한 작년 총회의 의미는 당회장이 같은 노회 회원이 되어야 하는 것이 분명하고도 확실하다는 뜻이다. 그러나 해결책이 만들어지지 않은 어려운 사건에는 타 노회 회원이 당회장으로 초청을 받을 수 있다고 생각한다." 특별한 경우, 즉 "담임목사의 부재나 당회장을 세우기 곤란할 경우 또는 40마일 이내 구역인 같은 노회에 안수 받은 목사가 없을 경우"에 1869년 신파 총회는 "같은 노회에 속하지 않은 목사, 즉 말씀을 맡은 어떤 목사라도 당회장으로 세울 수 없다"고 결정했다.

제224문 임시목사(Stated Supply)는 당회장이 될 수 있는가?

임시목사, 선교사, 목사후보생 혹은 피택 목사나 강도사, 안수 받은 목사라 할지라도 노회가 당회장으로 임명하지 않고 당회가 특별한 경우에 당회장으로 청하지 않으면 지교회에서 권한이 없다. 임시목사는 당회에서 목사로서의 권리와 능력과 특권이 없다.

제225문 원로목사(Pastor Emeritus)는 당회장이 될 수 있는가?

원로목사는 영광스러운 칭호이나, 목양 관계가 공식적으로 폐하여지지 않았다 하더라도 담임목사의 활동은 그치고 지교회에서 공식적인 권이 없다. 장로가 시무장로를 마치는 것과 같으므로 당회에 참석을 요구할 수 없으나, 노회의 다른 회원과 같이 지교회에 사회하러 초청되어 갈 수 있다.

제226문 부목사는 당회장이 될 수 있는가?

동사목사로 위임받지 않고 특별한 경우에 당회장으로 청함을 받은 경우가 아니면 당회에 참석할 수도 없다. 동사목사는 직임상 윤번으로 당회 사회를 볼 수 있다.

제227문 담임목사가 없는 교회에는 누가 당회장이 되는가?

당회장은 노회가 임명하거나 특별한 경우 당회가 회장 될 목사를 청할 수 있다. 목사를 청하기 어려우면 그 당회의 장로 중 1인이 회장이 된다.

제228문 당회에 반드시 목사가 있어야 할 특별한 때는 언제인가?

당회가 재판 직무를 위해서 모였을 때에는 반드시 목사가 있어야 한다.

제229문 **재판 직무는 무엇인가?**

피고를 공식적으로 재판하여 권징하는 직무다. 치리회가 재판의 권한으로 회집할 때는 언제든지 회장이 재판 직무의 시작을 엄숙하게 선포하고 회원들에게 예수 그리스도의 이름으로 재판하는 권한의 높은 성격과 앞으로 시행될 엄숙한 직무에 대해서 상기시키고 주의할 것을 명한다.

제230문 **특별히 목사가 의장이 될 필요는 무엇인가?**

재판 직무는 당회가 가지는 가장 무거운 중책이며, 치리회가 가지는 최고의 권위를 행사하는 것이다. 이 권을 행사함에 있어서 목사가 교회 법규와 권징조례에 대한 지식이 더 풍성하고 경건과 신중함과 분별의 훈련을 더 잘 할 수 있다고 여기므로 그러하다.

제231문 **동사목사(co-Pastors)가 2인 이상 있을 때에는 누가 의장이 되는가?**

한 교회 안에 2인 이상의 동사목사가 있으면 번갈아 가면서 의장이 된다. 그들이 연령과 목사 연조에 차이가 있을지라도 직무상 동등하고 당회에서 같은 언권과 권위를 가진다. 하지만 젊은 목사가 의장을 맡을 경우, 연조와 경륜이 있는 목사의 의견이나 바람에 대해서 특별히 더 존중하거나 이견을 가지는 것을 허용해야 한다.

제232문 **당회에 부과된 책무는 무엇인가?**

교인에 대해 영적으로 지도하며 보호하는 것이다.

제233문 당회가 권한을 누구에게 행사하는가?

교회의 모든 교인으로, 모든 무흠교인과 시벌 아래 있는 자와 세례 받은 교인 전체다.

제234문 교인에 대한 원심권은 어느 치리회에 속했는가?

그것은 교인에게 있는 것이 아니라 당회에 있다. 그러므로 장로교회는 교인의 투표로 교인의 권리에 영향력을 행사할 수 없다. 모든 권한은 전적으로 당회에만 있으니 상회도 이 권리를 갖지 못한다. 그러나 어떤 경우에는 장로 1인이 있는 경우 노회가 직접 재판할 수 있다. 노회는 당회에게 교인에 대한 권징을 진행토록 요청할 수 있다.

제235문 목사후보생들(candidates)과 강도사들(licentiates)은 지교회 회원인가?

목사후보생과 강도사도 지교회의 회원이며, 당회의 관할하에 있다. 그들의 학업과 목회자로서의 자격에 관한 것은 노회의 보호 아래 있고 노회가 그들의 신학공부를 허락하기도 하며, 신학 준비를 중지할 수도 있으며, 때로는 강도할 인허를 취소할 수 있다. 권징이 필요하면 당회는 그들을 소환하여 재판하고, 노회에 그 사실을 알리면 노회가 즉시 그들의 강도권에 대해 합당한 결정을 내린다.

제236문 담임목사가 본 교회의 회원으로 등록되는가?

담임목사나 어떤 목사든지 본·지교회의 회원이 될 수 없다. 목사는 개교회 아래 있는 것이 아니라 노회의 보호와 관할하에 있으므로 노회의 회원이다.

제237문 당회의 첫 번째 권한은 무엇인가?

교회 회원의 신앙 지식과 신자로서의 행위를 살피는 것이다.

1. 교인이 교리에 대한 견해와 진리에 대한 지식이 성장했는지 감독한다.
2. 교인의 사회생활outward life을 감독한다(히 13:17, 살전 5:12, 13, 딤전 5:17).

제238문 주일학교와 가정교육은 모두 당회 보호 아래 있는가?

주일학교는 연소자들을 공적으로 교훈할 수 있는 최고의 장이므로 당회의 직접 지도하에 두어야 한다. 교사와 교재와 규칙과 임원도 당회가 관할한다. 당회가 교회의 어린이들에게 신앙교육을 관할할 책임을 타인에게 위임하지 못한다. 가정교육은 은혜의 귀중한 수단이므로 당회는 어린이들이 가정과 주일학교에서 적절한 훈련과 교훈을 받고 있는지 감독해야 한다. 예를 들면, 1849년 구파 총회에서는 어린이들을 로마 가톨릭 학교에서 공부하게 하는 것은 신앙의 부모가 해야 할 행동이 아니라고 규정했다.

제239문 당회의 둘째 권한은 무엇인가?

재판권이다. 당회는 교인 중에 죄과를 범한 자와 증인을 부르고 필요하면 다른 증인도 불러 재판한다. 다른 교회 당회가 지교회 교인을 재판하는 권한은 없다. 범죄의 구성이라든지, 어떤 상황이 당회 앞에 소환되는 것인지, 죄과가 어떻게 고소되는지, 제출하는 방법은 어떠한지, 재판은 어떻게 이루어지는지 다양한 질문들이 '권징조례' 제4장 20조, 22조에 나와 있다.

1884년 이전에는 죄과가 개인적이든 공적이든 각각 합당한 절차가 따로 있었다. 개인소송사건은 개인이 원고가 되거나 '공동의 명예'가 원고가 되지만, 마태복음 18장 15절에서 주께서 명령하는 화목의 방편을 사용해야 하는 개인적인 손해사건의 경우를 제외하고는 당시 채택된 권징조례에서는 그러한 구분이 무시되었다. 용의자에 대한 법적 절차는 고소를 계속 하지 않거나 또 치리회가 판단할 때 추정된 죄과를 조사하는 것이 권징의 목적에 부합하지 않다고 여기면 용의자에 대한 법적 절차를 더 이상 진행해서는 안 된다.

치리회가 소송을 할 때는 미연합장로교회가 기소자와 원고가 된다. 모든 다른 사건은 개인 기소자가 원고가 된다. 어느 개인이 원고가 되어 자신의 죄를 언급하면 치리회는 절차 없이 재판을 진행할 수 있으며, 죄과를 범한 자에게 말할 권리는 줄 수 있다. 소환장이 소환당한 자의 거주지에 배송되지 않은 것이 발견되면 개인적으로 배송해야 한다. 재판하기 전에 소환장이 전달되어야 한다.

피고가 소환에 불응하면 재차 소환을 하고, 그래도 부득이한 경우가 아닌데 정한 시간에 나타나지 않으면 소환불응죄에 대한 경고를 해야 한다. 피고를 위해 변호인을 세운 후에는 피고가 부재중이라 할지라도 당회는 즉시 심의하고 재판을 해야 한다.

제240문 누가 범죄자로 소환당할 수 있는가?

본 교회 교인 가운데 세례 받은 자가 범죄했을 경우 재판한다. 권징조례에 따르면 세례 받은 어린이들도 교회의 교인이므로 교회의 보호 아래 있고 교회의 정치와 권징에 복종해야 한다. 이명한 교인이 아직 옮겨간 교회에 이명 접수가 되지 않은 가운데 범죄하였으면 옮기기 전 교회 당회의 치리를 받아야 한다.

타인에게 모략중상을 받았다고 주장하는 자가 있어서 치리회가 그 주장이 합당한지 알아보기 위해 한두 명의 회원을 택해서 사실 조사를 한 후 서면 보고하면 그에 관한 문제를 기록해 둘 수 있다.

제241문 피고를 위한 변호인으로 누구를 세울 수 있는가?

교회 재판에는 사회 변호사가 입회하여 변론을 제기할 수 없다. 피고는 본 교회의 목사나 장로를 변호인으로 세울 수 있으며, 그가 적절하다고 판단하면 피고를 위해 변명할 수 있다.

제242문 어떤 증인을 소환하는가?

당회는 증인으로 본 교회 교인을 소환하고 필요에 따라 증인을 부르고 다른 증인도 불러 재판한다. 소환에 불응하면 재차 소환하고, 또 불응하면 피고처럼 대한다.

증인을 소환하는 절차는 다음과 같다. 본 교회 당회는 타 교회의 무흠입 교인을 지도할 권한은 없지만 개인적 요청이나 관할을 받고 있는 해 당회의 요청에 의해서는 출석할 수 있다. 장로교회 교인이 아닌 증인은 요청에 의해 출석할 수 있다. 피고인은 진술서를 지지해 줄 증인의 명단을 보유할 수 있지만 명단을 공개할 필요는 없다. 증인이 거주하는 지역의 위원이 증거를 제출할 수 있다. 위원은 당회의 2, 3명으로 구성될 수 있고 쌍방에 적절한 통보와 함께 목적에 맞게 정해진다. 그렇게 받아들여진 증거는 치리회에 제출한 것과 같이 간주된다. 당회의 어떤 회원이라도 증거하라고 요청받을 수 있다. 이 일로 증거한 당회원은 사건을 재판하는 데 방해가 되지 않는다.

1854년 구파 총회에서 치리회의 회원은 자신이 어떠한 소환장도 받지 않았다는 이유가 변명이 될 수 없다고 결정했다. 1878년 총회는 피소하게 되면 소환장 없이 피고의 증거를 논박하고 반박할 수 있도록 현장에서 치리회의 위원을 소개해야 한다고 결정했다. 1854년 구파 총회는 당회가 목사를 증인으로 소환했는데 출두를 거부한 목사에 대해서 질의를 받았을 때 신중하게 답을 했다. 재차 소환을 할 것이며 그의 책임에 대해 노회에 상정해야 할 것을 언급했다.

일차 증인을 심문한 후에 상대방이 다른 증인과 증거를 반박하는 의미에서 내세울 수 있다. 재판하는 과정에서 나온 증거는 치리회가 합리적이고 합당하게 여겨지면 쌍방을 위해 받아들일 수 있다.

제243문 교회 회원이 아닌데 증인으로 나설 수 있는가?

이교도인 자도, 교회 회원이 아닌 자도 덕망이 있으면 증인으로 세울 수 있다. 그에 대한 신뢰성은 치리회가 판단할 것이다.

제244문 소송이 있으면 피고를 반드시 재판해야 하는가?

피고는 이의서를 제출하고 재판받을 권리가 있다. 당회는 재판 전에 제출한 이의를 들어보고 재판을 기각하거나, 정의를 구현하기 위해 피고의 진술이나 소송을 전체 내용을 변경하지 않는 범위에서 수정할 수 있게 한다. 재판 진행이 적절하다고 판단되고 소송된 피고가 자신을 변호할 주장이 충분하다고 보이면 반드시 재판해야 한다.

모략중상하는 출판물로 인해 피해를 입은 사람이 그 저자에 대해 소송할 때, 피고의 변명을 듣고 그의 출판물에 대해 신중해야 할 것을 권면함으로만 당회가 소송을 기각하는 것을 정당화하지 못할 것이다. 당회는 소송을 받아들일 수도 있으며, 출판물의 고소와 관련이 없다고 회록에 기록한다. 1881년 총회는 재판을 거부하는 치리회에 대한 소원에 대해서는 이미 제출한 사실에 기초하여 그것을 심문해야 할지 안 할지는 노회의 재량에 따라 결정할 문제라고 선포했다.

제245문 치리회가 착수한 재판을 중지할 권한이 있는가?

1881년 총회는 이 질문에 대해 "노회의 헌의로 된 재판은 노회의 관할 하에 있으므로 노회가 판단할 때 계속 재판이 진행될 경우 교회에 무익 하거나 유해하다면 피고의 동의를 받아 그 재판을 중지하는 것이 합법 적"이라고 답변했다.

제246문 무흠 세례입교인이 재판을 청구할 수 있는가?

무흠 세례입교인이 신자로서의 품행을 심각하게 손상한다는 소문이 널리 퍼져가지만 원고가 없고, 당회가 그를 소환하지 않을 때나, 재판석에서 중상모략적인 진술서를 조작하는 경우에는 무흠 세례입교인인 회원은 자기의 무죄를 밝히기 위해 재판을 청구하거나, 그 소문을 지어낸 자와 그것을 유포한 자를 상대로 중상모략에 대한 고소를 할 수 있다.

제247문 당회의 셋째 권한은 무엇인가?

1. 그것은 교회가 회원을 받아들이는 권한이다.

어떤 사람이 신앙을 고백하면 세례를 베풀어 세상에서 건져내어 교회에 입회하게 한다. 1872년 총회는 성도를 인치는 의식(sealing, 성례-역주)에 참여하게 하는 것은 '교회 정치'에 따라 전적으로 당회의 관할이라고 선언했다. 보편구원설을 믿거나 타락한 천사도 구원받는다고 하는 사람을 입회케 하지 않아야 하며, 물로 세례 받음을 거부하는 사람도 받지 말아야 한다.

유아세례에 대해 주저함이 있어서 자녀가 유아세례 받는 것을 원치 않는 부모가 있다면 입회는 거부하지 않되, 당회가 그들을 잘 판단하여 권면하고 결정할 것이다. 또 싸우기를 좋아하는 자들과 그와 유사한 부류들은 자기 죄를 깨닫고 충분한 회개의 증거가 보일 때 입회하게 한다(목사는 싸우기를 좋아하는 자의 장례식 참석을 권하지 않는다). 주일에 세상일을 하고, 세상적인 유익을 얻고자 주일을 범하는 사람은 입회를 거절한다.

독주를 판매하는 자에 관해서는 일반적인 규칙이 없지만 당회가 판단해야 한다. 1865년 총회에서는 독주를 주류로 제조하여 판매한다는 이유로 그들을 인치는 의식(성례식)에 참석하지 못한다고 하는 성찬에 관한 새로운 조항을 받아들이지 않았다고 언급했다. 반면, 신뢰할 만한 방식으로 이런 의식에 동참하는 자에게서 믿을 만하고 명백한 기독교인의 모습을 요구하는 것과 뚜렷하게 위법하여 기독교의 증거를 보여 주지 못하는 자에게서 기독교의 특권을 박탈하는 것은 장로교회의 헌법정신과 성경의 가르침에 위배되지 않는다.

1877년 총회는 모든 교회의 당회는 독주를 주류로 제조하고 판매하는 데 관여하거나 이런 죄악스러운 악행으로 생활비를 충당하는 자들을 교회의 회원으로 받아들이지 말고, 그들을 교회의 울타리에 두지 않으면서 교회의 순수성을 신중히 수호하라고 요청했다.

2. 타 교회로부터 무흠 세례입교인을 입회하게 하는 것이다.

   타 교회로부터 본 교회로 이래하기 원하는 사람은 발행된 지 1년 미만의 이명증서를 받고 입회하게 한다. 다른 교단의 교회에서 이명 청원을 거절 받은 교인은 그 행위와 품행에 대한 증서를 구해야 한다. 청원자에 대한 고소가 없는데도 증서를 받지 못하면 당회가 그의 신앙생활에 대하여 충분히 문답하고 그의 신앙고백에 근거해서 입회시켜야 한다.

3. 세례를 받은 자는 그 지식과 신앙에 대해 문답한 후 성례에 참석하게 하고 교회의 특권에 동참하게 한다.

   1853년 구파 총회에서 총회에 속한 모든 당회는 문답받는 자들이 기독교 교리에 대한 지식을 얼마나 지니고 있고, 또 얼마나 기독교 교리를 수호하고 있는가를 잘 판단하여 교회에 입회하게 하고 전적으로 교회의 덕과 화평을 위해서 해야 한다고 선포했다.

1864년 신파 총회에서는 교회 회원 신청자의 자격을 심사하는 것은 당회의 영역이라고 결정했다. 헌의(춤, 카드놀이와 독주와 관련한 건에 대한)에 올라온 문제를 지도하기 위해서는 지난 총회의 결정사항, 즉 '요람Digest'와 '윤리문제'를 참고하면 된다.

4. 권징 받은 자가 충분한 회개와 변화의 증거가 나타날 때 해벌하여 교제를 회복하게 한다.

제248문 교회 회원의 지위는 언제부터 시작되는가?

1. 출생 시에

그리스도를 주로 고백하는 부모 밑에서 태어난 자녀는 유형 교회의 회원이니, 온 세계에 참된 신앙을 고백하는 자와 그들의 자녀가 유형 교회를 구성하기 때문이다.

2. 당회가 이명증서에 따라 교인을 받을 때

당회는 교회를 대표하므로 교인의 입회를 결정할 수 있는 권한이 있다. 이와 관련하여 당회는 고유한 권한을 가지고 있다. 교인의 입회는 보통 다음 성찬식 때 광고하고 때때로 신입회원을 교인 앞에서 환영하기도 하고 보통 목사와 교인이 공적으로 환영한다. 1873년 이와 관련한 위원회가 구성되어 제출한 안이 있다. 의사록에 삽입하였고 다음 총회 때 보고가 있었고 토의를 거쳤지만 무기한 연기했고, 1865년 총회는 그 주제를 다시 다루지 않기로 결정했다.

1865년 신파 총회는 일반 교회에서 회원을 인정하는 데 있어서 신앙고백과 서약을 사용하는 문제를 언급하면서는 이런 문제는 당회의 재량에 맡긴다고 했고, 회원을 세우는 데 꼭 필수불가결한 것은 아니라고 했다. 그런 것을 사용하는지 여부는 당회가 투표하여 정할 것이고, 장로교회의 헌법에 따라 회원의 입회문제는 다루어야 한다고 했다.

1872년 총회는 인치는 의식(성례)에 회원의 참여 여부는 '교회 정치'에 따라 전적으로 교회 당회의 관할이며, 인치는 의식에 참여하는 자를 공적으로 인정하는 기준은 어떤 형태로든지 원리에 충실해야 한다고 언급했다.

3. 당회 앞에서 신앙을 고백한 때

세례를 받지 않은 사람을 입회케 할 때는 반드시 당회 앞에서 신앙을 고백하게 하고 세례를 준다. 세례는 교회의 회원이 되기 위해 받는 것이 아니라 장로교회의 회원이 되기 때문에 세례를 받아야 한다. 1865년 신파 총회는 세례를 언제 시행하며 얼마나 자주 시행해야 하는가는 전적으로 당회가 결정할 사항이라고 언급했다.

1867년 총회는 "당회의 투표로 세례 받지 않은 사람을 교회의 회원으로 받아들이지 못한다. 왜냐하면 신앙고백서가 언급한 대로 세례는 유형 교회의 회원이 되기 위해 마련된 엄숙한 예식이기 때문에 그러하다"고 공언했다.

1872년 총회가 정한 위원회의 보고는 익년 총회에 보고되었고 결국 무기한 연기되었다. 그 보고에서 헌법과 신약의 가르침에 따라 당회의 결정은 세례를 시행하기 전까지는 효력이 없다고 말했다. 하지 박사Dr. Hodge는 "세례로 만국교회의 회원이 되지는 않지만 공적이고 규모 있게 회원권을 인정해 주는 것은 된다"고 언급했다. 세례는 당회 앞에서나 교회 회중 앞에서 베풀어야 한다.

제249문 다른 교회에서 발행한 이명증서를 제출하는 무흠 세례입교인을 당회가 받지 않을 수 있는가?

이명증서가 정식으로 된 것이라도 당회가 그의 지식과 신앙에 대해 만족하지 못하거나 그를 받아들이는 것이 교회에 유익이 되지 않는다고 판단하면 입회를 거절할 수 있다.

당회는 입회하고자 하는 자를 잘 판단해야 한다. 이에 대한 것은 1864년 신파 총회에서 인정받은 것으로, 구파 총회와 연합교회가 인정한 것이기도 하다. '교회 정치'에서는 모든 치리회가 이 권한을 지닌다. 총회는 항상 회원의 적합성을 심사함으로써 노회의 특권을 지지해 주었다. 그러나 그 결정도 다른 것과 마찬가지로 상회의 결정을 따라야 한다.

이명증서가 합당한 것이라면 당회는 상황과 청원자의 신앙과 행동에 대해서 인격적으로 확인한 후 그를 입회하게 하는 것이 적합한 일인지 판단해야 한다.

제250문 당회가 정식으로 회의하지 않고 교인을 받을 수 있는가?

교인을 받는 것은 당회가 가진 가장 중대한 행위이고 특권이다. 정족수에 못 미치거나 비공식적인 목사와 장로의 모임은 당회로 구성할 수 없으므로 교인을 받을 수 없다. 그러나 입회 지원자가 중병으로 당회 앞에 오지 못하거나 부득이하게 당회가 정족수에 미달한 경우에는 당회원 중 일부가 비공식적으로 모여서 지원자와 문답하고 당회에 보고한 후에 입회를 허락할 수 있다.

제251문 교인으로 받으려고 할 때 어떻게 통보해야 하는가?

교인을 받으려고 할 때 당회는 이명해 온 교회에게 즉시 통보해야 한다.

제252문 당회가 어떤 사람에게 이명증서를 줄 수 있는가?

교인이 이사하여 교회를 옮기려고 하면 당회가 이명증서를 주어 그의 회원 됨과 이명함을 확실하게 증명해야 한다. 품행이 바른 교인은 다른 교회로 이명해 갈 수 있도록 당회가 이명증서를 주어야 한다. 당회는 이명하는 교회에서 정식으로 통보가 올 때까지 교인명부에서 제하지 말아야 한다. 당회는 총회출판부에서 출판된 양식에 의거하여야 한다.
1869년 구파 총회에서는 이명하는 교인이 무흠교인이든지 유아세례만 받은 교인이든지 간에 품행이 바른 증거가 있으면 이명증서를 주어야 할 것이며, 가까운 지역에 교회가 하나만 있다면 그 이명하는 교회에 증명사본을 보내 주어야 한다고 언급한 바 있다. 이명하는 자가 이거하는 교회에 입회할 때까지는 본 교회 관할 아래 있다. 이명하는 교인에게 세례 받은 자녀가 있어 부모와 함께 이명한다면 무흠입교인이 아니더라도 그 이름은 이명증서에 기록해야 한다.
한동안 출석하지 않아 당회의 감독을 받지 못한 교인도 이명증서 즉 이명할 때까지 교인의 품행사실을 증명하는 기록서를 받아 이거할 수 있다. 2년 이상 교회에 잘 출석하지 않은 자가 회원 증명을 신청한다면 그 품행사실을 이명증서에 기록해야 한다. 구파 총회에서는 그러한 경우 노회나 대회가 진리와 헌법 정신에 어울리는 합당한 이명증서를 발급할 수 없다고 결정한 바 있다.

제253문 시벌된 교인은 이명증서를 받을 수 있는가?

시벌된 교인은 그를 시벌한 당회 치리하에 있으므로 당회가 그 판결을 철회할 때만 이명증서를 발급할 수 있다. 그러나 1849년 구파 총회에서는 시벌된 교인이 먼 지방에 옮겨가게 되는 부득이한 경우에는 그의 시벌 받은 사실을 이명증서에 명기하여 이명할 교회로 발급해야 한다고 결정한 바 있다. 당회가 그의 시벌을 재고하거나 다시 판결할 수 없으면 이거할 교회의 당회에서 그 사람의 충분한 회개와 변화를 보고 해벌할 수 있다.

제254문 해벌된 교인은 어떻게 이명할 수 있는가?

당회가 해벌하면 무흠한 자가 되므로 이명하더라도 보통의 이명증서를 발급해야 한다. 그가 소원, 상소로 상회에 의해 해벌된 자이면 무흠교인이 되어 당회는 그에게 정규 이명증서를 발급해야 한다.

제255문 이명할 교회를 정하지 않은 자에게 이명증서를 발급할 수 있는가?

1853년 구파 총회에서는 이명해 갈 교회를 정하지 않고 이명할 수 있는 경우가 더러 있다고 결정한 바 있다. 1871년 연합 교단은 이명증서와 추천서를 정해진 이명할 교회에게 주거나 혹은 교회를 정하지 않고 신임장을 주는 것이 중요하다고 당회에 권고한 적이 있다.

1869년 구파 총회에서 당회는 무흠교인이든지 유아세례만 받은 교인이든지 그가 속해 있는 구역에서 이거해 가는 교인에게는 품행사실 증명을 해 주어 가능하면 신속하게 관계되는 교회에 이명해 갈 것을 추천했고 가능하면 빨리 이명해 갈 것도 권면했다.

제256문 다른 교파로 이명하여 갈 수 있는가?

이런 일은 종종 일어난다. 1839년 구파 총회에서는 타 교파로 가는 자에게는 신앙성품에 대한 증명서를 주는 것이 적절하다고 결정했다. 1848년 이 원칙은 개인에 대한 징계도 아니고, 이명해 갈 교회에 대한 징계는 더욱 아니며, 단지 교회가 중요하게 알아야 할 사항이라고 했다. 그러나 1851년 구파 총회는, 모든 문제는 장로교회 헌법에 따라 개 교회 당회의 재량에 맡겨야 한다고 언급했다.

제257문 당회만이 이명증서를 발급할 수 있는 기관인가?

당회의 권한이다. 그러나 대회가 있다면 대회는 노회로 하여금 무흠교인에게 이명증서를 발급해 주라고 할 권한을 지니고 있다. 이런 사례는 매우 특이한 경우이지만 총회는 그 문서가 합법적이라고 선언했다. 이명증서를 발급하라는 노회의 명령을 계속 불복한 당회가 있다면 대회는 노회가 이명증서를 발급하라고 명했다. 이러한 이명증서는 합법적이 아니라는 이유로 상회가 인정하지 않는다면 무흠교인은 총회에 소송함으로 이의를 제기할 것이다.

제258문 폐지되는 교회의 회원이 이명증서를 받을 수 있는가?

노회의 명으로 교회가 폐지되는 경우, 노회는 그 교회의 회원들을 다른 교회로 이거하게 하고, 노회가 그 교회 회원들의 이명증서를 발급한다.

제259문 이명은 언제부터 시행되는가?

1867년 신파 총회는 이 문제에 대해 "이명증서가 발급되면 장로나 평신도를 무론하고, 이명증서를 발급한 교회와의 관계가 끊어지지만, 다른 교회로 입회할 때까지는 본 교회가 그의 신변을 관할할 책임이 있다. 이명증서를 환부하면 본 교회 회원의 권리와 특권이 회복된다"고 언급한 바 있다.

제260문 규정에 맞지 않은 이명증서를 접수할 수 있는가?

1849년 구파 총회는 이명증서가 발급된 절차는 인정할 수 없지만 증서의 합법성을 인정했다. 만약 당회가 제출된 이명증서를 만족하지 못하면 입회케 하기 전에 증서를 되돌려 보내서 고치게 한다. 그러나 형식에 맞지 않은 것이 중요하게 간주되지 않고, 당회가 이거의 의도를 분명히 밝힌 이명증서라면 노회가 조사하는 조건에서 접수할 수 있다.

제261문 이명증서의 일반적인 규정은 어떤 것인가?

_____년_____월_____일
이 증서는 ○○○이 본 장로교회의 무흠 세례교인이었으나, (○○○, ○○○, ○○○, 입교한 자녀들과 함께) 요청에 의해서 이거하게 됨으로 _____ 교회로 이명함을 기쁜 마음으로 추천하고, 그에 대한 본 교회의 책임이 종료되었음을 증명합니다.

당회장 ○○○

위 증서가 발급일로부터 1년간 유효함을 명기한 문서를 첨부한다.
이명하려는 자가 장로나 집사인 경우 이명증서에, "이 사람은 _____년 간 장로, 혹은 집사로 교회를 섬겨왔으며, 그의 직분 안에서 신뢰와 애정을 교우들로부터 받아왔음"을 기술한다.

제262문 입회허가서의 규정은 어떤 것인가?

이 증서는 ○○○이 _____장로교회의 이명증서에 따라 _____년_____월 _____일에 _____장로교회의 회원으로 받음을 당회가 인정하는 것이다.

당회장 ○○○

제263문 또 다른 형태의 이명증서 양식은 무엇인가?

이 증서는 ○○○이 본 장로교회의 무흠 세례교인이며, 당회의 감독하에 _____년_____월_____일까지 결석하였으나 ○○○ 요청에 의해서 이거하게 됨으로 _____교회로 이명함을 기쁜 마음으로 추천하고, 그에 대한 본 교회의 책임이 종료되었음을 증명합니다.

당회장 ○○○

제264문 신임장이란 무엇인가?

무흠 세례교인이 여행이나 이사를 하거나 출석하기로 결심한 지교회를 출석할 수 없을 경우에 신임장을 받을 수 있다.

_____년 _____월 _____일

이 증서는 ○○○이 본 장로교회의 무흠 세례교인이며 _____ 동안 여행하고자 하며 그동안 하나님의 백성과 연합하며, 여행하는 동안 우리 주 예수 그리스도의 교회와 연합할 것을 권하면서 이 신임장을 드립니다.

당회장 ○○○

제265문 회원권을 다른 방법으로 종결할 수 있는가?

교인의 회원권이 종결되는 경우는 사망, 출교, 그리고 이명과 정상적으로 다른 교파로 가입하는 것 외에는 없다.

제266문 교인이 자진하여 다른 교회로 가서 신앙고백하고 입회할 수 있는가?

그런 일은 무질서한 일이다. 이명 외에 교인이 교회와의 관계를 소홀히 하거나 종료시킬 수 없다. 그는 여전히 본 교회 당회의 치리 아래 있으며, 임의로 교회를 떠나려고 했다면 책벌 받아야 한다. 교인이 책벌 중에 있다면 오로지 고백과 회개함으로 회복할 수 있는 것이지 다른 교회에 신앙고백함으로 입회할 수 없다.

1866년 신파 총회는 "제2교회의 당회가 그런 경우를 확인했을 때 피소된 교인과 동의한 후 당회가 그 교인을 교인명부에서 삭제하여 치리 아래 있지 않게 하고 그 교인을 책벌한 당회와 소통하고 해 당회에게 이중성과 무질서에 대해 각각 이의를 제기하는 것은 합법한 절차이다"라고 선언한 바 있다.

그 교인이 입회하는 교회가 다른 교파의 교회라면 그 이름만 본 교회 명부에서 삭제하거나 치리의 절차에 따라 교회의 특권을 박탈하며 책벌한다. 1839년 신파 총회는 교인의 명부에서만 제할 것을 권했다. 이 결정은 1879년 1882년 총회에서 재확인되었다.

제267문 결석한 교인을 어떻게 처리해야 하는가?

부도덕한 일로 고소되지 않은 교인이 1년 동안 교회의 예배를 등한시하여 당회가 그의 신앙에 심각한 문제가 있다고 간주하면, 당회는 그를 사랑으로 심방하며 필요하면 훈계하거나 진정한 회개의 증거가 명확히 나올 때까지 수찬정지시키되, 합법한 치리과정 없이 출교할 수 없다. 본 교회 목사와 불일치하거나, 타 교회에 열심히 출석하고 섬기는 것은 어떤 경우에서도 그가 본 교회에 결석하는 정당한 이유가 될 수 없다.

교인이 타처에 수년간 혹은 무기한 거주하게 되면, 당회가 권면하여 그가 원하는 곳으로 이명하게 해야 한다. 그러나 그가 충분한 이유 없이 이에 불응하면 그를 수찬정지시키고 당회가 만족할 만한 돌이킨 증거를 나타내기까지는 별명부로 옮겨야 한다. 남장로교는 "12개월 동안 충분한 이유 없이 교회를 옮기지 않는다면 속해 있는 교회가 그에게 옮기라고 명한다. 이 책무를 무시한다면 옮긴 당회가 다른 기관에 합당한 통지를 주는 동시에 치리권을 회복한다.

교인이 한동안 교회에 결석하였으나 당회가 그의 거주지를 모를 때, 그의 명부는 유지하여야 한다고 1825년 총회는 밝혔다. 그가 다시 돌아오면 하나님의 말씀과 교회의 법에 따라서 처우해야 한다. 교인이 신앙을 무시하거나 교회의 치리나 감독을 회피하려는 의도에서 고의로 결석하였다고 당회가 충분히 판단을 하게 되면 그를 지체없이 교회에서 책벌해야 한다.

1853년 신파 총회는 '치리서' 제11장에 따라 무흠 세례교인으로 1년 이상 예배에 참석하지 않으면 안 된다고 선언했다. 교인이 수년 동안 거주지도 알 수 없고 출석하지 않으면 당회는 사실 여부를 알아보고 교인이 돌아와 결석에 대한 정당한 이유를 제출하기까지 무흠 세례교인의 신분을 유지하지 못한다고 선포해야 한다.

1865년 구파 총회는 이와 유사한 법을 통과한 적이 있다. 그 총회는 거주지를 모르는 결석자의 명부를 작성해야 하고 또한 그러한 교인들이 있으면 돌아와 당회가 인정하지 않으면 무흠 세례교인에서 빼야 한다고 요구했다. 1872년 연합 총회에서도 이를 합법화하면서 "개 교회가 2년 이상 지교회를 출석하지 않고 거주지도 모르는 교인이 있다면 별명부를 작성하고 교인의 통계에서 빼야 한다"고 선포했다. 1884년 채택한 교회치리서는 3년 이상 통지가 없으면 당회는 그 교인을 삭제하고 별명부로 옮겨야 한다고 했다.

제268문 교인의 요청으로 그의 이름을 삭제할 수 있는가?

교회 헌법은 사망이나 출교 외에 교인을 없애거나 그의 이름을 명부에서 삭제하는 법이 없다. 총회가 "교인이 신앙이나 교리에 대한 믿음이 변하거나 믿음이 부족해서 회원 됨을 원치 않으면 당회는 어떻게 해야 하는가"라는 질문을 받았다. 그에 대한 답변은 "이런 일은 상당히 정상적이 아니며 교회에 해를 끼친다"고 했다. 그런 교인을 깨우치는 상당한 노력에도 불구하고 여전히 개인 신앙의 증거를 보여 주지 못하고 영적인 방종과 낙심으로 교인의 명부에서 삭제되기를 소원하는 사람들이 있다면 오래 참고 그동안 신앙으로 돌아오기를 소망해야 한다.

그러나 영적으로 부족한 삶을 사는 교인들이 상당한 노력에도 불구하고 회개하기를 거절하고 그리스도의 믿음을 저버리면, 지혜롭고도 결정적으로 처리해야 하고, 완고함과 언약의 불이행에 대한 책벌을 받아야 한다. 외적으로도 불미스러운 범법으로 인해 이제까지 그들의 신앙고백은 소용이 없게 된다. 이런 경우 수찬정지로 책벌할 수밖에 없다.

1878년 총회가 "출교당할 때 이제 더 이상 기독교인이 아니고 성찬예식에도 참석하지 않아서 교인 명부에서 삭제되기를 요청하는 사람이 있다면 어떻게 할 것인가" 질의를 받았다. 교인명부에서 삭제되는 경우는 세 가지가 있는데 그것은 사망과 이명과 치리에 의한 것이다. 따라서 이런 경우에 해당하는 사람이 있다면 상당한 인내심을 발휘해야 할 것이다. 자신들에 대한 바람직하지 못한 판단은 일시적인 낙담에 근거할 수 있는 것이다. 그러므로 교인들이 다시 기독교 신앙으로 돌아오기를 소망하면서 신실한 기도가 있어야 하고 사랑스러운 자세 또한 있어야 한다. 이와 같은 일반적인 원리들은 당회 재량에 맡겨져야 한다.

 1882년에는 자신 스스로 신앙생활을 못하겠다고 여기는 교인은 따로 총회에서 제공한 별명부에 기록해야 한다고 권함을 받았다. 치리서는 이에 대해 "부도덕한 일로 고소되지 않은 교인이 자기는 성찬예식에 참여하는 일을 감당치 못하겠다고 할 경우 당회가 그 일에 대해 상의한 후, 그가 동일한 마음을 계속 가지고 있다면 그 교회의 여러 순서에 정기적인 참석을 한다고 해도 성찬예식에는 참석하지 않는 것을 허락해야 한다고 여긴다. 자신의 판단이 잘못된 생각에서 나온 것이라고 설득을 한 후 이름을 세례교인 명부에서 삭제해 주고 회록에 작성해야 한다"고 요구했다.

제269문 교인은 어떻게 입회와 다른 교회로 이명할 수 있는가?

감독교회는 회원을 입회하고 이명하는 권한을 담임목사나 교구목사에게 부여한다. 유아세례를 받은 자가 성인이 되어 신조와 주기도와 십계명을 고백하고 교회 신조교육을 충분히 교육받게 되면 감독에게 입교를 받아야 한다.

입교는 분별력이 있는 나이가 되었을 때 행해져야 하며, 유아세례 받을 시 신앙의 부모, 즉 후견인이 약속한 바를 배워 익히고 이제는 그들의 입술로 교회 앞에 시인하고 고백하고 하나님의 은혜로 신실하게 신앙고백하게 해야 한다. 입교를 신청한 이들은 감독에게 가기 전 일정기간 동안 교구목사로부터 특별한 지도 교육을 받아야 한다. 교구목사는 교구 안의 감독에게 입교 신청자들의 명단을 교구목사의 친필서명과 함께 보내는 것은 그의 책임이다.

무흠 세례교인이 다른 교회로 이명하는 것은 교구목사가 이명증서를 주어야 한다. 다른 교파에서 이명해 온 자들은 입교 신청을 하면 입회할 수 있다. 경우에 따라 세례를 다시 받을 수 있다.

개혁된 감독교회는 성인이 신앙고백과 회개를 할 때 세례를 받으며 입교 신청하는 모든 자들은 유사한 신앙고백을 해야 한다. 다른 교파의 무흠입교인은 이명증서나 그 교파의 신앙규칙에 동의한다는 충분한 증거가 있으면 입회할 수 있다. 그리고 무흠입교인이 다른 교파로 갈 경우도 이명증서를 가지고 갈 수 있다. 모든 권한은 교구목사에게 있다.

감리교회는 교인이 입회하기 전 최소한 6개월 심사기간을 거쳐 교회 지도자 및 청지기위원회의 천거를 받아야 하고, 목회자에게 신앙고백의 확신과 교회의 법을 충실히 이행한다는 충분한 증거가 보이면 받아들인다. 다른 정통파 교회들은 정식 회원이 되기 전에 그 교파의 일반적인 질문에 충분하게 답변해야 한다.

회중교회는 그 교회 형제들의 투표로 회원의 입회를 결정한다. 성찬식에 참여하고 정식 회원이 되기 전에 반드시 신뢰할 만한 믿음의 증거를 보이는 것이 필수조건이다. 회원들이 다른 복음주의 교파 교회에게 이명할 경우 이명증서가 있어야 하고, 다른 자매 교회로부터의 이명증서가 있을 때 회원으로 입회할 수 있다. 일반적으로 이명할 때 목사와 집사로 구성된 심사위원회가 이명신청서를 받는다. 신청자들이 그들로부터 인정을 받으면 다시 교회에게 추천하고 그들의 신앙과 지식을 살펴 성도들의 투표와 교회 신조를 교인 앞에 고백한 후 입회할 수 있다. 침례교회는 회중정치제도이다. 루터교회는 입회 신청자들이 자신들의 죄를 신실하게 회개하고 주 예수 그리스도를 믿는 자들이라고 교회 운영위원회에게 확신을 주고 또 교육을 받은 후 입교할 수 있다.

제270문 당회의 네 번째 권한은 무엇인가?

권징을 시행하는 것이다. 즉 징계받아 마땅할 자들을 권계, 견책, 수찬정지와 출교를 시행하는 것이다(고전 11:27~34, 살전 5:11, 살후 3:6, 14, 15).

제271문 '징계받아 마땅한 자'란 무슨 의미인가?

공식재판에서 증거가 나타나 유죄 판결을 받은 자이다. 소환에 참석하지 않거나 재판 없이 처벌하는 것은 합당하지 않다. 죄를 인정하여 탄원하는 자는 재판을 짧게 할 수는 있지만 재판 자체를 무효로 할 수는 없다. 1865년 신파 총회에서 자진하여 이단적인 신앙과 계약 위반을 고백하여 출교재판 절차를 거치지 않은 경우가 있어서 그러한 결정을 내렸다. 이와 같은 결정을 하기 위해서 '교회정치' 제4장을 참고했다. 이에 대한 이유는 당회가 판결을 내리기 전, 죄의 정도와 범죄한 상황을 잘 살펴야 하며, 범죄에 대해 공평해야 하고, 상회의 재판이나 추후 회개와 회복을 위해 참조할 수 있어야 하므로 자세히 기록해야 한다.

1879년 총회는 "고소당한 자가 치리회가 정한 개별 심의를 위한 정식 위원회 앞에 범죄와 고의적인 죄를 고백한 후, 첫 소환 때 치리회 앞에서 다시 그 범죄와 고의적인 죄를 고백하게 되면 치리회는 재판을 거치지 않고 판결을 내릴 수 있는가?"라는 질의를 받았으며, 총회는 찬성했다. 교회 정치서는 "그 고소가 혐의가 있으면 치리회는 판결을 내려야 한다"고 언급한다. 남장로교는 고백을 근거로 하여 재판을 하되 절차 없이 진행할 수 있으나 사실 전체를 기록해야 한다고 지시했다.

제272문 다른 교파에서는 어떻게 치리하는가?

감독교회에서는 치리의 권한이 교구목사에게 있다. 감리교회는 무흠 입교인들 모두 다 속회로 나눠져 있다. 회원이 각자 교회의 규칙을 어떻게 준수해야 하고 하나님에 관한 지식과 사랑에서 어떻게 자라는가를 질의하는 것은 속회장의 의무이다. 속회장은 속회의 형편을 목사, 속회장, 청지기 모임에 보고해야 한다. 속회 회원의 행위가 성실치 못하면 그 범법자를 속회장이 Leader 책망하고 권고해야 한다. 그가 돌이킴이 없으면 목사와 속회장과 두세 회원이 심방을 하게 된다. 그래도 그가 청종하지 않으면 죄과를 목사에게 제출해야 하고, 목사는 재판과 판결을 위해 무흠 입교인 위원회를 정해야 한다. 속회장과 청지기회는 그 재판 대기자를 절차 없이 교인명부에서 삭제한다.

회중교회는 부적합한 회원이 있으면 형제의 투표에 의해 출교하게 된다. 회원이 중생하지 않고 회원해지를 요청하며 권징에 해당하는 흠이 없으면, 그의 요청은 인정된다. 그 사실을 선언하는 투표를 시행하고 그 결과를 다음 성찬식 때 공적으로 알려 주어야 한다.

루터교회는 입교인의 치리를 교회 위원회가 시행한다.

제273문 당회의 다섯 번째 권한은 무엇인가?

당회의 다섯 번째 권한은 회중의 영적 유익을 촉진하기 위한 최선의 방책을 협의하는 것으로 다음과 같다.

1. 당회가 심방과 교인의 규모 있는 생활과 회중의 하나 됨을 위해서 진력하는 일.
2. 예배에 대한 의무, 은혜의 수단을 유지하는 것, 교회 봉사와 기도회와 주일학교, 전도처와 교회의 음악을 담당하는 일.
3. 교인의 전도활동과 가난한 자를 살피고 구제하는 일.
4. 목사, 장로, 집사 선출과 기타 목적을 위해서 공동의회를 주관하는 일.

제274문 당회 심방은 어떻게 하는가?

당회는 각 교회와 개인의 독특한 형편을 살펴서 어떻게 심방하는 것이 교인의 영적 삶에 유익하고 최선의 방법인지 결정해야 한다. 전통적으로 특별한 기간을 정하여 모든 교인을 심방하는 것이 가장 효과적인 것으로 나타났다.

장로 두세 사람이 목사와 함께 심방할 곳을 정하여 모든 가정을 심방하고 가능하면 개인의 영적인 필요에 기여한다. 종종 온 교인을 구역에 따라 나누어서, 각각을 담당할 장로를 택하여 심방하게 한다. 교인의 형편을 당회와 목사가 알아야 한다. 이러한 일반적인 심방을 제외하고 특별히 심방해야 할 몇 가지 경우는 다음과 같다.

1. 입교할 나이가 된 유아세례 교인
2. 유죄 판결 아래 있는 자나 영적인 고통을 당하는 자(사 40:1)

3. 환자(약 5:14~16)
4. 환난 당한 자(약 1:27, 고후 1:4). 당회는 장례식 때 사치스럽고 낭비에 가까운 행렬을 자제하게 하고 독주를 사용하는 구습을 폐하기 위해 가장 효과적인 방법을 동원해야 한다.
5. 가난한 자
6. 시험을 당한 자(갈 6:1, 엡 5:11)
7. 과실죄가 있거나 재판 계류 중에 있는 자(갈 6:1, 롬 15:1, 살후 3:15, 딤후 2:25)

제275문 당회가 예배드리는 일을 어떻게 주관하는가?

제7장을 참고하라(지교회 예배의식).

제276문 당회와 주일학교는 어떤 관련이 있는가?

이 질문은 1877년 총회에 헌의되었는데 장로교 요약집 643~645쪽에 기록된 교단의 두 기관에 대한 언급에서 해답을 찾게 된다.
주요한 답변은 1. 목사와 당회가 주일학교를 지도하고 또한 주일학교 학생들의 모든 신령한 일을 지시하고 감독해야 한다. 2. 목사 직무는 주일학교를 감독하는 일을 포함한다. 목사는 주일학교 교육에 자주 참석하고 조력해야 하며, 어린이를 위한 특별집회를 가지고 종종 설교도 해야 한다. 3. 당회는 공과 교재와 보조교재를 택하고, 도서관에 들어오는 모든 책을 주의 깊게 살펴보아야 한다. 총회 출판부의 출판물을 추천해야 한다. 4. 최고의 교재인 성경과 함께 소요리문답을 가르치고, 교리와 교회 제도를 암송해야 한다. 5. 주일학교의 통계보고서를 정기적으로 노회에 보고하여 총회의 보고 문서에 포함되게 한다. 6. 모든 교인이 교사로 봉사하여 주일학교와 관련을 맺어야 한다.

1878년 총회는 이 주제에 대해 각 당회에게 목회적 서신을 발송했다. 특히 건전한 교리 교육의 중요성을 강조했고 총회 출판부가 출판한 질문서와 보조 자료와 대소요리문답서, 신조와 예배 모범과 교회 정치를 추천했다. 동년도에 총회는 또한 각 주일학교 교장은 각 교회 당회가 인정하는 자로 선출 내지는 선정할 것을 권고했다. 또한, 목사와 당회는 필요하다면 주일학교를 방문하고 격려하라고 했다.

1882년 총회는 총회에 속해 있는 모든 교회의 각 당회에게 주일학교 교장을 선정하여 교회의 주일학교 사역과 전도 사업을 세심하고 권위 있게 유지해야 할 것을 중심으로 추천했다. 1883년 총회는 주일학교를 감독하고 특히, 교사와 직원을 선정하는 데 있어서 교회 당회의 권한을 재차 강조했다. 다음 해, 목사와 당회는 주일학교 사역을 보다 더 세심하게 감독하고 교사들이 철저히 준비하도록 독려하며 또한 가능하면 교회 예배시 주일학교 자녀들을 참석케 하고 조기에 그리스도께로 회심하도록 조력하며 지적으로도 부모의 교회에 가까이 하도록 했다.

1885년에는 총회가 주일학교 사역감독, 주일학교 교사와 직원 선정, 주일학교의 선행과 일반적인 행동을 지시하는 것을 교회 당회에 맡긴다는 이전 총회의 공식선언에 관심을 모았다. 당회는 주일학교 음악을 지도하고 교회 예배음악도 당회가 감독하도록 했다. 1878년 총회는 주일학교용 찬송가와 음악을 제정할 것을 출판부가 심도 있게 긍정적으로 고려하라고 언급했다. 1882년 출판부는 가능하면 빠른 시일 안에 주일학교와 대중 기도회용으로 적절한 찬송가를 준비하여 출판할 것을 지시하여, 1883년 웨스트민스터 주일학교 찬송가가 출판되었다. 1882년 목사와 당회는 주일학교에서 헌금을 모아 출판부의 주일학교 사역에 헌금할 것을 요청받았고 그 다음해 반복되었다.

제277문 헌금은 당회가 어떻게 관리하는가?

가난한 자들을 위한 헌금은 집사들이 관리한다.

제278문 공동의회에 대한 당회의 권한은 어떠한가?

당회는 필요하다고 여기면 언제든 공동의회를 소집하고, 안건을 내어 처리한다.

당회장이 그의 직무상 공동의회 회장이 된다. 회장의 결정에 위법이 있으면 오직 노회에 소원할 수 있다. 왜냐하면 당회장은 노회 관할이기 때문이다. 장로가 공동의회의 회장이면 소원을 교인들에게 낼 수 없고 본 당회에 낸다. 당회 서기가 공동의회 서기가 되며, 공동의회 회의록은 철저한 기록으로 남겨야 한다. 교회의 모든 절차는 당회에 보고되어야 하고, 당회의 심사를 받아야 하며, 당회의 기록과 함께 보관되어야 한다. 소원이나 항의 고발이 있을 때에는 당회에 내놓아야 하고 필요하면 상위 치리회에 보고되어야 한다.

제279문 당회가 언제 공동의회를 소집해야 하는가?

당회가 합당하다고 여기거나 사건에 관련되어 있으며 투표권이 있는 회원 대다수가 공동회의 소집을 청원할 때이다.

제280문 공동의회 소집 청원을 당회가 거절할 수 있는가?

당회의 판단에 따라 노회에 관련된 문제라면 공동의회를 소집하지 않을 수 있다. 그러나 이 일에 대하여 교인들이 노회에 소원이나 고발할 수 있다.

제281문 당회가 어떤 목적으로 공동의회를 소집하는가?

1. 장로와 집사를 선출하고자 할 때

   당회는 후보자를 지명할 수 있지만 회원들의 자유로운 선택을 간섭하지 못한다. 장로는 당회가 소집한 공동의회와 상회에 의해서 소집한 공동의회에서만 선출될 수 있고, 무흠 세례교인이 투표할 수 있다.

2. 목사를 선정할 때

   청빙할 때 모든 무흠 세례교인이 투표할 수 있고, 또한 목사의 생활비를 보조하는 데 헌신하는 자로 무흠 세례교인이 아니더라도 투표할 수 있다. 세례교인 중에서도 교회가 관례를 따라 투표권을 제한하면 투표할 수 없다. 노회의 목사가 공동의회의 회장이 되지만, 청하기가 불편할 경우에는 당회원인 장로가 회장이 될 수 있다. 만약 공동의회가 당회의 결정과 반대로 진행된다면 노회에 소원할 수 있고, 공동의회가 당회의 결정과 일치하면 공동의회는 노회에 최종판결과 충고를 위해 그 문제를 언급할 수 있다.

3. 담임목사가 사면을 원할 때

   공동의회는 담임목사의 요청에 따라 노회에 청원할 수 있다. 목사의 사면청원에 대하여 노회에 답변할 위원의 임명을 요구할 수 있다. 또는 당회의 동의로 당회가 공동의회를 소집할 수 있고, 당회가 적법하게 공동의회를 소집할 때나 담임목사에게서 교인이 자유롭게 떠나고 싶어 하여 교인들이 상당한 불편을 감내하고 있는 경우 소집할 수 있다.

4. 교회의 신령한 일에 관계되는 것을 위해

   교회 내규에 제한하지 않는다면 무흠 세례교인이 투표할 권이 있고 또 재정을 위해 헌금하는 자들이 투표하는 경우가 있다.

제282문 당회의 여섯 번째 권한이 무엇인가?

당회의 여섯 번째 권한은 상회, 즉 노회와 대회에 파송할 총대를 선정하는 일이다(단, 대회가 노회원으로 구성될 때는 예외이다).

목사들은 장립을 받음으로 노회와 대회의 회원이고, 장로는 당회에서 상회의 총대로 선정을 받아야 하는 회원이다. 상회의 특별한 모임이나 속회에 가는 총대에 관하여는 본 서의 내용 중 찾아보라.

제283문 당회가 총대를 선정하는 것은 선택사항인가?

선택사항이 아니다. 당회가 마땅히 할 의무다. 총대는 총회 치리기관에서 대표할 권리를 가지므로 각 치리기관에 장로가 있어야 하고, 당회가 총대 장로를 파송하는 일을 무시하고 총대가 직무를 유기하여 지각하거나 결석하면 노회가 이에 대해 당회에 견책해야 한다.

구파 총회는 1859년 강도장로(목사)는 호명을 하고, 치리장로(장로)는 결석의 연유로 호명하지 않았던 대회를 책망했다. 1840년 신파 총회는 어떤 상황에서라도 자기 교회의 당회를 지나치게 반대하는 장로(장로는 원래 당회에 우호적이었다)를 견책한 점을 들어 대회의 오류를 지적했다.

제284문 당회가 총대로 선정할 자는 누구인가?

당회 회원 가운데 장로를 선정한다. 윤번제를 실시하는 교회는 사역기간이 만료된 장로라도 총대로 선정할 수 있다.

제285문 당회를 소집하는 권한이 누구에게 있는가?

본 교회 목사가 필요하다고 판단할 경우와 장로 중 2명 이상의 소집 청원이 있을 경우, 노회가 소집하라고 명하였을 경우 당회를 소집할 권한이 있다. 당회는 속회의 절차에 따라 모인다.

제286문 당회는 공개회의인가, 비공개회의인가?

장로회의 모든 치리회는 공개회의다. 그러나 대중에게 고지하지 않아야 될 사안이라 여기거나 그 외 비공개로 재판해야 하는 경우 비공개로 회집할 권리가 있다. 1870년 총회는 목사와 장로에 대해 고소한 모든 사건은 노회나 당회가 사건의 심리를 시작할 때 증인과 관계된 자를 제외하고 꼭 절차에 필요한 사람을 인정하여 비공개로 할지를 신중하게 검토할 것을 명했다. 치리서를 수정하는 위원회에 보고하는 것 외에는 어떤 조치도 취해지지 않았다. 그 다음 해에 교회 재판에 많은 참관자들이 참석함으로 종종 발생하는 무질서에 대한 안이 제출되어 총회가 그 안에 대해서는 재판 과정에 들어가기 전 공개로 하는 것과 비공개로 하는 것 중 어느 것이 교회에 유익한지, 또 총회의 화평과 재판 당사자의 영적 유익이 있는지를 신중하게 살펴야 할 것을 권고했다.

제287문 담화회의(interlocutory)는 무엇인가?

모든 치리회는 격식에 구애받지 않고 자유롭게 회원들이 모여서 대화하는 담화회의라 불리는 것이 있다. 보통 재판 진행에서 필요한 격식이 여기에는 필요 없다.

제288문 당회가 다른 교회 목사나 장로를 언권회원으로 청할 수 있는가?

헌법에 노회와 대회는 언권회원에 대한 규정이 있으나 당회에 관한 내용은 없다. 1851년 신파 총회는 동 노회나 대회의 목사라도 당회에 언권회원으로 참석하거나 피고에 대한 변호를 맡을 수 없다. 은퇴 장로나 휴직 장로들은 다시 선출되어 위임되지 않으면 치리권이 없다. 물론 어떤 공개회의도 참석을 요청하면 조언을 줄 수 있으나 결의에 대한 발언권이 없고 투표는 물론 변호권도 없다.

제289문 당회는 서기를 선정할 수 있는가?

모든 치리회는 회의 내용을 기록할 서기를 임명해야 한다. 또한 속회한 모든 내용들도 명확하게 기록해야 한다. 서기는 회의내용을 기록하는 것 외에 모든 기록을 주의 깊게 보관해야 하고, 필요시 발췌해 줄 의무를 지닌다.

제290문 누가 당회 서기가 될 수 있는가?

당회는 본 당회 서기를 선정한다. 1861년 신파 총회는 서기가 치리회의 회원일 필요가 없고 편리한 사람으로 택할 수 있다고 결정했다. 1793년 총회 서기도 그렇게 택하게 되었다. 이런 사실로 볼 때 서기는 치리회의 관할과 권위 아래 있었음이 틀림없고, 서기는 회의록에 대한 책임을 진다.

작은 당회에서 종종 목사가 당회장과 서기를 겸하는 일이 부적절한 것은 아니다. 큰 당회에서는 통상 장로를 서기로 택한다. 치리건이 있을 때, 상당한 증거를 기록해야 할 경우 가능하면 상회에서 하는 것처럼 임시 서기를 선정하는 것이 바람직하다.

제291문 당회 서기의 직무는 무엇인가?

1. 당회는 의사록을 공정하고 자세하게 기록하여 적어도 연간 1회 이상 노회에 제출하여 검사를 받는다.
2. 당회 서기는 기록을 신중하게 보존해야 한다. 당회의 각종 기록과 함께, 당회와 관련된 모든 문서를 보관하고 앞서 언급한 기록도 포함한다.

3. 당회 서기는 적당한 청원을 받으면 언제든지 기록을 발췌해 주어야 한다.
4. 당회 서기는 필요시 치리사건의 진정성 있는 사본을 해 두어야 하고 참고와 소원, 고발의 경우 모든 필요한 서류를 준비해 두어야 한다.
5. 당회 서기는 당회의 명에 따라 증서와 소환장 등을 발급한다.
6. 당회 서기는 노회에 보고할 통계자료를 준비한다.
7. 당회 서기는 당회가 소집한 모든 공동의회 내용을 공정하게 기록하여 둔다.

제292문 당회록은 상세히 기록해야 하는가?

당회록은 상세히 기록하되, 특히 재판사건에서는 증인들의 증언을 포함하여 매우 상세히 기록해야 한다. 고소장과 죄증 설명서와 피고의 답변과 판결을 치리회 의사록에 기록해야 한다. 또한 사건과 관련된 치리회의 모든 판결과 명령과 이유까지 사건의 증거와 함께 기록해야 한다. 양방의 구술과 각항 서류를 수집하여 서기가 서명 날인하면 완전한 재판기록이 된다. 1862년 신파 총회는 "증인들의 증언은 영구한 기록문서에 기록되어야 한다"고 선언했다. 왜냐하면 서류는 분실할 위험이 있기 때문이다.

제293문 서기가 발급한 당회록 등본(extracts)은 어떻게 인정해야 하는가?

서기가 증명하였으면 원본과 같이 인정하고, 서기가 작성한 등본은 어느 치리회에서나 총회의 모든 회에서 진정성이 있는 증거로 간주한다. 인쇄된 등본도 서기가 증명하였으면 진정성을 인정하고 치리사건으로 상회에서 배포된 인쇄물도 쌍방 간 동의에 의해서 전체든지 부분이든지 원본을 대신한다.

제294문 서기는 등본을 누구에게 제출하는가?

당회 회의록은 당회의 재산이므로 등본은 당회의 명령하에서만 내 줄 수 있다. 치리사건에 연루되어 있는 쌍방은 자신들이 요청한다면 전체 기록의 복사본을 자신들의 경비로 제공받아야 한다.

1879년 총회는 "어떤 목사가 자격정지를 당한 후 회복이 되면 노회 치리회에 그 사건의 기록을 조사하지 말 것과 복사하지 말 것을 요구할 수 있는가?"라는 질의를 받았다. 답변하기를, "교회 치리기관의 모든 기록은 공개하는 문서이므로 권징 중에 있는 모든 이는 사건에 관련되어 있는 사항에 대해 조사와 사본을 요구하지 못하게 해서는 안 된다"고 했다. 하지만 어떤 기독교 단체는 범법자의 자격이 회복되어 권징의 막바지에 이를 때는 가능하면 비공개로 해야 한다고 제안했다.

제295문 당회록을 얼마나 자주 노회에 제출하는가?

당회는 적어도 해마다 한 번씩 당회록을 노회에 제출한다. 어느 하회든지 회록을 제출하는 것을 잊어버리면, 상회는 형편이 허락하는 대로 즉시 혹은 정한 시일에 당회록 제출을 요구할 수 있다.

검증된 회록 복사본은 원본문서를 보내는 것이 여의치 않을 때 원본을 대신한다고 1790년에 결정한 바 있다. 그러나 1840년 구파 총회는 그 허락을 파하고, 1847년에 원본을 대신하여 복사본을 접수하는 것을 거절하였으며, 1878년에도 총회가 동일하게 결정하였다.

제296문 당회록을 검사하는 사항은 무엇인가?

하회기관의 회록을 검사하는데 첫째로 회의가 헌법과 규칙대로 진행되었는지, 둘째는 교회에 덕이 되도록 지혜롭고 공정하게 처리되었는지, 셋째로 회록이 바르게 기록되었는지 검사한다. 이에 모두 만족하면 노회가 그 기록을 인정하고 노회장이 서명한다.

잘못한 일이 발견될 경우에는 노회록에 조사를 받을 것을 제외하고는 승인한다. 규칙대로 하지 않은 회록은 매우 잘못되고 해로울 정도여서 노회의 명령에 따라 당회록을 검사하여 고치고 시정하여 정한 기한 내에 다시 보고해야 한다. 재판사건은 규칙대로 소원과 고소로 하지 않으면 어떤 경우라도 판결을 번복할 수 없다.

제297문 노회가 승인한 당회록의 효력은 무엇인가?

당회록을 노회가 승인한 후에는 당회가 그것을 변경하거나 폐하지 못한다. 오류가 발견되면 실수를 배서한 최상급회에 청원함으로 정정할 수 있다. 1862년 신파 총회도 그렇게 결정했다. 1878년 총회에서는 상회가 배서한 후 회의록을 수정한 하회의 결정은 인정하지 않았다.

1880년 어떤 대회는 당회록을 수정하는 허락을 받았다. 1841년 구파 총회는 하회의 회의록을 인정한 후 사실을 기록한 의사록은 수정할 수 없으나, 총회의 만장일치로는 수정할 수 있다는 총회장의 결정을 지지했다.

판결 또는 결정한 소원에 있어서 10일 이내에 합법적으로 소원할 수 있는 권리는 언제나 정당하다고 1879년 총회는 선언했다. 따라서 소원과 고발이 취해진 결정에 반대하여 내려진 치리회의 의사록을 인정한다고 해도 그러한 것이다.

제298문 당회가 비치해야 할 명부는 무엇인가?

당회가 혼인 명부, 세례 받은 자의 생년월일을 적은 유아세례 명부, 성찬식 참여자 명부, 별세교인 명부, 교회회원 제명 명부, 책벌교인 명부, 결석교인 명부, 세례교인 명부 등 확실한 명부를 보관하는 것은 매우 중요하다.

1881년 총회는 교회 당회들에게 무흠입교인이 되지 않은 유아세례자 명부를 정확하게 보관해야 한다고 지시했다. 1882년에는 각 교회들은 유아세례 받은 자들의 명부를 완전하고도 영구히 보관해야 하며, 그들이 그리스도를 공적으로 고백하거나 교회의 보호와 감독을 떠나는 것도 신중하게 보아야 하고, 사망으로 인한 회원제명도 살펴야 한다고 강조했다. 이와 같은 명부는 담임목사나 당회 서기가 보관해야 한다.

제299문 당회가 준비해야 할 보고서는 무엇인가?

1. 봄 정기노회 때 제출할 연례 신앙 정황 보고서
2. 가을 정기대회 때 제출할 유사한 정황 보고서

상기 보고서는 1년에 노회에 한 번, 대회에 한 번 보고되어야 하고 출판부는 여백을 마련해야 한다. 1884년에는 교회에 연례보고서의 기초를 마련하기 위해 적절한 질문과 제안과 함께 어떠한 주제를 선정해야 할지를 의논할 위원회가 구성되었다. 출판부가 인쇄하여 각 교회와 노회에 배포하였고, 이 위원회는 다음 해에 '당회 신앙정황 연례보고서 작성을 위한 지침'이라는 제목으로 보고서를 제출했다. 보고서는 다음과 같은 8가지 제목 아래 34개의 질문으로 구성되었다. 1)공예배 2)주일학교 3)기도회 4)가정신앙생활 5)구제 6)부흥 7)감독과 보호 8)기타.

3. 노회에 보고하고 총회에 제출할 통계보고서

봄 노회에 제출할 통계보고서는 피택된 수를 포함한 장로와 집사 수, 전교인의 수, 세례교인과 유아세례교인 수, 주일학교 학생 수가 포함되어야 한다. 총회가 추천한 8가지 제목을 위해 헌금한 액수와 총회 비용을 위해 헌금한 액수와 기타 여러 가지 목적 헌금액도 포함되어야 한다.

1885년 총회는 출판부가 여백지를 인쇄하여 동일한 책임이 있는 자가 동의하여 제출할 것을 지시했고, 특히 총회 서기로부터 교인과 노회 통계를 인정받을 것을 명했다. 이 보고서는 노회에서 공식적으로 접수되었고 노회 요람에 포함되었다. 1870년 총회가 노회와 대회에 추천한 내용이었다.

1869년 신파 총회는 통계보고서가 실제 회원수를 포함할 것과 사망자와 이명자와 잃어버린 성도수를 면밀하게 조사하여 보고되어야 한다고 말했다. 1856년 구파 총회는 보고할 때 주거지가 확실치 않은 결석자를 누락할 것을 명했다. 결석자 이름은 별도로 작성되어야 하고 통계에는 누락되어야 한다고 했다. 이는 1872년에 확인된 바다. 「교회정치서」는 그 명단을 별명부로 따로 보관해야 한다고 요구했다.

제300문 당회를 어떻게 개회하고, 폐회해야 하는가?

당회는 항상 기도로 개회하고 폐회하며, 회의록에도 이 사실을 기록해야 한다. 개회 기도는 예배를 드린 후면 안 해도 무방하지만 기록은 해두어야 한다. 1884년 총회는 1877년 결정을 재인정했다.

교회의 당회가 기도로 폐회해야 한다는 법을 제정한 바 없지만 이전 총회는 치리회가 기도로 폐하지 않는 것은 '교회 정치'에 위반한다고 선포하였다. 정회는 당회의 폐회를 의미하지 않으며, 비공식적인 회의는 종종 개회할 수 있다.

제301문 다른 교파 최하 치리기관의 명칭은 무엇인가?

감독교회와 회중교회는 지교회에 치리회가 없다. 감독교회는 사제가 치리를 행사하고, 회중교회는 종종 운영위원회가 치리할 때가 있지만 교회 자체에 기능이 있다. 감리교회에 관하여는 앞의 내용을 보라. 루터교회는 교회위원회가 장로교의 당회에 해당하고, 개혁 화란교회는 당회Consistory라 부른다.

제10장

노회

제302문 여러 지교회가 연합체를 구성하는 것이 중요한가?

예수님은 여러 지교회가 연합하는 것을 중요하게 여기셨고(요 10:16), 이를 위하여 기도하셨다(요 17:20, 21). 예수님은 믿는 자들이 모두 한 교회에 회집해야 함을 말씀하신 것이 아니라, 한 목자 곧 우리 주님 아래 있는 것과 사랑과 통치 안에서 서로 하나가 되기를 기도하고 위하여 일하셨다.

사도들도 교회 연합의 필요성과 교회가 상호 복종할 것을 가르쳤다. 사도행전 6장 1, 6절, 9장 31절, 21장 20절, 2장 41, 46, 47절과 4장 4절에서 볼 때 명백히 예루살렘 교회는 유대인이 흩어지기 전후에 하나 이상이었다. 또한 사도행전 15장 4절, 11장 22, 30절, 21장 17, 18절, 6장에서 증명되었듯이 초대교회는 한 노회 정치 아래 존재했다. 계속해서 사도행전 19장 18, 19, 20절과 고린도전서 16장 8, 9, 19절과 사도행전 18장 19, 24, 26절, 20장 17, 18, 25, 28, 30, 31, 36, 37절, 요한계시록 2장 1~6

절을 참고해 보면 분명히 에베소의 교회도 노회 정치하에 한 교회 이상이었다.

기독교의 여러 갈래 교회들은 이와 같은 필요성을 절감하고 상호 권면과 보조를 위한 연합체를 구성하게 된 것이다.

제303문 연합의 제1 목적은 무엇인가?

교회 교리를 건실히 보존하는 것이다. 개인이나 지교회는 이단을 받아들이기 쉬우며, 고립되어 있으면 이런 잘못된 사상들이 굳어지고 또 다른 진리를 왜곡하는 일이 생겨난다.

개 교회가 임의로 교리나 신경을 바꾸면 믿음의 통일성과 진리의 확실성도 흐트러진다. 그러므로 교회가 서로 연합하여 하나의 정치를 세우고, 진리를 위해서 서로 감독하고 힘써 이단을 색출하고, 건전한 교리를 보호하며 거짓 선생들을 잠잠케 할 수 있다.

제304문 연합의 제2 목적은 무엇인가?

일관된 권징을 유지하는 것이다. 권징을 동일하게 하는 것은 매우 중요하다. 한 교회에서 옳다고 인정하는 것을 다른 교회에서 그르다고 해서는 안 될 것이니, 동일한 입회 규정과 회원의 신앙 행위를 위한 동일한 재판법과 시벌과 해벌 절차가 있어야 하며, 잘못 시행한 권징은 바로 잡아야 한다. 이런 일은 참된 연합체 안에서만 가능하다.

제305문 연합의 제3 목적은 무엇인가?

신앙과 지식을 발전케 하는 일과 불신앙, 죄, 부도덕을 방지하는 일에 공동의 방책을 사용하는 것으로, 그 내용은 목회자 교육과 신앙 출판물, 국내외에 교회 확장, 일반교육과 도덕교육 등이다. 교회는 교인들에 대한 책임뿐 아니라, 교회 밖 세상의 모습과 세인들에게서 지속적으로 나타나는 불경건함과 부도덕도 돌아보아야 한다. 이를 위해서 개 교회의 힘은 미약하고 열매가 적으나, 연합체의 하나 된 행동과 진리와 죄악에 대한 일치된 증거는 훨씬 큰 일을 해낼 수 있다.

제306문 노회와 대회가 이 연합의 목적을 성취할 수 있는가?

노회와 대회의 중요성과 유용성이 부각된다. 개 교회가 교리상 오류나 권징 시행을 잘못하여 범한 일은 이를 관할하는 상회가 발견하여 교정할 수 있다. 상회가 바로잡아 교회에 관한 일과 대체로 공동체에 영향을 미칠 것을 감독해야 한다.

제307문 로마 교회는 어떻게 연합체를 결속하는가?

로마 교회는 교황을 이 세상과 영적인 세상을 절대적 권위로 다스리며, 또한 교회의 무오한 수장과 지상에서의 그리스도의 대리자로 인정하고 복종한다. 이에 대한 성경적 근거로는 그리스도가 베드로에게 하신 말씀에서 비롯한다. "또 내가 네게 이르노니 너는 베드로라 내가 이 반석 위에 내 교회를 세우리니 음부의 권세가 이기지 못하리라 내가 천국 열쇠를 네게 주리니 네가 땅에서 무엇이든지 매면 하늘에서도 매일 것이요 네가 땅에서 무엇이든지 풀면 하늘에서도 풀리리라"(마 16:18~19). 그러나 이와 다른 에베소서 2장 20~21절, 요한계시록 21장 14절, 고린도전서 3장 11절 등에서는 그리스도는 모든 사도 위에 동일하게 세워진다고 되어 있고, 또한 예수 그리스도 자신이 모퉁잇돌이라고 기록되어 있다. 마태복음 18장 18절은 묶고 푸는 모든 열쇠는 동일하게 12사도에게 주어졌고 어떤 경우에도 베드로만 12사도보다 우위에 있다고 하지 않는다. 심지어 베드로는 예루살렘 교회에서 사회를 본 적도 없고 사도행전 15장에 기록된 것을 볼 때 노회나 대회에서도 사회를 본 적이 없다.

제308문 감독교회는 어떻게 연합체를 결속하는가?

사도들의 계승자라 하는 감독이 모든 지교회를 감독하고 다른 목회자와 평신도와 각 교구의 교회들을 감독한다. 성경적 근거로서는 사도들의 소명은 누가복음 6장 13절에서 언급하고, 그들의 사명은 마태복음 28장 19절, 그들이 행사하는 권위는 사도행전 20장 1절, 계승자를 선정하는 것은 사도행전 1장 16~26절을 든다.

이에 대한 확실한 해답은 1. 사도직은 일시적으로 계획되었다. 2. 그리스도께서 사도에게 책무를 주셨을 때 교회를 대표하는 특별한 직책으로 일시적으로 주셨지, 영원히 교회의 치리기관으로나 규칙으로 직분을 주시지 않았다. 그리스도께서 부여한 권위를 일시적으로나마 특별 직분자들이 실행했으나 교회의 정식 직원과 치리회가 영원토록 그 권위를 실행했다. 3. 사도들이 초대교회를 설립하는 보편적이고 절대적인 권위를 지니는 것은 그리스도와의 특별한 관계에 의한 것이며 이들의 영적인 다른 은사들은 일시적이다. 이들은 또한 항존직무와 치리회와 함께 교회 안에서 필요한 권위를 행사했다. 4. 이들은 계승자가 없다. 맛디아는 유다의 계승자가 아니라 잘못된 사도, 즉 가룟 유다를 대신한 것이다. 경륜에 따라 한 번 출생한 바울은 어느 누구의 계승자도 아니었고 이방인의 사도가 된 것이다(고전 15:8). 사도들의 유일무이한 은사는 중지되었다. 성경에는 사도의 계승에 대한 언급이 없을 뿐 아니라 암시도 없다. 사실 역사에서 그 후 성경에 언급한 사도의 사역과 권위는 찾아 볼 수 없다.

제309문 감리교회는 어떻게 연합체를 결속하는가?

감리교회는 연합체가 있으니 연회와 총회가 있고, 1년에 네 번 모이는 회의가 있다.

제310문 조합교회는 어떻게 연합체를 결속하는가?

조합교회는 개 교회 사이의 교제를 위한 회의가 있어, 중대사나 문제가 있을 시 상호 협력과 조언을 위하여 모인다. 위원회를 요청하는 교회는 사안에 따라 판단하기에 가장 적절하도록 교회를 많이 부르기도 하고 적게 부르기도 한다. 정해진 조언에 대해 받아들이기도 하고 그렇지 않은 경우도 있다.

더러 어떤 교회들은 조합체를 구성했다. 즉 어떤 중요한 문제가 한 교회에 상정되었을 때 상호간 모여서 의논할 것을 동의하는 경우도 있다. 조합교회협의회Consociation는 장로교회와 비슷해 보이지만 강권적 힘과 감독 기능이 약하다. 교회가 조합교회협의회에 속해 있는 한 정해진 결정을 받아들이지만, 언제라도 사퇴할 권리도 인정받는다.

제311문 노회의 구성원은 누구로 되어 있는가?

노회는 일정한 지역 내의 5인 이상의 모든 목사와 각 지교회의 대표인 장로로 조직한다. 노회는 조직 교회 없이 구성할 수 있지만 확정된 지역은 있어야 한다. 노회 안의 모든 교회와 선교 활동과 목사는 그 노회의 관할과 치리를 받는다.

목사에게도 마찬가지로 적용된다. 노회의 지역에 들어오는 목사는 이전 노회의 적법한 이명증서를 가지고 올 때까지는 원 소속 노회 관할 아래 있다. 목사가 한 노회에 거주하면서 사역은 다른 지역에서 한다면 사역하고 있는 노회에 소속해야 한다. 지리적 한계를 넘어설 충분한 사유가 있는 회원이 어느 노회에 속할지는 노회가 판단해 주어야 한다. 1870년과 1872년 총회는 "무임목사는 일반적으로 지리적 경계 안에 거주하거나 가까운 노회에 가입해야 하고, 또한 임직서약을 적절하게 준수하지 못하면 제재를 받아야 하는 그 노회에 가입해야 한다"고 선언한 바 있다.

제312문 두 노회가 동일한 지역을 함께 점유할 수 있는가?

허용할 수 없다. 두 노회가 동일한 지역을 점유하는 일은 헌법에도 맞지 않고, 헌법 정신에도 위배되며, 하나님 말씀이 가르치는 바와도 상반된다. 1873년 총회는 헌법이 요구하고 있는, 통일성 있고 단순하게 지도 감독하라는 정신에는 인종, 피부색, 언어의 구분이 있을 수 없다고 결정했다.

제313문 선택적으로 친화력으로 구성되어 있는 치리회란 무엇인가?

친화력으로 구성된 치리회는 지리적 제한으로 경계를 삼는 것이 아니라, 다양한 신앙과 정치 제도를 좇아 설립되었으므로 장로회 정치에 모순된다. 이 치리회는 장로교회 정치 제도에 위반되며 불미스러운 문제나 상당히 중요한 교리가 잘못 이용되는 데 문을 활짝 열어 주는 결과가 된다. 그것은 곧 교리의 통일성과 일치성, 교회의 통일성과 교회의 화평에 지장을 준다.

제314문 목사 5인이 안 되어도 노회를 구성할 수 있는가?

조직교회가 4개 이상인 지역이라 할지라도 목사 5인이 있어야 노회를 설립할 수 있으며, 선교지에서도 그렇다. 1877년 총회는 이미 조직되어 있던 노회의 경우 목사가 5인 이하여도 그 노회의 총대를 인정했다. 언급한 규칙에 상응하기 위해 모든 합리적인 노력을 기울이는 것처럼 여겨질 때 총회는 5인 이하의 목사로 구성된 노회가 멀리 동떨어져 있다 해도 노회 해체를 고려하지 않으며, 오히려 일반적인 헌법의 규칙과 상반되지 않으면 멀리 동떨어진 노회라도 허용해 주기로 결정했다.

제315문 무임목사도 노회원이 되는가?

스코틀랜드에서는 무임목사도 노회 관할에 있을 뿐 아니라 노회에 대한 책임도 있으며, 어떤 결정에 관하여도 언권은 있으나 투표권은 없다. 장로교 헌법에 따르면, 무임목사이든 그렇지 않든 일단 목사는 동일한 권한과 특권을 지닌다.

그러나 임직서약의 책무에 미달하여 투표권이 없으면 심각한 법적인 권징을 요청할 수 있다. 이와 같은 사실은 1859년의 구파 총회가 인정하는 것이다. 이것은 또한 1802년과 1816년, 1835년 총회의 결정을 표현한 것이다.

제316문 노회가 관할 지역이 있어야 하는가?

노회는 일정한 구역 내에 있어야 한다. 이 말은 노회가 관할 지역이 있어야 한다는 의미이다. 1834년 총회는 아주 특별한 경우가 아니면 반드시 관할 지역이 있어야 한다고 결정한 바 있다. 1869년 연합 총회의 규정에 따라 몇 개의 대회나 노회 지역은 연합교회의 총회가 조정한 바 있다. 당시 34개 대회와 지역을 나누고 노회를 설정하는 것은 총회 결정에 달려 있었다. 노회의 관할 지역은 관심 있는 노회가 인정하면 대회가 변경해 주었다. 변경 청원이 대회의 관할 지역에 영향을 미치게 되면 그 대회는 컨설팅을 받고 그 사안은 총회가 다루어야 한다. 총회는 노회의 지역을 변경할 수 있다.

제317문 각 지교회는 노회에 총대를 어떻게 파송하는가?

각 지교회가 치리장로 1인을 택하여 노회에 파송한다. 치리장로는 교인의 대표이다. 당회는 상회 치리회에 총대를 파송해야 한다. 당회가 임시노회이든지 정기노회이든지 총대와 대리 총대를 선정해 두면 교회는 총대를 파송할 수 있다. 당회의 전통에 따라 3개월 혹은 그 이상 섬길 수 있는 총대를 선정하는 곳도 있다. 이것을 금지할 내용이 헌법에는 없다. 장로가 그 직임을 은퇴하였으면 총대로 참석할 수 없다. 총대를 윤번제로 파송하게 될 경우 장로가 휴직이더라도 당회가 총대로 선정하면 노회와 대회 총대가 될 수 있다. 스코틀랜드에서는 무임목사나 다른 지교회 장로라 하더라도 교회 당회가 선정하면 상회 치리회에 총대로 참석할 수 있다. 그러나 미국 장로교 총회 헌법에 따르면 지교회를 대표하는 장로만이 총대가 될 수 있다.

노회가 회무처리를 하기 위해 정회하였다가 속회로 회집할 때는 정기회에 출석한 동일한 회원이 계속 참석해야 한다. 1878년 총회는 "대회 총대가 대회 기간 중간에 회집한 노회 속회에 당회를 대표하여 총대로 책할 수 있는가"라는 질의와 "해 당회가 그 총대를 대회 총대로 택할 수 있는가"라는 질의를 받았다. 이에 대하여 총회는 "해 당회가 선정한 상회 치리회의 총대의 특별한 임기나 책무에 대한 규정은 없다"고 답을 내렸다. 치리회에 참석하는 총대의 특별 기간이나 회수를 명시하는 것은 당회의 소관이다. 이런 견지에서 헌의안의 처음 질문은 "아니오"로 받아들여졌고, 양쪽 다 관련이 있는 질문은 당회의 재량으로 남겨 두었다.

노회에 총대가 불참하였으면 그 당회에 총대 선정 여부를 묻고, 선정했는데 불참했으면 불참이유를 묻는다. 총대가 무고히 불참하였으면 노회가 당회에 명하여 필요하면 그 총대를 책벌하게 한다.

제318문 지교회 당회가 총대 장로 몇 사람을 노회에 파송할 수 있는가?

이전에 설명한 것처럼 지교회가 총대 장로 한 사람씩을 파송하여 치리회에 목사 장로를 동수로 하는 것을 원칙으로 한다. 따라서 한 교회 목사 수가 여럿이면, 총대 장로도 목사 수와 같은 비율로 두 명 이상 파송할 수 있다. 이렇게 일반적인 원칙이 이루어지면 한 교회에 두 명의 목사가 시무하고 있어 그 중 한 목사가 나이 들어 병약하여 노회에 참석할 수 없으면 당회는 장로 한 명만 파송할 수 있다.

동사목회 교회collegiate church라는 용어는 두 가지 의미로 사용한다. 첫째는 한 명 이상 목사가 시무하는 교회를 말하며, 둘째는 두 개 이상 교회를 목사 1명이 목회할 경우를 말한다. 여기에 덧붙여 세 번째 경우는 한 교회에 여러 목사가 공동목회하는 경우도 해당한다. 어떤 경우에서라도 총대 장로는 목사 수에 따라 결정된다.

제319문 두 개 이상 지교회가 합하여 한 담임목사를 초빙하였으면 총대 장로를 어떻게 파송하는가?

앞에 언급한 것처럼 장로 1인을 파송한다. 이 경우 여러 교회 당회들은 일단 노회 총대 장로 1인을 선출해 놓는다. 각기 다른 노회에 소속된 교회라면 담임목사가 속해 있는 노회에 총대로 가야 한다. 목사가 목회를 종결하면 교회는 이전 노회로 돌아간다. 이는 1874년에 다시 언급되었다. 목사가 한 교회에 위임하였는데 또 다른 교회에 임시목사로 봉직하더라도 그 교회 담임목사는 될 수 없으므로 총대를 파송할 수 있는 권한은 두 교회이지만 권한은 한 권한이다.

대도시의 경우는 지교회가 여러 군데 예배 처소를 두는데 이곳은 다 조직 교회는 아니고 모 교회 소속이고 모 교회 당회의 소속이다. 그 예배

처소는 모 교회 당회가 선정한 목사를 둘 수 있으며, 예배 처소가 베푸는 성찬식에 누가 참석할지를 결정할 수도 있다. 그러나 그곳에서 예배하는 자들은 예배 처소의 영적인 일이나 세속적인 일에 언권이 없으며, 모 교회의 교회 업무에 참여할 수 없다. 실제적으로 권징하는 일도 없고, 다만 목사의 목회적 돌봄을 받을 뿐이다. 왜냐하면 모 교회 당회원이 실정을 잘 모르므로 돌볼 수 없기 때문이다. 예배 처소 교회는 노회에 총대권이 없으나 담임하고 있는 안수받은 목사는 노회에 참석할 수는 있다.

장로교 교회정치원리에 따르면 이런 예배 처소는 조직 교회가 아니고 임시적이므로 독립 교회로 완전히 조직해 나갈 것을 준비해야 한다. 그렇지 않으면 장로를 선출하여 예배 처소 교회로 하고, 모 교회의 감독과 보조를 받게 하거나 아니면 선교부가 관리하도록 하여 노회 총대권도 주도록 한다.

제320문 허위 교회도 노회에 총대를 파송할 수 있는가?

허위 교회무담임교회, vacant church란 적법하게 위임한 담임목사가 없는 지교회이다. 임시목사를 둘 수 있고 몇 년간 시무할 수 있으나, 악이 틈타지 못하도록 가능하면 속히 종결해야 한다. 마찬가지로 다른 교회에 위임없이 국내선교사를 두어 목회하게 할 수 있다. 어떤 경우라도 그 교회는 허위 교회이고 장로 1인을 노회 총대로 파송할 수 있다. 이는 1860년 구파 총회에서 결정한 바이며, 그 이유는 다음과 같다.

1. 임시목사Stated Supply나 선교사는 당회의 완전한 회원이 아니다.
2. 모든 교회마다 총대 파송권이 있다.
3. 허위 교회로 있을 때라도, 노회가 더욱 특별히 감독하고 보호할 필요가 있기 때문이다.

이런 원칙은 명약관화하게 옳지만 때때로 국내선교사나 연약한 교회의 장로들이 노회에서 부적절한 영향력을 행사하게 만든다. 따라서 실제적으로 목사가 장로 수보다 항상 많게 해야 노회에서 그런 악을 제어할 수 있고 이 모든 일들이 상회 치리회에 조사를 받게 된다.

제321문 장로들을 어떻게 신임하는가?

노회가 모르는 장로마다 교회가 합법적으로 선정한 지교회 총대임을 천서로 증명한다.

제322문 노회의 성수는 어떤가?

노회 소속 목사 3인과 장로 3인 이상이 정한 날, 정한 시간에 출석하였으면 성수가 되어 회무를 진행할 수 있다. 장로가 출석하지 않아도 목사 3인이 있으면 성수가 된다. 내용은 1843년, 1844년 구파 총회가 결정한 것이다. 목사는 복음의 전파자일 뿐 아니라 예배를 시행하고 직임상 치리장로도 겸하므로 장로 총대가 결석하더라도 노회가 성수가 되어 노회회무를 처리할 수 있다. 왜냐하면 교회는 총대를 파송하여 교회 정치와 권징의 회무에 참여시킬 수 있는 권한이 있기 때문이다.

신파 총회는 1857년에 "목사 2인은 노회 성수가 될 수 없다"고 선포한 바 있다. 남장로 교회는 "성수가 되기 위해서는 장로 1인이 필요하다"고 했다. 노회 소속 목사 3인과 장로 1인이 정한 시간과 장소에 회집하면 성수가 되어 회무를 처리할 수 있다는 뜻이다.

제323문 목사 3인이 안 되어도 노회 성수가 되는가?

목사 3인과 장로 3인 이상이 출석해야 노회 성수가 된다. 목사 2인이 모이면 다른 회원이 도착할 때까지 연기할 수 있지만 회무를 처리할 수 없다. 다른 노회에서 이명증서를 지니고 온 목사가 있더라도 영입하기 전에는 회원이 아니므로 성수가 될 수 없다. 회원 영입은 노회의 회무나 위원회가 할 일이 아니므로 적법한 노회 성수가 될 수 없다. 그러나 총회가 적법하게 할 수는 있다.

혹 회원이 사망하거나 이전하여 노회 회원이 목사 2인으로 감소한 노회 같은 독특한 경우에는 저들이 모여서 신입 회원을 받아 성수를 만들어 사무 처리를 할 수 있다. 단, 그 처결된 일에 대하여 총회가 법적으로 승인할 때까지는 효력을 발휘할 수 없다.

성수 미달 회원으로는 권징을 행할 수 없다. 그런 회무는 노회 소관이며 개인이 그런 권한을 행할 수 있는 것이 아니기 때문이다. 성수가 되지 않은 노회는 총회 총대를 결정할 수 없고, 이런 총대는 총회가 인정할 수 없다.

제324문 노회의 제1 권한은 무엇인가?

당회에서 합법적인 절차에 따라 제출한 상소와 위탁판결을 접수하여 심결審決하는 것이다.

제325문 상소와 위탁판결은 어떻게 다른가?

위탁판결은 하회가 미결 처리한 재판의 처결 방법에 대한 서면 요구, 혹은 판결을 위한 심사를 상회에 구하는 것이며, 또 상회의 최종 재판과 판결을 구하는 것이다. 반면, 상소는 당사자들이 하회 판결에 대하여 불복하고 상회에 판결 취소를 요구하는 것이다. 당사자들이란 원고와 피고를 말한다. 다시 말하면, 상소는 판결의 변경을 위한 것이다.

위탁판결은 상회가 하회의 치리기관을 돕는 책무를 지니고 있고, 상소의 경우는 상회가 하회의 결정을 인정하거나 변경하는 것을 말한다. 위탁판결은 상회가 하회를 대신하여 판결하는 것이다. 상소는 질서상, 상회가 경청하고 결정해야 하지만 위탁판결은 상회가 지시하기도 하고 지시 없이 환부할 수 있다.

제326문 소원은 무엇인가?

1821년 전까지는 소원complaint과 상소의 구분이 없었다. 일반적인 표현에서도 불평Complain하여 상소Appeal한다고 한다. 소원이란 본 치리회 관할하에서 그 치리에 복종하는 1인이나 혹 1인 이상이 그 치리회의 행정사건에 대한 과실이나 결정에 대해 서면으로 상회에 시정을 구하는 것이다. 소원은 사건을 처리할 때 참석한 회원 3분의 1 이상이 서명하여야 한다. 합법적으로 소원하면 그 소원은 반드시 수리하여야 한다.

제327문 성경은 상소하는 권리를 인정하는가?

온 교회는 연합되었음을 믿는다. 동일한 하나님의 법으로 온 교회와 전체 교회가 결속되었으므로 법의 잘못된 적용은 개인이나 개 교회는 물론이요, 한 몸인 전체 교회를 그릇되게 하는 것이다. 따라서 부당한 판결로 고통받는 자는, 마땅히 그와 함께 고통받는 교회에 상소할 권리가 있다.

구약 당시에 모세가 상소하는 법규를 세웠으며(출 18:25, 27), 예수님 당시에는 산헤드린이라는 공회가 있어 회당은 거기에 복종하였다. 당시 초대 교회는 흩어져 있지 않았고 사도의 지도하에 연합하여 있었고 일반적으로 공의회라는 인정받은 권위 아래 있었다(행 15:5, 6, 19, 20).

제328문 상소는 반드시 지시나 권한이 있는 답변으로 처리되어야 하는가?

회중 교회와 같은 어떤 교파는 모든 권한을 각 교회가 지니고 있고, 지시와 권고의 권리만 총회가 지닌다. 이 말은 작은 지체가 큰 지체보다 더 큰 권한을 지니고 있다는 의미다. 지교회가 교단의 결정을 무효화할 수 있으며, 이단으로 규정한 교리를 고수할 수도 있다. 그리고 계속하여 치리한 권징을 잘못되었다고 선언할 수 있다. 개인의 권리나 각 교회의 화평과 교회 전체의 순수성을 두고 볼 때 상소는 권한을 가지고 답변되어야 한다(행 15:10, 19, 20, 23~29, 고전 5:3, 4, 12, 13).

제329문 위탁판결은 어떻게 처리하는가?

위탁판결은 지시를 위한 것이고, 어떤 경우에라도 지시가 주어져야 한다. 그러나 주어진 지시는 가벼이 다루어져서는 안 된다. 상회로부터 비롯된 것이니 존중되어야 한다. 위탁판결은 최종판결과 재판을 위한 것이거나 헌의안이 될 수도 있다. 어떤 경우에라도 노회의 결정은 권위가 있는 것이고 상회가 취하하기 전에는 효력이 있다.

제330문 상소를 제기하는 합법적인 절차란 무엇을 의미하는가?

교회의 법과 판례에 따른다는 의미이다. 1. 상소는 원고나 피고만 제기할 수 있다. 2. 당회 재판에 제출한 후에 상소할 수 있다. 3. 판결이 있은 후 10일 이내에 서면 통지를 사유와 함께 당회에 제출해야 한다. 4. 노회 둘째 날 마치기 전 노회 서기에게 제출해야 한다. 5. 공손한 언어로 상소장을 작성해야 한다.

소원은 당회에 불복종하는 사람들이 하는 것이다. 판결이 있은 지 10일 이내에 사유와 함께 통지를 해야 하고, 상회 개회 익일 종료 전까지 상회 서기에게 제출해야 하며 공손한 언어로 작성해야 한다. 위탁판결은 치리회로부터 주어지는 것이며, 결정된 판결은 아니지만 서면으로 제출해야 한다.

제331문 상소 통지서가 판결에 미치는 효능은 무엇인가?

판결한 것이 권계나 견책이면 상소 절차 정지를 통지할 것이나 그 외의 사건은 상소의 판결이 날 때까지 그 판결은 효력이 있다. 이는 상소가 절차 없이 된 판결의 경우 적용이 되며, 치리회의 면전에서 죄과를 범하는 자이거나 원고로 나서는 자에 해당된다.

1864년 구파 총회는 교회의 화평과 번영을 위해 꼭 필요하다고 판단한 경우 노회가 어떤 결정에 대한 상소를 주저할 수 없다고 결정했다. 노회가 교회를 해제하여 장로로 하여금 그 직분을 행하지 못하게 했을 경우, 상소의 효력을 지속하여 상회가 그 상소에 대한 판결을 내릴 때까지 상회 재판에서의 지시에 관하여는 장로의 권리를 계속하도록 한다고 1881년 총회는 결정했다. 덧붙여서 오직 소원은 그 결정을 정지하거나 중지한다. 재판사건이 아닌 소원이 치리회의 결정에 반대하면 최고 상급치리회가 최종판결을 내릴 때까지 결정 집행을 연기한다.

제332문 상소를 수리하는 절차는 어떠한가?

의장이 노회에서 "오늘 우리가 예수 그리스도의 법정에 재판관으로 재판회를 열었으니, 이 직분의 귀중함을 생각하고 엄정하게 처리해야 할 것이다"라고 엄숙히 선언한다. 권징 조례에 의해 엄격하게 재판해야 한다. 상소의 통지가 합당하게 이루어지고, 그 상소와 과오에 대한 자세한 설명을 하게 되면 그 상소는 합법한 절차가 된 것이다. 판결과 상소의 통지, 상소, 과오의 설명을 듣는다. 치리회는 쌍방의 설명을 청취한 후 상소 수리 여부를 결정한다. 상소를 다루는 절차는 다음과 같다.
1. 쌍방의 합의에 의한 생략을 제외하고는 순서대로 사건의 기록을 청취한다.
2. 당사자 쌍방의 진술을 청취하되 시작과 종결은 상소인이 한다.
3. 상소를 수리한 치리회 회원들에게 변명할 기회를 준다.
4. 상회 재판관들에게도 설명할 기회를 준다.
5. 상소의 과오에 대한 것을 토론 없이 각각 투표한다.

질문은 아래와 같은 형식을 띤다. "상소 내용에 과오가 있는가?" 과오가 없고 치리회가 그 기록에서 과오를 발견하지 못한다면 하회의 판결은 정당할 것이다. 과오가 한두 가지 발견이 되면 상급 치리회는 하회 치리회의 결정을 번복하거나 수정할지 혹은 다시 재판을 해야 할지를 결정해야 한다. 과오를 발견하여 그것을 낭독하여 판결하는 경우는 기록하여야 한다. 치리회는 그 사건 기록에 대한 자세한 설명서도 받아들여야 한다. 소원도 위와 같은 방법으로 처리한다.

제333문 재판회록을 제출하지 않으면 어떻게 하는가?

재판회록을 제출하지 않고 소원 통지를 수리하게 되면 그 당회를 책하고, 정당하게 이루어진 재판회록이 송달될 때까지 하회의 결정을 정지한다. 재판회록과 증언 기록은 반드시 있어야 한다.

제334문 재판회록을 낭독해야 하는가?

당사자 쌍방의 동의와 사실 인정이 있으면 재판회록을 낭독하지 않아도 된다. 재판기록을 인쇄하여 치리회 회원들에게 나누어 주고, 하급치리회의 서기가 증언하고, 당사자 쌍방 간의 동의로 낭독을 생략해도 된다. 1847년 구파 총회는 재판회록의 분량이 많다는 이유로 상소를 조사할 것을 거절했다. 원고의 동의로 더 이상 재판하지 않고 그 사건을 종결하는 것이 교회에 유익을 끼친다고 결정한 바 있다. 또한 당사자 쌍방의 동의로 사건에 도움이 되지 않는 부분을 삭제할 것을 당시 구파 총회는 허락해 주었다.

제335문 원 당사자 쌍방은 누구인가?

원 당사자 쌍방은 논란의 시초에 관련된 자를 말한다. 치리회가 기소한 경우에는 교단 총회가 원고와 기소위원이 되고, 그밖에는 소송 당사자가 원고와 피고가 된다.

제336문 하회 치리회 회원은 어떻게 변론하는가?

하회의 결정 근거와 동의하지 않는 부분을 회원이 개인적으로 설명할 권리도 있지만 항상 그렇게 하지는 않는다. 하회가 위원을 선정하여 진술하는 것이 더욱 효과적으로 하회의 결정을 설명할 수 있다. 때로 결정에 동의하지 않는 위원이 그 이유를 제시할 수 있다.

제337문 하회 회원이 어떻게 퇴석할 수 있는가?

퇴석의 문자적인 의미는 재판석상을 떠나야 한다는 의미이다. 미국 장로교 교단이 분리하기 전에는 이런 사례가 종종 있어 왔고, 1859년까지 구파 총회는 그렇게 했다. 이런 일은 상징적인 의미에서 회원이 그 자리에 있더라도 침묵을 지켜야 하고 재판석에 있다 하더라도 없는 것과 마찬가지로 여기는 것이다. 이런 사례는 교단 분리 전에 종종 있어 왔다. 그러나 신파 교단과 연합 교단은 그렇게 하지 않았다. 그 문구는 문자적으로 이해했다.

제338문 재판국이 상소할 수 있는가?

재판국은 교회 치리회의 특별 위원회로서, 특별한 회무를 위해 조직할 수 있고 치리회가 모이지 않을 경우에도 시행할 수 있다. 특별위원회는 치리회의 결정을 조사하고 회무를 준비할 뿐 아니라 임시로 어떤 결정을 할 수 있고, 치리회의 재량에 의해 결정을 시행할 수 있다는 점에서 일반위원회와 다르다. 특별위원회가 치리회와 또 다른 점은 내린 판결과 결정은 임시적이며 잠정적이어서 언제라도 치리회가 수정하거나 최종 결정으로 수정될 수 있으며 무효화될 수도 있다는 점이다. 공개나 비공개로 하든지 치리회의 인준을 받아서 합법적인 권위로 인정을 받게 된다.

치리회가 위원회의 결정을 치리회의 규례로 인정할 것인지는 의문을 제기해 봐야 한다. 위원회가 기소하고 소원하는 것은 법이 아니고, 재판국이 하는 것은 합법적이다. 어떤 논란이 된 자는 전체 노회 앞에서 변론할 권리가 있으며, 재판국 재판은 당사자 쌍방 간의 동의로 허용한다. 이전 재판국들은 종종 사건을 다루고 기소하기 위해 구성되었다. 1885년 채택된 '권징 조례' 8장에 보면 노회의 재판국에서 다루는 조항이 없는 것을 알 수 있다.

제339문 상소를 기각할 수 있는가?

합법적인 절차를 따르지 않은 상소는 기각할 수 있다. 원고가 출석하지 않거나 재판기록이 없을 때, 증언을 보조할 증거를 제시하지 못할 때, 이전 판결이 충분하다고 판단될 때, 모두가 비공식으로 다루어도 무방하다고 할 때, 제출된 사유가 애매하고 불충분하다고 여겨질 때 그 상소는 기각할 수 있다.

제340문 세상 법정에서 받은 판결도 상소 이유가 될 수 있는가?

세상 법정의 판결은 인간의 법을 재판, 증언과 판결을 통해 시행하는 것이고, 교회는 하나님의 법과 절차를 시행하는 것이므로 교회에서 죄가 되는 것이 국법으로는 그렇지 않을 수 있다. 국가는 종종 교회가 허락하는 것을 금하고 있다. 범죄의 경우 시민법정은 교회와는 달리 무죄 또는 유죄 판결을 할 수 있다. 판결과 사유는 재고되어야 하지만 당회의 판결을 결정할 수는 없다.

어떤 경우에 세상 법정에서 죄로 삼는 것이 당회에서는 무죄가 되는 것은 교회에 책임이 있다. 세상 법정에서의 소송이 교회의 판결에 대해 소원사유로 이용될 수 없다.

제341문 그 결정은 어떻게 되는가?

설명된 어떤 부분이라도 지지를 받지 못하고 치리회 기록에서 과오를 발견하지 못하면 하회의 판결은 인정을 받는다. 한두 가지 과오가 발견되면, 하회의 판결이 번복되거나 조정되거나 새로운 재판을 요청하기도 한다. 과오가 있는 판결은 기록해 두어야 한다. 소원의 결정이 인정이 되면 하회의 결정을 전체적으로 혹은 부분적으로 번복하는 것이다. 사법적인 사건이 아닌 경우는 소원을 받은 치리회에 징계를 할 수 있다.

제342문 투표는 어떻게 진행되는가?

"정식으로 제기된 의문, 즉 공언된 과오를 각각 해명한 것에 대해서 논쟁 없이 투표를 각각 시행해야 한다."

과오에 대한 설명이 지지받을 수 있는가? 치리회가 올바르다고 판단하면 자세한 내용을 사건 기록의 일부분으로 채택할 수 있다. 법적 결정을 내포하는 소원 사건의 경우는 소송자인 치리회의 절차가 적법해야 한다.

제343문 투표는 누가 하게 되는가?

상소자와 피소된 회원을 제외한 모든 상소심 회원은 출석하여 투표할 권리가 있다. 소원 사건인 경우에도 마찬가지이다. 피소된 사건을 투표할 경우 해당 치리회의 회원인 목사나 장로는 상소 사건에 투표할 수 없다. 그것은 1792년의 결정이다. 1836년 총회는 "하회의 장로가 심리하는 사건에 치리회의 회원이 아니더라도 투표할 수 없다"고 결정한 바 있다. 하회가 재판하기 전 이명하는 도중에 있어 다른 노회가 접수하기 전인 목사나 장로는 상회 치리회의 소원에 투표할 수 없다. 치리회 의장은 피소 치리회 회원일 경우 상소건 심리에서 퇴석해야 한다. 상소건 판결에 이해관계가 있는 회원은 자진 퇴석하거나 기피해야 한다. 법적인 사건에 투표하지 못한 이가 이의를 제기하거나 항의할 수 없다.

제344문 다른 교파에서의 상소는 어떻게 구성되는가?

감독교회에서는 사악한 삶을 영위한 죄가 있는 교인이 있으면 교구목사가 교회 공동체에서 출교시키고, 바로 그 사실을 감독에게 보고한다. 출교 당한 당사자는 3개월 안에 감독에게 서면으로 소원을 낼 경우 목사가 제출한 그 사건이 불충분하면 회복시키고, 교구 법령에 따라 그 사건을 심리한다.

개혁감독교회에서 죄과를 범한 교인이 있다면 교구목사와 교회 관리자Churchwarden로 구성된 치리회가 정식으로 재판한다. 그 교인은 목사나 무흠입교인이 변호를 맡을 수 있다. 재판 결과에 동의하지 않으면 10일 이내에 상소할 의사를 통보해야 한다. 통보 후 10일 이내에 서면으로 사유와 함께 치리회의 회장과 일반위원회의 서기에게 상소하면 그들이 상소를 심리한다.

감리교회에서는 회원이 교인위원회의 재판을 놓고 다음 분기위원회에 상소할 수 있다. 회의를 주재하는 장로의 판단과 더불어 원고가 소재하고 있는 구역의 분기회의에서 공평한 판결을 내리지 못한다면 어느 원고나 피고의 요청하에 구역 내에 다른 분기회의에 적절한 통보를 한 후 상소할 수 있다.

루터교회에서는 교회운영회의에서 내린 결정을 대회에 상소할 수 있다. 조합교회에서는 회원 자신이 부당하게 권징을 받았다고 여기면 그 사건을 수정하기 위해 구성원의 절반으로 구성된 상호운영회의mutual Council를 구성하여 교회에 자신들의 견해와 조언을 줄 수 있다. 조언할 때 교회가 강압적으로 따를 것을 요구하지는 않지만 일반적으로 당사자 쌍방이 의견일치를 본다. 교회가 결과에 일치를 보지 않으면 운영회의의 의견 복사자료는 다른 교회와 연합하게 할 수 있는 합당한 추천서가 될 것이다. 교회가 상호위원회를 회집하여 소원한 당사자와 연합할 것을 거절하면 당사자는 원대로 일방적인ex parte 운영회를 소집할 수 있다. 그 운영회가 당사자를 정당화하면 그 결과가 다른 교회에 추천이 된다.

제345문 노회의 제2 권한은 무엇인가?

노회의 제2 권한은 목사후보생을 고시하고, 강도권을 인허하는 것이다. 목사후보생은 당회가 노회에 추천하고, 노회는 목사후보생의 수학을 감독하고 고시하며 인허한다(딤전 4:14, 행 13:2~3).

제346문 목사후보생이란 누구를 말하는가?

목사후보생이란 그의 신앙, 목사 지망 동기와 목회자로서의 자질 등을 검증받고, 노회의 고시를 통과한 노회 관할하에 있는 목사지망생을 말한다.

제347문 목사후보생은 어디에서 관할하는가?

신앙생활에 관한 일체는 지교회 회원으로서 당회 관할 아래 있고, 학업은 노회의 관할을 받는다. 노회는 그의 성실함과 능력을 판단하여 강도를 인허하거나 목사후보생 명부에서 삭제한다.

제348문 목사후보생은 무엇으로 고시하는가?

'교회 정치' 14장을 참고하라.

제349문 강도사 인허는 무엇을 뜻하는가?

복음을 강도할 권위를 부여하는 것이다. 목사후보생이 목회자로서 적합한지를 검증하는 한 방법이다. 목사후보생의 봉사가 교회를 세우는 데 적합하지 않게 보이면 인허를 취소할 수 있다.

인허기간은 4년인데 1년을 더 연장할 수 있다. 이것은 특별한 사유가 있을 시 강도사를 인허하는 것으로 노회의 권한과 재량으로 이해해서는 안 된다. 1874년 총회는 "그 특별한 경우라는 것은 노회에 맡긴다"고 했다. 인허는 목회에 관련된 것이어야 한다. 이것은 목사 안수를 목적으로 하지 않은 어떤 다른 수단으로서 생각해서는 안 된다. 실제로 두 등급의 강도사가 있다.

감독교회에서는 감독이 이 권한을 가지고 있고, 교구 상비위원회가 선정한 위원회에 추천을 한다.

조합교회에서는 목사로 구성된 연합회가 인허를 한다. 연합회 목사들은 기도와 상호 충고를 위해 회집한다. 목회자가 되기를 희망하는 자들이 있으면 고시하고 심사하여 교회에 적합한 제의는 하지만 교회의 어떤 권한도 없다. 어떤 곳에서는 인허권이 목사후보생이 회원으로 있는 교회의 목적을 따르는 운영회에게 있기도 하다. 이것은 조합교회의 회중주의의 원리에 어긋나지 않는다.

침례교회에서는 지역 교회가 적합자를 인허해 준다. 이 말은 목사후보생이 목회를 준비하기 시작할 때 인허해 준다는 뜻이다.

감리교회에서는 목회후보생을 지도자회가 분기회의에 추천하며 사회 보는 장로가 고시한 후 강도권을 준다. 인허는 훈련과정 초기에 주고 해마다 심사를 한다. 지도자회에서 추천받거나 교회의 반에서 추천받은 자는 권고할 책임이 있는 설교자에 의해 인허받을 수 있지만 본문을 설교할 권한은 없다.

루터교회에서는 목사후보생을 성경 장로, 즉 설교자, 다른 말로 하면 목사회 혹은 노회로 구성한 목사당회가 고시를 한다. 이 모임은 목사후보생을 고시하고 인허하며 장립한다.

제350문 노회의 제3 권한은 무엇인가?

노회의 제3 권한은 목사의 장립, 위임, 해임 및 재판하는 것이다(딤전 4:14, 행 13:2~3).

제351문 목사 장립은 무엇인가?

목사 장립은 기도와 안수로 목사의 직을 수여하는 신성한 예식이다.

로마 교회는 이를 신성한 능력과 은혜를 나누어 주는 의식으로 여긴다. 그러므로 계속하여 사도적 계승의 필요성을 강조하게 되고 장립되는 이들은 교회와 그리스도와 독특한 관계가 있다고 주장하기에 이른다. 감독교회에서는 이와 같은 견해가 유지되어 왔고 따라서 사도적 계승과 장립의 예식절차를 강조해 왔다. 또한 감독은 "그리스도의 교회에서 사제직과 사역을 위해 성령을 받으라! 우리의 손이 안수함으로 그대에게 맡겨졌으니 하나님께서 그대의 죄를 용서하시옵고 이제는 죄 사함을 받았노라. 당신은 하나님의 말씀과 성례를 신실하게 베푸는 자가 되소서! 성부와 성자와 성령의 이름으로 아멘!"이라고 선포한다.

개혁감독교회는 모든 개신교회에서 받아들여진 장립에 대한 견해를 취하는데 감독교회에서 행한 형식은 버리고 감독교회에서 드물게 사용된 내용을 취하였다. 그것은 다음과 같다. "하나님의 교회에서 장로의 직분을 수행하기 위해 주님의 권위를 받으라! 이제는 맡겨졌으니 당신은 말씀을 신실하게 베푸는 자가 되소서!"

감리교회에서는 그것을 바꾸어 기도 혹은 축도가 되게 했다. "주께서 그리스도의 교회 안에 장로의 직과 사역을 위해 성령을 부으소서! 안수함을 통해 그리스도의 권위에 의해 맡겨졌으니 그대는 신실히 베푸는 자가 되소서!"

제352문 목사 장립은 누가 시행하는가?

가톨릭교회는 장립은 사도만이 시행할 수 있거나 특별한 경우 사도들이 선정한 합법적인 자만이 할 수 있다고 주장한다.

감독교회는 구별된 직분과 사역을 수행할 수 있는 세 직분에 속한 성직자들이 있다고 주장한다. 집사와 사제는 교구 감독이 장립을 하고, 교구 감독은 또 다른 감독들이 함께 한다. 개혁감독교회는 감독의 장립에서 "감독은 사회를 하고 3명 이상의 장로와 함께 감독들이 안수를 하고, 장로는 장로의 장립식에 감독과 함께 참예하지만 집사의 장립식에는 참예하지 않는다."

감리교회에서는 감독이 장로들과 함께 집사 장립식을 제외하고는 안수한다. 조합교회에서는 운영위원회가 목사후보생을 장립하려고 두세 목사를 선정하여 위원회를 구성하며 운영위원회가 보는 앞에서 예배를 드리게 한다.

장로교회에서는 목사 장립을 노회가 주관한다(딤전 4:14). 지난 세기 초반에는 때때로 목사 장립을 노회 대표가 수행했다. 위원회와는 달리 노회 대표는 치리회의 이름과 권위로 수행하기 때문에 인정하였고, 그 권위는 노회가 부여한 것이었다. 그는 심지어 목사를 심사하고 상소할 수 있는 권한도 가지고 있었다. 그러나 이제는 전통으로 굳어진 것이 노회가 목사 장립을 수행해야 하고, 대표가 할 수 없도록 되었다. 목사 장립을 받으려는 자가 선교지 등 노회 지경 밖에 있으면 노회 대표가 목사 장립을 할 수 없어 총회의 인준을 받을 수 없다.

제353문 목사 2인이 장립할 수 있는가?

1850년 목사후보생을 고시하였고 성수가 된 노회가 인준했지만 그 당시 현장에 목사 2인이 장립식을 수행했고 목사후보생이 목사 장립을 받았다. 그리고 구파 총회는 이를 상례는 아니지만 합법으로 인정했다.

제354문 목사 장립식은 어디에서 행하는가?

장립받을 자가 사역할 교인들이 있는 곳에서 행한다. 사람이 드문 곳에서 사역하려고 하는 전도사Evangelist 곧 노회의 경계를 벗어난 자나, 외국 선교사인 경우 장립식을 행하기에 극도로 불편하고 불가능할 경우는 예외로 한다.

제355문 평신도의 목사 장립이 유효한가?

평신도나 장로나 면직목사가 수행한 장립은 효력이 없다. 목사 장립은 노회의 투표로 이루어지며 목사들의 안수로써만 가능하다. 장로나 집사는 목사 장립에 참예할 수 없다.

제356문 타 교파의 장립은 인정할 수 있는가?

물론이다. 장로교회는 다른 개신교회의 목사 장립을 항상 유효하다고 인정하고 있다. 그러나 로마 교회와 유니테리언 교파, 캠벨파와 보편주의파의 장립은 인정하지 않는다.

모든 복음적 개신교회와 개신교회 목사를 인정하고 입회를 청원하는 목사는 장로교회 신앙고백이 요구하는 대로 학식과 능력에 합당한지 검사와 고시를 하기 위해 학문과 준비를 해야 한다. 합당하다고 여겨지면 목사는 다시 장립할 필요가 없다. 공식적으로 장로회 신조가 성경을 따르는 교리라고 인정하고 수용해야 하며 장립 때 질문에 답해야 한다. 1880년 총회에서 각 노회에 "타 교파 목사들이 장로교회에 입회할 경우 노회 관할하에 목사후보생들에게 요구하는 교과 과정과 신학교육을 받을 것을 요구해야 하고 또 특별한 고시에 순복해야 한다"고 시달했다. 노회가 모든 경우에 있어서 타 교파에서 장립받은 목사를 입회시킬 때는 상황과 이유를 주의 깊게 기록해야 한다.

제357문 속이고 장립 받은 것은 유효한가?

그런 경우 노회가 즉시 면직해야 한다. 이와 같은 결정은 1843년 구파 총회에서 이루어졌다.

제358문 설교자로 일평생 헌신할 자가 아니어도 목사로 장립할 수 있는가?

교사, 교수, 편집인 등이 있는데 노회가 그들의 사역을 인정하여 자질과 배경을 충분히 이해하면 노회는 목사로 장립할 수 있다.

제359문 타 노회 지역에서 사역하는 목사후보생을 본 노회가 장립할 수 있는가?

총회는 장로교 교회 정치에 따라 "노회 지경에서 이제까지 목사직을 수행해 본 적이 없고 목사직을 지원하는 자를 고시하고 장립하는 것이 각 노회가 지닌 권리이자 특권"이라고 인정한 바 있다. 그리고 "노회가 이미 구성된 지역에서 목회 사역을 하려고 하는 자들은 강도사로 그곳에 갈 것이며 그 지역 노회에서 목사 장립을 받아야 한다"고 권면한 바 있다. 뉴잉글랜드의 조합교회는 해 장로교 노회의 지경에서 사역하기를 청원하는 자를 목사 장립할 것을 요구하지 않았다.

제360문 주일에 장립식을 행할 수 있는가?

이 문제에 대해 일반적인 원칙은 없지만 노회가 주일에 모여서 장립예식을 행하는 것은 불편한 일이다. 1821년에 "여러 가지 사유로 주일에 장립예식을 치르는 것도 적절하지 못하다. 그러나 급박하고 특수한 경우에는 주일에도 장립예식을 요구할 수 있다"고 결정한 바 있다.

제361문 위임이란 무엇인가?

목사를 지교회에 담임목사로 정착시키는 것이 위임이다. 지교회가 노회에 청빙서를 제출하여 인정되면 청빙서는 강도사나 목사의 수중에 들어가게 된다. 접수되면 청빙받는 자가 강도사이면 노회는 지교회에서 목사 장립과 위임을 동시에 거행하고, 목사이면 위임국으로 위임식을 하게 해야 한다.

제362문 노회가 목사 위임을 거부할 수 있는가?

교회와 목사가 완전히 만족하여 일치하여 목회관계로 여기더라도, 노회가 목사 위임을 거부할 권이 있다. 그래서 구파 총회는 1855년 헌의안에 답을 한 바 있다. '교회 정치' 15장 9항에 보면 이에 대한 권한에 대해 함축하여 설명하고 있다. "노회가 청빙서를 청빙받을 자에게 제출하는 것이 적절하다고 여기면 그렇게 해야 한다."
1814년과 1817년에 총회는 노회가 거부할 권한이 있다는 것을 변호했으며, 따라서 청빙서가 목사 수중에 들어가는 것을 거부한 바 있다고 했고, 1875년에 다시 결정했다.

제363문 목사 위임 후에 청빙서의 조건을 변경할 수 있는가?

청빙서는 상호계약이므로, 상호 동의하에 변경할 수 있다. 그러나 항상 노회의 지시에 순복해야 한다. 하지만 쌍방이 제안한 변경에 동의하지 않고 노회의 동의가 없으면 변경할 수 없다. 청빙서에 있는 조건이 노회가 위임식 때 동의한 내용이기에 변경할 수 없으며, 또한 노회가 목회관계를 감독하고 관할하기에 그러하다.

제364문 목사 '해임'이란 무엇을 의미하는가?

다음과 같은 경우 지교회의 담임을 해제하는 것이다.
1. 담임목사의 청원이 있을 때.
2. 교회 공동의회의 청원이 있을 때.
3. 담임목사와 교인의 청원이 있을 때.

4. 목사와 교인이 원치 않더라도 노회가 해임하는 것이 적절하다고 판단할 때(이 권한은 상당한 주의를 요한다).
5. 타 교회에서 그 목사를 원할 때.
6. 상소를 받은 대회가 목사 해임을 판결했을 때.
7. 노회가 재판하여 담임목사의 무죄를 밝힌 후에 쌍방에게 신덕상 유익하다고 여겨지며 그 교회를 계속 시무하는 일이 유익하지 않다고 인정했을 때.
8. 총회가 그 목사에게 다른 곳에서 사역하기를 요구할 때.

제365문 목사가 교회를 담임하면서 타 교파나 타 노회로 이명할 수 있는가?

교회와 담임목사는 같은 노회에 소속해야 한다. 목사가 교회를 시무하면서 소속 노회를 떠나 타 교파나 노회로 이명할 수 없고, 불명예스러운 일인 경우라 할지라도 이명할 수 없다.

제366문 목사를 판결한다는 의미는 무엇인가?

치리권을 가진다는 의미이다. 목사는 당회와 대회와 총회에 책무가 있는 것이 아니라 노회가 관할한다. 노회는 목사의 자격을 재판하고 신분과 사역을 결정하고 개인적인 것과 공적인 품행에 책임을 진다. 목사가 피소되면 노회가 그를 심리, 판결해야 한다.

제367문 노회가 입회를 원하는 회원의 적합여부를 판단할 수 있는가?

다른 노회에서 이명한 후 자신의 품행을 신실하게 유지하면서 적합한 증명서를 지니고 온 목사의 경우는 입회해 주어야 한다. 이런 경우에 아직 이명해 준 노회에 책임이 있고 불순한 행동이 보고되면 이전 노회에 보고해야 하며 동시에 그 목사를 조사해야 한다.

목사가 자신이 거주하는 지경의 노회에 소속되어야 한다는 총회의 규칙은 준수되어야 한다. 적법한 서류를 접수할지의 여부를 노회가 판단해 주어야 옳으나 충분한 사유 없이 거절해서는 안 된다. 만일 목사의 신앙과 교훈하는 교리에 대하여 의문이 있으면, 노회는 그 목사를 고시하든지 다른 방법으로 시험하든지 해야 한다.

1837년 총회는 각 노회가 입회 청원자들을 고시할 것을 명했다. 다음 해 신파 총회는 이 명령을 무효선언했는데, 단 노회가 회원의 적합여부를 묻는 권리는 부인하지 않았다. 교단 연합 제안서에는 다른 노회에서 이명해 오는 목사를 고시하는 권한은 분명히 기록하였으나 재량권은 각 노회에 맡겼다. 교단연합 최종안에 이렇게 기록하였다. "교단 분리를 가져온 논쟁이 전 교회의 전통과 일반적으로 일치하고 그들의 책무와 일치하는 한 교단의 하회 치리회들은 모든 법 적용을 그대로 해야 한다고 추천한다."

1880년 총회는 "노회 회원의 자격을 심리하는 바른 판결자로서 노회가 모든 문제를 맡아야 한다"고 천명한 바 있다. 그러므로 심리하는 권리는 부당한 이유와 의문이 제기될 때 해당된다. 거기에 대해 의문과 부당함에 대해 의구심이 있으면 심리할 권리를 요구할 수 있다.

제368문 목사를 경솔히 입회시켰으나, 부당한 일이 드러나면 이를 재고할 수 있는가?

그렇지 않다. 그는 이미 회원으로 입회하였으니 회원 권리는 적법한 절차에 따라서만 취소시킬 수 있다.

제369문 입회 청원자를 거부할 수 있는가?

노회가 청원자의 자질에 만족하지 않으면 그를 거부할 수 있지만, 거부하는 충분한 사유가 있어야 한다.

제370문 목사가 제한을 둔 이명증서로 입회할 수 있는가?

목사에게는 제한을 둔 이명증서를 발급할 수 없다. 목사는 무흠증명서만으로 입회할 수 있다. 이것은 구파 총회가 1869년 결정한 바 있다.

제371문 폐지된 노회에 소속된 목사는 어떻게 입회할 수 있는가?

1825년 총회는, 폐지된 노회의 목사가 청원할 경우 노회는 입회해 주어야 한다고 선언한 바 있다. 죄과가 있는 경우는 적법한 절차를 밟아야 한다고 했다. 입회를 거부할 수 있는 권리는 노회가 지니고 있다. 거부당한 목사는 대회에 소송을 할 수 있는데, 불공평한 재판을 할 전망이 없으면 거절해야 마땅하다. 그러한 모든 목사는 대회의 관할하에 있으므로 대회가 권한을 가지고 있다. "노회가 소멸되면 대회가 회원을 관할한다."

제372문 타 장로교회에서 이래하는 목사나 강도사를 어떻게 받는가?

강도사는 본 장로회 강도사를 인허할 때와 같이 문답하고, 목사는 본 장로회 목사를 장립할 때의 처음 7개 문항에 동의해야 한다.

제373문 타국의 교회에서 장립받은 외국 목사는 어떻게 받는가?

노회의 위원회에 자신의 증명서들을 제출해야 하며, 노회는 그것들을 심사하고 신앙과 경건여부를 확인해야 한다. 노회위원회는 다음 노회 때까지 교회에서 설교하도록 허락할 수 있고 그때 다시 고시를 하고 1년간 강도를 인허하여 목사의 모든 역할을 할 수 있게 한다. 단지 어떤 치리회에서도 투표권이 없으며 청빙을 받지 못할 뿐이다. 입회할지 거부할지 최종결정을 위해 대회나 총회에 보고되어야 한다.

강도인허가 종료한 후 3개월 이내에 대회나 총회가 회집되지 않으면 노회는 인허 종료 전 대회나 총회에 보고해야 하고, 최종 결정을 위해 상회 치리회로부터 지시나 권한을 부여받아야 한다. 인허기간은 같은 노회의 지경에서 보내야 한다. 인허기간 중 입회하여 다시 외국을 방문하게 되면 귀국하여 다시 인허기간을 연장하여야 한다. 이 원칙은 구파 총회(1858)와 신파 총회(1855~1869)가 결정한 바이고, 양 총회에 의해 강화된 것이다.

1869년 총회와 교제 관계가 있는 노회에서 이래해 온 목사인 경우는 인허기간을 제외해 주었다. 교단 연합 총회는 영국 장로교회와 캐나다 장로교회에서 이래해 온 목사들에게는 호의적으로 더 많은 예외의 혜택을 주었다. 1875년 총회는 인허기간 후 프랑스 목사를 입회하는 과정에서 이 원칙을 적용하였으며, 1876년에는 스위스 목사에게도 그러했다.

제374문 목사가 신설되는 노회로 이명해 갈 수 있는가?

상회(대회나 총회)가 노회 신설을 허락했을 경우에만 목사가 신설되는 노회로 이명할 수 있다. 구파 총회는 그렇게 결정한 바 있다.

제375문 누가 이명증서를 발급할 수 있는가?

노회만이 할 수 있다. 노회장이나 노회 서기, 노회의 아무 위원도 목사 후보생을 이명해 줄 수 없다. 오직 노회만 목사후보생과 강도사와 목사와 무임목사에게 이명증서를 발급할 수 있다.

이명증서에는 이거하는 교회를 명시해야 하고 이거하는 노회는 그를 입회해 주어야 한다. 입회를 허락한 노회는 이명증서를 발급한 노회로 즉시 입회 사실을 통지해야 한다. 1874년 총회는 이거하는 노회 서기가 보내는 입회 허락 서신을 접수하기 전까지는 본 노회에서 삭명朔名을 보류해야 한다고 결정한 바 있다.

제376문 타 교파로 가는 목사는 이명해 갈 수 있는가?

본 총회와 교제가 있는 교파이면 이명해 갈 수 있다. 불건전하고 부정한 타 교파로 이명하려 하면 견책하여야 하므로 정상적으로 이명해 갈 수 없다.

목사가 달리 죄과가 없다 할지라도 본 총회의 치리를 무시하여 목회를 저버리고 적법한 절차에 따라 이명하지 않고 이단이 아닌 타 교파에 입회하게 되면, 노회는 그 사유를 회의록에 기록하고 목사 명부에서 그 이름을 삭제한다. 그러나 그 목사에게 미결 재판사건이 있을 때에는 심리 판결한다. 만일 그가 이단으로 인정하는 타 교파에 입회한 것이 드러나면 정직이나 면직, 출교해야 한다.

제377문 언제 목사 명부에서 목사의 이름을 삭제하는가?

이명증서를 수락한 목사의 이름은 이래할 노회의 서기로부터 입회통지를 받을 때까지 이명하는 노회의 명부에 보유해야 한다. 본 총회와 교류가 없는 다른 교파에 입회하려는 이유로 본인이 요청하더라도 목사 명부에서 목사의 이름을 삭제할 수 없다. 또는 교리적 신앙을 바꾸었다 하더라도 그 목사의 이름을 삭제할 수 없다.

제378문 노회가 이명증서 발급을 거부할 수 있는가?

목사가 무흠해야만 이명할 수 있다. 이단이나 죄과가 있다고 하면 해 노회만이 재판을 할 수 있다. 그러므로 목사가 재판 중에 있거나, 벌 아래 있거나, 면직 중에 있으면 노회가 이명을 거부하거나 회개청원에 대한 판결을 해제하지 않을 것이다.

제379문 목사가 그 직분을 사직할 수 있는가?

목사는 자기 직분을 임의로 사직할 수 없다. 건강상의 이유나 여타한 사정으로 사직을 요청할지라도 노회가 권징의 정식 절차 없이 그 직을 파면할 수 없다. 교단이 분리되기 전 총회와 구파, 신파 두 총회나 연합교단 모두가 목사 사직을 허용하지 않았다. 하나님의 섭리로 정상적으로 수행할 수 없다 할지라도 목사로서의 권리(노회의 감독과 재판권, 교회 치리회의 출석권과 투표권)는 정식 재판 후 면직될 때까지 유지된다. 육군과 해군의 종군목사로 수행할 수 있고 사회직과 세상 직업에 참여할 수도 있는데 노회의 판결에 순복하여야 한다. 노회는 종종 그에 대한 사유를 물어야 하고, 인정 여부를 기록해 두어야 한다.

1880년 총회는 이 문제에 대한 헌의안을 받아서 '교회 권징 수정위원회'에서 논의하게 했다. 수정한 권징서를 1884년 채택하였을 때 다음과 같은 조항을 포함했다. "무흠인 목사가 목사직을 사직 청원하면 노회의 재량에 따라 적어도 1년 동안 노회가 지시하는 대로 그의 목사직 사직 동기와 사유를 자세히 살펴야 한다. 이 기간이 종료되는 때에 노회는 그 목사가 직무에 적합하지 않고 목사직을 쾌히 하지 않는다고 판단하면, 그때에 목사 사직을 허락하여 교회의 평신도로 돌아가게 한다. 또한 목사 명부에서 그 이름을 삭제하고, 평신도의 이명증서를 주어 원하는 지교회로 보낸다." 그 후 다시 목사직을 회복하기를 청원하면 다시 장립을 받아야 한다.

제380문 목사가 목사직을 버리면 어떻게 해야 하는가?

노회가 그 사유에 동의하지 않으면 그에게 책임을 물어야 한다.

제381문 노회에 불참하는 목사를 어떻게 처리하는가?

그 거주지를 파악할 수 없으면 거처를 알기까지 보유하고, 노회 연락에 응답을 거부하는 목사이면 마땅히 시벌해야 한다.

제382문 노회는 무임목사를 위하여 무엇을 하는가?

1. 가능하면 노회가 계속 사역할 수 있는 곳을 정해 주거나 비정기적으로 사역할 수 있게 해 준다.
2. 그들의 명단을 대회에 보고하게 한다. 명예롭게 은퇴한 목사honorably retired, H. R는 목사의 모든 역할을 보유하도록 한다. 이 직임은 목사의 신분에 어떤 경우라도 영향을 미치지 못하고, 목사직의 모든 역할도 파직할 수 없다.

1873년 국내전도부는 무임목사와 허위 교회를 위한 특별위원회를 구성하도록 했다. 이 위원회는 그 책무는 통계를 수집하고 출판하는 것이고, 허위 교회와 무임목사는 대회 위원회의 보고대로 인정하고 사역 가능한 모든 목사가 청원하여 사역할 수 있고 교회들과 연결되기 위해 통계를 사용하고자 한다. 그렇지만 어떤 경우라도 장로교의 원칙을 위배해서는 안 된다. 구성된 이 위원회는 사역을 위해 유지해 왔고 대회와 노회는 이 위원회와 협력을 하도록 요청받았다. 1877년 국내전도국의 보고에 자세히 설명되었으나 무임목사가 별로 청원한 바가 없어서 실패한 것으로 판명되었다. 그래서 노회나 대회가 관심을 기울이지 않았다.

1880년 5인 특별위원회가 구성되어 가능한 한 이런 바람직하지 못한 일들을 줄이거나 없이할 계획을 보고하게 되었다. 이 위원회는 보고서를 통해 바람직하지 못한 일들이 발생한 사유를 다음과 같이 보고했다. 1)목회사역을 위한 적절하지 못한 지원. 2)목회사역에 대한 헌신도 부족. 3)허위 교회에 능력 있고 사역을 원하는 자를 모집할 제도의 부족.

다음과 같은 원칙을 보고하여 채택되었다.

1. 각 노회는 1년에 두 번 모이는 노회 중 한 번은 허위 교회 명단과 사역에 능력이 있는 무임목사이면서 현재 목회 사역에 실제로 쉬지 않는 목사 명단을 준비해야 한다. 이 명단에서 허위 교회는 노회에서 안식년으로 받아들이고 무임목사도 노회의 지경 밖에서 사역할 수 있도록 허락을 해 주어야 한다. 노회는 명단에 올라온 교회에게 보고서를 준비해 6개월 동안 복음을 설교할 수 있도록 하는데 헌금할 수 있도록 한다. 그렇게 되면 노회나 위원회가 그 명단에서 설교자를 주급으로 주는 수를 선정해 준다. 노회는 교회의 설교 사례를 위해 금액을 책정해 주어야 할 것이다.

2. 각 노회 국내선교위원회(노회가 이 목적을 위해 선정한 위원회)는 노회 회기 중 허위 교회를 감독할 것이다. 이 위원회는 무임목사 명단에서 뽑아 조정해 주는 것이 그 의무이다. 이 위원회는 또한 이 무임목사들을 허위 교회나 선교지에 보내야 하고, 순서에 따라 가능한 순환으로 해 주어야 한다. 그러나 순환으로 되어 있는데 목사가 두 주 연속 주일 강단을 맡아서는 안 된다.

3. 노회의 판단에 따라 임시 강단을 맡음으로 허위 교회에 또 다른 재정적인 지원이 필요하게 되면 노회는 이 목적을 위해 국내 선교헌금의

일부를 사용할 수 있도록 한다.
4. 노회 회기 중 담임목사를 청빙할 준비가 되고 임시목사를 제공할 준비가 되어 있는 교회가 있다면 그 교회 이름을 허위 교회 명단에서 삭제해야 한다.
5. 대회 선교사를 파송한 대회에서는 관할과 지도 아래 있는 허위 교회와 무임목사에 관해 노회 여러 위원회와 교통하는 것이 노회가 지니는 책무이다. 이 위원회들은 새로운 사역지를 구성하고 이들을 제공하는 사역에 대회 선교사와 협력할 것이다.
6. 사역 가능한 무임목사라 할지라도 노회의 재량에 따라 사역자 명단에 포함되기를 거부한다면, 별다른 이의가 없는 전제로 은퇴할 수 있고 그 사실을 총회에 보고해야 한다.
7. 노회의 판단하에 대회의 지경 안에 무임목사와 허위 교회를 조정하는 것이 가장 적합하다고 여겨지면 대회 위원회는 바로 노회위원회를 대신하고, 노회위원회에 맡겨진 책무가 대회위원회로 위임된다. 이것은 각 대회가 적절하고 특별하게 설명을 해야 한다.
8. 1873년 총회는 허위 교회와 무임목사에 관하여 총회 결정을 따르지 않은 자들을 제명했다.

재판국은 이 원칙을 인쇄하여 각 노회 서기들에게 배포했다. 다음 해 총회는 아래 결정의 3번 항목을 해석할 것을 요청받았고 답을 했다. 시달된 결정이 전체 교단의 선교사역을 위한 것이 아니라 모금을 지원하는 노회의 지경 안에서 사역하는 것을 위해 헌금하는 한, 이 헌금은 전부 노회에 보내야 한다. 또한 노회의 지시대로 분배되어야 한다. 그러나 이 원칙은 특별모금에만 적용된다.

제383문 노회는 허위 교회를 위해 어떻게 해야 하는가?

1. 당회를 위해 당회장을 임명해야 한다.
2. 고정 설교자나 임시 설교자를 파송해야 한다.
3. 작은 규모의 허위 교회들을 합해 가능하면 한 명의 목사를 청빙하도록 해야 한다.
4. 특별 보호와 감독을 해야 한다.
5. 허위 교회와 무임목사를 조정하는 노력을 해야 한다.

1884년 총회는 각 노회에게 허위 교회 문제를 심각하게 다룰 것을 시달했고, 허위 교회에 신속히 목사를 청빙할 수 있도록 노회가 특별한 방법을 강구하고 무임목사가 사역하도록 노력해야 한다고 지시했다.

제384문 목사가 노회를 탈퇴할 수 있는가?

이는 다른 교파에 입회하기 위해 종종 일어난다. 총회는 목사가 노회를 탈퇴하는 것은 매우 무질서한 일이지만 이 일은 노회 명단에서 삭제하는 것 외에 다른 방도가 없다고 선언했다. 목사가 장로교회 교단의 회원을 탈퇴하고 노회를 참석하지 않겠다고 공식 통보하면, 그 목사에 대해 신중히 다룬 후 명부에서 그 이름을 삭제해야 한다. 그리고 그 사실은 당사자에게 통보되어야 한다. 필요하다면 교회 앞에 광고도 해야 한다. 그가 담임한 교회는 공동의회의 동의 없이는 노회를 탈퇴할 수 없다. 그러나 교회가 탈퇴하여 더 이상 치리를 받을 이유가 없다면 노회는 교회 이름을 노회 명단에서 삭제해야 한다. 모든 경우의 교회 관계는 종료된다. 재산권도 사회법정에서 종료되어야 한다. 노회를 탈퇴한 목사가 다시 복귀하려고 하면 탈퇴한 동일한 노회에 청원서를 내야 한다.

1884년 총회는 각 노회의 명부에 있지만 다른 교파에 무흠교인으로, 혹은 담임목사로, 혹은 3년 동안 임시목사로 있으면 그 목사의 이명증서를 받아갈 것을 지시하라고 했다. 그렇지 않고 충분한 증거가 있는데도 불구하고 목사가 이행하지 않으면, 그 후 이름을 명부에서 삭제해야 할 것이다. 다음 해 총회는 노회가 목사의 이름을 시벌에 의하지 않고는 목사 자신의 동의 없이 삭제할 수 없다고 선언한 바 있다. 또한 노회 치리를 인정하거나 자신의 독립성을 인정하는 어떤 일을 행하거나 주장하지 않는다면 삭제할 수 없다. 하지만 노회는 다른 교파와 교통하는 이들에게는 정식으로 이명서를 가지고 가라고 서신으로 요청할 수 있다.

제385문 정직목사의 이름을 절차 없이 삭제할 수 있는가?

삭제할 수 없다. 1847년 구파 총회는 노회가 상회에 목사 면직의 절차를 밟기 전까지는 정직목사의 이름을 보유해야 한다고 선언한 바 있다. 정직목사의 이름을 명부에서 삭제하는 것이 합당하지 못하므로 별명부에 옮기는 것도 부당하다.

제386문 재판하는 절차는 어떠한가?

정식재판은 항상 의장석에서 엄숙하게 의장이 다음과 같이 선언해야 한다.

"이제 회는 이 일의 신중성을 생각하고 모든 회원을 회집하여 예수 그리스도의 법정에서 품위 있는 재판관으로서 이 소송 사건의 판결을 맡았으니 엄숙히 그 임무를 수행할 것을 선언한다."

노회 앞에 재판이 이루어진다.

1. 장로 재판

장로가 1인뿐인 지교회의 장로가 피소되었거나 혹은 같은 교회의 장로들이 피소된 경우, 또 당회가 재판하는 것이 부적절하다고 생각하여 공식으로 그 사건을 노회에 제출하는 경우 장로재판을 한다.

2. 목사 재판

목사의 치리권은 노회가 관할한다. 범죄가 다른 노회의 지경에서 발생하여 소송할 근거가 있다고 여겨지면 노회에 죄과의 본질과 함께 통보하는 것도 노회의 책무이다. 증언이 요청에 의한 것이면 타 노회가 해야 하며, 피고에게 보내는 통지서에는 일시와 장소를 명시해야 한다.

제387문 누가 소송을 제기하는가?

1. 어떤 이가 소송을 제기하지 않거나 치리회가 시벌의 목적을 위해 죄과를 조사할 필요가 없다고 하면 죄과를 저지른 자에 대한 법적 절차는 시작할 수 없다. 원고인 치리회가 선정하지 않더라도, 원고로 생각되는 어떤 이가 소송이 제기되기 전에 가능한 소송사유를 제시하지 못하면 기소할 때 나타나는 성급한 면과 악함의 정도에 따라 형제를 중상하는 자로 책벌 받아야 한다고 경고를 받아야 한다.
2. 치리회가 기소를 시작할 때 미국 장로교회가 원고와 기소자가 된다. 이 밖에는 개인 기소자가 원고가 된다. 치리회가 기소를 시작할 때 치리회는 한 명 또는 두 명 이상의 회원을 위원으로 하여 최종 판결이 나올 때까지 치리회가 어떤 단계에 있더라도 기소를 하게 한다. 기소위원회가 원한다면 진행 중인 사건이 있을 경우 원고인 치리회가 한 명 또는 한 명 이상의 회원을 선정하여 기소위원 선정에 도움을 준다.
3. 중상을 받는다고 생각하는 자가 치리회에 조사를 요구한다면 회원 중 한 명 또는 한 명 이상이 언급하는 중상을 조사하기 위해 선정해야 하고 서면으로 보고해야 한다. 보고서에는 그 문제를 포함한다.

복음을 귀히 여기고 복음이 성공적으로 전파되는 것은 상당히 목사의 성품에 의존하므로 각 노회는 매우 조심성 있고 공평하게 목사의 품행을 개인적이고 전문적으로 감독해야 한다. 그러나 한편 목사의 직무로 인해 어떤 목사라도 정의의 잣대로부터 예외가 될 수는 없고 범죄가 있다면 가벼이 책벌해서도 안 된다. 재판이 계류 중에 있으면 노회는 그를 목사직에서 면직하고 수찬정지도 할 수 있다. 1866년 총회는 어떤 총대를 노회의 결정이 있을 때까지 그 회에서 정직을 했다.

제388문 재판은 어떻게 행해지는가?

재판은 모두 '권징 조례' 제4장과 6장에 의한다. 피고된 목사가 재차 소환을 받고서도 출석하지 않고 변호인도 파송하지 않으면, 노회는 그 무례함으로 인하여 정직함이 옳고, 3차 소환에도 출석하지 않거나 대리할 변호인도 파송하지 않으면 수찬정지에 처해야 한다.

어느 치리회를 무론하고 그렇게 결정하면 소송 중에 있는 회원은 어떤 문제에 대해 언권과 투표권이 정지될 수 있다. 교회의 덕을 세우기 위해 노회는 최종 판결이 날 때까지 피소된 목사의 목사직을 정지하고 모든 사건은 신속하게 조사와 재판을 해야 한다.

그러나 소송한 문제가 결국 수정될 수 있는 사소한 사건이요, 교인들도 그의 반성을 족하게 여기고 목사 시무에 구애됨이 없다고 노회가 판단하면, 사건이 다시 발생하지 않도록 지혜로운 모든 방법을 동원한다.

제389문 목사에 대하여 기소할 내용은 무엇이 있는가?

개인적인 신앙생활과 일치하지 않는 목사 개인의 인품에 대해서도 기소할 수 있고, 이단성 문제나 교회 분열, 장립서약 위반 등 목사의 직무상 범죄에 대해서도 기소할 수 있다. 그 기소는 신중해야 하고 확실해야 하며 서면과 복사본이 있어야 하고 소환할 증인의 이름과 함께 재판 10일 전 피고에게 제출해야 한다.

제390문 **목사가 변호인을 둘 수 있는가?**

본 노회에 속한 목사나 장로 중에서 변호인으로 청할 수 있고, 피소된 목사가 직접 변론할 수도 있다.

제391문 **재판 절차를 생략할 수 있는가?**

교단 분리 전 총회와 구파와 신파 모두 재판 절차는 생략해서는 안 된다고 선언한 바 있다. 재판 없이는 시벌을 할 수 없고, 심지어 새로이 재판하지 않고는 어떤 것도 부과할 수 없다고 했다. 이와 관련해서 1866년 신파 총회는 범죄의 자백 절차는 짧아질 수 있지만 재판이나 재판 절차가 없으면 안 된다고 결정한 바 있다. 구파 총회도 그와 같은 언급은 없었지만 그와 같은 원리에 입각해서 시행했다.

이전 권징 조례에서는 "목사에게 판결문을 낭독하고 죄가 있는지 없는지 자복하기 위해 목사를 소환해야 한다. 문제가 근원적이고 파렴치하며 죄의 질이 높고 불결하고 술 취함 같은 그런 죄를 고백하면, 모든 이들이 만족할 만하게 회개하더라도 노회는 지체 없이 목사직을 정직하거나 면직해야 한다"고 언급했다. 이는 위의 결정들과 관련하여 일반적으로 이해되기를, 그런 판결은 재판 절차가 있은 후 내려져야 한다는 의미로 받아들여진다. 단지 죄의 고백으로 말미암아 재판 절차는 단축될 수 있다.

그러나 1879년 총회는 피소된 자가 개인적으로나 치리회 앞에서 죄 있다고 고백하며 죄를 고집하면 재판국은 더 이상 재판 절차 없이 판결을 해야 한다고 결정한 바 있다. 원칙은 "유죄답변이면 치리회는 재판과정으로 가야 하고, 무죄답변이거나 피소된 자가 답변하기를 거절하면 '무죄답변'이라고 기록하고 재판은 진행해야 한다"는 것이다.

제392문   노회가 재판국에 의해 재판할 수 있는가?

총회(미국 장로교회)의 초기 역사에서 종종 있어 왔으며, 이런 목적을 위해 재판국을 설립할 권리를 노회가 가지고 있다는 데는 의심의 여지가 없었다. 그러나 실제는 사라졌고 수년간 재판은 항상 노회에서 이루어져 왔다. 그 이유는 목사가 원심재판과 상소사건의 전 재판의 판결에 권리를 가지고 있었기 때문이다.

1846년 구파 총회에서 재판국 설립을 위한 법적 논의가 있었다. 그 문제가 위원회로 상정이 되었고 치리회의 원래 권리와 교단의 오랜 전통과 권리를 높이는 관점에서 볼 때 재판국 설립은 의미가 있다. 총회가 재판국의 권리를 지지하는 것은 희망적이라고 할 수 있겠다. 그 권리를 부인하는 동의안은 확실치는 않지만 연기되었다.

구파와 신파 양 총회는 간헐적으로 소송과 소원사건을 위한 재판국을 설립했다. 물론 당사자 쌍방의 동의가 있었다. 그렇지만 전 치리회가 경청할 권리는 부인되지 않았다. 교단 연합 때 총회가 너무 방대해 재판에 적합하게 참석한다는 것은 과중한 일이어서 당사자 쌍방의 동의 하에 재판국의 소송을 경청하는 절차가 일반화되었다. 당사자들이 원하면 전 치리회가 경청해야 하는 권리를 보호하면서 대회나 노회는 최고 재판국을 모범으로 따르게 된다. 1880년 총회는 쌍방의 동의로 재판국이 재판을 했는데 소원할 여지를 발견하지 못했음을 언급하면서 합법화했다. '권징 조례' 13장은 노회의 재판국에 대한 것을 언급하지 않지만 쌍방의 동의하에 노회의 권리는 여전히 보존한다.

제393문   범죄한 자에게 어떤 판결을 내리는가?

판결은 범죄한 정도와 죄질에 따라 내려져야 한다.

피고의 죄가 입증되면 권계, 견책, 정직, 면직(4가지 벌은 교회의 특권을 자격정지하거나 혹은 자격정지는 하지 않고 하는 것임), 혹은 출교를 하게 된다. 정직 당한 지 1년 안에 만족할 만한 회개의 결과가 없으면, 다시 재판 없이 면직시킬 수 있다.

정직과 면직의 경우 수찬정지와 출교는 구별해야 한다. 그리고 정직과 면직은 항상 수찬정지와 출교를 함께 내리지는 않는다. 목사직에는 어울리지 않지만 합당한 교인으로 남을 수 있다. 의무를 신실하게 수행하지 못한다 하더라도 부도덕한 것은 아니다. 노회가 두 가지 벌을 의도한다면 판결문에 반드시 기록해야 한다. 1848년 구파 총회가 그렇게 결정한 바 있다. 목사가 면직을 받은 후에도 그 직무를 여전히 수행하면, 이는 교회 법규를 어지럽힌 것이므로 교회를 보호하기 위해 판결문을 공지해야 한다.

제394문 면직된 목사가 회복될 수 있는가?

면직목사의 회복 청원은 반드시 판결을 한 재판회에 해야 한다. 수찬정지를 받았으면 교회의 특권만을 회복하는 것이지 목사직분을 회복하는 것은 아니다. 부도덕한 행위로 면직 당한 목사는 자기의 죄를 깊이 뉘우친다 할지라도 상당한 시간과 함께 분명하고 모범적이고 겸손하고 건덕의 행위를 보여 주기까지 회복시켜서는 안 된다. 어떤 경우에라도 이런 행위가 분명하게 보이지 않으면 자신이 거주하는 치리회에 회복시켜 주면 안 된다는 뜻이다. 왜냐하면 회복이라는 것은 신앙의 원리에 손해를 끼치지 않아야 하기 때문이다. 회복은 반드시 책벌한 그 치리회에서 권고와 동의를 거친 다음에 해 주어야 한다.

제395문 정직된 목사의 신분은 어떠한가?

정직목사는 목사 직무를 행할 수 없으나, 여전히 목사이다. 마치 노회가 해제하거나 권고해서 혹은 개인의 활동으로 장로직을 그만 둘 때라도 장로는 여전히 장로이듯이 정직된 목사는 목사이다. 정직목사가 결코 무흠 입교인으로 여겨져서는 안 된다. 그는 지교회 교인이 아니므로 노회의 관할하에 있다. 정직목사가 1년 내에 만족할 만한 회개의 결과가 없으면, 노회는 다시 재판할 것 없이 면직할 수 있다.

제396문 노회에 입회한 목사를 다른 교파가 면직할 수 있는가?

본 노회가 그의 이명을 접수한 이후에 그 회원에 대한 치리권은 본 노회에 있다. 그러므로 원래 소속된 교파는 그에 대한 치리권이 없다.

제397문 노회의 제4 권한은 무엇인가?

노회의 제4 권한은 교회 당회록을 검사하고, 이를 승인하거나 검열하는 것이다.

제398문 노회는 당회록을 얼마나 자주 검사하는가?

노회는 당회록을 1년에 최소한 한 번 검사한다. 만약 하회가 검사를 위해 당회록을 상회에 제출하지 않으면, 즉시 제출하라고 하든지 혹은 정해진 날에 제출하라고 요구할 수 있는데 상황이 허락하는 대로 한다. '일반적인 재검토와 지도'라는 권한은 세례 통계나 성찬집례까지 미치지는 않는다. 당회록은 기록과 참고를 위해 있으며 실제로 있는 절차의 내용을 시간대로 기록한 것이다. 노회는 교회 당회의 일에 대한 어떤 법규를 제정할 수 없고, 교회 정치와 권징 조례가 언급하지 않은 법규가 있으면 당회는 그 법규를 따르지 않아도 된다.

제399문 당회록을 검사하는 목적은 무엇인가?

첫째, 당회의 절차가 헌법과 규칙에 어긋나지 않았는지 확인하기 위함이다.
둘째, 당회의 절차가 사려 깊고 공정하며, 교회의 덕을 세우는 데 합당한지 확인하기 위함이다.
셋째, 당회록이 정확하게 기록되었는지 확인하기 위함이다.

제400문 노회 승인의 효력은 무엇인가?

당회의 시행을 검증해 주는 것이다. 당회록은 노회의 허락 없이 당회가 임의로 변경할 수 없다. 단, 실수를 인정한 최고치리회만이 착오를 정정할 수 있다. 소송할 수 있는 권리는 이미 결정한 소송과 소원에 반대되는 치리회의 회의 기록이 있다 해도 영향을 받지는 않는다.

제401문 노회가 승인하지 않으면 어떻게 되는가?

예외를 조심스럽게 당회록과 노회록에 기록해야 한다. 노회는 절차에 대하여 재검토와 정정을 당회에 요청할 수 있다. 소원과 소송으로 하지 않고는 어떤 사법적 결정도 번복할 수 없다. 합법적이지 않은 절차가 유해한 것으로 발견되면, 당회는 재검토하거나 정정하거나 변경하도록 요청을 받고 정해진 기한에 명령의 순복 여부를 보고해야 한다. 재판 판결은 정식으로 소원이나 상소하지 않으면 번복할 수 없다.

제402문 당회원은 당회록에 대해 투표할 수 있는가?

치리회 회원들은 상급 치리회가 회의록을 승인한 것에 투표를 할 수 없다.

제403문 회복한 목사는 자신의 사건에 대한 기록을 조사하지 못하게 청구할 수 있는가?

치리회의 회의록은 개인의 기록이 아니라, 공적인 문서이므로 시벌 중에 있는 어떤 자라도 자신의 사건에 관련된 모든 것을 조사하지 못하도록 해서는 안 되며 등본을 요구할 때 응하지 않으면 안 된다. 그러나 범죄를 한 자가 해벌할 즈음에 가능하다면 그 문제에 대해 공개하지 않는 것이 바람직하다.

제404문 노회의 제5 권한은 무엇인가?

노회의 제5 권한은 교리와 권징에 관련된 의문을 진지하고 합리적으로 해결하는 것이다. 노회가 교리나 권징 조례를 변경시킬 수 없지만, 당회에서 올라온 헌의에 대한 답변으로 교회 신조들이 갖는 의미와 그 신조들을 적용할 것을 선언한다.

그러나 이 해석은 오직 노회 관할하에 있는 교회들에게만 구속력이 있을 뿐이고, 재검토나 상소의 방식으로 대회나 총회에 의해서 번복될 수도 있다. 노회는 총회가 수의한 신조들에 대한 어떠한 변경도 찬성하거나 반대할 수 있다. 그러한 변경된 교회 신조들을 채택하려면 다수의 노회들이 반드시 찬성하여야 한다.

제405문 노회의 제6 권한은 무엇인가?

노회의 제6 권한은 교회의 순결과 화평을 해치는 잘못된 견해들을 엄중하게 비난하는 것이다. 그러나 이 권한은 이 전과 같이 동일한 제한에 순복해야 한다.

제406문 노회의 제7 권한은 무엇인가?

노회의 제7 권한은 지교회의 상황을 알고, 그들 가운데 발생한 잘못된 것들을 시정하기 위한 목적으로 지교회를 시찰하는 것이다.
1. 당회의 청원이나 1명 이상의 교인이 청원할 경우에 시찰한다.
2. 그러한 청원이 없더라도 시정할 필요가 있는 잘못된 것들이 있다고 여길 때는 노회가 지교회들을 시찰한다.
3. 노회의 직무상 교회를 감독하며 시찰한다.

이 경우에 노회는 위원이나 위원회에게 일임하여 이러한 방문을 실시한다. 잘못된 것은 당회를 통해 노회가 제거하며, 시정, 조치한다. 이것은 교인들이 일차적으로 당회의 치리를 받기 때문이다. 장로를 해임할 것을 노회가 권고하면, 당회는 해당 장로를 그의 동의가 있든지 없든지 시무 장로의 직분에서 해임시킬 수 있다. 이런 일로 시찰위원이 교회를 시찰할 경우 노회가 일임한 권한대로만 행사한다.

제407문 노회의 제8 권한은 무엇인가?

노회의 제8 권한은 교인들의 청원에 따라 교회를 합동하거나 분립하는 것과, 신설 혹은 신설 교회를 설립하거나 가입을 받아들이는 것이다. 또한 일반적으로 노회의 관할하에 있는 교회의 영적 유익을 위한 사안을 지시하는 것이다. 이는 노회의 지경 안에 교회 건물 위치를 지도할 권한이 있으므로 새로 교회를 건축하거나 이전을 계획하더라도 지도해야 한다.

제408문 교회를 조직할 권한이 목사에게 있는가?

너무 먼 국경 지방에 살고 있거나 상당히 불편한 지역에 살고 있는 목사도 노회에 청원할 수 있고, 어떤 경우라도 교회를 조직하는 것은 노회의 권한에 있다.

제409문 노회는 언제 교회를 설립하는가?

1. 교회가 필요한 지역에 살고 있는 교인들이 교회 설립을 청원할 경우에, 노회의 판단으로 그곳에 교회 설립이 필요하다고 인정될 때 당회나 노회는 기도처mission station를 설립한다.
2. 조직 교회의 교인들 중 소수의 교인들이 교회를 분립하고 신설교회 설립을 청원할 때인데 그 청원은 거부될 수 있지만 어떠한 교회라도 교인들의 청원이 없이는 교회 분립이 불가능하다.

총회 전도부의 사역이라 할지라도 지방 노회의 경계 안에 있다면 아래에 언급한 원칙과 규칙대로 하되 지방 노회와 조화를 이루어서 진행해야 한다. 떨어진 지역, 즉 노회의 지도가 실제로 어려운 곳에서는 총회 전도부의 재량에 맡겨야 한다. 교회 설립이나 목사의 성품에 대한 질문에 총회 전도부와 노회 사이에 차이가 있는 경우 총회 전도부는 노회의 최종 결정에 따라야 한다. 총회 전도부가 파송한 선교사들일지라도 그 지방 노회의 허락 없이는 지방 노회의 지경 안에 교회를 설립하지 못한다.

어떤 지역에서든지 복음을 들을 기회가 이미 있는 곳에 교회 설립을 중복하는 것은 부적절하고 교단의 정신에도 위배된다. 특히 이미 있던 지역 교회가 교리와 정치에서 우리와 유사한 경우라면 더욱더 그러하다. 더구나 교회 설립을 바라는 교인의 수가 적고 이미 장로교의 조직 교회가 구성된 지역에서 교회를 다시 설립하는 것은 지혜롭지 못한 처사이고 시간과 물질과 힘의 낭비이다. 장로교회가 없는 타국 선교지역에서 설립한 교회는 대회의 동의하에 선교사가 속한 본국 노회에 등록할 수 있다.

제410문 노회가 교회를 폐지할 수 있는가?

그러하다. 지교회 다수의 교인들이 교회 폐지를 반대할지라도 노회는 교회를 폐지할 권한이 있다. 1863년 총회에서 결정했고, 1867년 총회는 다시 확인한 바 있다. 지교회가 노회의 제안을 합당하게 통보를 받아야 하며 설명할 기회도 주어야 한다. 1878년과 1879년 총회는 노회가 교회를 폐지하는 데 충분한 사유가 있는지 유무를 판단해야 한다고 선언한 바 있다. 덧붙여 지교회에 대한 노회의 처사가 부당한 경우의 해결책은 상회에 상소하는 것이다.

제411문 교회가 노회를 탈퇴할 수 있는가?

노회의 동의 없이는 탈퇴하지 못한다. 그리고 재산에 대한 문제는 반드시 국법에 의해 결정되어야 한다.

제412문 노회가 교회를 가입시키거나 이명해 줄 수 있는가?

노회의 경계는 대회가 결정한다. 지교회의 노회 관할을 변경하는 것이 바람직하다면 대회에 청원해야 한다. 노회가 다른 대회에 속해 있다면 총회는 지역 변경을 결정해 주어야 한다. 해 치리회는 항상 공식적인 의견을 구해야 한다.

타 교파에 속한 교회가 노회 가입을 원하면 노회에 공식 청원을 해야 하며 가능한 한 그 교회가 속한 교파의 승인서a record of the approbation가 동반되어야 한다. 그 교회는 교회의 기관으로 가입할 수 있다. 재산과 관련된 문제는 치리회가 처리하여야 한다. 본 노회 소속 교회가 이명해 갈 때도 동일한 규칙대로 처리해야 한다.

제413문 노회가 목사와 교인들 간의 목양 관계를 해지할 수 있는가?

노회만이 그렇게 할 권한이 있다. 1. 목사의 청원이 있거나, 2. 교회(교인)의 청원이 있거나, 3. 소수의 교인들이 청원하거나, 4. 노회의 판단에 따라서 해지할 수 있다.

제414문 노회는 어떤 회의록을 보관하는가?

노회의 모든 절차를 충분하고 공정하게 기록하고 신앙상황 설명과 그 외 모든 서류와 함께 보관해야 한다. 노회는 매년 회록을 상회에 보내어 승인받고, 인허, 목사 장립과 회원 이래와 이명, 별세, 교회의 합병과 분립, 교회 신설, 기타 회기 중 지경 안에 발생한 중요한 일반적인 모든 변동 상황을 상회에 보고해야 한다. 또 매년 준비된 서식에 따른 1. 통계 보고서와 2. 노회의 상황 보고서를 4월 1일 전까지 총회에 제출해야 한다.

1872년 총회 지시에 따른 것이라 완벽하게 해야 한다. 1880년 총회 서기는 총회 상비부가 효과적이고 정확하게 보고하기 위해 매년 각 노회 서기에게 통계 양식을 준비하여 시달하도록 임무를 맡았다. 또한 총회 서기는 통계보고서의 명백한 착오를 정정하고 공식정보에서 확실히 누락된 부분을 제시할 수 있다.

1882년 총회는 "노회 서기는 통계보고서에서 외국어로 예배하는 모든 교회의 국적을 보고해야 하고, 교회 이름과 예배드리는 자의 자국 이름을 기록해야 한다"고 지시한 바 있다. 이듬해 총회보고서에 나와 있는 총회 통계서는 구제부가 사용하기 위해 들어 있어야 하고, 그 통계는 각 노회마다 한 페이지씩 할당되어야 한다고 지시했다. 당시 상비부 위원 한 사람이 담임목사나 당회가 원하면 교인 가정마다 노회 통계를 자부담으로 1년 동안 인쇄하여 배포하겠다는 제안을 받아들였다. 이 통계는 각 교회 담임목사에게 무료로 배포할 것을 지시했다. 그리고 각 노회는 봄노회 때 절제보고서를 준비하여 총회 절제위원회에 보내고 이 위원회는 또한 보고서에 보고를 다음 총회 때 할 것을 하달했다.

출판부는 보고 양식을 인쇄하여 특별책임이 있는 교단 실무자의 승인을 받아야 할 것과 특히 교인과 노회 통계를 위한 양식은 총회 서기가 승인해 주어야 한다고 지시받았다.

제415문 노회는 어떤 모임들을 개최하는가?

노회는 정회권을 가지고 고지하고 정기회를 가지는 것이 상례이다. 모임의 횟수는 사안의 필요에 따라 결정된다. 대부분의 노회는 1년에 두 번 정기회를 갖는다. 특별히 도시에 있는 규모가 상대적으로 큰 노회는 더 자주 모이는데, 한 달에 한 차례 정도 모인다.

정기회 중간에 모임을 갖는 노회도 있다. 어떤 노회는 정기회에서만 지나치게 과중한 사무를 처리하지 않기 위해 긴급하게 임시회로 모이기도 한다. 또한 기타 회의나 임시회로 모이는 횟수를 제한하기 위해 긴급회의를 하기도 한다. 정기회와 임시회는 시간을 정하여 휴회한다.

제416문 임시회란 무엇인가?

임시회pro re nata는 특별회special meeting이다. 각각 다른 교회의 목사 2명과 다른 교회의 장로 2명의 청원이 있을 경우에, 회장은 임시회를 소집한다. 그리고 회장이 자리에 없거나 사망했거나 회의를 주관할 능력이 없을 경우에 노회 서기가 임시회를 소집한다.

임시회 소집 건으로 회장인 서기는 회의에서 처리할 특별한 문제들을 자세히 기록한 회람통지circular letter에 시일을 명시하여 적어도 개회 전 10일 안에 노회 소속의 모든 목사들과 모든 허위 교회의 당회에 보낸다.

그리고 임시회에서는 처리해야 할 특별한 문제들 외에는 아무것도 처리될 수 없다. 이때 회의를 소집하는 회장은 반드시 정기회에서 임명된 회장이어야 한다. 이는 1842년 구파 총회에서 결정했고, 1856년 총회는 임시회 청원자가 회장이 변경할 수 없게 일시와 장소를 명시할 수 있다고 했다. 임시회는 명시된 안건과 관계된 사안만 다루어야 한다.

제417문 임시회는 언제 소집할 수 있는가?

지난 정기회에서 알려지지 않았고 다음 정기회까지 지체할 수 없는 주요한 사건이 발생한 경우에 임시회를 소집한다. 정기회가 소집될 때까지 연기해서는 안 되는 몇몇 특별한 재판 사건 외에는, 치리와 관련된 재판 사건 중 연기된 사건은 임시회를 통해 처리되는 것이 적당하지 않다.

제418문 속회란 무엇인가?

속회adjourned meeting는 노회의 연속을 의미한다. 정기회와 속회의 장소는 다를 수 있으며, 속회는 며칠, 몇 주일, 심지어는 몇 개월 후에 소집될 수도 있다. 그러나 시간과 장소는 정회하기 전에 미리 정해져야 하며, 특별하게 결정된 것이 없는 한 속회에 대한 연락이나 통지나 회람통지는 필요하지 않다. 속회의 목적은 정기회 이전에 관련 회무를 완수하기 위함이다. 아래와 같은 경우에 속회가 필요하다.
1. 재판회록docket이 완성되기 전에 회원들이 집으로 돌아가야 하는 경우.
2. 다른 시일에 다른 장소에서 회의를 하는 것이 더욱 편리한 경우.
3. 장립식은 시무할 교회에서 교인들이 참석한 가운데 하는 것이 좋은 것과 같이 사건 일부분을 다른 장소에서 처리하는 것이 올바른 방법

이라고 생각할 경우.
4. 재판 사건에서 재판 절차가 훨씬 더 방해를 받지 않고 관련 증인과 기록 등을 접하는 데 속회로 하는 것이 더욱 유익하다고 인정할 경우.

제419문 속회의 회원은 누가 될 수 있는가?

총대 장로로 지명된 장로들이 끝까지 속회의 회원으로 남는다. 교체해서 다른 총대가 대신 참석하는 것은 불법이다. 특히, 재판 사건에서 이런 경우는 불법이다. 이것은 1827년 총회가 결정하였고 노회의 연속인 속회에 해당하는 경우이기 때문이다. 그러나 1872년 총회에서는 이와 달리 당회가 속회의 경우에는 총대 장로가 아닌 다른 장로를 보낼 수 있다고 선언한 바 있다. 1878년에는 대회에서 당회를 대표하는 장로는 대회의 회기 중간에 속회된 노회에서는 대표가 될 수 없지만, 각 당회는 치리회에 대표 총대로 참석할 수 있는 횟수와 특별한 조항은 명시할 수 있다고 결정했다. 어느 당회는 6개월 이내에 개최되는 모임에는 총대를 선정할 수 있게 했다.

제420문 대회는 노회 소집을 명령할 수 있는가?

그렇다. 1848년 총회는 시일과 장소와 처리해야 할 안건을 명시하여 소집할 수 있다고 결정한 바 있다. 임시회 소집의 법규를 준수해야 하지만, 노회가 결정한 바가 이전 노회의 재판과 긴밀한 관계가 있는 경우는 예외로 둔다. 이런 경우 노회에 직접 관련된 안건인 경우 대회는 노회에 즉시 소집을 요청할 수 있다.

제421문 노회는 어디서 회집할 수 있는가?

1. 노회는 관할 구역 안에 있는 교회나 회의를 위하여 노회가 선택한 장

소에서 모일 수 있으나 노회를 초청하는 교회에서 모이는 것이 더욱 일반적이다.
2. 대회 기간 중에 대회의 명령을 따라하거나 자체 규정에 따라서 회원들의 편의상 관할 지역 밖에서 모일 수도 있다.

제422문 노회는 어떻게 개회하는가?

노회는 가능한 한 설교가 반드시 포함되어야 한다. 각 특별회의도 기도로 개회하고 기도로 마쳐야 할 것이다. 설교자는 반드시 회장이 해야 하고, 출석하지 못했을 경우 출석한 직전 회장이 한다. 하지만 1849년 구파 총회는 다른 노회의 회원을 초청하여 설교하는 것은 헌법의 원리에 어긋나지 않는다고 언급한 바 있다. '각 모든 특별회의'라는 것은 식사나 다른 목적을 위해 정회하는 매일 회의를 의미한다.

제423문 노회는 비공개로 할 수 있는가?

모든 치리회가 재판 사건에 대하여 공개적으로 심사할 문제가 아니라고 판단하는 안건은 공개하지 않고 할 수 있다. 1889년 총회는 하회 치리회에게 재판 절차를 진행하기 전에 공정과 교회의 평화와 관련자의 영적 유익을 위해 공개 혹은 비공개의 정도를 세심하게 결정해야 한다. 모든 재판사건에 대하여 치리회는 출석 회원 3분의 2 이상의 가결로 비공개로 결정할 수 있다.

제424문 노회는 어떻게 폐회되는가?

노회는 폐회할 때 기도하고 반드시 그 사실을 기록해야 한다. 폐회할 때, 회장은 기도와 찬송을 부르고 축도로 마친다.

제425문 누구를 언권회원으로 초청할 수 있는가?

다른 노회에 속하거나 다른 교단의 자매 교회의 무흠 목사가 우연히 참석하였을 때 노회의 언권회원으로 청할 수 있다. 그런 언권회원은 토의하고 자문할 것이지만 투표권은 없다. 그의 성명과 교회 관계는 반드시 노회록에 기록하여야 한다.

1843년 신파 총회는 총회와 교류가 없는 교단의 목사는 초청해서는 안 된다고 권고한 바 있다. 1849년에는 만장일치로 감리 감독교회Methodist Episcopal Church의 목사를 노회나 대회에 언권회원으로 청하는 것은 합법적이라 했다. 그와 달리 구파 총회는 그런 결정을 한 바 없으나 다만, 사례는 있었다.

제11장

대회

제426문 대회는 무엇인가?

노회는 한 지역에 속한 감독bishops과 장로가 모이는 회집이고, 대회는 노회보다 더 넓은 지역에 소속되어 있는 감독과 장로가 모이는 회집이다. 대회는 3개 노회 이상을 포함하기 때문에 대노회a larger Presbytery이다. 대회는 노회의 권한을 관할하고 있고, 헌법도 초월하고 어떤 것에도 조정되지 않는 최고 치리회의 권한을 지니고 있다. 사실 합당한 명칭은 총회General Assembly이다.

1717년 3개의 노회가 모여 첫 번째 대회를 조직했는데 교단의 모든 교회가 속했다. 1725년 대회는 "대회가 노회의 총대들로 구성되는가"라는 질문을 받고 "그렇다"고 답변을 했다. 투표하여 뉴캐슬 노회와 필라델피아 노회 총대는 대회 회원의 반이 되었고, 롱아일랜드 노회는 두 명의 총대를 낸다고 결정했다. 대회는 3년마다 열리고 그 사이에 모든 회원이 모일 필요가 있다고 여겨질 때, 비율대로 모이지 않고 대회위원회가 통지를 하면 전체가 모일 수 있다고 결정한 바 있다.

대회의 모든 회원들은 이유가 분명하다면 전과 같이 회집할 수 있다고 했고, 1789년 채택한 교회 정치Form of Government에는 "노회로서 대회는 더 넓은 지역에서 3개 이상의 여러 노회가 회집하는 것이다"라고 되어 있다. 1804년 총회는 그 조항을 변경하기 위해 각 노회에 안을 내려 보냈는데 1803년의 내용이 결정되었고 다음과 같다. "과연 여러 노회, 즉 1개 노회의 목사 3인 이상과 또 다른 노회의 3인이 모인 대회가 사무를 처리할 수 있을지 의문이다"라고 덧붙였다.

제기된 의문은 회집이 여러 번 지체하도록 했을 뿐 아니라 모임 전체의 사무를 무효화했다. 그러므로 수정안이 상정되어 대회는 노회로 구성하는 것이 아니라 감독과 장로로 구성한다고 했다. 그 수정안은 1805년 채택되었고, 1880년 총회는 다시 각 노회들에게 다음과 같은 안을 내려 보내 1881년 헌법으로 채택하게 되었다. "대회는 임의로 구성하되 단 노회의 다수로 결정하고, 노회처럼 모든 감독(목사)과 지역 각 교회의 장로 1인으로 하든지 목사와 장로 수를 동등하게 하든지 일단 노회가 결정해야 하고 대회에서 그 비율을 결정해야 한다."

이 조항의 전반부는, 대회는 대노회이며 목사와 장로들로 구성됨을 의미한다. 후반부는, 대회는 지역 총회가 되어 다른 주의 대회와 교류를 맺고 대회의 대표가 아니지만 노회의 대표들과도 교류를 맺을 수 있다는 것을 의미한다. 그렇게 되면 교회 치리회 성격이 소실되고 어떤 대회는 대노회로 남고, 그 외 대회들은 지역 총회가 된다.

1881년 총회가 판단할 때 대회를 연합한다는 안은 관할 지역에 영향을 미쳐 첫 번째 모인 총회에서 폐회할 즈음에 해 대회들은 한결같이 연합하여야 했다. 어떤 대회가 대표기관이 되기 위해 투표를 한 결정은 노회에 제출해야 하고 노회의 다수가 인정을 해야 효력을 발생한다. 이 결과는 다음 대회에서 확실해지고 대회는 다시 그 결과를 대회의 회장과 서기의 인정을 받아 여러 노회에 통보를 하고, 다음 모임이나 두 번째 모임의 대표의 근거가 된다. 대회가 연합한 기록은 합법적으로 차기 대회 서기의 연명부와 함께 보관해야 한다.

제427문 대회는 어떻게 조직되는가?

총회가 대회를 조직하고, 대회의 지역을 결정한다. 1788년 첫 대회는 네 개로 나누어졌다. 1. 뉴욕과 뉴저지 대회, 2. 필라델피아 대회, 3. 버지니아 대회, 4. 캐롤라이나 대회. 이듬해 1786년 통과한 규칙에 따라 최고 치리회인 총회가 구성한 후에는 새로운 대회가 구성되거나 대회 지역의 변경은 총회에서 청원하거나 변경을 원하는 대회의 동의하에서만 이루어진다.

1870년 구파 총회와 신파 총회가 연합할 때는 51개 대회가 있었다. 이는 바로 총회가 34개의 대회로 확정했고, 대회의 경계와 대회의 첫 장소도 결정했다. 대회의 경계가 약간 변경되었지만 총회는 새로운 대회를 구성했으며, 관련이 있는 노회나 대회는 자문을 받았다. 다시 1880년에는 38개 대회가 구성되었다. 1879년에는 변경을 제안한 대회의 재산에 관한 위원회가 총회에 새로운 대회를 조직할 것을 보고하였다. 1880년에는 그 위원회가 계속하여 대회가 대표성이 있도록 허락하는 헌의안을 접수하는 과정에서 지시와 함께 새로운 안을 구성해야 한다고 보고하기에 이르렀다. 그 안은 "각 대회의 경계는 실행하기가 명확히 어렵거나 미국의 주 경계와 인접한 경우를 제외하고서 그대도 이루어져야 한다"는 것이었다. 그 안은 1881년 채택되었다.

각 주마다 하나씩 해서 12개 대회가 있었고, 여러 주에 걸쳐 3개 대회가 있었으며, 2개 대회는 외국에, 나머지 21개 대회는 6개 주에 있었다(뉴욕 주, 펜실베이니아 주, 오하이오 주, 인디애나 주, 일리노이 주, 아이오와 주). 이 21개 대회는 6개 대회로 병합되었다. 뉴욕대회는 뉴욕 주에 있는 모든 노회와 오롬미아Oroomiah와 시암Siam에 있는 외국 교회와 함께 구성되었다. 펜실베이니아 대회는 펜실베이니아 주와 웨스트버지니아 주와 서부 아프리카에 있는 노회들로 구성되었다. 그 외 오하이오 주, 인디애나 주, 일리노이 주, 아이오와 주에 있는 대회는 그 외 모든 주에 있는 노회를 포함하였다.

1882년 1월 2일에 이와 관련한 법규와 안이 효력을 발생했고, 새로운 대회는 각 장소에서 총회가 선정해 준 목사가 설교로 개회하고 기도로 폐회할 것을 요구했다. 이 중 여러 대회는 바로 총대를 파송할 수 있었다. 이렇게 병합함으로 대회는 23개가 되었다. 1883년 알래스카 노회가 구성되어 콜럼비아 대회에 더해졌고, 콜로라도 대회는 유타 대회를 조직하기 위해 분립되었다. 1884년 사카테카스Zacatecas 노회는 인정되었고 펜실베이니아 대회의 관할이 되었다. 미네소타 대회의 관할인 어떤 노회들은 해체되어 다코타Dakota 대회라고 하는 새로운 대회를 구성했다. 1885년에 미네소타 대회는 다시 분립하여 북 다코타 대회를 조직했다. 현재 26개 대회, 192개 노회가 되었다.

제428문 **대회는 소속된 노회의 회원을 거부할 수 있는가?**
목사는 일차적으로 노회의 관할하에 있다. 그러므로 대회는 반드시 노회가 무흠으로 보고된 모든 회원들을 받아들여야 한다. 대회는 하회에게 그 명부에서 삭제하라고 명할 권한이 없다.

제429문 **대회에서 총대 장로의 비율은 어떻게 되는가?**
노회의 경우와 동일하다. 또는 대회와 각 노회가 결정한 비율에 따라 총대 목사Bishops와 장로의 수를 동일하게 한다.

제430문 대회의 개회에 필요한 성수는 어떠한가?

대회 소속의 목사 7인과 장로는 모이기로 예정된 시일과 장소에서 대회를 소집할 수 있다. 이들은 대회의 업무를 처리할 수 있는 성수가 된다. 단, 목사가 같은 노회 소속 3인을 초과해서는 안 된다. 그러나 만약 참석한 목사 7인 중에서 3명 이상이 같은 노회 소속이라면, 대회의 성수가 될 수 없다. 그리고 성수가 미달되었거나 같은 노회 소속의 목사가 3인 이상이 되어 성수가 되지 못하였음에도 불구하고 사무를 진행했다면 무효가 된다. 단지 다음 회의 시간과 장소를 정할 수는 있다. 그러나 대회는 다음 회집에서 이들의 결정을 검토해서 거부하거나 수용할 수 있다.

제431문 대회에 출석하는 장로는 반드시 필요한가?

총회가 결정하여 노회의 성수를 판단한다. 대회의 성수는 목사 7인이면 된다. 남장로교는 회집할 장소와 그 시간에 대회에 속한 목사 7인과 치리장로 최소 3인만 있으면 성수가 된다. 단, 같은 노회 소속 목사 3인을 초과해서는 안 된다.

제432문 주일에 대회를 소집할 수 있는가?

주일에 대회를 소집하는 것은 견책받을 일이다. 심지어 아주 사소한 업무를 처리하였을지라도 견책받을 일이다.

제433문 성수 미달의 회원이 예정한 시일과 장소에 소집되었다면, 그들은 어떤 일을 할 수 있는가?

때때로 2명 이상의 목사는 성수가 될 때까지 휴회를 결정할 수 있다. 성수 미달의 회원은 어떤 회무도 처리할 수 없고 다만 시일과 장소를 다시 정할 수 있다. 이는 구파 총회에서 결정한 바이다. 또한 성수 미달된 모임에서 어떤 문제에 대해 다룰 수 있으나 다음에 소집된 대회에서 이들의 결정을 대회의 결정으로 승인하여 채택할 수 있다.

제434문 대회가 정해진 시일과 장소에서 소집하지 못할 때, 그에 따른 해결책은 무엇인가?

1. 참석한 회원들은 시일과 장소를 다시 정하고 휴회한다.
2. 회장은 모일 수 있는 적절한 시일과 장소를 다시 정하고, 각 노회장에게 회람서circular letter로 된 통지서를 발급한다. 회장이 적절한 장소와 시일을 정할 자격이 있으나 그가 출석하지 못하였다면 출석한 회원들이 회장에게 신속히 보고하고 회장은 대회를 소집해야 한다.
3. 총회가 대회를 소집할 것을 명령할 수 있고 그 시일과 장소를 결정할 수 있다.

제435문 대회가 폐회한 후에 다음 회의 시일과 장소를 변경할 수 있는가?

노회의 청원으로 총회가 변경할 수 있다. 1873년에 대회 시일을 변경한 적이 있다. 1842년 구파 총회도 한 노회의 청원으로 대회 장소를 변경하였다. 그러나 대회 의장은 그런 권한이 없다.
대회의 시일과 장소의 변경이 불가피하고 총회가 회집되지 않아 변경할 수 없을 때가 종종 발생한다. 그런 경우 다음과 같이 해결을 한다.
1. 의장의 제안대로 성수가 되어 정해진 시일과 장소에 회집하여 곧바로 휴회한다. 각 노회장들과 회원들에게 변경에 대한 통지가 가고 성수가 되어 휴회한 직후 회집한다. 이는 구파 총회가 성수가 미달되었음에

도 그 결정에 따라 한 적이 있다. 2. 변경을 하기 위해 의장이 임시대회를 소집할 수 있다. 3. 의장이 다른 시일과 장소에 대회를 소집할 수 있다. 대회는 모여 변경한 사유를 듣고 인정되면 사무를 진행할 수 있으며 다음 총회에 그 사실을 자세히 보고하고 회집한 것을 정당화할 것과 결정된 바를 인정 및 확인할 것을 청원한다. 그리하여 1882년 뉴욕 대회는 총회에 이전 휴회에 따라 뉴베리포트에서 회집하는 대신 1880년 10월 픽스킬에서 회집한 대회의 합법성을 인정하고 추인해 줄 것을 요청한 바 있다.

대회의 한계를 넘어선 사유로 말미암아 변경이 불가피하였고 대회의 결정은 만장일치로 회원들에 위해 이뤄졌다. 그래서 그 대회의 결정은 합법적으로 되었다.

같은 해에 2개 노회의 청원에 따라 총회는 오하이오 대회의 시일을 변경하여 주 선거일과 겹치는 것을 피할 수 있었다. 1884년 총회는 어떤 이유이든지 정기 대회의 장소 변경이 불가피하면 대회의 관할 노회들의 최소한 4분의 3 이상의 노회 서기들의 청원에 따라 총회 서기는 회집할 장소와 대회 소집을 통보할 권한이 있다.

제436문 대회 회장은 임시회를 소집할 수 있는가?

'교회 정치'에는 그러한 조항이 있다. 1796년 총회는 임시회가 합법이라고 결정했으며, 1829년과 1832년에 이를 확인했다. 그리고 1855년에는 신파 총회가 임시회를 확인했다. '교회 정치' 10장 7항과 10항, 그리고 1832년에 제안한 헌법 수정을 놓고 볼 때 목사 3인과 장로 3인의 청원에 따라 대회 회장은 임시회를 소집할 수 있다고 여겨지며, 목사 3인은 동일한 노회 소속이면 허락할 수 없다. 대회의 모든 목사와 교회는 통지서를 받아야 하고 통지서에는 회집의 목적을 명시해야 하며 명시되지 않은 안건은 다룰 수 없다.

임시대회는 장로교회 헌법에 어긋나지 않는다는 결정에도 불구하고 1874년 총회는 미시간 대회의 임시회를 인정하지 않았다.

제437문 대회는 언권 회원을 허락해도 되는가?

언권회원에 관한 규칙은 노회에 적용된 것과 동일하게 대회에도 적용된다. ____대회 회원으로 소개하거나 우리 교단과 교류하는 다른 교파 소속이라면 속해 있는 교파 교단을 언급하고 기록해야 한다.

제438문 대회의 권한은 무엇인가?

1. 노회에서 정기적으로 올라오는 판결에 대한 모든 상소를 받아서 처리하는 권한
2. 하회의 위탁판결을 결정하는 권한
3. 노회록을 받아서 인준하거나 혹은 그것에 대하여 계책하는 권한
4. 노회가 결정한 위법한 내용들을 교정하는 권한
5. 노회가 교회 헌법을 준수하도록 효과적으로 감독하는 권한
6. 새로운 노회를 설립하며, 기존의 노회를 합병하거나 분립하는 권한
7. 일반적으로 노회나 당회, 당회의 관할하에 있는 교인들이 하나님의 말씀과 세워진 법과 규칙에 일치하며 교회의 건덕을 증진시키는 권한
8. 전국 교회에 공통적으로 유익이 될 수 있는 안건이 채택되도록 총회에 헌의하는 권한

제439문 고소 사건에 대한 대회의 판결은 어떤 효력을 가지는가?

노회의 판결과 그 효력이 동일하다. 대회에서 내려진 판결은 권면의 수준이 아니라 권위를 가진 법이다. 대회는 하회에서 내려진 판결을 전체

적으로 또는 부분적으로 인준하거나 파기, 환부할 수 있다. 만약 판결이 부정확하거나 불완전한 것으로 드러나면, 기록을 수정할 목적으로나 또는 새로운 재판을 하기 위해 환부할 수 있다. 1881년 이 조항은 변경되었으며 대회의 결정을 최종적인 결정으로 삼았다.

상소, 소원, 위탁판결 사건에 대한 대회의 결정은 최종적인 결정이지만, 교회의 신학이나 헌법에 영향을 주어서는 안 된다. 효력은 다음 해에 발생한다. 재판국은 대회의 결정이 교회의 헌법과 교리에 영향을 주는 소원은 발견할 수 없었고, 또 대회의 결정에서 그들에게 재량권이 있는 것을 알 수 있었다. 그러므로 총회가 적절하게 취급하고 심사할 수 없는 사건은 없었다.

1885년 총회는 대회나 대회 위원회가 결정한 사법적으로 중요한 사건임을 감안할 때, 대회는 총회에 특별한 대화 방식으로 모든 판결기록을 송부해야 한다고 결정했다.

제440문 대회가 하회(당회, 노회)와 다른 점은 무엇인가?

대회는 상소를 처리하는 치리회이다. 따라서 노회가 목사를 치리하거나 당회가 장로, 교인을 치리하는 것과 같은 원치리권original jurisdiction은 없다. 대회는 이와 같은 재판 절차를 구성할 수 없다. 대회는 노회로부터 온 위탁판결이나 상소가 있을 때 이를 심리할 수 있다.

제441문 대회는 결석 회원을 권징할 수 있는가?

아무런 사유 없이 대회에 3년 동안 결석한 목사에 대해 재판 없이 정직시켜 책임을 묻는 대회의 결정에 총회는 이의를 제기했다. 즉 대회는 목사나 장로에 대해 원치리권이 없다. 만약 회원이 참석을 거부하거나 의무를 수행하지 않는다면, 대회는 그를 관할하는 치리회로 이같은 사실을 통보하여야 한다.

제442문 대회는 노회에 대해서 어떤 권한을 가지는가?

대회는 위탁판결, 상소, 소원에 대한 노회의 결정이 합법적으로 이루어졌는지 노회록을 매년 검사하여 감독하는 권한을 가진다. 대회는 노회 경계를 변경할 수 있으며, 해 노회는 자문을 받아야 한다. 그러나 이에 대한 항론이 있을지라도 노회 지역을 변경할 전권이 있다.

대회는 소속 노회가 헌법을 위반하여 사건을 처리한 것을 확인하면, 언제든지 노회로 하여금 지정한 시일과 장소에 회록을 제출하여 문제의 사건에 대한 처리 방법을 제시하도록 하회를 소환한다. 만약 죄과가 명백해진다면, 대회가 모든 문제를 종결짓거나 노회에 환부하여 문제를 처리할 것을 지시할 수 있다. 대회는 노회가 태만하거나 마땅히 할 일들에 대한 소홀함과 불법 행위들에 대한 죄를 물어 노회를 소환할 수 있다.

제443문 대회는 시무 목사 해임을 노회에 명령할 수 있는가?

오직 노회만이 시무 목사를 세우거나 해임할 수 있다. 만약 노회가 해임해야 할 목사를 해임하지 않는다면 대회가 소원하여 노회의 결정을 취소할 수 있다.

제444문 대회는 위탁판결과 상소와 소원을 어떻게 처리하는가?

노회가 처리하는 방법과 동일하게 한다. 추가 증거가 드러나지 않으면, 대회는 이미 결정된 사건에 대한 재심을 하회에 명령할 수 없다. 대회는 노회가 이미 판결한 사건에 대해서는 환부하지 않는다고 결정한 바 있다. 대회가 처리한 모든 결정은 총회의 관할하에서 재검토를 받는다.

제445문 대회는 재판국에 위탁하여 재판할 수 있는가?

대회는 재판 당사자의 동의를 얻어서 재판국에 위탁하여 재판할 수 있다. 1880년 총회는 대회의 권한을 인정한 바 있다. 1885년 '치리서Book of Discipline'에 13장이 첨가되었다. 총회와 총회 관할하에 있는 모든 대회는 성수된 치리회를 통해, 목사와 장로로 구성된 재판국을 임명할 권한이 있다. 대회는 모든 치리 사건을 재판국에 일임시키며, 재판국에서 내린 결정은 헌법과 신학 관련 사건을 제외하고는 최종적인 결정이 된다. 재판국은 대회를 대신하여 지정한 시일과 장소에서 심리하고, 조사 결과를 대회록에 기록해야 한다.

'교회 정치Form of Government'에 다음과 같은 문구가 첨가되었다. "대회는 재판사건을 심리하는 과정에서 '치리서'의 재판국에 대한 명시에 따라 재판국에 위탁하여 판결한다는 가정하에서." 그리고 총회는 특별 재판에 관한 모든 기록을 송부하도록 대회에 명령할 수 있다.

제446문 대회는 폐지된 노회 소속 회원에 대해서 어떤 권한을 가지는가?

대회는 폐지된 노회 소속의 목사를 관할한다.

제447문 대회는 총회와 관련해서 어떤 권한을 가지는가?

대회는 결의하여 시행하였던 것들에 대해 총회에 헌의할 수 있다. 때로는 몇몇 대회들이 동일한 헌의를 승인하는 데 개별적으로 동의할 수 있다. 또한 노회는 총회에 상정했던 헌의를 승인하도록 대회에 요청할 수 있다. 그러나 하회가 헌의하지 않고 개인이 총회에 헌의하는 것은 정당하지 않다. 총회는 모든 헌의가 개인이나 당회가 아닌 반드시 노회나 대회를 경유해서 상정되도록 결의하였다.

제448문 대회와 총회 상비부는 어떤 관계인가?

총회 상비부는 총회의 필요에 따라서 만들어진 부서들이며, 총회의 관할하에 있다.

1880년 총회는 교단 상비부the boards of the Church로 하여금 대회 관할 지역 안에서 시행하였던 사역에 관하여 1년에 한 차례씩 상세하게 그 대회에 보고하도록 결정한 바 있다. 또한 각 대회는 지역의 형편과 사정을 총회에 면밀하게 보고하고, 지역에서 시행하는 사역과 관련하여 건의나 제안 사항을 총회에 청원한다. 그리고 총회는 이런 건의와 제안 사항을 각각 총회 상비부에 일임한다.

각 대회는 지역 내에 있는 각 노회 전도부의 부장들로 구성된 국내전도위원회Home Missionary Committee를 정한다. 대회의 국내전도위원회는 대회가 열릴 무렵이나 대회 기간 동안에 1년에 한 차례씩 모인다. 국내전도위원회의 임무는 전체 교회의 수와 도움이 필요한 선교지를 가능한 한 세부적으로 조사하는 것이다. 가능하면 노회의 전도목사의 사례를 균등하게 해야 한다. 대회는 노회 전도목사들의 사역과 사례에 관심을 가지고 임해야 한다.

대회 각 위원회는 대회 이후 가능하면 빨리 사역지에 대한 필요성과 적절한 사례를 책정할 것을 상비부에 보고하여 대회로 하여금 헌금하도록 한다. 대회 각 위원회는 매년 총회에 보고해야 하며, 특별위원회나 총회 국내전도 상비위원회도 마찬가지이다. 이 위원회는 모든 사역지의 필요를 조사한 후 각 대회의 보고서처럼 사역에 긴급을 요하는 사항도 총회에 보고해야 한다. 이에 전도국은 법규를 제정하도록 했다.

1881년 총회는 대회와 노회와 협력하여 사역지, 특히 전방위 사역지를 감독하는 자를 세워야 한다는 국내전도국의 결정을 인정했다. 처음에는 그들을 감독선교사Supervisory Missionaries라고 명명했고, 나중은 대회선교사Syndical Missionaries라 불렀다. 대회선교사도 다른 선교사와 마찬가지로 전도국의 관할에 있으며 이들의 사역도 대회와 전도부와 조화를 이루어야 한다.

제449문 대회는 얼마나 자주 모이는가?

대회는 매년 최소한 1회 이상 정기회로 모인다. 대회는 결의에 의해서 속회와 임시회를 열 수 있다.

제450문 대회의 개회는 어떻게 진행되는가?

개회 때 회장이 설교한다. 회장이 결석한 경우에는 다른 회원이 설교한다. 설교는 필수적인 것이다. 설교가 생략되거나 그 순서를 미루면, 총회는 그 대회를 훈계할 수 있다.

제451문 대회의 속회는 어떻게 개회되는가?

각 대회의 속회는 기도로 개회하고 폐회한다. 회록은 그 사실을 기록해야 한다. 정회는 속회의 폐회를 의미하지 않는다.

제452문 대회는 어떻게 폐하는가?

찬송, 기도와 축도를 함으로 대회를 폐한다.

제453문 대회는 어떤 회록을 가지고 있어야 하는가?

대회는 대회에서 시행된 일들에 대하여 충분하고 완전하게 기록된 회록을 가지고 있어야 한다. 대회는 회록에 판결 사유에 대해서도 기록해야 한다. 1874년 총회는 "상회가 하회를 강요하여 충분히 완전하고 편벽되지 않은 판결을 특별한 사유를 기록하지도 않은 채 번복하는 것은 장로교 정신과 원리에 맞지 않고 교회 권징의 목적과도 부합되지 않는다"고 결정한 바 있다.

1878년 총회는 대회가 소원에 대한 사유를 기록하였을지라도 그 소원의 제목이 기록되지 않았기 때문에 대회 회의록을 예외로 인정한 적은 있다. 이런 점으로 말미암아 총회는 대회가 정당하게 판결할 수 없는 이유를 제공했다. 당시 기록을 통해 보면 대회가 그 사건에 대해 투표하고 투표하게 된 경위를 밝히기보다는 그 소원에 대해 지나친 결정을 한 것인지는 파악이 되지 않는다. 소원에 연루된 노회가 견책을 받아야 하는지, 소원의 문제를 다시 재심을 위해 송부해야 하는지, 대회가 완전히 기각해야 하는지를 총회가 결정을 내리지 못하는 경우도 있다.

구파 총회는 결석자와 재판을 기록해야 하고 답변을 한 헌의도 자세히 기술해야 한다고 결정하였다. 페이지 순서도 넣어야 한다. 대회록은 노회의 변경과 채택한 보고서를 포함해야 하며, 대회가 반드시 승인해야 하고 그 후 서기가 날인해야 한다.

제454문 총회는 대회 회록을 얼마나 자주 검사하는가?

대회는 매년 총회의 검사를 받기 위해 회록을 송부한다. 대회는 소속 노회의 수와 회원, 그리고 변경된 부분을 총회에 보고한다. 대회록의 검사 목적은 노회가 당회록을 검사하는 목적과 동일하다. 회록을 제출하지 않으면 총회는 대회의 임무 태만을 상기시켜야 한다. 또는 대회 서기를 불러 회록을 제출하지 못한 이유를 설명하도록 지시한다.

제455문 검사를 위해 대회록의 등본이 인정되는가?

1790년 필기한 회록 원본을 송부하기가 여의치 않을 때 날인한 등본을 인정한다고 결정한 바 있다. 그러나 1841년 구파 총회는 이 결정을 취하하고, 1847년 총회는 회의록을 인쇄하도록 했다. 1871년 총회는 번역한 중국대회 회의록 등본을 인정했다. 1878년에는 인도 대회 영역판 인쇄본을 인정하는 반면, 아틀란틱Atlantic 대회의 회의록은 대회의 결정사항을 보여 주는데 인쇄된 페이지가 있다 하여 견책당했고, 회의록을 작성하여 이듬해 승인을 위해 제출할 것을 요청했다.

1884년 총회는 어떤 대회라도 회의록을 인쇄하여 비치함과 동시에 회의록은 또한 반드시 필기하여 보유해야 할 것을 결정한 바 있다.

1. 인쇄한 회의록도 충분하고도 정확한 내용을 내포해야 한다.
2. 페이지 크기는 총회록과 동일해야 한다.
3. 검사를 위해 총회에 제출한 대회록 등본은 대회 서기가 자필 날인해야 하고, 예외사항을 기록할 수 있는 백지여백을 두어야 한다.
4. 적어도 여분으로 2권을 총회 서기에게 등본으로 송부해야 하고, 장로교 역사자료 도서관에 2권을 보관해야 한다.

제456문 대회가 총회에 내야 할 다른 보고서들은 무엇인가?

1. 노회에서 발생한 모든 변동 사항들의 보고서
2. 목사, 지교회, 강도사, 지역 안에 있는 목사후보생에 관한 통계 보고, 그리고 소속 노회의 수와 계획의 변동 사항, 각 노회 서기의 이름, 노회의 다음 정기회 시일과 장소, 대회장과 대회 서기 이름의 보고서
3. 지역 안에서 발생된 여러 가지 신앙 상황 보고서
   대회는 이런 사항들을 반드시 총회에 해마다 보고해야 하며, 대회록에 기록해야 한다.

제12장

총회

제457문 총회란 무엇인가?
총회는 장로교회의 최고 치리회이다.

제458문 최고 치리회는 무엇을 의미하는가?
총회는 상소사건에 대한 최고 치리회이며, 최종적인 판결을 하는 곳이다. 당회에서 발생한 재판 사건을 차례대로 노회에서 재심하고 다시 대회를 거쳐 전체 교회를 대표하는 총회에 상정되면, 총회가 모든 사건을 최종적으로 처리한다. 그러므로 이후에 열리게 될 총회도 이전 총회에서 결정된 판결을 되돌릴 수 없다.

제459문 총회는 무엇을 대표하는가?
총회는 하나의 통일된 지체인 장로교단에 소속된 모든 지교회를 대표한다. 그러나 소속된 노회에서 선택된 총대들이 지교회를 대표한다.

제460문 총회의 법적 명칭은 무엇인가?

미합중국장로회총회the General Assembly of the Presbyterian Church in the United States of America라는 명칭을 가진다. 미국의 경우 1709년에 초기 장로교회는 노회를 세웠다. 이 노회는 문서화된 헌법에도 제한받지 않음과 동시에 어떠한 상회에 의해서도 감독을 받지 않는 치리회였다. 적절한 명칭은 총노회the General Presbytery이다. 1716년 다시 이 노회는 4개 노회로 분립되었고, 그 총노회는 대회라는 명칭을 가졌다. 1788년 대회는 4개 대회로 분립되었고, 이 대회들이 모여 총회를 구성하여 만든 치리회는 미합중국장로회총회GAPCUSA라는 성격과 명칭을 가지게 된다고 결정했다.

1838년 교단 분열 때 구파와 신파는 각각 1837년 분리하기 전 총회의 진정한 계승자라고 주장했으며, 미국장로회총회라는 명칭을 다 주장할 권리가 있었다. 국가 재판에서는 통상 구파라 부르는 단체에 손을 들어주었다. 1869년 다시 교단을 통합할 때 예전 명칭을 보유했고, 1870년 총회는 구파와 신파를 1869년 총회의 진정한 계승자라고 선언했다.

1858년 신파 총회 소속 남부 대회들은 총회를 떠나 '장로회연합대회 United Synod of the Presbyterian Church'라고 부르는 최고 치리회인 교단을 설립했다. 1861년 다시 남부 대회들은 구파 총회와 연합하여 '미국장로회총회the General Assembly of the Presbyterian Church in the United States-GAPCUS'라는 독립교단을 만들었다. 연합 대회는 1864년 남부 총회와 연합했다.

제461문 장로교회 정치와 권징의 근본적인 원리는 무엇인가?

1. 흩어져 있는 성도들이 회집하여 하나의 그리스도의 교회를 구성하여 '교회'라는 절대적인 칭호를 갖는다.

2. 교회의 대표나 혹은 교회의 다수 의견이 소수 의견을 다스리고 또한 교회에서 발생한 논쟁 사건들을 결정한다.
3. 마찬가지로 각 부분을 다룰 때 전체 의견이 적용된다. 따라서 소수가 복종하는 방법은, 하회에서 상회로 올라온 상소들이 최종적으로 전체 교회의 지혜와 목소리, 즉 총회가 판결하기까지 절차를 밟는 것이다. 이 원리와 절차들은 사도들과 초대 교회의 권위를 보여준 것이다(행 15:1~29를 보라).

제462문 첫 장로회 총회는 언제 개최되었는가?

1789년 5월 셋째 목요일 오전 11시에 필라델피아 제2장로교회에서 개최되었다. 매년 모이는 일시는 관례가 되었다. 1789년에서 1843년까지 다섯 번 모든 총회는 필라델피아에서 모였다. 1843년부터는 총회장소를 추천하는 것은 매년 있었고, 어떤 때에는 총회 장소를 추천받지 않고 선정하기도 했다. 종종 위원회가 구성되어 총회 추천 장소를 보고하거나 장소를 제안하기도 했다. 1881년에는 총회장과 서기와 증경서기들이 이듬해 총회 장소를 놓고 해마다 모여 의논하는 위원회를 구성하기로 결정했다.

로저스Rev. John Rogers 목사가 총회장으로 선출되기 전까지 총회장으로 섬겼던 위더스푼Witherspoon 목사가 첫 총회의 설교를 맡았다. 이는 목사 23인과 장로 11인으로 구성된 총회였다. 그리고 1704년 노회는 사실 총노회였다. 스코틀랜드의 첫 총회는 목사 6인과 평신도 34인으로 구성되었다.

1885년 총회는 다음 내용의 문서를 채택했다. "그러나 1888년에 있을 100주년 총회는 실제로 얼마 남지 않았다. 기념비적인 사건으로 총회는 과거에 주신 복을 특별히 감사하는 해가 되어야 하고, 온 세상이 복음화되도록 노력하는 계기가 되어야 하며, 성령의 은사와 하나님의 영광을 위해 특별한 기도가 있어야 한다. 마치 구약에 솔로몬이 성전을 기념하여 축하한 것과 같은 대회가 합당히 있어야 하고 대단한 기대를 갖고 철저히 준비를 해야 한다. 그러므로 총회장이 자벽(임명)하여 10인으로 된 준비위원회를 구성하기로 결정한다." 직전총회장과 서기들이 이에 포함되었다.

제463문 총회는 어떤 이들로 구성되어 있는가?

총회는 각 노회가 정한 방법에 의하여 총대로 선택되어 파송된 목사와 장로를 회원으로 해서 조직된다. 목사와 장로의 수는 서로 동일해야 한다. 목사 24인 이하 각 노회는 목사 1인과 장로 1인을 총회총대로 파송한다. 목사 24인의 대표 목사 1인과 장로 1인이다. 혹 노회가 목사 12인만 되면 반올림하여 취급한다. 이렇게 선출된 대표는 총회총대가 된다.

제464문 총대 비율은 어떠한가?

1786년 각 노회는 목사 6인당 목사 1인과 장로 1인을 총대로 파송을 하고 목사 6인 이상과 12인 이하 노회는 목사 2인, 장로 2인을 총대로 파송한다고 결정한 바 있다. 1819년 그 비율은 6인에서 9인, 12인에서 18인으로 변경되었다. 1826년에는 9인에서 12인으로, 18인에서 24인으로 변경되었고, 1833년에 24인이라는 말은 다시 '24인이나 반올림하는 것'으로 바뀌었다. 1869년 교단 통합 이후 총회가 성장해서 변경의 필요성을 더 절감하게 되었다. 그래서 여러 가지 제안이 있었지만 무산되었다.
1. 총대비율을 증가하는 것이나, 2. 현재 비율대로 유지하되 담임목사와 선교사를 제외한 모든 목사를 제외하든지, 3. 작은 노회는 목사 1인이나 아니면 장로 1인만 총대로 하고 목사 20인이 있는 노회는 총대 1인

으로 하고 1인 이상이 허용되는 노회는 목사와 장로를 동수로 하든지, 4. 노회·총회총대를 대회·총회총대로 대신하든지, 5. 현재의 총대비율을 높여 목사 40인에 목사 1인과 장로 1인으로 하되 반드시 목회 사역을 실제로 담당하는 자로 한다. 6. 총대 비율의 근거는 목사 수와 무흠 교인 수와 비례해서 하고 목사 5인과 무흠 교인 500인에 두 명의 대표를 인정한다는 계획안이었다.

신설노회는 목사와 무흠 교인 500명이 될 때까지 총대를 보낼 수 없었다. 1881년 대회의 수를 줄이고 대회를 모든 사건의 최종 판결기관으로 결정하여 총회가 이 일에 대한 부담을 지게 하는 변경사항을 헌법에 삽입했다. 1885년 현재의 비율이 채택되었다.

제465문 언권회원에 대하여 어떠한 규칙이 있는가?

'교회 정치Form of Government'에는 언권회원에 대한 조항이 없다. 1791년 이전에는 언권회원들이 가끔씩 입회를 했으나 그 해에 총회는 그 관례를 인정하지 않고 또한 적절하지 않다고 결정했다. 그리하여 그때 이후로 입회할 수 없었다. 1858년 신파 총회는 총회 각 상비부의 서기와 총회 서기에게 언권회원들이 가지는 모든 특권을 부여했다.

1870년 통합한 교단은 해당 부서와 관련된 사건들이 논의될 때에 해당 부서 서기는 언권 방청 회원으로 참석하도록 허락해 주었다. 교단과 교류하는 단체의 총대는 입회하였으나 투표권은 없었다. 1880년 총회는 기독인여성절제연합회Waman's National Christian Temperance Union의 대표들에게 "총회와 교류하는 교회 단체로부터 온 친선 대표와 방문자들만 입회해야 한다"고 답변했다. 1881년 총회 교류위원회는 장로교 연맹에 총대로 보내는 것은 더 이상 필요하지 않다고 보고하고, 더 이상 총대를 지명하지 않았다.

제466문 1794년 코네티컷 연합회와는 어떤 특별한 관계가 있는가?

1792년에는 총회와 코네티컷 연합회The General Association of Conneticut는 각각 3인 위원회를 구성하여 상대방의 총회를 방청할 수 있으며, 쌍방의 구성원이 지시하는 대로 교류를 할 수 있으며, 현안문제를 논의할 수 있으나 투표권은 없다고 합의한 바 있다. 1794년에는 각각의 대표들은 쌍방이 결정한 문제에 대해 투표권이 있다고 결정한 바 있다.
1804년에는 이와 비슷한 조정을 버몬트 총회General Convention of Vermont와 함께 비준했고, 1810년에는 뉴햄프셔 연합회와 같이 비준했다. 1811년에는 메사추세츠 연합회와, 1828년에는 메인 총회the General Conference of Maine와 함께 비준을 했는데 단 투표권은 없었다. 1831년에는 로드 아일랜드 복음주의 연합회the Evangelical Consociation와도 비준했다.
1827년 총회는 메사추세츠, 뉴햄프셔 버몬트 회중교회들의 총대들에게 투표권을 부여한다는 것은 "장로회 교회정치에 부합되지 않는다"고 하는 서신을 보냈다. 코네티컷 회중교회에서 온 총대들의 위상과 권리는 1802년에 채택된 연합안the Plan of Union에 의해 조정되었다. 1830년 이후 다른 단체에서 온 총대들은 투표권이 없었다.

제467문 총회 개회에 필요한 성수는 어떻게 되는가?

총대 14인 이상이 총회가 지정한 시일과 장소에 모여야 회무를 처리할 수 있는 성수가 되며, 총대 중 과반수 이상이 목사여야 한다. 만약 출석인원이 성수에 미달이면, 총회는 노회와 대회의 경우처럼 정회할 수 있다. 노회와 대회의 경우처럼 장로 없이 목사만으로 성수가 될 수 있다. 미국 남장로회는 총대 18인이 되어야 성수가 되는데 그 중 반이 목사여야 하고 장로 5인 이상이 참석해야 한다.

제468문 총회의 권한은 어떤 것이 있는가?

1. 총회는 하회에 교회의 교리와 헌법에 영향을 미치는 합법적인 상소와 소원과 위탁판결을 받아서 처리한다.
2. 총회는 대회록을 검사하여 인준하거나 혹은 견책한다.
3. 총회는 제출되는 모든 사건을 교회 헌법에 따라서 권고하고 교육한다.
4. 총회는 모든 교회로 하여금 연합하며 화평하며 교류하며 상호 신뢰하도록 한다.

제469문 총회는 하회 치리회와 어떻게 구별되는가?

1. 총회는 전체 교회를 대표한다.
2. 총회는 상소에 대한 최종적인 판결을 내리는 최고의 치리회이다.
3. 총회만이 교회법을 해석할 수 있다.
4. 총회만이 헌법을 제정하거나 변경할 수 있다(이 경우 노회들의 동의를 얻어야 한다).
5. 총회는 모든 연합된 교회를 결속시키며, 다른 교단과의 일치와 조화, 그리고 교류를 대행하는 기구이다.
6. 총회는 교회를 유익하게 관리하고 감독한다.
7. 총회는 목회 사역의 증진을 위해 준비한다.
8. 총회는 상설기관이 아니다. 총회는 다음 회기에 소집될 때까지 파회한다.

제470문 총회는 원치리권을 소유하는가?

스코틀랜드 장로회는 총회가 교단 소속 노회를 대행하여 원치리권을 주장하고 시행했다. 몇몇 재판사건에서 총회는 치리회와 목사를 소환한 바 있다.

그러나 신파 총회는 1840년과 1856년에 이 권한을 거부했다. 1866년 구파 총회는 다른 회원에게 치명적인 손상을 주고 재판의 성격에 지장을 초래한 글을 출판한 총대 한 명을 추방한 바 있다.

제471문 총회는 어떤 종류의 상소를 받을 수 있는가?

통상적으로 총회는 대회로부터 올라온 상소만 받을 수 있다. 만약 노회가 다른 대회 관할하에 있는 노회를 상대로 소원을 제기한다면, 총회는 직접 상소나 소원을 받을 수 있다.

1833년과 1885년 총회는 노회로부터 직접 올라온 상소를 다루었다. 1881년 대회는 상소의 최종심의회가 되었다. 그러나 총회 앞에 올라온 상소나 소원이나 위탁판결은 교회의 교리나 헌법 사건에 영향력을 행사하는 이들에게 맡겨져서는 안 된다고 조항을 덧붙였다.

제472문 최종심의회는 무엇을 의미하는가?

한 치리회가 사건을 결정한 후에 그 결정을 고칠 수 있는 상회가 없을 때 이 치리회를 최종심의회라고 하며, 대회와 총회를 가리킨다. 즉, 1873년 총회에서 제안된 새로운 치리회를 의미한다. 이듬해 다수 의견과 소수 의견에 대해 보고를 받았고 다음 총회에 위탁했다. 1878년까지는 매년 보고했고, 총회는 교회 정치와 권징 조례를 수정하기 위한 특별위원회를 조직했으며, 최종심의회에 관한 보고서에 그와 같은 사실을 언급했다.

1880년 이 위원회는 권징 조례 수정본을 출판했으며 총회에 보고했고, 다시 목사들과 당회에 송부하여 진전된 상황을 보여주었으며 비판도 감수했다. 1881년에는 두 번째 수정본을 제출했다. 이 수정본에서 최종심의회를 제안해서 재판국이 설립되었으며, 해마다 위원 3분의 1을 선출해야 했다. 이는 모든 상소사건을 보고했으며 사실보고 제출과 함께 공식적으로 판결을 했다. 총회 인준으로 최종 판결이 되는 것이다. 1883년 최종 보고서는 이에 관한 내용을 삭제했다.

제473문 총회는 재판국을 설치하여 사건을 재판할 수 있는가?

총회와 총회의 관할하에 있는 대회는 재판국을 설치할 권한이 있으며 지정된 정족수 이상의 목사와 장로로 구성되어 있다. 모든 재판 사건을 재판국에 위탁할 수 있으며, 헌법 문제를 제외하고는 최종적 판결을 내릴 수 있다. 모든 치리 사건은 재판국에 일임되며, 교리와 헌법 문제는 총회가 최종 판결한다. 재판국은 지정된 시일과 장소에서 열린다 ('교회 정치' 제12장 제4조, '권징 조례' 제13장 참조). 다음과 같은 내용이 '교회 정치' 제12장 4조에 첨가되었다. "따라서 재판국은 총회를 대행하여 재판 사건을 재판국(권징 조례)에 대한 조항에 따라 시행한다."

제474문 총회는 대회의 회의록을 얼마나 자주 검사해야 하는가?

총회는 대회록을 해마다 한 번씩 검사해야 한다. 만약 회록을 제출하지 않는다면, 총회는 서기를 견책하도록 대회에 요청할 수 있다. 총회는 회록 검사를 위원에게 위탁하고, 총회는 그 보고를 받아 인준한다. 1880년에는 대회록 검사위원회가 두 명에서 다섯 명으로 구성되었다.

제475문 총회는 어떤 권한을 가지는가?(제468문에서 계속)

5. 총회는 교리와 권징에 관한 모든 논의에 대하여 결정할 권한을 지닌다.
6. 총회는 교회와 노회와 대회에서 일어난 교리에 대한 오류나 비윤리적 행위에 대해 견책, 권계, 변증하는 권한을 가진다.
7. 총회는 필요시 신설대회를 조직하는 권한을 가진다.

8. 총회는 모든 교회의 관심사를 감독하는 권한을 가진다.
9. 총회는 총회와 교류하는 교단과 맺은 약조에 따라 외국 교회와 교류를 가지는 권한을 가진다.
10. 총회는 교회 분리와 논쟁을 다스릴 권한을 가진다.
11. 총회는 일반적으로 교회들의 방침을 개혁하고 동시에 실천하는 권한을 가지며, 총회의 관할하에 있는 교회를 통해 구제와 진리와 거룩을 권장할 권한을 가지고 있다.

제476문 총회는 문제가 된 질문에 답할 수 있는가?

총회는 헌법을 통해 추상적인 사건을 맡아 결정할 수 있다고 보지는 않는다. 총회 앞에서 재판사건이 아닌 특정 개인에 관한 사건을 판결할 때 특히 그러하다.

제477문 총회 결의는 어떠한 권위를 가지는가?

총회의 권면이라 할지라도 권위를 가진다. 왜냐하면 총회는 모든 교회의 대표기관이기 때문이다. 상비부에 관한 총회의 권면도 지킬 의무가 있다. 헌법 해석에 관한 헌의에 대해 총회의 답변은 권위 있는 해석이 된다.

교회의 교리와 윤리에 관한 총회의 고백은 신앙고백의 의미를 선포하는 것이며, 이를 적용하려는 교회의 선언이다. 재판사건에 대한 총회 결정은 모든 유사한 사건에서 최종적이기 때문에 반드시 그 의무를 이행해야 하며, 이후 총회는 그 재판 결정을 번복하거나 재판 절차를 수정할 수 없다. 그러나 명백한 오류가 발견될 때에는 그것을 정정할 수 있다.

제478문 교회 교리와 권징에 대한 논쟁은 어떻게 총회에 상정되는가?

모든 논쟁은 검사, 위탁판결, 상소, 혹은 소원에 의해서 총회에 상정된다. 교단이 통합되기 전에는 소수의 사건을 제외하고는 모든 상소들이 총회에 상정되었다. 1869년 이후에는 총회의 규모가 커지고 가중된 업무로 인해 쌍방의 당사자들의 합의하에 총회에서 선정한 재판국에 사건들을 위임했다.

제479문 총회는 어떠한 주제에 관해 선언을 할 수 있는가?

총회가 선언하는 주제는 다음과 같다.
이단, 불완전한 교리나 교리에 대한 설명, 불일치와 불법, 노예제도, 전쟁, 국가비상사태, 시민의 의무, 정부의 권위, 국가대통령의 암살, 치리기관에 대한 총회의 합법적인 권한, 장로 선거에 대한 합법성, 무절제, 주일, 모든 악과 부도덕, 부흥, 이혼, 영아 살해, 영화와 연극, 일부다처, 마약 등에 관한 주제에 대해 선언할 수 있다.

제480문 총회는 대회에 대해서 직접적으로 어떤 권한을 행사하는가?

총회는 노회 청원에 따라서 대회를 설립하고 지역의 범위를 결정한다. 교단 통합 시에 공동선언에 따라 총회는 51개 대회를 조직했다. 그 이후 반드시 신설 대회는 노회의 청원으로 조직했다. 관련 있는 노회와 협의하지 않고 청원을 했다면, 이 청원은 기각된다. 1881년에 대회는 재조직되었다.
총회는 대회를 폐지하고 소속 노회들을 다른 대회로 이속할 수 있다. 총회는 대회 소집을 명령할 수 있으며, 지정된 시일과 장소를 고칠 수 있다. 총회는 지역의 신앙 상태를 점검하도록 대회에 요청하고, 다음 해에 보고하도록 할 수 있다. 이때, 총회는 반드시 대회록을 검사하고 재검토해야 한다.

총회는 대회를 소환하여 교리, 정치, 또는 권징에 대한 불법성의 혐의 여부에 관해서 질문할 수 있다. 총회는 대회 회원 중에서 교회의 헌법을 반대하는 자들을 적법한 회원으로 인정하지 않을 수 있다.

제481문 총회는 노회에 대해서 직접적으로 어떤 권한을 행사하는가?

총회는 노회를 직접 설립, 조정, 폐지할 수 있다. 1802년 총회는 미국 알바니 노회를 대회에 상정하지 않고 3개 노회로 분립하였는데 노회의 청원만으로 되었다. 그러나 이 사례는 앞으로 전례가 될 수 없다고 선언하였다.

1805년, 1826년, 1827년에는 목사와 지교회 청원으로 총회가 노회를 조직한 바 있다. 이는 1834년에 총회나 대회가 노회의 범위를 결정하는 헌법적 권한이 있다고 하는 결정에 반하는 내용이다.

1. 소원과 상소로 문제가 상정되었을 경우와, 2. 특별한 경우, 3. 교단의 최고 치리회 기관으로서 시행하는 경우에 총회는 노회에 대한 권한을 가지고 있다. 이 권한은 구파 총회와 신파 총회와 교단 통합한 총회가 시행한 바 있다. 총회는 노회의 성수 미달로 처결한 것을 공인할 수 있으며, 노회의 승계도 결정할 수 있고, 총회는 위원을 파송하여 보고된 불법성을 조사할 수 있다.

제482문 총회는 다른 교단들과 관계를 맺는 일에 있어서 어떤 권한을 가지는가?

하회는 다른 교단 소속의 목사를 언권회원으로 받을 수 있다. 단, 하회는 한 사람의 개별적인 목사로서만 받을 수 있다. 그러나 이것이 타 교단과의 권한 있는 연맹authoritative conference을 의미하는 것은 아니다.

단지 다른 교단과 교류한다는 하나의 증거일 뿐이다. 언권회원으로 인정된 목사는 교단 내부의 문제에 관한 토론에서 조언을 함으로써 노회나 대회를 개인적으로 도울 수 있다.

전체 교회를 대표하는 최고 치리 기관인 총회만이 다른 교단들과의 교제, 교류, 협력하는 일을 결정할 고유 권한이 있다. 총회는 언제, 어떠한 조건으로, 어느 정도까지 이러한 교류를 하는 것이 마땅한지, 그리고 언제 이것을 종결하는 것이 좋은지 결정할 수 있다.

제483문 미국 북장로교회 총회가 현재 교류하는 교단은 어떤 교단이 있는가?

1. 스코틀랜드 자유교회 총회General Assembly of the Free Church of Scotland
2. 스코틀랜드 교회 총회General Assembly of the Church of Scotland
3. 아일랜드 장로교회 총회General Assembly of the Presbyterian Church in Ireland
4. 영국과 아일랜드 장로교회 대회Synod of the Presbyterian Church of Great Britain and Ireland
5. 캐나다 장로교회 총회General Assembly of the Canada Presbyterian Church
6. 스코틀랜드 교회 관련 캐나다 장로교회 대회Synod of the Presbyterian Church in Canada in connection with the Church of Scotland
7. 미국 개혁교회 총대회General Synod of the Reformed Church in America
8. 북미 연합장로교회 총회General Assembly of the United Presbyterian Church of North America
9. 미국 루터교 복음주의 교회 총대회General Synod of the Evangelical Lutheran Church of the United States

10. 남부 장로교회 대회(영북미)와 스코틀랜드 교회와 관련한 장로교회 대회Synod of the Presbyterian Church in connection with the Church of Scotland
11. 컴벌랜드 장로교회 총회General Assembly of the Cumberland Presbyterian Church
12. 웨일즈 장로교회 총회General Assemby of the Welsh Presbyterian Church
13. 프랑스 개혁교회 총대회General Synod of the Reformed Church of France
14. 미국 회중교회 공회National Council of the Congregational Church in the United States of America
15. 왈덴시안 교회 대회Synod of the Waldensian Church
16. 개혁감독교회 총공회General Council of the Reformed Episcopal Church
17. 미국 개혁교회 총대회General Synod of the Reformed Church in the United States
18. 미국 감리교 감독교회 총연합General Conference of the Methodist Episcopal Church in America
19. 개혁장로교회 총대회General Synod of the Reformed Presbyterian Church
20. 프랑스 자유복음주의 교회 대회Synod of the Free Evangelical Church of France

제484문 총회는 다른 교단과의 교류를 어떻게 지속하는가?

일반적으로 총회는 각 교단의 최고 치리회의 연례회의에 참석할 대표자를 임명하여 교류한다. 각 교단은 서로에게 안부 인사를 하고, 각 교단과 우리 교단 내부의 이해관계와 관련된 모든 것을 상대방 교단에 알린다. 그리고 총회는 다음과 같은 세 가지 방침에 따라 다른 교단과 교류를 지속한다.

1. 각 교단에서 임명한 위원회 사이에서 오가는 서신을 통하여 교류를 지속한다.
2. 각 교단에서 보낸 동수의 대표자로 구성된 회의를 통하여 교류를 지속한다.
3. 상대방 교단 회의에 대표자를 파송하여 언권회원으로 참여함으로써 교류를 지속한다.

그러나 최종적으로 1878년 총회에 상정했고 다음 총회에 위임했다. 세계에 흩어진 장로교단은 서로 연합하여 만국장로회 연맹General Presbyterian Alliance을 구성하여 3년마다 회집하므로 더 이상 매년 대표자를 선정할 필요가 없다는 안을 제출했다. 1879년 총회는 "장로교단의 형제를 서로 충심으로 존중하고 앞으로는 더 이상 대표를 선정하지 않고 연맹 총회에 총대로 선정하는 것으로 만족한다"고 결정한 바 있다.

제485문 코네티컷 총연합과 함께 채택한 안은 무엇인가?

"양 교단이 선정한 교단 교류 상임위원회를 구성하여 상호 서로 유익하고 주님의 나라에 이익이 되는 한 어떠한 서신도 교류할 수 있게 한다. 각 교단은 3인 위원을 선정하여 각 교단 총회에 참석케 하여 모든 사안에 대해 언권과 투표권을 준다"는 안이다(추후 수정됨). 여행 중인 목사는 노회장이나 연합회 회장이나 상임위원회 위원 중 한 명이 서명한 서신으로 인정을 받았다. 이는 1792년에 된 것으로 이와 유사한 안을 다른 조합교회들과 함께 채택하였다.

제486문 통합안이란 무엇인가?

1801년 코네티컷 총연합과 총회는 장로교회 정치에 익숙한 새로운 지역 거주자들과 조합정치를 선호하는 이들 사이에서 교회 정치 일치안을 만들어 내기 위해 법적 절차를 구성할 것을 제안했다. 그 목적은 소외감을 해소하고 연합을 도모하며 서로 다른 교단 출신 거주자들로 구성한 새로운 거주자들과 조화를 이루기 위한 것이다. 이듬해 통합안은 양 교단이 채택했고 시행하여 유지하다가 1837년에 장로교단은 불법이라고 선언하여 파기하였고, 코네티컷 총연합도 더 이상 효력이 없다고 하였다.

조항은 아래와 같다.
1. 서로 다른 교회 정치를 선호하는 개척지 거주자들은 상호 인내와 조정의 정신을 토대로 맺어져 있다.
2. 장로교 목사 개인에 관하여 조합교회는 조합교회의 법대로 권징을 행할 수 있다. 단 목사는 노회의 관할을 받아야 한다. 담임목사와 교회와 회원과의 어려운 관계는 노회에게나 각각 동수로 된 '장로교-조합교회 공회'에게 쌍방의 동의하에 위임할 수 있다.
3. 조합교회 목사 개인에 관하여 장로교회가 장로교 법대로 권징을 행할 수 있다. 담임목사와 교회와 회원과의 어려운 관계는 연합회나 각각 동수로 된 '장로교-조합교회 공회'에게 쌍방의 동의하에 위임할 수 있다.
4. 장로교회 교인과 조합교회 교인들이 혼합으로 구성한 교회는 교회 권징을 시행하기 위해 무흠 교인 상비위원회 standing committee를 선정할 수 있다. 장로교회 교인 한 명이 치리 중에 있다면 노회에 상소할 수 있으되, 교회가 만족하여 대회나 총회에 더 이상 상소하지 않는다면 노회의 판결은 최종적이다. 마찬가지로 조합교회 교인 한 명이 치리 중에 있다면 조합교회 무흠 남자교인회에 상소할 수 있고 상호위원회 mutual council가 위탁판결 할 수 있다.

교회상비위원회는 그 위원 중 한 명을 노회에 보내는데 그가 치리 장로의 자격으로 참석하여 역할을 할 수 있다. 장립되지 않은 자가 노회에 참석할 수 있다는 특권은 점차적으로 대회와 총회로 확대 적용되었다. 첫 번째 사례는 1820년 엘스워스Ellsworth의 라스로프Mr. D. W. Lathrop 씨였다. 약간 주저하기는 했지만 총회에 참석하였다.

1831년 총회는 위원회 위원을 총회 총대로 선정하는 것은 부적절하고 의문을 제기할 헌법적 문제라고 선언한 바 있다. 그 이듬해부터는 총회의 참석을 거절당했다. 코네티컷 총연합과 맺은 연합안은 그 주에만 국한되는 것은 아니었다. 서부보호구역, 유티카, 게네스와 제네바 지역 대회 소속인 장로교회는 교단연합안에 부합하여 구성했다.

제487문 총회는 교류하고 있는 교단과의 유기적 연합을 단독으로 처리할 권한을 가지는가?

그렇지 않다. 총회는 노회와 대회의 청원으로 연합안을 제의할 수 있고, 각 교단의 최고 치리회가 만족하도록 그 계획을 수행할 수 있다. 하지만 총회는 그런 계획을 반드시 노회에 수의하여 동의를 얻은 후에 최종 결정할 수 있다.

제488문 교단끼리 교류해 오다가 유기적으로 연합한 다른 교단이 있는가?

1. 1749년 서포크 노회the Presbytery of Suffolk
2. 1758년 뉴욕 대회와 필라델피아 대회the Synods of New York and Philadelphia
3. 1766년 더치스 카운티 노회the Dutchess county
4. 1811년 찰스턴 노회the Presbytery of Charlston

5. 1822년 연합개혁 대회the Associate Reformed Synod
6. 1852년 찰스턴 연합노회the Charlston Union Synod
7. 1869년 구파 · 신파 총회the O.S, N.S Assemblies
8. 1885년 개혁장로교단의 필라델피아 노회the Philadelphia Presbytery of the Reformed Presbyterian Church

제489문 구파 총회와 신파 총회는 어떤 조건으로 연합했는가?

1. 1838년 교단 분리 이전의 법적인 권리를 유지하고, 1869년까지 각각 교단이 그 권리를 유지하며 명칭도 그대로 보유해야 한다.
2. 고백하는 신조들이 성경에 나타난 교리 체계를 그대로 담고 있다고 인정하고 신중하게 받아들여야 한다. 교회 정치와 권징 조례는 장로교회 정치의 원리와 규칙을 담고 있다고 인정해야 한다.

양측 총회의 공동 선언은 다음과 같다.

1. 각 총회 소속 목사나 교회는 연합교단과 각각 관련을 맺어야 한다.
2. 불완전한 조직교회는 5년 이내에 철저한 장로교가 되어야 한다. 이후에는 그런 교회는 입회할 수 없다.
3. 노회와 대회의 범위는 연합교단의 총회가 결정해 주어야 한다.
4. 각 교단의 공식기록은 교단의 한 역사로 인정되어야 하지만 재산권과 관련한 것을 제외한 어떤 것이라도 한 교단이 인정한 어떤 규칙이나 전례라면 연합교단이 설립되기 전까지는 권위를 가지고 있어야 한다.
5. 각 교단의 공동 권리는 실천하는 조건으로 연합할 수 있어야 한다.
6. 다른 경로로 교회 헌금을 보내는 것은 자유롭지만 교회를 유지할 수 있는 상비부를 두어야 한다.
7. 총회가 상비부와 상설위원회를 재조직하여 통합한다.

8. 각 교단의 출판물도 출판해야 한다. 연합교단의 출판부는 안내책자를 수정하여 완성해야 한다.
9. 신학교는 대회나 총회의 감독을 받아야 한다.
10. 양측은 과거 분열에 대한 불필요한 언급을 피하고 분리를 초래한 논쟁이 있기 전 관례로 복귀해야 한다.

제490문 만국장로회 연맹은 무엇인가?

웨스트민스터 회의 표준에 따르는 국내외의 다른 교단들과 교류할 목적으로 1873년에 연합 공회의 성격을 띤 3인 위원회를 지정하기로 결정하였다. 이 위원회의 목적은 모든 교단의 공통 관심사에 주의를 기울이고, 특별히 국내외 선교 사역의 조화로운 활동을 증진시키는 데 있었다.

이 위원회는 1873년 10월 뉴욕에서 복음주의 연맹 총회General Conference of the Evangelical Alliance를 기회로 삼아 캐나다, 영국, 스코틀랜드, 아일랜드, 프랑스, 독일, 스위스, 이태리 등등의 나라에 속해 있는 장로교 소속 교회들을 소집했다. 이들은 모든 장로교단 가운데서 연합에 대해 호의적일 뿐만 아니라 범장로교회 회의를 소집하는 것에 대해서도 우호적이었다.

유럽과 미국에 있는 35개 장로교단에 회람을 목적으로 한 편지가 발송되었는데 그 편지에서 위원들을 초청하여 총회에서 결정할 수 있게 한다는 내용이 상세하게 들어 있었다. 총회는 12명의 목사와 3명의 장로를 위원으로 임명하였다. 결과적으로, 준비 회의가 1875년 7월 21일 런던에서 열렸고 총회는 이 회의에 14명의 대표를 보냈다. 세계 여러 지역에서 온 22개의 장로교회들의 대표가 여기에 참석하였다. 이곳에서 영구적인 성격의 만국장로회 연맹Presbyterian Alliance을 조직하기로 결정하였다. 그리고 공통 관심사를 협의할 목적으로 총회에서 모임을 가지기로 했다. 정관이 채택되었고 요약은 다음과 같다.

1. 명칭

   '장로교 정치 체제를 고수하는 전 세계 개혁교회 연맹'

2. 회원

   장로교 정치 원리에 따라서 설립된 교회들은 회원이 될 자격이 있다. 또한 이 교회들의 신조가 개혁교회의 일치된 신앙 고백과 조화를 이루어야 한다.

3. 공의회의 규칙

   1) 회집: 총회는 3년에 한 차례씩 회집한다.
   2) 구성: 실행이 가능한 한, 회원 수는 소속 지교회 수의 비율에 의하여 목사와 장로를 동수로 선택한다. 대표가 장로교인이 아니더라도 연설을 하고 보고를 할 수 있다.
   3) 권한: 연맹은 입회 청원을 따라서 입회 여부를 결정하며, 공의회에 제기된 어떠한 문제도 논의할 수 있으나, 공의회에 속한 교단의 헌법이나 내외의 문제에 대하여 간섭할 수 없다.
   4) 목적: 세계 곳곳의 장로교회에 보편적으로 관련되는 문제를 논의한다.
      ① 공의회는 약하고 핍박받는 교회의 유익을 구한다.
      ② 공의회는 전 세계에 흩어져 있는 교회에 관한 정보를 수집하여 교회의 형편을 살핀다.
      ③ 공의회는 장로교 제도를 추천하는 일, 복음 전도 사역, 선교사의 적절한 배치, 각 교회의 연합, 목사 교육, 교회 신문 활용, 주일 성수, 어린이 신앙 교육, 체계적인 헌금, 이단과 악행 방지

그리고 불신앙과 로마 가톨릭 제도에 대항하는 방법 등을 논의한다.

5) 방법: 보고, 연설, 소속 교회 형편과 선교 상황 보고, 성경의 영적 진리에 관한 해석, 그리고 공의회 회록을 소속 장로회 상회에 제출하는 것 등이다.

6) 사무 위원회: 공의회에서 다루어질 모든 의사 전달과 토의될 주제들이 처리된다.

4. 헌법 개정

헌법을 개정하려면, 그 회기에는 동의만으로 하고 다음 총회 때 회원 3분의 2 이상의 찬성을 얻어야 개정할 수 있다. 총회는 공식적으로 이 연맹에 가입하기를 결정했으며, 위에 언급한 헌장을 인정하고 40명의 대표와 31명의 언권 회원 혹은 협동 회원을 선정하여 1877년 7월 에든버러에서 개최한 첫 모임에 참석했다. 1880년 필라델피아에서 두 번째 모임이 있었다. 세 번째는 1884년 6월 아일랜드 벨파스트에서 개최되었다. 공의회의 청원에 따라 총회는 목사 3인과 장로 2인으로 구성된 위원회를 선정하여 교단 교류를 위해 장로교 교단 상설 위원회를 구성했다.

벨파스트에서 개최된 공의회는 전 세계에 흩어져 있는 장로교회의 유익이 영향력 있도록 하기 위해 상임총무가 있는 상설기구를 구성할 필요성을 느꼈다. 그리하여 당시 1년 예산 중 긴급자금으로 미화 1950달러를 지불하는 것으로 1886년 5월 16일을 전후하여 청원하였다. 장로교 정치제도를 고수하는 개혁교회 연맹의 실행위원회에서 대표를 선정하고 총회는 다음의 회원들을 실행위원으로 추인했다.

목사는 하지A. A. Hodge, 브릭스Charles A. Briggs, 해밀턴Samuel M. Hamilton, 위스웰George F. Wiswell, 브리드William P. Breed, 포모로이Charles S.

Pomeroy, 장로는 제섭Morris K. Jessup, 전킨George Junkin, 일즈Dan. P. Eells, 잭슨F.W. Jackson. 다음 공의회는 1888년 런던에서 모였다.

제491문 분파란 무엇을 의미하는가?

분리나 분열이란 한 교회나 교단 안에서 서로 의견이 다른 교인들이 같은 종교적 신앙을 가진 성도들의 연합을 파괴하여 교회나 교단이 분리되거나 이탈되는 것을 의미한다.

미국의 찰스 하지Charles Hodge 박사는 분파schism를 다음과 같이 정의하였다. "분열은 참된 교회로부터 정당한 이유 없이 분리되거나 혹은 진실한 하나님의 자녀들로 구성된 공동체를 거부하는 것이다."

1866년 총회가 실시한 분리에 대한 교육은 교단에서 받아들여진 성경적인 교훈이다. 분파는 정당한 이유 없이 교단으로부터 분리하는 것을 말한다. 이는 주께서 그의 백성들에게 서로 교제하며 복종하라고 명령하신 교훈에 어긋나는 큰 죄로 간주되어 왔다. 분리separation는 오직 하나님의 말씀에 충성하도록 요구될 때에만 정당화될 수 있을 뿐이다.

제492문 미국 장로교회에는 어떤 분열이 있었는가?

1. 1745년에 필라델피아 대회는 뉴욕 대회를 스스로 설립한 뉴욕의 형제들이 탈퇴함으로 분열이 있었다. 이 분열은 뉴욕 및 필라델피아 대회의 이름으로 다시 합동한 1758년까지 계속되었다.
2. 1766년에 도네갈 분파가 있었다. 이는 신앙체험을 토대로 목사후보생을 시험하는 것을 문제시 삼은 것으로 분파가 있었다. 1768년에 이는 다시 합동했다.
3. 1797년에 캐롤라이나 대회 소속 아빙톤 노회의 몇몇 회원들이 발취 목사Rev. Hezekiah Balch가 오류가 있는 교리를 설교했는데도 치리를

하지 않았기 때문에 탈퇴했다. 그래서 이들은 독립노회를 조직하였고 '독립형제회Independent Brethren'라 이름하였다.

4. 1804년에는 신빛파가 있었다. 켄터키 대회 소속 몇몇 목사는 공식적으로 분리하여 노회를 조직하여 장로교회 치리를 거부하였다. 그리고 그들은 장로회 신앙고백을 교리와 권징의 교리로 여기지 않고, 그들 스스로 성경 이외의 어떤 교리에서도 자유롭다고 선언하였다. 이들은 이후에 셰이커교도Shakers[3])에 소속했고 더러는 켐벨교도Campbellites에 가입했다. 1811년에 다시 교단으로 돌아왔으나 일부는 '기독교인'이라는 이름으로 분리했다.

5. 1807년에 컴벌랜드 노회는 트랜스바니아 노회 소속인 서부에 있는 자들로 구성하여 조직했고, 장로교 교회 정치를 반대하는 자들을 인허하고 장립했다. 장로교 신앙고백을 받아들이는 것을 요구하지 않았다. 이들은 대회의 소환에 순복하지 않았으며 또한 총회의 권고를 받아들이지도 않았기 때문에 치리를 받았다.

6. 1838년에 구파와 신파 총회의 분열이 있었다. 양측에서 분열의 필요성은 오랫동안 인식되어 왔다. 1837년 위원회가 구성되어 교단이 우호적으로 분열하여 두 개의 독립교단을 조직할 것을 제안했다. 그러나 1838년 필라델피아에서 총회로 모여 조직을 완료했을 때 신파는 제일장로교회에 가서 1837년 법통총회로 총회를 조직했다. 구파는 제7장로교회에서 잔류하여 계속 사무를 진행하면서 비슷한 주장을 했다. 국가 법정에 그 문제가 제기되었고 구파가 1837년 총회를 계승한다

---

3) 천년설을 믿고 재산을 공유하는 신앙공동체를 형성하여 독신으로 지내기도 한다. 17세기 후반 프랑스에서 조직했고 박해를 받아 자유를 찾아 영국으로 이주했다. 영국에서 퀘이커교도들과 합류했고 다시 미국으로 건너가 활동했다. 셰이커(Shakers)란 몸을 흔드는 사람으로 이 동작을 예배의식에 받아들였다.

고 판결했으며 교단 총회의 명칭을 사용할 권리가 있으며 미국 장로교회 교단에 속한 자금에 권리가 있게 되었다.

문제의 발단은 1801년으로 거슬러 올라가는데 코네티컷 총연합회와 연합안에 그 기원이 있다. 장로교 원리에 일치하지 않은 내용들이 점차적으로 소개되었으며 양산되었다. 분열을 초래한 경우는 다음과 같다.

1) 다양한 신앙 교리가 생겨날 경우
2) 실제적으로 정치 제도가 변경되는 경우
3) 선거와 관련한 치리회가 해체될 경우
4) 권징의 시행과 방법이 문제될 경우
5) 예배형태에 변화가 올 경우
6) 연합안의 폐기와 연합안 아래 대회와 노회가 폐지될 경우
7) 모든 교회 치리회, 즉 심지어 총회와 다른 교회 사역을 위한 단체가 선교사와 교회 치리회에 영향을 미치는 경우
8) 목사후보생을 교육하는 방법이 다를 경우

교단이 다시 합동했을 때인 1869년까지 두 기관이 따로 존재했다.

7. 1857년에 신파 총회와 관련을 맺은 미남부의 6개 대회는 노예에 대한 보고서를 채택했기 때문에 탈퇴했다. 이들은 장로교 연합대회를 조직했다. 1859년에 미남부에 있는 2개의 또 다른 대회가 이들을 따라 탈퇴했으며 미주리 대회는 독립으로 남았다.

8. 1861년에 미남부에 있는 노회와 교회가 소속되어 있는 10개 대회가 탈퇴하였으며 1861년 12월에 또 다른 총회 아래 독립교단을 조직했다. 교단 명칭은 미국장로교회 총회The General Assembly of the Presbyterian Church in the United States라고 했다. 이유는 국가의 상황과 관련되어 있는데, 특히 노예제도에 대한 정치적인 문제에 대한 총회의 견해 때문이다. 1868년 총회에서 남부장로교회는 뚜렷하게 독립한

교회 단체로 인정받았다. 재연합을 위한 여러 차례 제안이 있었지만 1877년에 총회는 교단 연합을 열망할 때 현재 어떤 행동을 취하는 것이 적절하지 못하다고 결정했다. 그러나 남부총회가 조건에 따라 형제 관계로 입회할 의지가 있을 때마다 미국 북장로회 교단은 대표단을 보내고 받을 준비가 되어 있다고도 결정한 바 있다. 1877년부터 전신으로 인사를 교환했다. 1882년에 남부 총회는 다음과 같은 소식을 보냈다.

노회의 헌의를 답변하여 다음과 같은 보고서가 거의 만창일치로 채택되었다(3명은 부표). 완전하고 공식적인 우호관계를 가지는 과정에서 모든 난제를 극복하기 위해서 우리가 해야 할 일은 받아들일 준비가 되어 있는 것이며, 다음과 같은 사실을 채택한다. 즉 다시 말하면, "원리에서 비롯하지 않는다면 우리는 곧 후회를 하며, 우리 총회의 모든 표현을 하지 못하게 되며, 그것은 또 미국의 장로교총회GAPCUSA에 영향을 미치거나 공격적인 것으로 간주된다." 이 보고서 등본은 당시 일리노이 주 스프링필드에서 회기 중에 있는 총회에 전신으로 송부하여 세심한 기도를 부탁하였고, 상호간 의견 일치를 위해 준용하기로 하고 mutatis mutandis 앞으로 있을 대표단 교환을 위한 기초로 삼기로 했다.

본 총회는 준용mutatis mutandis이라는 동일한 언어를 서문에 사용하여 다음과 같은 결론을 전신으로 답변을 보냈다. "시행하는 과정에서 충성과 배반에 관한 것은 이전 총회들의 결정에 의존하지 않지만 분파와 이단과 신성 모독과 같은 주제들에 대한 결정들은 참고할 수 있다." 남부 총회는 "본 총회장이 귀 총회장에게 전신으로 보낸 총회의 결정은 귀 총회와 본 총회가 채택한 상호결정안을 변경하지 못하며, 앞으로 대표단을 보낼 준비가 되어 있다"고 답변했다.

총회장은 "바로 언급한 결정은 상호결정안을 설명할 뿐 변경하지 못하며 그 설명도 결정의 한 측면입니다. 이것은 행간이나 배후의 다른 뜻이 없었습니다. 본 총회의 해체는 목전에 있습니다. 오늘 저녁 우리는 최종회의로 모일 것입니다. 화요일 이전에 대표단을 교환한다는 것은 불가능하오니 오늘 당장 내년에 쌍방 총회에 파견할 대표단을 선정할 수 없을까요? 저희는 깊은 관심과 기도로 귀 측의 답변을 기다립니다"라고 답변했다.

남부 총회는 만장일치로 아래와 같이 세 가지로 결론지었다.

첫째, 본 총회는 PCA 총회와 우호적인 관계로 있는 우리 총회에 송부한 보고서에서 상호결정안을 분명하고도 완벽하게 피력한 조건사항에 매우 만족한다.

둘째, 우리는 양측이 다 동일한 신조와 헌법을 지니고 있다면 이제 더이상 이질감으로 책망을 받을 이유가 없으니 양측에 화평을 끼치는 이런 사건을 두고 진정으로 기뻐하고 하나님께 감사한다.

셋째, 이 늦은 시간에 서로 대표단을 파견하는 것이 불가능하다면 총회는 브라운 목사Rev. William Brown, 호이트 목사Rev. Thomas A. Hoyt, 이스츠 원로목사B. M. Estes를 다음 PCUSA 총회에 우리 교단의 충심 어린 성도의 축사로 보내기로 한다.

니콜스 목사Rev. Samuel J. Niccolls, 해이스팅스 목사Rev. Thomas S. Hastings, 존슨 목사Rev. Herrick Johnson, 프라임 목사Rev. S. Irenaeus Prime, 험프리 목사Edward P. Humphrey, 스트롱 명예 목사Hon. William Strong, 무어 명예 목사Hon. Samuel M. Moore를 차기 대표단으로 선정했다.

1882년에 총회는 "국내 전도국Board of Home Missions으로 하여금 미국 남부에 있는 자매 교단 교회와의 모든 갈등과 소모전을 피하는 데 최선을 다하고, 앞으로의 기독교 연합 정신으로 나아가야 한다. 우리는 쌍방의 이익과 증진을 위해 어떤 지역을 막론하고 남부 형제들과 협력할 준비가 되어 있음을 알린다"고 결론지었다.

1883년에는 다음과 같은 결정을 내렸다. "그리고 미국 장로교 큰 두 교단의 우호관계는 감사히 성립되었고, 가능하다면 주님의 나라 확장이라는 공동관심사를 이루기 위해 모든 사역과 수단을 동원하여 두 큰 교단의 공동협력을 이루기로 한다."

당시 켄터키 주 렉싱턴에서 회기 중인 PCUS남장로교 총회가 위원회를 구성하여 주께서 그의 종들에게 맡기신 위대한 사역의 어떤 부분이라도 협력의 방법이나 계획을 논의하기로 했으며, 그때 모인 총회는 또한 7인 위원회를 구성하여 관련한 위원회와 의논하기로 결정했다. 또한 독립적으로 결정하기보다는 서로 충심으로 협력하면서 보다 더 효과적으로 사역할 것으로 내다보았다. 또한, 이와 같은 위원회들은 1884년에 있는 양측 총회에 자신들의 결정사항을 보고하기로 결정했다.

이 위원회는 몇 가지 추천을 했는데 다음과 같다. 1. 총회 양측(남장로교와 북장로교)은 동수의 책임자와 이사진 그리고 교수로 구성될 것으로 하고 댄빌 신학교Danville를 공동으로 사용할 것. 2. 모금을 더 할 것. 각 교단은 자체 모금을 완벽하게 감독하면서 신학교를 위한 수입된 모금을 사용하고, 신학교 사용은 마음대로 이용할 것이 아니라 영구히 공동으로 이용하기로 했다. 또한 루이빌 신학교를 이동하는 것은 인정했다. 이 추천에 대해서는 북장로교 총회는 인정했지만, 1885년 남장로교 총회는 받아들이지 않았다.

본 총회는 다음과 같은 공동 결정안을 채택하였다. "본 총회는 우리나라(미국) 모든 지역에서 사역하는 권리를 인정하는 반면, 국내 전도부의 지도를 받는 이들에게 어떤 일을 할지라도 투쟁이나 허영심으로 해서는 안 될 것을 진심으로 권고한다. 그리고 이 사역을 진행하면서 조직 교회나 선교 사역과 관련해서 상대방 교단의 유익을 세심하게 존중해야 할 것이다. 연약한 교회들의 합병문제나 서로의 우호관계를 위협하는 불일치의 경우는 치리권을 가진 공동 노회 위원회에 위임할 것으로 결정한다."

계속하여 결정하기를 북장로교와 남장로교 간의 예우는 최근 형성된 서로의 우호관계에서 조성되어 가고 있을 때, 본 총회는 총회 소속 각 교회 당회나 노회나 대회에게 합당한 권징이 필요하면(mutatis mutandis: 약간의 변경은 허락하는 범위에서) 시행해야 한다고 했다. 북장로교를 대표하는 위원회는 협력하는 과정에서 발생하는 많은 난제들을 고려하면서 동시에 판단해 볼 때 이런 난제들을 효과적으로 제거하기 위한 방법은 바로 양측 장로교단 사이에서 유기적 연합을 일구어 내는 것이라고 말하는 것은 부자연스럽다고 했다. 한편, 또 다른 편의 위원들도 자신의 교단 결정을 언급하면서 어떠한 추천도 할 수 없고 유기적 연합에 대해 생각할 수 없다고 말하는 것은 적절하지 못하다고 했다.

1884년 대표단을 교환했으나 남장로교는 그 이후로 서신으로만 교류하기로 결정했다. 홀 목사Rev. John Hall, 무어 목사W. E. Moore, 베티 장로Ormond Beatyy는 위원으로 선정되어 PCUS와 서신 교류의 문제를 책임져서 다음 총회에 보고하기로 했다. 1885년 전보와 서신을 교환했고 이 우호적인 서신은 총회 회의록 부록에 기록되었다.

본 총회는 다시 우호 서신에서 대표단을 교류하는 것을 선호하고 교회사역을 협력하는 문제에서 남장로교의 애정어린 열망을 기대한다고 표현하고, 남장로교에서 온 서신의 정서를 채택하고 화답해 주었다. "우리 양 교단은 조화를 가지고 사역하고, 공동 이익을 위해 서로 사랑하고, 각자의 영역에서 번성하는 것이 교회의 위대한 머리이신 주님께 열정적으로 기도하는 것"임을 내용에 포함했다.

9. 1867년의 선언과 증거. 1865년 총회는 남장로교에서 온 이들을 영접하는 문제에 대해 어떠한 결정을 한다. 켄터키 대회와 미주리 대회에서 많은 목사와 장로가 '선언과 증거'라 불리는 문서에 서명과 함께 출판했는데 이후에 이것을 루이빌 노회가 채택했다. 이것은 총회가 "총회의 권위에 도전하고 모략하는 것이며 분파적이고 반역하는 것"이라고 선언했다. 그래서 서명한 자들에게 그들의 결정을 다시 한 번 고려하여 총회가 판단할 때 공격적이고 불경스럽게 여기는 언어를 취소할 것을 명했다. 그 중 더러는 지시대로 했지만 나머지는 노회들을 조직했고 미주리 독립대회를 조직했다. 이들은 1874년에 다시 남장로교단과 연합했다. 같은 해에 여러 목사들은 자신들과 교회들을 위하여 연합의 헌의안을 총회에 올렸다. 이 안은 찬성되었고 감사의 기도가 드려졌다. 그들은 개인적으로 몇 년 뒤에 돌아왔다.

제493문 총회 목회 서신 또는 회람 서신이란 어떤 것인가?

총회 서신은 총회가 채택하여 명령하는 것으로 각 지교회에 보내진다. 총회는 총회 결정에 대한 설명이 필요한 교회의 특별한 위급 상황 시에 총회 서신을 보낸다. 교리와 관련된 오류, 널리 행해지는 악행이나 죄악, 또는 교회 정치나 권징에서 나타난 불법 행위들에 대해서 경고하려는 경우에 총회 서신을 보낸다. 더욱 심오한 영적인 생활의 추구와 열심에 이르도록 권면하려는 경우에도 총회 서신을 보낸다.

제494문 헌법적 규칙이란 무엇을 의미하는가?

1805년 이전에는 헌법적 규칙Constitutional Rules이란 그 명칭이 상설 규칙Standing Rules이었다. 헌법적 규칙은 일단 제정된 후에는 총회라도 임의로 변경할 수 없는 헌법 조항이다.

제495문 헌법적 규칙은 어떤 방식으로 제정되는가?

총회가 헌법적 규칙을 제정하는 일을 시작하지만, 일반적으로 하회가 총회에 헌의하는 방식을 취한다. 만약 총회가 승인하면, 총회는 헌법적 규칙을 각 노회에 수의하여 찬성하도록 한다. 즉, 총회가 헌법적 규칙으로 제정하려고 제기한 규칙이 전체 교회에 마땅한 의무라면, 그에 앞서 먼저 헌법적 규칙을 모든 노회에 발송하는 것이 필요하다. 그리고 노회가 최소한 과반수 이상의 가결을 서면으로 제출하면 헌법적 규칙을 제정하고 공포한다. 모든 노회가 응답하지 않으면, 다음 총회 때까지 제정을 연기할 수 있다. 노회가 총회에 보고한 결정을 변경하려고 하면 총회가 최종적으로 계수하기 전에만 가능하다.

제496문 총회는 노회의 과반수 이상이 승인하였던 헌법적 규칙을 반드시 채택하여야 하는가?

총회는 각 노회에 수의한 후에 노회 과반수 이상이 찬성하면 마땅히 다음 총회에서 헌법적 규칙으로 공포해야 한다. 단, 1827년에 있었던 경우와 같이 노회가 수의한 안건 중에서 한 항목이라도 제외하고 표결한 것은 총회가 부결을 선언할 수 있다. 총회는 이것을 필수적인 것으로 여기고 노회에 다시 내려보내는 것을 합당히 여기지 않고 모든 것을 기각한다.

제497문 헌법을 개정하는 것이 가능한가?

미국의 경우, 1788년 총회 구성의 예비적 성격인 뉴욕 및 필라델피아 대회는 신앙 규범인 '신앙고백서, 대소요리문답서, 교회 정치, 권징 조례, 그리고 예배 모범'의 전반적인 개정을 명령하였다. 그리고 장로교회의 이 규범들을 개정된 헌법으로 채택하였으며, 3분의 2 이상의 노회가 개정을 제기하지 않을 경우에 변경할 수 없도록 결정하였다. 그리고 이후에 총회는 이런 사항들을 법으로 제정하였다.

신앙고백서는 교회와 국가의 관계만 수정했다. 대소요리문답서는 약간 수정하여 승인했다. 교회 정치, 권징 조례와 예배 모범은 1804년과 1821년에 수정했으며, 그 외 교리 부분과 신앙고백서, 대소요문답서는 그냥 두었다. 1804년 총회는 신앙고백서와 대소요리문답서의 어떤 부분도 변경을 시도하지 않았다고 선언하였다. 교회의 신조는 일단 한 번 정해지면 시대의 변화나 교단의 외부 상황에 의해 결코 적당하게 변경할 수 없다.

1844년 구파 총회의 위원회는 교리의 형식을 수정하기 위한 적법한 방식이 있어야 한다고 자신들의 의견을 제시한 바 있지만 대회의 오래된 법은 여전히 효력이 있다고 했고, 교리를 변경하기 위해서는 노회의 3분의 2가 찬성을 해야 한다. 반면, 헌법적 규칙은(나중 수정에 따라) 과반수 노회가 찬성하면 채택될 수 있다.

교단 합동 이후 많은 이들이 권징 조례의 변경을 희망하였다. 특히 절차의 단순화를 원했다. 1878년 다시 7인 목사와 5인 장로로 구성된 위원회는 현재 있는 교회 정치와 권징 조례를 변경, 수정, 첨가를 고려했고, 해 위원회로 하여금 다음 총회에 보고하도록 했다. 1879년 그 위원회는 보고를 한 다음 해에 권징 조례 수정본을 제출했다.

또한, 총회는 이 위원회의 사역에 대한 과정과 성격을 판단할 수 있다고 보고했다. 제출한 수정본을 출판했으며 총회의 모든 목사와 노회에 배포했다. 1881년 이 위원회는 과정을 보고하고, 권징 조례 2차 개정본을 제출했으나 교회 정치 수정본을 보고할 준비는 되지 않았다고 했다. 이 중요한 주제는 관심을 받기에 충분했다. 급진적으로 변경되는 것을 반대하는 소수 의견보고서도 제출되었고, 다음과 같은 설명을 곁들였다.
1. 수정위원회는 노회가 이미 채택하고 있는 대회에 관하여 두 가지 수정안을 현 교회 정치와 조합해야 한다는 것이다. 이 위원회가 교회 정치의 본문을 놓고 필요한 적용을 위해 개정안을 다음 총회에 제안할 것을 희망하고 있고 헌의하는 방식으로 개정안을 노회에 수의하도록 바라고 있다.
2. 이 위원회의 열심 있는 충성심은 인정하겠지만 교회 정치의 첫 번째 문장을 제외하고는 교회 정치 절반을 개정하지 않게 했다. 또한 권징 조례 수정본을 현재 있는 교회 정치에 맞추어야 한다고 설명했다.
3. 위원회가 현 권징 조례와는 본질적으로 동일하지만 반대와 부동의에 관한 특별한 장을 권징 조례 수정본에 삽입하라는 것이다.
4. 총회는 이 위원회에게 다음 총회 때 최종보고서를 제출하는 것은 중요한 일이라고 강조해야 한다.

총회가 수정위원회의 논의에서 교회 정치에 관한 것을 누락함으로써 교단 평안을 유지하는 것을 목표로 삼고 있다. 또한 총회는 맡겨준 사역을 수행하는 위원회가 지혜롭고 믿을 만하게 진행하는 절차를 의존하는 것만이 목표가 될 수는 없다고 결론지었다. 그러므로 권징 조례를 수의하도록 회부하는 것이 오히려 전적인 신뢰를 가진다.

1882년 교회 정치와 권징 조례 수정위원회의 보고는 다음 총회까지 보류한다고 결정했으며, 출판된 보고서는 노회가 보고 검수하기 위해 배포하고, 총회 서기는 복사본을 총회 소속 모든 목사와 당회에 배포할 것을 결정했다.

1883년 그 보고서는 면밀히 검토되어 합의하여 수정한 대로 만장일치로 채택되었고, 총회 서기는 예배 모범 10장을 고친 권징 조례 수정본을 노회 수의를 위해 송부했다. 또한 현재의 권징 조례와 예배 모범을 대신하여 제출한 권징 조례와 10장을 고친 예배 모범 수정본을 본 교단 헌법의 일부분으로 채택하고 노회 수의를 하도록 결정해 놓았다.

노회는 제출된 안을 가부로 결정할 것을 지시받았다. 찬성하는 노회는 수정본에서 노회가 동의하지 않은 부분을 삭제할 수 있는 특권이 주어지며 수정 헌의안을 할 수 있게 했으며, 노회 서기는 그 결과를 총회 서기에게 다음 총회 전이나 당일에 알리도록 결정했다. 1884년에 수정본이 채택되었고 다시 노회에 다른 부분을 하달하여 1885년에 채택되었다.

제498문 노회 투표 결과는 어떤 방식으로 입증되어야 하는가?

투표 결과는 반드시 본 노회장과 노회 서기의 서명날인으로 입증되어야 한다. 외국에 있는 노회는 총회 서기에게 자신들의 결과를 보내면 된다. 이때 총회 서기는 가능한 한 빠른 시일 내에 결과를 보고하면 된다. 1867년 구파 총회가 그렇게 결정했다.

제499문 각 노회에서 행한 투표 결과, 계수는 언제 하는 것이 좋은가?

1867년 총회 결정에 의하면, 모든 노회의 의견을 경청할 만큼 적당한 시간이 경과한 이후에 계수하여 보고하면 된다. 수령되지 못한 투표는 결과에 어떠한 영향을 주지 못한다.

제500문 총회는 얼마나 자주 회집할 수 있는가?

총회는 최소한 매년 한 차례 회집할 수 있다. 3년에 한 번 정도 회집해야 한다는 헌의도 자주 있었다. 그래서 1881년에 3년 만에 회집한다는 헌의가 받아들여졌지만, 대회 재구성에 관한 헌의를 채택하는 것을 포함한 다양한 변경들, 그리고 권징 조례 Book of Discipline와 교회 정치 Form of Government와 관련하여 심리 중에 있는 사건들 때문에 이 중요한 문제를 현재 결정할 수 없다고 만장일치로 결정했다.

제501문 총회는 속회로 회집할 수 있는가?

1846년에 "법이 금지하지 않는 한 경우에 따라 신중한 총회가 필요하다고 생각한다"고 하는 뉴욕의 켄트 총장Chancellor Kent의 의견이 인정되었다. 장로교 헌법에는 이 속회adjourned meeting에 대한 규정은 재량에 맡긴다. 1869년 5월 양측 총회는 뉴욕에서 회집해서 그 해 11월에 피츠버그 시에서 회집했다. 한편 총회는 제일교회에서 모였고 다른 측 총회는 제3장로교회에서 모였다.

제502문 총회 속회의 회원은 누가 되는가?

총회 총대들이 총회 속회의 회원으로 등록한다. 사망, 사직, 참석 거부로 인해 공석일 때, 노회가 공석이 된 총대를 보선한다. 신파 총회는 교단 합동을 위해 피츠버그에서 회집한 양측 총회가 속회를 개최한 것을 1869년 노회들에게 고지했다. 구파의 속회 총회에서 결정한 바에 의하면 총대가 결원이 되면 부총대alternates를 등록해야 한다고 했다. 다른 총회도 고지받았고 어떤 반대도 없었다.

제503문 총회는 임시회를 회집할 수 있는가?

신파 총회에서는 3년마다 한 번 총회로 모이는데 서기와 증경 서기단이 합의하여 총회장이 4개월 전 고지를 하고 비상시에 임시회pro re nata를 회집했다. 그러나 이 안은 10년간 지속되어 오다가 폐지되었다. 총회가 무기한 파회하면 회장은 그 총회를 해산하고 지정된 날짜와 시간에 만날 새로운 총회가 회집되는 것이다. 따라서 회장은 아무 권한도 없어지므로, 그가 새 총회에서 다시 총대가 되지 않으면 새 임원이 선출될 때까지 다만 설교하고 사회할 뿐 투표권은 없다.

제504문 총회는 언제 회집하는가?

총회를 목적으로 정해진 시일에 회집한다. 미국의 경우 첫 총회는 5월 셋째 주 목요일 11시에 회집하였다. 매년 총회 일시는 동일한 날, 동일한 시간에 했다.

제505문 누가 총회를 개회하는가?

직전 총회장이 출석한 경우에는 직전 총회장이 설교를 하고 개회한다. 만약 직전 총회장이 결석하면, 다른 목사가 대신하여 개회한다. 그리고 직전 총회장은 새 총회장이 선출될 때까지 사회를 본다.

1861년 신파 총회는 직전 총회장이 꼭 총대가 아니더라도 회의 질서를 유지할 권한이 있으며 결정권도 가지고 있고 필요하다면 의장결정투표 casting vote도 할 수 있다고 결정한 바 있다.

제506문 총회장이 결석하면 누가 총회를 개회하는가?

1835년 밀러 목사Rev. S. Miller-증경총회장가 설교를 했다. 총회 서기가 총회의 정숙을 요청한 후 총대이면서 출석한 직전 총회장이 사회를 해야 한다고 동의했다. 그러나 총회는 반드시 그가 총대일 필요는 없다고 보고 멕도웰 목사Rev. W. A. McDowell를 선정하여 총회장을 새로 뽑을 때까지 사회를 보도록 결정했다. 그는 증경총회장이었으나 총회 총대는 아니었다.

1843년 구파 총회는, 사회하는 자는 반드시 총회 총대이어야 한다고 결정한 바 있다. 1871년에 채택한 치리회 두 번째 규칙에는 총회장이 결석하면 출석한 직전 총회장이 하고, 그래도 여의치 않으면 출석한 연장자가 새 총회장이 선출될 때까지 대신해야 한다고 요구하고 있다. 1880년에 '출석한 직전 총회장'이라는 말 앞에 '총대이면서'라는 말을 삽입하여 수정했다.

제507문 총회의 개회 절차는 어떻게 진행되는가?

총회장이 설교한 후에 기도로 회기를 시작한다. 일반적으로 이전 총회에서 임명된 준비위원들이 부분적인 심의에 관한 보고를 한 후 휴회를 하고 상임위원회(현 총회 서기나 증경 서기단)가 총대에 대하여 보고한다. 그리고 상임위원은 비정규적인 총대 Irregular Commission를 특별위원에게 위탁한다.

총대 명부가 완성된 후 회장 후보자를 공천한다. 이때 모든 총대는 후보자로 공천될 수 있다. 아울러 후보자들도 투표할 수 있으며 사퇴할 수 있다. 표결은 구두로 이루어지며, 득표 과반수로 회장이 선출된다. 위원 중 한 명이 선정되어 새로 선출된 회장을 회장석으로 인도한다. 이전 회장은 다음과 같은 인사말을 하고 회장직을 인계한다.

"나의 임무는 귀하가 이번 총회의 회장직에 정식으로 선출되었다는 사실을 귀하에게 통지하고 아울러 총회에 알리는 바입니다. 나는 귀하가 회장의 직분을 통해 모든 총회 업무를 잘 수행하고, 심혈을 기울여 신중하게 이번 총회를 잘 인도할 수 있도록 하기 위하여, 총회가 제정한 치리에 관한 회칙(재판 규칙)을 수록한 책을 귀하의 손 위에 둡니다. 귀하에게 제출된 사건 심리를 집행할 때 귀하가 이 회칙에 따라서 신중하게 준수할 것임을 나는 의심하지 않습니다. 그리고 전능하신 하나님께서 주의 이름에 영광을 돌리며 교회PCUS의 덕과 위로가 되도록 이번 총회의 모든 회무를 지도하시고 복 주시기를 기도합니다. 나는 지금 총회장으로서의 자리와 직분을 사임하며 귀하에게 그 직을 전수합니다."
새로 임명된 총회장은 일반적으로 자리를 물려받을 때 간결하게 인사한다. 그리고 총회는 회의를 진행한다.

제508문 총회장은 재선되어 섬길 수 있는가?

총회장의 재선을 금지하는 규정은 없다. 그러나 관례상 재선을 허락하지 않는다. 왜냐하면 지금까지 총회장으로 재선된 경우가 없었기 때문이다.

제509문 총회장은 두 번 거듭하여 투표권을 행사할 수 있는가?

어떤 치리회에서든지 투표가 무기명으로 행해질 때, 총회장은 다른 회원들과 함께 투표하지만 치리회의 투표 결과가 가부동수可否同數가 되어도 회장은 다시 투표할 수 없다. 투표를 하지 않았더라도 그 안건은 부결된다. 즉, 가부동수인 경우에 회장이 이미 투표를 했다면 그는 다시 의장결정투표 Casting Vote를 할 수 없다.

제510문 총회장은 어떤 때에 회장석을 이석할 수 있는가?

만약 심리 사건에서 회장이 상소 치리회의 일원이거나 사건의 원피고인이 되면 회장은 그 자리를 유지할 수 없고, 직전 총회장이나 총회가 선임한 사람이 대신 그 자리에 앉을 수 있다. 1866년 구파 총회에서 이전 총회장인 로우리 목사 Rev. J. C. Lowrie가 출석한 것같이 보이나 투표로 크레즈 목사 Rev. J. M. Krebs-1845년 총회장 역임를 회장석에 앉도록 했다. 또는 부총회장이 회장의 직무를 대신할 수 있다.

제511문 총회 총대는 심의와 투표를 언제 할 수 있는가?

총회 서기가 총대 명부에 그 이름을 기재하고, 그의 총대 천서를 검사하고 총회 명부에 철하여야 비로소 총회 총대는 심의권과 투표권을 행사할 수 있다.

제512문 총회는 어떻게 개회가 되고 또 폐회가 되는가?

총회는 개회할 때와 폐회할 때에 항상 기도를 한다. 그리고 총회의 전체 회무가 완료되고 현재의 총회를 파회하는 것으로 가결될 때, 총회장은 의장석에서 아래와 같이 발언한다.

"교회가 내게 위탁한 권세로, 나는 이 총회의 파회를 위해 산회를 선포합니다. 그리고 나는 다음 총회가 이전과 같은 방식으로 내년 (   )월 (   )일 (   )시에 회집하기를 명합니다."

그런 다음, 총회장은 기도하고 감사를 표하며 축도를 한다. 기도와 축도와 더불어 합당한 시편이나 찬송을 부른다. 1879년에는 총회장이 파회를 하면서 위의 형식에다 아래와 같이 몇 마디를 첨가했다. "위스콘신주, 매디슨 제일 장로교회에서." 그러나 총회가 회집할 때 실제로 언급한 곳에서 모이지 않았고 주의사당에서 모였다.

기록에 보면 총회 장소를 선정하는 투표에 건물은 언급되지 않았다. 다음과 같은 결정이 이루어졌다. "총회장이 아닌 총회가 회집 장소를 정할 권리와 권한이 있는 것이다." 총회는 매디슨 시를 총회 장소로 정하고, 장소를 계속 찾고 있었다. 이 총회는 주의사당으로 장소를 정했고 위스콘신 주지사가 호의와 친절을 베풀어 주어서 이루어졌다. 주의사당에서 회집하는 것은 합법적일 뿐 아니라 직전 총회의 규칙과 교회의 헌법에도 결코 위법이 아니다.

1883년에는 총회의 회집 장소로 영구한 장소를 신중하게 검토하기 위해 위원회가 구성되었다. 이듬해 그 보고는 당분간 보류되었다.

4부

한국 선교의 개척자 언더우드

여러분은 자기를 위하여
또는 온 양 떼를 위하여 삼가라
성령이 그들 가운데 여러분을 감독자로 삼고
하나님이 자기 피로 사신 교회를
보살피게 하셨느니라

행 20:28

제13장

장로, 집사 선거 및 임직

제513문 교회 직원에 대한 선거와 임직에 대하여 모든 교회에 구속력이 있는 명확한 규정을 두어야 하는가?

교회는 하나이다. 그러므로 지교회의 직원은 전체 교회에 대한 의무를 가진다. 그 중에 가장 중요한 의무는 각 치리회에서 주어진 역할을 수행하는 것이다.

치리회에서 교회 직원은 '교인의 대표'로 서로 만나 활동하는 것인즉, 선거와 임직도 동일한 방법으로 하는 것이 당연하다. 교단 통합안(486문 참조) 아래 교회 치리회에서 임직받지 않은 자를 두는 것은 상당히 사회적이고 헌법에 맞지 않는다. 교회 직원과 치리회에 대해 정의한 후, 교회 직원이 교회 규정에 따라 각자 직무에 맞게 임직을 받는 방법에 대해 설명을 하고, 의무를 수행함에 있어서 통제를 받는 어떤 원리에 대해서 설명하는 것이 적절하다.

제514문 교회 직원은 어떤 방식으로 선출되는가?

모든 지교회는 사람을 선택하여 치리 장로와 집사의 직분을 맡도록 한다. 이때, 지교회는 가장 많은 지지를 받는 방법에 따라 직원을 선출한다. 선출에 대한 교회 원칙은 동일해야 한다. 그러나 이것을 수행하는 방법은 지교회마다 차이가 있을 수 있다.

장로와 집사는 반드시 교인들에 의해서 선출되어야 하지만, 직접선거든지 간접선거든지 그 결정은 각 지교회의 관례에 따라서 이루어진다. 그러나 무흠 교인들이 공동의회에서 무기명 투표로 직접선거 하는 것이 각 지교회에서 널리 통용되어 왔다. 1827년에 이 문제에 대해 지교회의 권리를 인정하면서 장로 선출에서 교인의 직접선거가 헌법 정신에 부합되는 것으로 인정되었다. 가장 많은 지지를 받고 사용되는 방법은 교인들의 투표에 의해 선출하는 것이다. 여기서 교인이란 오직 지교회의 무흠 입교인만을 의미한다.

제515문 선거일시는 누가 결정하는가?

교인들이 선거일 결정을 당회에 청원할 수도 있으나 당회가 전권으로 판단하여 작정한다. 당회가 이를 거절할 경우에 교인들은 노회에 소원할 수 있으며, 노회는 당회에 공동의회 소집을 명령할 수 있다. 당회는 선출할 인원을 제안하고, 후보자를 공천할 수 있다. 그러나 당회는 선거의 자유를 간섭하지는 못한다.

제516문 불법 선거는 무효가 되는가?

당회나 상회의 결정 없이 교인들이 임의로 공동의회를 소집하는 것은 불법이다. 1856년에 구파 총회는 총회 앞에 올라온 사건에서 선거를 무효화할 만큼 불법성이 충분하지 않다고 결정했으나, 그렇게 선출된 장로와 집사는 교회가 그들이 직무할 수 있게 받아들이도록 노회가 결정할 때까지 시무정지할 것을 권고했다. 1835년 총회는 일정 기간 동안 장로로 선출되는 것은 불법이라고 선언한 바 있지만 이미 선출된 그들의 임직은 무효처리할 수 없다. 1798년에 담임목사에 의해 선출되어 교인의 선거 없이 장로로 임직받은 이들이 더러 있었다. 하지만 총회는 그들이 더 이상 장로가 아니라 단지 일반 교인에 불과하다고 선언한 바 있다.

제517문 장로와 집사 선거에서 누가 투표할 수 있는 권리를 가지는가?

1822년 총회는 무흠 입교인만이 투표할 수 있게 하는 것이 바람직하다고 선언했으나, 어떤 교단에서는 관례상 무흠 입교인이 아닌 자들에게도 투표할 수 있도록 허용하기도 했다. 그렇지만 그런 선거도 무효로 해서는 안 된다고 했다.

장로는 교인의 대표이고 동시에 교회에서 영적으로 감독한다. 그리스도의 보이는 왕국에 속하지 않은 세례 받지 않은 자는 직원을 선출할 권리가 없고, 교회 안에서 치리를 시행할 직원을 결정할 권리가 없다. 1885년 구파 총회는 이전 총회의 결정에 따라 무흠 교인만이 장로를 선출해야 한다는 교회 정치가 가장 어울리는 것이라 판단했다. 집사 선거에도 마찬가지의 규정이 적용된다. 장로와 집사, 즉 교회 직원의 선거는 함께 시행되어야 한다.

무흠 입교인이라도 징계를 받고 있어 교인의 특권이 정지된 자는 당연히 장로와 집사 선거에서 투표할 수 없다. 별명부reserved list에 이름이 올라 있던 자는 당회가 소환하여 자신의 품행에 관하여 문답하고 교인 명부에 옮기기 전까지는 투표할 권리를 주장할 수 없다. 1865년 총회는 그렇게 결정했다. 이 규정은 2년 동안 예배에 출석하지 않았던 자에게도 적용되었다. 이들과 달리 당회는 시벌 중에 있는 자가 적절하지 않다고 했다. 1859년 신파 총회는 무흠 입교인이라면 미성년자라도 투표할 수 있다고 했고, 투표에 있어서 나이를 구분한다는 것은 장로교의 원리나 관례에 반하는 내용이라고 선언한 바 있다. 또한 1882년 총회는 오로지 무흠 교인만이 투표할 수 있다고 결정했다.

제518문 장로와 집사로 선출될 수 있는 자는 누구인가?

어떤 경우든 장로와 집사로 선출될 자는 반드시 본 교회 남자 무흠 교인이어야 한다. 물론 남자 무흠 교인 중에서도 성경에서 보여 주는 자격을 갖추어야 하고 자신들의 의무를 필요적절하게 수행할 은사를 지닌 자여야 한다. 또한 본 장로회의 신조를 신실하게 받아들이는 자여야 한다. 만약 목사가 사역을 하지 않고 사직을 했다 하더라도 장로와 집사로는 선출될 수 없다. 목사는 기능상 노회의 회원이기 때문이다. 외국 선교지에서는 목사가 일시적으로 따로 특별히 구별해 세우지 않고 장로의 직분을 수행할 수도 있다.

제519문 장로와 집사로 정당하게 선출된 자는 그 직분을 사양할 수 있는가?

교회 직분을 주신 분은 하나님이시다. 하나님은 말씀과 섭리, 그리고 성령을 통하여 그의 뜻을 알리고자 하신다. 그러므로 개인적인 기분에 따라personal preference 직분을 수락하거나 사양하지 않아야 하고, 단 다음과 같은 사항들을 기도함으로 신중하게 고려하여야 한다.

1. 하나님은 하나님의 말씀에 기록된 대로 장로와 집사의 자격과 본분을 부여하신다.

2. 하나님은 장로와 집사를 선출하는 일에 있어서 교인들을 지도하신다.
3. 하나님의 섭리하심이 각 사람에 대한 그의 뜻을 분명하게 하신다(마 10:5~42, 행 20:28, 딤전 5:17, 롬 12:6, 행 6:1~6).

남장로교에 따르면, 교회에서의 통상적인 직분은 선한 양심이라는 내적 증거를 통해서 작용되는, 성령에 의한 하나님의 부르심이다. 또한 하나님의 백성들이 명백히 인정하는 것과 아울러 하나님의 말씀에 의해서 그리스도의 신성한 교회가 내리는 합법적인 판단이 있어야 한다. 장로와 집사의 직분에 선출된 자는 마땅히 이 모든 것을 깊이 생각하고, 하나님의 뜻에 따라서 자신이 자발적으로 직분을 수락했다는 사실을 분명히 할 때 비로소 따로 구별해 세워져야 할 것이다.

제520문 장로 및 집사 장립이란 무엇을 의미하는가?

장립이란 기도와 안수에 의하여 한 사람을 교회 직분자로 엄숙하게 구별해 세우는 신성한 의식이다(행 6:6, 13:2~3, 딤전 4:1~4). 안수imposition of hands는 사도의 모범을 따르는 것으로 총회의 판단에 의하면 안수는 적절하고 타당한 것이다. 그러나 지교회는 다른 장립 방법을 받아들여도 상관 없으며, 안수 없이 단순히 기도만으로 장립할 수 있다.

제521문 장립과 임직은 어떻게 구별되는가?

장립ordination은 직분의 자리로 인도하여 치리 장로나 집사가 되게 하는 것이며, 임직installation은 지교회에서 장로나 집사 같은 직분을 수행하도록 권한을 부여하는 예식이다. 치리 장로나 집사가 다른 교회로 옮길 때, 다시 장립 받지 않고 여전히 그 직분을 유지한다. 그러나 반드시 옮긴 교회에서 임직을 받아야 한다.

제522문 장립식과 임직식은 필수적으로 거행해야 하는가?

장로로 선출된 사람은 아직 장로가 아니기 때문에 장립이 될 때까지는 당회나 다른 치리회에 참석할 수 없다. 뿐만 아니라 임직받을 때까지 지교회와 어떠한 공식적인 관계도 가질 수 없다. 만약 임직을 받은 장로나 집사가 교회를 옮기거나 어떤 이유로 직분을 수행하지 않는다면, 다시 선거를 하여 임직을 받아야 한다.

1868년 신파 총회는 만약 장로가 이명증서를 발급받아 사용하지 않고, 사용하지 않은 데 대한 만족할 만한 사유와 함께 증서를 반납하면 교회의 회원으로 다시 회복된다고 결정했다. 또한 그렇게 함으로써 지교회의 시무장로로 복귀한다고도 했다.

제523문 장로 및 집사 장립식은 어떤 방식으로 거행되는가?

1. 목사는 설교한 후에 치리장로나 집사 직분의 근거와 성격에 대해서 간략하게 언급한다. 또한 목사는 직분받는 자가 직분을 감당하기에 합당한 성품을 가지며 주어진 본분을 잘 수행할 것에 대해서도 언급한다.
2. 장립받을 후보자는 교인들 앞에서 질문에 답함으로 헌법에 근거한 장립 서약을 한다. 그리고 교회는 그를 기꺼이 받아들이고 주 안에서 순종할 것을 서약한다.
3. 그 다음 그는 장로 및 집사의 장립을 받는다.
4. 목사는 직분받은 자와 교인들에게 맡은 바 책임에 대해서 권면한다.
5. 교인들 앞에서 당회원들은 장립받은 자와 교제의 악수를 한다.

제524문 장로 및 집사 장립식은 누가 주관해야 하는가?

지교회의 담임목사가 장립식을 주관한다. 만약 지교회가 설립 중에 있으면, 노회의 설립위원회 위원장이 장립식을 주관한다.

장립에 관하여서는 견해 차이가 있다. 장립할 수 있는 권한이 목사에게만 있으며, 목사만이 일반 성도에게 안수할 수 있다는 주장이 있다. 또한 목사 장립 시에 장로의 안수를 인정하지 않는 반면에, 장로는 장로 및 집사 장립식의 안수에 목사와 함께 참석해야 한다는 주장도 있다. 이처럼 안수에 관한 것은 애매하나 분명한 것은 목사가 장립받을 자를 기도로 구별하여 세운다는 것이다. 그러므로 다음과 같은 결론에 이를 수 있다. 안수는 필요하다면 오직 목사 장립 시에만 행하여진다.

1851년 구파 총회는 "장로와 집사 장립에 현직 장로가 안수하는 예식이 헌법에 반하는 것인지 합당한 것인지 결정해 달라"는 헌의를 받았다. 이에 대해 결론은 ＿＿＿＿＿＿ 교회의 당회는 그 헌의에 대한 답으로 "1842년 총회 회의록을 참고하라"고 하였다. 또한 이에 대해서 장립하는 방식, 즉 안수하든지 아니면 단순히 기도로 하든지를 결정하는 것은 지교회 당회의 재량에 맡긴다고 했다.

교단 분열 전에 1833년 총회는 안수는 인식컨대 많은 교회에서 실시되고 있고 사도의 모범에 따라 하기 때문에 그것은 합당하고 합법적이라고 선언했다. 이에 대해서 모든 교회가 가장 적절하다고 여기는 대로 두 가지 방법 중 하나를 택하는 것이 좋다.

제525문 장로나 집사는 교회 규범들을 받아들여야 하는가?

헌법은 이런 사항을 요구한다. 그리고 무흠 입교인communicant은 그리스도의 구속에 대한 신앙고백에 근거하여 받아들여지고 그 외에 또 다른 조건들은 요구되지 않는다. 반면 장립된 자가 교회 직원이 되는 경우에는 직무상 본 치리와 권징 문제를 다루고 또한 교리 문제 등을 다른 치리회에서도 다루는 입장이 되기 때문에 반드시 교회 규범들을 수용하고 찬성해야 한다.

제526문 장로와 집사는 장립식 때 어떤 서약을 해야 하는가?

장립식에서 해야 할 서약에는 헌법과 관련된 문제들이 포함된다. 교회 앞에서 목사는 장립받을 자들에게 아래와 같이 서약문답을 한다.
1. 당신은 신구약 성경이 하나님의 말씀이며 또한 신앙과 행위에 대하여 정확무오한 유일의 법칙임을 믿습니까?
2. 당신은 본 장로회 신조가 신구약 성경의 교훈한 도리를 포함한 것으로 성실한 마음으로 받아 신종합니까?
3. 당신은 본 장로회PCUS의 정치와 권징 조례를 승낙합니까?
4. 당신은 이 지교회 장로(혹 집사)의 직분을 받고 하나님을 의지하여 진실한 마음으로 본직에 관한 모든 의무를 힘써 행하기로 서약합니까?
5. 당신은 본 교회의 화평과 연합과 성결함을 연구하기로 서약합니까?

제527문 장로 및 집사 임직은 어떤 방식으로 거행되는가?

지교회에서의 직분을 수행하는 것과 관련하여서, 임직받는 자는 임직식에서 넷째와 다섯째 서약문을 예식의 일부로 포함한다.
장로나 집사로 선출된 자가 위의 질문에 "예"라고 대답하면, 목사는 본 교회 교인들에게 다음과 같은 질문을 한다. "이 교회 교인들인 여러분들은 장로(또는 집사)로 선출된 이 사람을 치리장로(또는 집사)로 인정하고 받아들이겠습니까? 그리고 하나님의 말씀과 교회 헌법에 의하여 여러분에게 직분을 주신 주 안에서 존경과 격려와 순종을 통하여 그를 따를 것을 여러분은 서약합니까?"
교인들이 오른손을 들어 승낙의 뜻을 표하면, 목사는 기도함으로 치리장로(또는 집사)의 직에 장립받을 자를 구별하여 진행한다. 그가 이미 장립받은 자이면, 교인들이 서약한 후에 목사는 그를 그 교회의 장로(집사)로 공포한다. 그리고 목사는 임직받은 자와 교인들에게 경우에 합당한 권면을 한다.

제528문 교제의 악수 혹은 악수례란 어떤 의미를 가지는가?

당회원들은 임직식이 끝난 후에 교인들의 면전에서 새로 임직된 장로의 손을 붙잡고 다음과 같이 말한다. "당신이 우리와 같이 이 직분에 참여하게 되었으니, 우리는 당신에게 악수례giving the right hand of fellowship를 청합니다."
이미 임직받은 자들이 새로 임직받은 자를 엄숙하게 공식적으로 인정하는 것이며, 그리스도의 교회 안에서 책임감을 가지고 수고할 임직자를 동역자로 환영하는 것이다. 또한 일치된 마음으로 협력할 것을 약속하는 것이다(갈 2:9).

제529문 당회석에 앉거나, 치리 과정에 참여하기 전에 선출된 장로의 장립식과 위임식은 반드시 필요한 것인가?

필요하다고 1868년 신파 총회가 결정했다. 장립받지 않은 사람이 포함된 당회가 행한 치리는 무효한 것으로, 이것은 불법이며 피고에 대한 구속력이 없다.
1849년 구파 총회는 장로가 장립해 준 그 당회와의 관계를 정리할 때 같은 교회나 다른 교회에서든 상관없이 장립 받은 자는 정식으로 직분을 감당하기 전에 반드시 위임식을 해야 한다고 선언했다. 그리고 1878년 총회가 이를 재확인했다. 순번 장로가 계속하거나 처음 선출받은 기간이 만료된 후 자기 직무 수행에 관해서도 다시 회복하거나 관계없이 동시에 적용되었다.

제530문 장로와 집사 직분은 모두 항존직인가?

치리 장로와 집사의 직분은 모두 항존직이다. 그러므로 이 두 직분에서 임의로 사퇴할 수 없다. 그러나 두 직분이 항존직이므로 지교회에서 시무 기간은 교회의 재량에 맡긴다.

제531문 치리장로나 집사는 어떤 이유로 시무를 중단할 수 있는가?

1. 임직받은 교회에서 이명하였을 경우
2. 재판 결과 면직되었을 경우
3. 직분을 수행할 수 없을 정도로 나이가 들었거나 육체적 질병으로 허약할 경우
4. 이단이나 부도덕한 행위는 아니라도 그가 속한 교회 교인 과반수 이상이 그의 시무를 원치 않을 경우
5. 상회의 결정을 복종할 수 없어 스스로 사임하는 경우
6. 상회의 권고나 명령을 받았을 경우
7. 시무 기간이 만료된 경우

제532문 장로나 집사가 이명한다면 직무상 관계(official relations)는 언제 종결되는가?

교회가 치리장로나 집사에게 이명서를 발급하여 보내면, 그때부터 그 교회와 직무상 관계는 종결된다.

1867년 신파 총회가 그와 같이 결정했으며 이듬해 다음과 같이 덧붙였다. "그가 만약 그 이명증서를 사용하지 않고 당회가 납득할 만한 이유를 갖고 되돌아왔다면, 당회는 이명증서를 접수하고 그를 본래 직분으로 복직시킨다." 새로운 '권징 조례'는 단순한 이명증서의 반환으로 복직이 결정되지 않는다고 명시하고 있다.

제533문 장로나 집사의 수찬정지에는 정직이 포함되는가?

장로나 집사는 반드시 무흠 입교인이어야 한다. 그런데 만약 그가 수찬정지suspenson from the communion로 회원의 신분을 상실한다면, 장로나 집사의 직분도 정직된다. 그리고 교회 안에서 특권들을 회복한다고 해서 직분에 복귀할 수 있는 것은 아니다. 특별하고도 명백한 당회 결정과 교인들의 동의가 없으면 직분 수행을 위하여 복귀할 수 없다. 그러므로 수찬정지에서 회복되더라도 그를 계속 직무 정지에 둘 수 있다. 반면 직무상 불성실하여 장로직이 정직되었더라도, 그것이 무흠 입교인communicant으로서의 불성실은 아니므로 수찬정지의 징계를 받지 않는다.

제534문 무임장로는 치리회의 회원으로 참석할 수 있는가?

1835년 총회는 무임장로는 치리회의 회원으로 참석할 수 없다고 선언한 바 있다. 1875년에는 이것을 취급하는 '교회 정치'의 장에 8번째 항목을 삽입하였는데 그 내용은 장로를 선출하여 시무기간에 시무케 하고 시무기간이 종료된 장로라도 당회나 노회가 임명하는 경우에는 상회에 총대로 참석할 수 있다고 넣었다.

제535문 교회 직분자의 직무상 무능함을 누가 판단할 수 있는가?

자신 스스로가 무능함을 의식하고 있어야 하며, 담임목사나 당회가 그에게 그 사실을 알려 주어야 한다. 담임목사와 당회는 그에게 합당한 조언자들이다.

제536문 당회는 직무를 행할 능력이 없는 직분자를 어떻게 처리하는가?

치리장로나 집사가 불법으로 판단되는 일을 하거나 그렇지 않더라도 교회에 덕을 세우지 못할 만큼 교회 봉사에 무능할 때는 당회가 그 문제에 대해서 처리한다. 당회는 사실을 당회록에 기록하되 문제가 발생하게 된 이유도 덧붙여서 기록한다.

문제의 당사자가 인정하지 않을 경우에 노회의 권고가 없으면 문제로 인정되지 않는다. 그가 인정하면, 당회는 현재의 직분에서 그를 해임한다. 이런 경우에 장로 직분은 유지하되 무임장로가 된다. 그가 해임을 인정하지 않을 경우, 노회가 당회록을 재검토하여 그에게 장로 시무를 중지하도록 권고하거나 당회가 이 문제를 위탁판결이나 청원에 의해서 노회에 제기한다. 그의 무능함의 이유가 범죄 때문이라고 판단되면, 그를 법적인 판결과 치리를 받게 해야 한다.

제537문 장로나 집사의 직무상 무능함을 어떻게 확인하는가?

직무상의 무능함이 분명하고 그 상태가 더욱 심각해질 경우에, 당회는 직분자에게 그 사실을 주지시키는 정당한 권한을 가지는 기관이다. 직무상 활동 또는 특별한 사정 때문에 발생한 약간의 불만은 여기서 고려되지 않으며, 이런 불만이 그를 직분에서 물러나게 하는 이유가 되어서는 안 된다. 그러나 직분자에 대한 불만이 계속되고 그 불만을 제거할 수 없어 그가 직무를 수행하는 데 방해가 된다면 교회는 영구히 그를 받아들일 수 없는 경우이다. 하지만 그 직분자가 자격을 갖추었는지 조사하기 위해 청원하거나 회의를 소집하는 것은 분명하게 교회의 일치와 안녕에 맞지 않고 해로운 것이다.

1863년 구파 총회는 대회가 위원회로 하여금 ○○교회의 당회원 중 교인이 받아들일 수 없는 이가 있는지 없는지 조사하기 위해 방문했다는 소원을 인정했다. 그리고 1867년 총회는 "지교회 당회가 교인들에게 시무장로의 전체 혹은 부분을 인정할 것인지 그렇지 않을 것인지를 제안할 수 있는지와, 교회로 하여금 교인이 투표하여 이 문제를 해결해야 하는가"를 질의한 적이 있다. 그 질의에 대한 답변은 "지교회 당회원을 받아들이지 않을 경우 그 문제는 당사자 쌍방이 우호적으로 취급할 수 없으므로 적절한 방법은 사건의 필요에 따라 '교회 정치'의 조항에서 요구하는 지시를 노회가 내리도록 제안하는 것이다"라고 답변했다.

제538문 당회의 청원 없이 노회는 장로나 집사의 사임을 요구할 수 있는가?

1869년 총회는 '교회 정치' 10장 8조를 들어 "노회는 관할하에 있는 지교회를 방문하여 교회 형편을 살피고 악을 바로 잡으며, 교회의 영적 성장에 관련된 일이라면 무엇이든지 당회의 청원 없이 명령할 권한을 가진다"고 했다. 물론 당회나 해당 장로는 노회가 부당하게 권한을 사용하였을 경우에 상회(대회 혹은 총회: 역자주)에 소원할 수 있다.

제539문 노회는 사임한 장로의 복직을 명령할 수 있는가?

해당 장로는 당회의 결정에 동의하여 시무장로를 사임하였으면 이 경우는 당회의 재판결과judicial action가 아니기 때문에, 노회는 그 결정을 번복할 만한 권한이 없다. 이런 부분에 대해서는 당회가 명령한 것을 따라야 한다. 그리고 해당 장로는 오직 지교회에서의 새로운 선거를 통해서만 복직될 수 있다.

제540문 장로가 시무를 거절하고 교회를 떠난다면 여전히 본 교회의 장로가 되는가?

장로가 시무를 거절하고 본 교회를 떠나면, 당회는 그가 떠난 사실을 공포하거나 장로로서 부적절한 행동을 한 그를 기소하여 재판해야 한다.

제541문 치리장로는 임기를 정하여 선출할 수 있는가?

지교회가 무흠 입교인 투표에 의하여 일정 기간 동안 시무할 치리장로를 선출하는 것이 가능하다. 장로 직분은 항존직이지만 직분과 직무의 이행과는 엄연히 구별이 있고 시무장로와 직무를 이행하지 않은 장로(즉, 그를 장로로 선출한 교회의 경계선을 넘어서 가버린 장로)와의 구별도 있다. 이런 사실은 1875년 첨가되었다. 교회 헌법은 장로 직분을 그만두거나 연로하여서 시무할 수 없을 때까지 장로 시무를 계속 이행할 것을 분명하게 명령하였다. 1857년 구파 총회의 결정에 따르면, 장로의 직분이 임시직이라고 하는 헌법 수정안을 노회에 내려보내는 것은 적절하지 못하다고 했다.

1869년 재판사건은 지교회가 임기제로 장로를 선출하는 일은 불법이라고 했다. 교단 연합 이후, 1872년의 재판사건에서 이 문제를 다루었고 최종 투표 145대 173으로 결정해 그 소원(일정 기간 동안 장로 선출하는 것에 대한 반대 소원)을 인정하지 않았다. 채택한 내용은 다음과 같다. "이 사건은 장로와 집사 선거에 관한 법 해석의 문제를 판결하는 형식으로 제출하는 듯 보이나 총회에 참석한 많은 사람들이 그 문제와 별개로 생각하고 있다. 그러므로 총회의 결정을 규정해 보면, 어떤 경우에서도 실제 장로 직분은 영구한 것이거나 임기를 정해야 한다고 총회가 결정했다고는 볼 수 없다. 장로 직분이 영구적이지만 각 시무년한은 지교회에서 정한 법에 따라 지교회의 재량에 맡겨져야 한다."

이듬해 많은 헌의안이 제출되었고 7인 위원회를 구성하여 1874년 총회에 보고했고 각 노회에 수의안을 내려 보냈다. 1875년에 찬성 101표, 반대 36표, 무효 3표로 채택되었다고 선언했다. 그래서 제8조가 첨가되었고 새로운 안(장로 윤번제 혹은 장로 임기제) 혹은 이전 안 (현재 교단에서 실시하고 있는 장로 항존제)을 채택할 것인가를 결정하는 것은 각 지교회에 맡겨졌다.

제542문 얼마 동안의 임기를 두고 장로가 선출되는가?

장로의 임기는 3년을 넘지 못한다. 그리고 당회는 크게 세 종류의 장로로 분류된다. 그 중 한 부류의 장로는 매년 선출된다. 교회가 임기의 장로 선출을 결정할 때, 장로는 구별되어 따로 장로 직무를 담당하도록 세우는 것이다. 초기 임명 시 발생된 효력에 의하여, 시무장로는 지교회에서 시무장로의 직을 사임한다. 물론 장로는 새로운 선출 계획에 따라서 재선될 자격이 있다.

처음 선거에서 세 종류가 형성되지만, 선출 방법이 결정되는 것은 아니다. 교회 관례에 따라서 세 가지 방법이 있다.

1. 교회는 선출될 장로의 수를 결정하고 선거 절차를 밟는다. 이때, 선거 임기는 각각 시무장로에 따라서 1년, 2년, 3년으로 한다.
2. 교회는 필요한 수의 장로를 선출하되, 그 이름을 알파벳 순서대로 배열하고 장로 시무기간에 따라서 1년, 2년, 3년의 세 가지 분류로 배분한다. 그렇게 하여 1837년에 해외선교부가 효과적으로 되었다.
3. 교회는 필요한 수의 장로를 선출하되, 장로에게 세 종류의 장로를 효과적으로 분류할 방법을 결정할 권한을 부여한다.

첫 번째 선거 후, 매년 선출되는 장로는 3년 동안 시무한다. 총회 부서에 관한 총회 관례에 따라 판단해 보면, 어떤 이유로든 사임한 장로의 임기가 끝나지 않은 기간에 시무하도록 장로를 선출하는 선거는 타당하다. 당회는 장로를 오직 1년, 2년, 3년 임기의 세 종류로만 배분할 수 없다. 세 부류의 장로는 가능한 거의 동수로 선출하며, 선거는 매년 실시한다. 단, 임기가 종료된 장로는 재선에 임할 수 있다. 사실 총회는 일반적으로 상비부원들을 재선하여 중단 없이 다년간 담당하도록 한다.

총회가 장기 혹은 단기 장로의 시무년한과 장로 분류를 해야 한다고 요청받아왔으나 1884년에 답한 것같이 항상 다음과 같은 답변을 했다. "장로를 3년보다 많거나 적게 하여 연한을 정해 선출하면 이와 관련한 조항은 실시할 수 없다." 1885년에 총회는 각 지교회가 지교회에 맞게 장로 임기제를 정할 권한이 없다고 거부했다.

일정한 기간 동안 장로 1인이 필요하면 '헌법' 제 13장 8조에 따라 3년제로 선출하고 임기가 끝날 즈음 재선할 수 있다. 헌법에 명시한 대로 당회원 수가 증가하면 장로를 구분하여 선출할 수 있다.

제543문 재선되지 못한 장로는 어떤 상황에 처하는가?

일단 장립을 받은 장로는 재선되지 못하였을지라도 장로의 직무를 박탈당하지 않는다.

한 번 장로 된 사람은 여전히 장로이며, 비록 투표권은 없더라도 당회에 조언할 수 있다. 또한 변호는 치리회의 소관이라 치리회인 당회에 원피고를 위하여 변호하지 못하지만, 당회나 노회가 임명하는 경우에 지교회를 대표하여 상회 치리회에 나갈 수 있다. 1876년 총회는 다음과 같이 해석하였다. "당회나 노회가 합당히 선정한 장로는 당회를 다스릴 교단 재판국의 회원이 될 수 있다."

제544문 재선된 장로는 다시 임직을 받아야 하는가?

1878년 총회는 재선된 장로는 당회원으로 시무하기 전에 반드시 임직을 다시 받아야 한다고 결정했다. 1880년 총회에서 "시무 기간이 만료되어 선출된 장로가 지교회에서 장로 시무를 계속하기 위해서는 필수적으로 재임직을 받아야 하며, 만약 임직받지 못한다면 당회원을 포기해야 하는가?"라는 질의가 있었다.

거기에 대한 답변은 "당회 혹은 어느 누구라도 정치와 헌법과 관련한 문제로 교단 최고 치리회의 재판과 의지에 관해 고지를 받게 된 후 그 교단 헌법과 정치를 순복하지 않고 무시하면 그것은 당사자가 당회에 참석하거나 시무할 수 없다고 하는 명백한 뜻으로 보인다"고 하는 1878년 총회의 결정에서 찾았다. 이 결정은 소급할 목적도 없고, 합법적으로 선출된 장로이나 재임직받지 못하였으면 회원으로만 당회에 참석할 수 있다는 당회 결정의 합법성에 영향을 미칠 의도도 없다.

1881년 총회는 "재선출된 장로를 임직하느냐 그렇지 않느냐 하는 것은 지교회의 관례나 재량에 따라 하도록" 요청받았으며, 그에 대한 답변은 다음과 같다. "임기제가 지배적인 지교회에서 재선출된 장로는 재임직 받아야 한다는 것이 그의 직무에 필수적이지 않다 하더라도 재선출되어 임직받음으로 오히려 더 인정받는 것이 된다."

이듬해 총회는 이 결정에 대한 의미가 무엇인지 질의를 받았으며, 답변을 이와 같이 하였다. "장로가 재선출되면 다시 임직을 받을 것을 권한 것이 명백히 지난 총회가 의도한 것이고, 이것을 더 명확하게 하기 위해 총회는 이전에 결정한 부분에서 '어쨌든 거기에 상당한 방법으로'라는 문구를 삭제했다."

제545문 장로 임기제를 채택한 교회가 장로 종신제로 변경할 수 있는가?

무흠 입교인의 투표로 가능하다. 그러나 교회 안에 영구한 관례를 확립하려는 자세를 가지고 충분하게 고려하여 변경해야 한다. 이것 또한 이 주제에 암시되어 있는 부분이다.

제546문 집사는 얼마 동안의 임기를 두고 선출되는가?

'교회 정치'에는 시무기간 제한에 관한 규정이 없다. 즉, 헌법에는 집사의 시무기간 제한에 관한 조항이 없으므로 집사직에 선출된 자는 정해진 임기가 만료되기까지 본인 스스로 사임하지 않으면 그 직무를 박탈할 수 없다.

제14장

강도사 및 목사후보생

제547문 목사후보생이란 누구인가?

목사후보생이란 목회 준비과정에 있으며 목회 사역을 하려는 목적으로 지원하는 남성 무흠 교인을 의미한다. 목사후보생이란 명칭은 노회에 정식으로 지원하면 곧바로 얻게 되며, 목사후보생은 노회의 관할하에 있게 된다. 목사후보생은 수습 중에 있기 때문에 목회수습생probationer 이라고도 불린다.

지교회는 목사후보생을 교육시키고 관리하여 그의 재능을 판단할 더 좋은 기회로 삼는다. 성경은 목사로 장립받게 될 자가 사전에 얼마간의 훈련을 받도록 명령한다. 이는 거룩한 사역이 무력하고 연약하고 부족한 사람에게 맡겨져서 목사의 지위가 격하되는 것을 예방하기 위해서이다. 목사후보생은 목사로 장립되거나 그가 거룩한 사역으로 부름받지 않았다고 노회가 판단할 때까지 그 신분을 유지한다.

누구라도 하나님께서 자신을 목회 사역에 부르셨다는 소명에 대한 확

신을 갖지 않으면 목사후보생이 되지 못한다. 거룩한 사역을 하도록 영
향을 주었던 동기motive가 있어서 노회를 납득시킬 수 있을 때 비로소
목사후보생이 될 수 있다.

제548문 목회수습생이란 무엇을 의미인가?

구파 총회는 목사후보생candidates과 목회수습생probationer 사이에는
약간의 차이를 두었다. 목회수습생은 노회의 관할하에 있으면서 목회
를 준비하는 과정에 있는 자를 가리키며, 본격적으로 신학에 입문한 후
에야 목사후보생이라 부르는 것이다.

그러나 '교회 정치Form of Government'는 목사후보생이라는 용어를 목
회를 준비하는 모든 자를 의미할 때 사용하고, 목회수습생이라는 용어
를 설교할 자격이 있는 자를 가리켜 사용한다.

제549문 목회 사역으로의 부르심, 즉 목회 소명이란 무엇인가?

우리가 이미 알고 있듯이, 개신교 교리는 목회적 소명a call to the ministry
을 다음과 같이 정의한다.

1. 목회적 소명은 성령으로 인한 것이다. 성령은 목회적 은사를 부여하
신다. 성령을 받은 자들은 하나님께 영광을 돌리고 그리스도를 섬기
려는 열망을 갖게 된다. 성령은 목회적 소명을 받은 자들을 격려하고,
그들이 복음을 전하는 데 집중할 수 있도록 은혜를 베푸신다. 이와 같
은 방식으로, 성령은 하나님의 뜻을 분명히 한다. 이것이 하나님의 참
된 목회적 소명이다.

2. 하나님의 부르심을 받은 자들에게 나타나는 목회적 소명에 대한 증
거는 우선 성령의 내적인 은사에 대한 자각이다. 그 다음은 하나님의
섭리의 외적 사역에 의해 확증되는 사람을 끌어당기는 성령의 강권

적인 역사이다. 목사후보생이 목회 사역을 위한 자격을 갖추었고, 그가 성령의 인도를 받아 목회자의 길을 가려고 노력한다는 것을 입증하는 데 도움 되는 것이 교회의 모든 증거를 통해 확인된다.
3. 목사 장립은 목회적 소명에 대한 판단을 내리도록 임명을 받은 자들에 의해서 엄숙하게 표현된 교회의 판단이다. 그러므로 목사후보생은 목회 사역에 임하도록 확실히 하나님의 부르심을 받은 자로서 교회에 자신의 목회적 소명을 입증해야 한다. 이러한 입증이나 장립은 일반적으로 교회에서의 목회 사역을 수행하는 데 필수조건이다.

사무엘의 경우처럼(삼상 1:11), 총회는 부모들에게 자신의 어린 아들들을 목회 사역의 길로 성별하도록 자주 강조하였다. 그러므로 부모들은 하나님께서 자신의 아들들을 거룩한 사역의 길로 부르시도록 기도해야 하며, 하나님께서 선택하신 것은 영예이고, 교회가 더 많은 목사들을 필요로 한다는 사실을 그들에게 가르쳐야 한다. 어떤 사람이 이러한 문제로 고민한다면, 그는 반드시 교회 목사나 장로의 조언을 들어야 한다.

제550문 여성도 목사후보생이 될 수 있는가?

1872년 총회는 1832년 총회의 견해를 반복했다. 신실한 여성들이 모였을 경우에, 여성들 스스로 교제할 수 있고 기도도 할 수 있다. 그들이 편리한 대로 모이기를 희망한다면 언제든지 총회는 전적으로 이를 승인한다. 그러나 이방인의 사도인 바울은 고린도 서신과 디모데전서에서 남녀가 함께 모인 공중 집회에서 여성이 가르치고 권고하거나 기도회를 인도하는 것을, 공동체를 어지럽히는 것으로 여기고 하나님의 뜻에 따라서 금지하였다.

1874년 총회는 헌의안에 다음과 같이 답했다. 여성은 친목을 도모하는 기도회에서 말하거나 기도할 권리에 대한 성경적인 관점에 대해 의견을 제시하지는 않았지만, 총회는 이 문제에 대한 모든 것을 전적으로 지교회의 목사나 장로의 판단에 일임한다고 했다. 이것은 여성이 목사후보생이 될 수 있다는 의미는 아니다.

1878년 총회는 여자를 강단에 세워 설교하고 가르치도록 권한 목사가 불법이라고 하는 노회와 대회의 판결에 대해 상소한 것을 기각했다. 대회는 노회의 결정에 관련한 성경 구절(고전 14:33~37, 딤전 2:11~13)을 들어, 여자를 교회의 정식 모임에서 공식적으로 설교자로 세우는 것을 금한다고 주장했다. 그리고 총회는 대회가 결정에서 인용한 용어가 그들의 의견을 반영한다고 재확인했다.

제551문 어떤 방식으로 목사후보생의 자격을 판단하는가?

목사후보생의 자격을 판단하기 위하여, 노회는 목회수습생을 설교할 수 있도록 인가한다. 노회는 목사후보생의 재능을 완벽하게 시험한 후에 그들에 대한 교회의 보고를 받는다. 그리고 노회는 정한 시기에 목사후보생에게 목사 장립을 한다. 그러므로 설교 허가는 목회 사역에 대한 그의 재능을 시험하는 방법 중 하나이다.

제552문 어느 노회에 목사후보생 신청을 하는가?

목사 자격을 취득하기 위하여 준비하는 모든 목사후보생 지원자는 자기 거주지를 관할하는 노회가 실시하는 시험을 통하여 평가를 받아야 한다. 목사후보생은 현재 거주하고 있는 지역을 관할하는 노회의 감독을 받는다.

1856년 신파 총회와 1857년 구파 총회는 가능한 한 빠른 시일 안에 목사후보생 지원자가 노회의 감독을 받을 수 있도록 권고했다. 그리하여 목사후보생은 준비하는 전 과정을 노회의 세심한 관리 감독을 받게 한다. 목사후보생이 특별한 이유로 인하여 소속 노회와 연락되지 않는 경우 외에는, 총회도 목사후보생에게 소속 노회와 연락을 지속적으로 취하도록 명령한다. 만약 연락이 되지 않는 경우, 소속 노회는 그 이유가 특별한 것인지를 반드시 심사해야 한다.

목사후보생 지원자가 본 노회로부터 멀리 떨어진 노회의 관리 감독을 받는 것이 훨씬 편하다고 생각하는 경우 본 노회 혹은 본 노회에 관할 아래 있는 무흠 목사 2명의 추천을 받아 다른 노회로 갈 수 있다. 이때 천서에는 목사후보생의 무흠 교인 된 것과 칭찬할 만한 신앙과 목사 됨에 합당한 자격에 대해서 추천한다. 옮기게 될 노회에 신청하는 시기는 반드시 주변 상황에 따라서 결정되어야 한다. 이에 대한 총회의 분명한 입장은 목사후보생이 신학 수업을 하는 동안 노회의 관리 감독하에 있어야 한다는 것이다.

목사후보생이 신학 공부와 학교생활과 관련하여 교회의 도움을 받기 원하는 경우 교육부 Board of Education에 추천하기 전 노회는 반드시 관심을 가지고 그를 돌아볼 필요가 있다. 1872년 총회는 목사후보생이 최소한 1년 교회의 회원이 되지 않거나 신학교에서 1년 동안 고전어 공부를 통과하지 않으면 교육부에서 지원받을 수 없다고 결정했다. 예외는 교육부에서 결정할 소관이다.

제553문 노회는 어떻게 목사후보생을 수용하고 관리 감독하는가?

목사후보생이 되려고 하는 사람이 있을 때, 일반적으로 담임목사(당회)나 노회 교육위원회(고시부) 위원이 그를 대신하여 신청한다. 강도할 자격을 얻기 위하여 노회에 신청하는 목사후보생은 지교회의 정회원이며 무흠 세례교인으로서 인격에 문제가 없음을 나타내는 납득할 만한 증명서를 제출해야 한다. 일반적으로 지교회의 담임목사가 목사후보생

신청을 하나 담임목사 부재시에는 당회가 발급한 증명서를 신청자가 직접 제출한다. 당회가 발급한 증명서에는 신청자의 지교회에서의 신앙생활과 훌륭한 목사가 되리라는 당회의 추천이 들어 있어야 한다.

간혹 노회가 목사후보생 신청자와 대화하고 목사후보생으로서 적당한지에 대해 보고하도록 위원회를 임명하기도 한다. 노회는 목사후보생의 신앙에 관한 적절한 조사를 위해, 그의 신앙에 대한 체험적인 지식과 목사의 길로 가도록 영향을 주었던 동기에 대해 시험해야 한다. 이런 시험은 면밀하고 특별해야 하며, 대부분의 경우에 오직 노회에서만 시행되는 것이 바람직하다. 목사후보생을 만족하게 여길 경우에는 노회의 관리 감독하에 둔다. 구파 총회는 준비과정에 있는 자와 신학교육에 입문한 자를 구별하여 목회 사역을 바라보는 그 지역에 있는 자는 정식으로 노회 관할하에 있는 목사후보생으로 인정하고, 신학교육에 입문하기 위해 준비하는 자는 수습학생으로 인정해 노회의 일반적인 보호와 후견을 받게 해야 한다고 했다. 그러나 '교회 정치'는 목사후보생과 수습생을 구별하지 않고 연합교단도 구별하지 않았다.

제554문 목사후보생은 장로교 무흠 세례교인이어야 하는가?

다른 교단에 소속된 사람이 목사후보생이 되려고 신청한다면, 그는 반드시 소속 교단을 떠나야 하며, 교단이 정식으로 그를 받아 주어야 한다. 이런 절차가 없이는 목사후보생으로 노회의 관리 감독을 받을 수 없다. 총회는 지교회를 교단 산하의 지교회로 분명하게 규정지었다.

제555문 목사후보생의 학업에 대하여 노회가 어떻게 관리 감독하는가?

1860년 구파 총회는 노회들에게 위원을 임명하여 노회 관할하에 있는 모든 목사후보생의 학업과 품행에 관하여 주의 깊게 조사하도록 한다. 그리고 위원은 노회가 정기적으로 모일 때마다 혹은 노회의 결정이 필요할 때 조사한 것을 노회에 보고해야 한다. 이렇게 하여 노회적인 차원에서 조치를 취해야 할 상황에 대처해야 한다.

목사후보생은 학업에 관한 한 노회의 지도를 받아야 한다. 노회는 목사후보생이 목사의 길을 가기 위하여 계속 훈련하는 것이 적당하지 않다는 사실을 발견할 때 언제든지 목사후보생의 학업 진행을 중지시킬 수 있다.

한편 신학교는 학생들을 교육시키는 일을 담당할 뿐 그들이 목사로서 자격이 있는지의 여부를 결정하지 않는다는 점을 기억하는 것이 중요하다. 따라서 목사후보생에 대한 노회의 임무와 책무는 신학교나 기타 교육기관에 전가되어서는 안 된다. 그리고 교육부Board of Education는 노회가 임명한 위원에 의하여 정식으로 학업 능력과 노회 관할 목사후보생의 형편에 대하여 신중하게 보고해야 한다. 개인 경건과 학문을 확실하게 하는 것도 포함한다.

제556문 교육부는 무엇을 위한 기관인가?

1819년 총회는 노회와 복음 사역에 헌신하려는 신실한 젊은이를 교육하는 기관을 돕고 신학교육과 학문교육을 목적으로 설립된 교육부Board of Education를 조직했다. 구파 교단에는 1838년부터 교단 연합 때까지 교육부가 존속되었다. 신파 교단은 1838년부터 1854년까지 미국 교육협회American Education Society와 주로 협력을 해 왔고, 1854년에는 목회교육 상설위원회Permanent Committee of Education를 조직했다. 교단 연합 때는 교육부Board of Education를 재조직하였고 합병하기도 했다. 교육상설위원회의 자산이 교육부에 공식적으로 편입하는 안도 받아들였다.

1751년에 목사후보생을 돕는 안을 교단에서 처음으로 결정했다. 그 해에 뉴욕 대회는 모든 회원에게 배움을 계속할 수 없는 환경에 있는 젊은 학생들을 돕기 위해 한 해 더 헌금하는 안을 신중히 권했다. 모금한 헌금은 각 노회의 재량에 맡겼다.

1879년 총회는 "이렇게 하지 않고 좀 더 조직적으로 교단이 기관으로서 돕는 합당한 목회 사역은 없을까?"라는 질문에 "목사후보생을 돕는 것이 필요적절하다"는 신중한 답변과 함께 보고서를 채택하여 결정했다. 그 결정한 내용은 다음과 같다. "교육부는 교단의 교육 사역을 시행하는 기관이 지혜롭고 효과 있게 하기 위해 교단에 속한 모든 교회를 도우며 확신을 증진시키는 의무를 지니고 있다."

제557문 교육부는 목사후보생에게 어떻게 도움을 주는가?

교육부는 오직 노회의 추천을 받아 복음 사역에 헌신하려는 신실한 목사후보생만 받으며 도와주는 일을 한다. 노회는 목사후보생을 시험하는 데 책임이 있으며, 주어진 역량에 따라서 지속적으로 돌보아야 한다. 총회는 제한된 범위 안에서 노회가 목사후보생을 도와줄 수 있도록 허락한다. 그러므로 목사후보생에 대한 모든 책임은 실제로 노회에게 있다. 만약 목사후보생이 장로교인이 아니거나 또는 최근 1년 동안 긴밀하게 교류하는 교단에 소속된 사람이 아니면, 그는 교육부의 도움을 받지 못한다. 이런 사람은 노회 추천을 받을 수 없고 특별한 경우가 아니면 학업을 지속할 수 없다.

1872년 총회가 일반적으로 목사후보생은 공부하는 1년 동안 고전어 과목을 통과하여야 교육부가 도와줄 수 있다고 결정했다. 1877년에는 노회가 목사후보생에게 소요리문답 Shorter Catechism에 대한 지식을 요구할 수 있다고 제안했다. 노회는 계속하여 목사후보생의 신앙생활, 동기, 은사, 건강, 능률, 습관, 필요, 성공적인 공부에 대해 추천함에 매우 세심할 것을 주문했다. 이와 같은 추천은 매년 갱신해야 했고, 목사후보생들이 속해 있는 교회의 당회로부터 온 추천과 함께 다루어졌다. 목사후보생의 품행에 대해서는 그들을 지도하는 교수의 보고가 필요했다.

언제든지 목사후보생에게서 능력과 열심과 특히 신앙생활에 결격이 드러나 그가 하게 될 목회사역에 믿음이 가지 않는다면 그를 추천하지 않는 것이 노회의 의무이고, 장학금을 지급하지 않는 것은 교육부 소관이다. 1878년에 이 규칙을 수정했고 이런 경우 노회 교육위원회에 제출한 정보는 지체 없이 의사소통하는 것이 교육부의 신성한 의무이며, 노회의 책임을 면밀히 조사하여 결격 사유에 대한 납득할 만한 설명이 없거나 교육부가 노회나 교육위원회로부터 답변을 받지 못하면 목사후보생을 돕는 것을 중지하는 것이 교육부의 소관이다.

교육부는 추천서와 보고서를 고려하여 장학금을 책정해 줄 수 있다. 책정액은 이런 규칙을 따라 합법적으로 목회 사역에 들어서는 자가 나중에 되갚아야 하는 대출로 여겨져서는 안 되고, 목회 사역 준비를 원활하게 하고 촉진시키기 위한 격려금으로 여겨져야 한다.

그러나 어떤 학생이라도 목회 사역을 하지 않을 경우 그 장학금은 이자와 함께 환불해야 한다. 또한 잠정적으로 방해를 받아 하지 못하는 것을 증명하지 못해도 그러하다. 장로교 규범을 따르지 못하거나 노회의 지시에 거스려 공부하는 장소를 변경한다든지, 노회나 교육부가 인준하지 않은 기관에서 공부를 한다든지, 납득할 만한 사유 없이 교육부가 속해 있는 교단과 관계를 끊으면 이자와 함께 되갚아야 한다. 목사후보생 중 신학교의 경우 1년 장학금은 당시 미화로 150달러를 초과하지 못하고, 대학교인 경우는 미화 120달러를 초과하지 못하며, 준비과정에 있는 특별한 경우는 100달러를 넘지 못한다. 1879년 총회는 다음과 같이 결정했다.
1. 신학교는 학생들에게 전달되는 장학금 전반에 세심한 관심을 기울여야 한다. 아무도 필요 이상으로 받지 않도록 특별한 관심을 기울여야 한다. 여러 학생들에 책정된 총액은 각각의 경우 교수의 투표로 결정해야 하며 학기말에 이사회에 보고하기로 하다.
2. 각 신학교는 얼마나 많은 학생들이 장학금으로 도움을 받았고, 얼마나 많은 학생들이 교육부로부터 도움을 받았는지, 한 학생에게 도움을 준 금액이 최대한 얼마인지를 매년 총회에 보고하기로 하다.
3. 이후로 교육부의 장학금은 공식 장학금으로 구분했다(구파 총회는 1851년에 허락했다).
4. 교육부는 가능하면 대학교와 신학교가 개학하기 전에 개인 학생에게 지불할 정확한 금액을 결정하되 첫 지불은 10월에 하며, 다음 지불은 교육부가 정한 기간에 맞춰 하기로 하다.
5. 노회는 학생을 교육부의 도움을 받게 하기 위해 처음 추천할 때는 물론 해마다 추천을 갱신할 때도 매우 신중해야 하며, 노회 교육 상비부를 통해 방학 중에 합당한 보수가 있는 선교사역과 교구 사역을 희망하는 학생들을 돕기로 하다.

1880년 총회는 "교육부는 교육기관에서 공부하는 학생의 성적이 중간 이하이고, 예외를 위해 특별하고 납득할 만한 이유가 없으면 그 학생들의 지원을 중지해야 한다"고 결정했다. 또한 대학 학생이 신학교 학생과 마찬가지로 애를 쓰면 총회는 각 학생들에게 동일한 금액을 지불해야 한다고 결정했다.

1881년 총회는 "준비과정에 있는 목사후보생에게 줄 도움은 100달러가 되어야 하고, 대학과 신학교에 있는 자들은 150달러가 되어야 하며,

이것은 교육부의 예산이 허용하는 범위에서 한다"고 결정했다. 총회는 합당한 은사를 지닌 젊은 학도들이 목회 사역의 길에서 도움을 기대할 때 도움을 주는 것은 시의적절하다고 여겼다.

1882년 총회는 교육부가 장학금으로 개인당 200달러씩 영구한 기금을 투자할 것을 권했지만 이듬해 교육부가 그렇게 하지 못한 이유를 인정한 일이 있다. 1884년에는 1879년 결정에 관심을 두고 다음과 같이 결정했다.

1. 각 신학교는 학생들에게 주는 장학금 전반에 세심한 관심을 기울이기로 하다. 아무도 필요 이상의 금액을 받지 않도록 특별한 관심을 기울이기로 하다. 여러 학생에게 장학금으로 전달되는 총액은 교수들이 투표해서 결정할 일이며, 학기말에 이사회에 보고하기로 하다.
2. 각 신학교는 얼마나 많은 학생들이 장학금으로 도움을 받았고, 얼마나 많은 학생들이 교육부로부터 도움을 받았는지, 한 학생에게 도움을 준 금액이 최대한 얼마인지를 매년 총회에 보고하기로 하다.

1885년에 장학금이나 교육부에 의해 도움을 받는 학생수에 관해서 모든 신학교가 보고를 하지 않자 다시 관심을 기울일 것을 요청했다. 보고가 제출되지 않으면 총회의 요청은 취소되어야 한다고 했다.

유색인종인 목사후보생에 관해서는 총회가 다음과 같이 결정했다.

1. 흑인 목사후보생들의 많은 숫자가 실패하는 것을 볼 때 신앙생활과 능력에 대해 2년이나 3년 정도의 철저한 시험과 인준 과정과 교수의 보고가 없으면 교육부가 한 사람도 보호 아래 두지 말 것이다.
2. 예과에 있는 학생들에게는 50달러가 충분한 금액이다.
3. 과학과 언어 과목에서 100점 만점에 최소한 70점에도 도달하지 못하며 학습능력을 보이지 않는 학생은 대학 과정을 시키지 않는 것이 바람직하다.

4. 만약의 경우 학생이 과학과 언어 과목에서 지식을 습득할 수 있는 능력이 없어도 목회사역에 남다른 은사를 증명해 보이면 역사, 주해, 신학, 윤리 과목 전체를 영어로 공부하도록 권면하기로 하다.
5. 교육부의 관할하에 있는 학생의 부도덕함에 노회와 교수의 관심이 중요하게 다루어져야 하며, 기독교 신앙생활에서의 실수들이 나타나면 가능한 신속히 보고하기로 하다.
6. 교육부에 부여된 임무를 양심적으로 신실하게 수행하기 위해 학생들을 교육부의 관할로 추천하기로 하다. 그리고 그 노회의 위원회는 교육부에게 추천받은 목사후보생의 도덕과 기독교인으로서의 품성과 정신적 능력과 서원에 관한 확실하고 완벽한 정보를 제공하기로 하다.
7. 각기 다른 교육기관마다 공부하는 비용의 차이가 있는 것이 사실이다. 따라서 학생들이 필요로 하는 최소한의 금액을 요청할 수 있다는 것이 교육부의 규칙이며, 특별기관의 필요 금액이 충분하면 교육부에서는 더 이상 줄 필요가 없다.
8. 1878년 총회의 특별한 결정에 의해 교육부에게 다음과 같이 명령을 내린 바 있다. 목사후보생은 소속 노회에 입회하며 그 노회에서 신분을 유지하기로 하다. 1884년 총회는 교육부 관할 아래 있는 목사후보생은 장로교회의 교리와 정치를 지지하는 교육기관에서 대학공부를 해야 한다. 교육부 관할 아래 있는 유색인종 목사후보생은 법적인 노회에 신분을 유지해야 하며 자유인 부서Freedmen's Board의 보호 아래 있는 예비과정이나 대학과정 학교에 다녀야 하고, 또한 우리 교단과 관계한 교수에게 가르침을 받아야 한다.

또한 외국에서 온 목사후보생은 다른 교단의 증거와 경험, 또는 외국 선교지에서 사역하고 있는 선교사의 명백한 진술과 증거를 통해서 정보를 얻도록 결정했다. 조국과 미래 사역지의 상황과 조건이 전혀 다른 곳에서 교육을 받는 것은 일반적으로나 광의의 의미에서 그들의 나라, 즉 낙후된 곳에서 사역하는 것에 어울리지 않는다. 또한 외국 선교사가 추천하지 않았거나 명백히 인정하는 교단 당국의 요청에 의해 교육부가 특별히 초청하여 이 나라에 공부하러 온 학생이 아니면, 그리고 학생의 나라에서 사역하는 선교사가 추천하지 않았다면 외국에서 온 학생이라도 앞으로는 교육부가 도움을 줄 수 없다고 결정한 바 있다. 하지만 독일인 목사후보생은 총회가 특별한 관심을 기울이고 있다.

제558문 교육부는 장학금을 수여하기 전에 어떤 정보를 요구하는가?

총회 지시에 따라서, 교육부(고시부)는 항상 다음 질문에 대한 명확한 대답을 요구한다. 목사후보생의 이름, 나이, 거주지, 그의 신앙 체험과 목회자가 되려는 동기에 대해서 노회는 만족하는가, 재능, 건강, 실천에 대한 서약, 경비가 많이 드는 유해한 습관은 없는가, 현재 대학생활을 마칠 때까지 실제로 드는 비용을 충당하기 위해 필요한 최저 경비는 얼마나 되는가, 교회 소속, 얼마나 오랫동안 무흠교인으로 있었는가? 학력, 현재 학년, 책임 있는 사람(통상 담임목사나 학교 교수 중 한 사람)의 이름을 댈 것인데 그를 통해 장학금이 전달된다. 마지막으로 소요리문답에 대한 암송 능력이 있는지의 여부도 묻는다.

제559문 목사후보생의 의무는 무엇인가?

목사로 헌신하려는 젊은 목사후보생은 다음과 같은 사항을 진심과 사랑으로 기억해야 한다. 신앙훈련 없이 모든 지적인 능력을 습득하는 것이 거의 가치가 없다는 점을 기억하고, 성경 읽기와 은밀한 기도와 묵상에 힘써야 한다. 또한 그리스도와 그의 사역에 대해 헌신했음을 보여줄 수 있는 실제적인 신앙적 의무에 특별히 주의를 기울여야 한다. 목사후보생의 의무에는 주일 예배를 포함한 모든 예배의 참석과 전도에 대한 열심, 그리고 신앙의 본이 되는 삶도 있다.

목사후보생은 총회가 끝난 후에 곧바로 노회 교육위원회에 자신들의 발전된 모습과 요구와 전망을 보고해야 한다. 그리고 교육부가 요구하는 규칙을 순종해야 하며, 학생이 공부를 당분간 그만두는 것이 필요하다면 교육부에 통보해 주어야 한다.

제560문 목사후보생은 어디서 공부를 하는가?

1879년 총회는 목사후보생이 대학교육에 상응하는 수업을 받을 학교는 그들을 감독할 교육부의 허락을 얻어야 한다고 지시했다. 목사후보생은 아주 특별한 경우를 제외하고는 교단의 교리와 신앙이 일치하는 교육 기관에서 학업을 지속해야 한다. 이 내용은 일찍부터 교단의 관심을 끌었다.

1739년 필라델피아 대회는 학교 혹은 신학교를 설립할 절차를 밟았으나 수포로 돌아갔다. 1744년 그 대회는 젊은이들을 목회자로 준비시키는 것을 목적으로 자유학교를 열고, 교회가 1년에 한 번 드리는 헌금으로 유지했다.

1752년 뉴욕 대회는 뉴저지대학College of New Jersey을 위해 헌금을 지시했으며, 그 다음해 스코틀랜드에 도움을 요청하기 위해 대표단을 파견해 스코틀랜드 장로교 총회에서 연설도 했다. 뉴저지대학은 유아기 교회가 있는 곳에 신앙과 학문의 진보와 건전하게 목회자를 양성하기 위해 세워졌다.

1790년 버지니아 대회는 2개의 신학교육기관을 세우기로 했고, 이는 오늘날 버지니아 주 워싱턴대학과 펜실베이니아 주 제퍼슨대학으로 발전했다. 다시 말해 이 학교들은 목회를 위해 젊은이들을 교육하려는 목적으로 세워졌으며, 몇몇 다른 학교들도 이와 같은 목적으로 세워졌다. 목사후보생의 신학 훈련은 반드시 노회가 지도해야 한다. 대학교의 전 과정을 마친 목사후보생이라도 인가를 받은 신학교에서 최소한 2년 동안 신학 공부를 하지 않는다면, 그는 목회할 자격을 얻지 못한다.

처음에는 목사후보생이 담임목사 혹은 다른 목사와 함께 공부하며, 목사관에서 거주하고 교구 사역을 소개받기도 했다. 그러나 신학교수가 꼭 필요하다는 사실을 확인하고, 1761년에는 능력 있는 교수를 확보하기 위해 노력을 기울였다. 그래서 잠정적인 방법을 모색한 결과 1809년 신학교를 세우는 안을 만들었으며, 결과적으로 1812년에 뉴저지 프린스턴에 신학교를 설립했다. 그 학교는 적당한 건물이 들어서기까지 대학교 건물 안에 있었다.

1838년 구파 총회는 목회자 후보생이 장로교가 인정하고 신앙과 교리적으로 장로교 교리에 맞고 교단의 규범에 있는 예배모범을 따르는 신학교에서 공부해야 한다는 것을 노회가 살필 것을 결정했다. 교단 연합 때에 총회는 특별한 상황과 노회가 공식 허락을 하면 신학생이 신학을 하기 위해 예비과정을 철저하게 공부해야 할 것을 명령했다. 그리고 장로교단과 관련된 신학교에서 3년 전 과정을 해야 한다. 공부를 마치기 전까지 설교 사역을 감당할 수 없었던 것은 열심히 그리고 신실하게 맡은 바 공부를 할 수 없기 때문이었다.

제561문 총회의 인가를 받은 신학교는 어떤 것이 있는가?

총회의 인가를 받은 신학교는 다음과 같다.
1. The Princeton Theological Seminary-1812년 총회가 설립.
2. The Auburn Theological Seminary-1819년 뉴욕 중부와 서부

에 있는 몇몇 노회가 설립.
3. The Western Theological Seminary at Allegheny-1825년 총회가 설립.
4. The Lane Seminary at Cincinnati-1829년 장로교회 몇몇 개인회원이 세웠고 어떠한 교회의 감독도 받지 않았음.
5. The Union Theological Seminary in New York-1836년 장로교회 몇몇 개인회원이 설립했고 어떠한 교회의 감독도 받지 않았음.
6. The Danville Theological Seminary-1853년 구파 총회가 설립.
7. The Seminary of the North-west in Chicago, Ill.-원래 The Indiana Theological Seminary at South Hanover였고 1830년 인디애나 대회가 설립. 1840년에 알바니로 이사갔고 처음에는 2개 대회의 관할하에 있다가 7개 대회, 즉 서부 대회 관할하에 있었다. 이 학교는 1853년 구파 총회에 헌납했지만 1859년이 되어서야 접수됐다. 그때는 신학교가 시카고로 옮겨갔으며 North-western Theological Seminary로 불렀다.
8. German Theological Seminary at Newark, NJ-Newark 노회가 설립하였으나 총회의 제안에 따라 1871년에 재조직하여 노회가 관할함.
9. German Theological Seminary of the North-west at Dubuque, Iowa-한 개인이 설립했으며 Dubuque 노회와 Dane 노회가 동조하며 도움. 1871년 총회의 제안에 따라 1871년에 재조직하여 노회가 관할함.
10. Lincoln University Theological Seminary at Oxford, PA-원래 Ashman Institute라 이름했으며 유색인종을 위한 교육기관이었고 몇몇 목회를 위해 교육받은 자를 준비시키기 위한 곳이었다.

1871년 신학과를 재조직하였고 총회의 관할하에 두었다.
11. San Francisco Seminary-1871년 Pacific 대회가 설립. 1872년 총회 관할이 됨.
12. Blackburn University at Carlinville, Ill.-1838년 Gideon Blackburn 목사가 설립. 1872년 총회의 관할이 되었으며 1870년 총회안을 채택하였다.
13. Biddle University at Charlotte, NC-1867년 Catawba 노회는 필라델피아의 H. J. Biddle 부인의 후원으로 Biddle Memorial Institute를 설립하여 유색인종을 훈련하여 소요리문답 교사나 주일학교 교사, 목사를 배출했다. 자신들의 교수를 선정했던 자유인 위원회 관할하에 있었다. 1875년 총회 관할하에 있다가 1876년 Biddle University라는 이름으로 새로운 인가를 얻었다.

제562문 총회는 총회 인가 신학교를 어떻게 감독하는가?

교단 연합 이전에 몇몇 신학교는 총회의 직접적인 관리 감독을 받았다. 교수의 선임도 총회가 하였다. 노회 또는 대회의 관리 감독을 받는 신학교도 있지만, 교육부의 위원 혹은 이사회에서 교수를 선임했다. 그러나 총회나 노회의 직접적인 관리 감독을 받지 않는 신학교들도 있었다.
1870년 총회의 관할에 있는 신학교는 신학교의 이사회를 구성하면 대회가 신학교를 감독 보호하기로 동의했다. 그리고 다른 신학교는 대회가 감독하거나 총회가 감독한다는 법을 제도화하는 것이 좋다고 했다. 그리고 다음과 같은 안을 채택했다.
1. 교단의 감독을 받지 않는 뉴욕신학교의 안, 즉 총회가 신학교 교수를 선임하는 문제에 거부권을 행사할 수 있다는 안을 받아들이게 되면 총회는 총회의 감독에 있지 않은 모든 신학교들이 동일한 규칙과 방

법을 채택하고 전체 장로교회가 목사후보생을 양성하는 임무에 일관성이 있고 완벽하게 해 줄 것이다.
2. 몇몇 신학교 이사회는 총회 감독 아래 있으며, 신학교 교수를 선임하고 정직시키고 교체하는 권한이 있으며, 총회에서 거부권도 행사할 수 있다. 그래서 매년 되어온 절차를 상세히 보고한다. 그리고 총회가 요청하면 회의록을 제출할 수 있다. 이사회는 더 나아가 교수의 월급을 결정하고 공석을 채워야 한다. 이것도 총회의 거부권을 행사할 수 있다. 다음 총회가 거부권을 행사하지 않으면 1870년 총회가 승인한 안을 따른다.

신학교 교육에 관해 총회는 다음과 같은 지시와 경고를 했다. "교회와 정치 제도에 관련하여 독립제와 감독제prelacy를 주장하는 면에서 그러하고, 총회가 필요로 하는 헌법과 행정에 관한 토론과 해결책을 요구하는 측면에서 볼 때도 총회는 총회 관할 신학교가 장로교회의 헌법과 정치에 대해 철저하고도 조직적인 교육을 할 것을 권고한다."

"철저한 교육과 최고의 훈련이 상당히 필요하므로 신학교는 노회와 긴밀한 협조를 하여 공부에 열중하는 신학교 학기 중과 사역에 집중하는 방학 중이라도 특별히 담임목사와 노회가 감독을 해야 한다."

"성경 원어를 완전히 습득하기 위해 신학교에서 히브리어와 헬라어로 된 신구약을 철저하게 공부해야 한다고 강력하게 주장한다. 그리고 신학교에 입학하는 필수조건으로 대학 졸업생들은 반드시 신약 헬라어 시험을 통과해야 한다."

"세상 학문과 신문지상과 서적이나 몇몇 강단의 설교는 독일의 신비주의나 고등비평higher criticism 철학사상과 소위 진화론에 영향을 받고 있다. 이 나라뿐만 아니라 나라 밖에서 복음에 대한 신앙은 경고받을 정도로 결여되어 있어 우리 교단을 위협하고 있다. 성경, 즉 하나님의 계시인 말씀은 신앙과 행위에 정확무오하고 유일한 법칙이므로 인간의 소망이다. 따라서 총회는 교회의 머리 되신 주님의 이름으로 엄숙히 우리 교단과 장로교의 교리가 주장하는 성경의 완전 영감과 거룩성을 해치는 어떤 사설과 방법을 받아들여서도 안 되고 심어 주어서도 안 되는 것을 신학교에서 교육해야 한다고 귀 위원회은 권고해야 한다. 잘못하면 신적 계시를 무시하거나 격하시키고 인간의 추측이나 상상이 역사적인 사실과 진리를 넘어서고 검증되지 않은 진화론의 가설을 살아 계신 하나님의 말씀에 적용하는 결과가 된다." 앞에서 언급한 이런 사실들을 총회가 받아들였다.

"총회는 유럽의 개신교 학자들이 합리주의에 근거해서 성경을 취급하는 점에 대해 분명하고 결정적으로 언급하는 것을 주저한다. 왜냐하면 이미 우리 나라에 이들의 저서들이 소개되었고 교단 안에 악영향을 미치고 있기 때문이다. 우리 신앙고백(1장 2조)은 신구약 각 권의 이름을 언급한 후 '하나님의 영감으로 된 모든 말씀은 믿음과 삶의 법칙이다'라고 덧붙인다. 성경의 진정성과 진리 됨을 부인하게 되면 영감 자체를 부인하는 것이 된다. 앞에서 언급한 것들은 신중하게 회피해야 할 뿐 아니라 퇴출시켜야 한다. 또한 성경을 비평적으로 연구하는 데 다른 많은 것들로부터 도움을 받아야 한다고 총회는 권고하고, 아울러 교단 울타리 안에는 잘못된 가르침을 환영하거나 제공해서는 안 된다고 생각한다. 담임목사들과 교회 교사들에게 터무니없는 이론과 증명되지도 않은 추측에 노출되어 있는 젊은이들과 경험 없는 자들이 현혹되지 않도록 주의하라고 경고한다. 불신세계의 지식은 성경의 진정성, 통일성, 진리와 영감을 긍정적으로 보전하는 것이 대단히 중요하다는 것을 상기시킨다. 그것은 또 소위 기독교적인 수단을 동원해 하나님의 교회를 공격한다."

"총회는 또한 노회들로 하여금 신앙을 지키는 수호자로서 특별한 책임을 다할 것을 당부한다. 교단 전체에 편만하게 퍼져 있는 하나님의 말씀을 합리주의적으로 해석하는 경향에 대해 우려하고 있음을 분명히 밝히며, 우리 교단의 목사가 성경에 대한 고백적인 교리를 반대하거나 위험한 사상을 유포하고 있다는 것이 언제라도 명백하게 밝혀지게 되면 법적인 조치를 취할 것이다."

"우리 신학교는 마치 군인이 이 나라를 지키는 것과 같이 진리를 사수하고 있다. 군대 지휘관들과 마찬가지로 사상 이론의 지휘관이 여전히 필요하다. 그러므로 현대 교회가 직면하고 있는 독특한 위험을 이해하고 있는 자들에게와 하나님의 진리의 말씀만이 인간을 거룩하게 할 수 있다고 믿는 자들에게 강력하게 호소해야 한다. 주해와 설교에 잘 훈련되어 있는 교수진과 효과적으로 전달하는 능력을 지닌 자들이 필요하다."

제563문 신학교 입학에 필요한 자격조건은 무엇인가?

신학교 입학을 원하는 학생은 자신의 타고난 재능과 신중하고 분별력 있는 품행을 증명할 서류를 제출해야 한다. 즉, 본 교단에 소속된 교회에서 세례를 받고 신앙생활을 하고 있다는 무흠 교인임을 증명할 서류와 필요한 교육과정을 통과했음을 증명할 서류를 제출해야 한다. 이러한 것이 없으면 교육과정에서 배우는 과목에 대해 시험을 치르면 된다. 1878년 총회가 결정한 바 "본 총회가 판단하는 바로는 히브리어에 대한 어느 정도 실력이 신학교에 입학하는 학생에게 필요하니 적어도 히브리어 기초과정을 철저하게 공부하는 것이 상당히 바람직하다. 따라서 신학교 직원들에게 이 목적에 맞는 절차를 진행할 것을 권고한다."

제564문 목사후보생은 자신의 학업을 행할 신학교를 선택하고 임의로 그만둘 수 있는가?

어떤 경우라도 노회는 목사후보생이 장차 공부할 학교를 선택할 수 있도록 주의 깊게 조사하여 조언해야 한다. 목사후보생은 노회의 동의 없이 선택한 신학교를 마음대로 그만둘 수 없다.

제565문 강도사 인허란 무엇을 의미하는가?

강도사 인허license는 노회가 일정 기간 동안에 하나님의 말씀을 설교하도록 목회수습생probationer에게 부여하는 시험인 동시에 권한이다. 이 기간 동안에 목회수습생은 재능을 점검받게 된다. 지교회가 그의 재능에 대하여 충분히 시험한 후에 노회에 보고하면 노회는 적당한 시기에 그를 목사로 장립한다.

제566문 목사후보생은 어떤 노회로부터 강도사 인허를 받게 되는가?

목사후보생은 학업 중에 있는 자신을 관리 감독하던 본 노회로부터 강도사 인허를 받는다. 그가 다른 노회의 관할에서 사역하려고 할 경우, 반드시 노회를 옮긴 이후에 그 노회에서 강도사 인허를 받아야 한다. 목사후보생이 다른 교단이나 다른 노회에서 강도사 인허를 받고 본 노회에 되돌아와서 사역하는 것은 불법이다.

제567문 인문 교육(liberal education)은 강도사 인허를 받는 데 필수적인 요소인가?

대학교에서 인문학 학사 또는 석사 학위를 취득한 목사후보생이나 대학의 정규 과정을 마친 인증서를 소유한 목사후보생은 강도사 인허를 받는 데 유리하다. 특별한 경우 총회가 이러한 자격 조건을 갖추지 않지만 대부분 이것을 권고한다.

1758년 대회는 한 명의 웨일즈인 강도사Welsh Licentiate가 가입하는 것을 허락했고, 1807년 총회는 필라델피아 노회가 피부색이 다른 목사 후보생을 인허해 준 것을 인정해 주었다. 1876년에 링컨대학교Lincoln University 이사회는 목회를 원하는 피부색이 다른 젊은이들을 도와 인허를 주는 헌의안을 총회에 올려서 다음과 같은 답을 얻었다.

"총회는 강도사 자격에 관한 '교회 정치'의 규정을 수정할 권한이 없다. 그와 동시에 총회는 교단이 맡겨 준 기능을 노회가 재량껏 시행하는 것을 인정한다. 그것은 이 나라(미국)에서 피부색이 있는 자들에게 교단이 많은 사역을 감당한 결과를 보니 그러하다. 특히 총회는 위에 언급한 사역을 감당하는 노회들에게 그 재량권을 위임한다. 한편, 몇 해를 거듭한 경험을 통해서 노회에게 세심한 감독을 할 것을 주문한다. 왜냐하면 무능하고 자격이 없는 자가 우리 교단에 목사로 입회하는 것을 막기 위해서이다."

제568문 왜 철저한 교육이 필요한가?

철저한 교육이 필수적인 이유는 목사의 거룩한 사역을 무력하고 무지한 사람에게 맡기는 것이 대단히 수치스러운 일이며, 교회에도 위험하기 때문이다.

제569문 노회는 어떤 과목으로 목사후보생을 시험하는가?

노회는 아래의 과목을 통해서 목사후보생을 시험한다.

1. 라틴어에 대한 지식과 성경이 기록된 언어인 히브리어와 헬라어에 대해 시험한다.

   대학 수료증은 종종 라틴어와 헬라어에 대한 지식을 보여 주는 것이 된다.
2. 인문학과 자연과학에 대해 시험하는 데 대학 수료증은 일반적으로 충분한 증거가 된다.
3. 자연신학natural theology과 계시신학revealed theology에 대해서 시험한다.
4. 교회사에 대해서 시험한다.
5. 성례전을 포함한 예배모범과 교회 정치에 대해서 시험한다.

일반적으로 이러한 시험은 고시부원들standing committees on examinations이 노회에서 공개적으로 시행하지만 노회 모두가 질의할 자격이 있다. 그리고 이 시험은 언제든지 투표로 저지될 수 있다. 때때로 큰 노회는 업무도 많고 관리 감독할 목사후보생의 수도 많은 경우에 상비부인 고시부에 위탁하고 그 시험과 결과에 대한 상세한 보고를 받아 최종 결정한다.

제570문 노회는 목사후보생에게 어떠한 논술을 요청하는가?

목사후보생이 기독교 복음을 설명하고 입증하고 실제적으로 시행할 만한 재능이 있는지 시험하기 위해, 노회는 다음과 같은 것들을 요청한다.
1. 일반적인 신학 주제에 대하여 라틴어로 주석하도록 한다.
2. 성경 원문을 해석하여 문장 전후 관계를 살펴서 본문의 의미를 밝혀내고 난제를 제거하고 중요한 문제들을 해결하여 그 비평한 것을 제출하도록 한다.
3. 성경 본문을 택하여 설명하거나 주해하도록 한다.
4. 일반적인 설교문을 작성하도록 한다.

위의 것들이 시험으로 인정받기에 앞서 고시부로 전달되어야 하고 특히 라틴 주석과 비평과제는 꼭 포함되어야 한다. 노회는 때때로 이것들을 노회나 교회 앞에서 낭독하도록 한다.

제571문 노회는 위에서 언급한 시험 외에 다른 것들도 요구할 수 있는가?

노회는 그의 신앙생활과 인문과목에 관해서 그리고 교회에서 가르치는 데 적합하다는 만족스런 증거를 얻을 때까지, 재량에 따라서 유사한 다른 과제들을 요구할 수 있다. 만약 노회가 타당하게 여기면 목사후보생은 교인들 앞에서 강의와 설교를 해야 한다. 이전에는 교인들 앞에서 설교하는 것이 일반적이었고, 많은 교회는 이것을 전통으로 유지한다.

그러나 큰 노회에서는 노회 앞에서 설교를 부분적으로만 하도록 목사후보생에게 요청한다. 이런 경우에 대중 설교가로서의 자질이 있는지를 어느 정도 알 수 있게 된다.

제572문 강도사는 요리문답에 관한 지식도 필수적으로 갖추어야 하는가?

1868년 구파 총회는 "노회에서 강도사 인허를 받으려는 목사후보생은 요리문답catechisms에 상당히 정통해 있어야 하며 성경 본문을 가지고 증빙할 수 있어야 한다"고 요청했다. 1880년 총회의 관할하에 있는 신학교 책임자들은 그런 사실을 잘 살펴야 하고, 교육받고 있는 장로교 목사후보생이 1년에 한 번 있는 웨스트민스터 소요리문답Westminster Shorter Catechism 시험을 준비하도록 해야 한다. 이는 이듬해 다시 반복하였다.

제573문 강도사 인허에 필요한 시험과 논술은 어떻게 인정을 받는가?

노회가 만족할 정도로 여러 종류의 시험이 끝나게 되면, 목사후보생은 일단 돌아갔다가 차례에 따라 자신의 견해를 밝힐 기회를 갖게 된다. 이런 종류의 시험을 인정할지 투표로 결정하기 위해 목사후보생은 일반적으로 두 차례 호명된다. 그런 다음에 질문을 한다. "이 목사후보생을 강도사로 인허할 것인가?"

제574문 언제 강도사 인허를 받게 되는가?

목사가 되기에 여러 면에서 부족한 사람이 성직에 받아들여지는 것을 막기 위하여 가장 효과적인 조치를 취해야 한다. 일반적인 교육과정을 마친 목사후보생은 특별한 경우를 제외하고, 총회 인가 신학교 혹은 신학교수에게서 최소한 2년의 신학 수업을 받아야 한다. 여러 차례 신학교 과정을 3년으로 하자는 시도가 있었다.

1792년 총회는 뉴욕과 뉴저지 대회가 채택한 규칙 3년을 요구했는데 헌법에 맞지 않는다고 선언한 바 있다. 1792년, 1835년, 1836년에 헌법 수정안을 노회에 수의안으로 내려 보냈고, 1836년과 1837년에 노회의 과반수 이상이 수정안에 찬성했지만 총회원의 과반수는 되지 않았다. 그러나 총회는 신학교 학생이 학교가 가르치는 과목을 모두 이수하고 3년 전 과정을 마치는 것이 매우 중요하다고 선언하였다. 또한 목사가 되려는 목사후보생이 3년의 과정을 거치지 않은 상태에서 강도사 인허를 받는 것은 일반적으로 타당하지 않음을 밝혔다.

1844년 구파 총회는 교육부의 규칙(3년간 수학)은 헌법과 상충되지 않는다고 선언하였다. 1863년 다시 그 총회는 철저한 신학교육과정이 아주 중요하여 노회가 목사후보생을 강도사로 인허하는 데 세심한 관심과 지혜를 써야 한다고 권고했다. 그리고 일반적인 경우 신학교 과정을 다 마치기까지는 인허를 보류하여 신학교에 다니는 동안 공부에 집중할 수 있게 한다. 1876년 총회는 피부색이 다른 목사후보생에 관해 링

컨 대학교에서 올라온 헌의를 재량에 맡긴다고 답변했다.

제575문 신학교 전체 과정의 기간은 어느 정도인가?

목사후보생은 강도사 인허를 받기 위하여 신학교 3년 과정을 모두 마쳐야 한다. 1865년 구파 총회는 프린스턴신학교에서 4년간 수학하는 것으로 연장했다. 이것은 교수들의 기도가 이사회를 통과하여 이루어진 것이다. 이 안은 변경되어 신학교 수학기간이 어떤 경우라도 4년을 초과하지 않고 신학대학 학사학위 시험 전에 이루어져야 한다는 것이다. 그러나 이듬해 교수진의 요청에 따라 약간 수정했다.

그리고 몇몇 노회가 항의하여 총회는 모든 신학교가 일련의 교과과정을 해야 한다고 하는 안을 인준했다. 이것은 순전히 학생의 선택에 맡겼고 4학년 때 하는 것으로 하되 이제껏 해 왔던 3년 과정에 지장을 주지 않을 뿐 아니라 더 이상 교수도 보강하지 않는 조건으로 했다. 4년째 과정을 선택한 학생들에게 특별한 학위나 명칭을 수여하는 것은 아니다. 단, 3년 과정을 마친 자에게 주는 것과 유사한 자격증을 주는 것이다.

제576문 목사로 장립받기를 원치 않는 목사후보생을 강도사로 인허할 수 있는가?

총회는 이런 경우에 강도사 인허를 재가하지 않는다. 이런 자들은 목사로 장립되기 위해서가 아니라 단순히 매우 유용한 하나의 수단으로 강도사 인허를 받으려고 하기 때문이다. 사실상 강도사 직분은 2등급으로 구분되어 있다.

제577문 목사후보생이 강도사 인허 없이 설교할 수 있는가?

이것은 확실히 강도사를 인허하는 목적에 모순되는 것이며, 교회에 위험한 일이다. 가르치고 설교하는 사람은 반드시 교회 치리회의 관리 감독을 받아야 한다. 총회는 강도사 인허를 받지 않은 사람은 설교하지 못하도록 규정하였다.

그러나 목사후보생은 방학 동안 담임목사나 노회의 지도를 받아 기도 모임이나 예배 때에 그들의 은사를 시험하기 위해 설교를 할 수 있다. 또한 목사가 없는 곳에서는 권서인colporteurs으로서 설교할 수 있다. 때때로 노회는 두 번째 방학 기간에 노회 관할 안에서 담임목사의 지도를 받아 설교할 수 있도록 임시 인허를 주기도 한다.

제578문 목사후보생은 강도사 인허를 어떻게 받게 되는가?

노회가 목사후보생의 시험 결과에 만족한다면, 다음과 같은 방법으로 인허식을 한다. 노회장은 노회가 모인 자리에서(어떤 경우에는 교인들 앞에서) 목사후보생에게 다음 같이 질문을 하고 목사후보생은 그 앞에 서서 서약한다.

1. 신구약 성경은 하나님의 말씀이요, 신앙과 행위에 대하여 정확 무오한 유일의 법칙임을 믿습니까?
2. 장로회 신조와 웨스트민스터 신도게요(신앙고백서) 및 대·소요리 문답은 신구약 성경이 교훈하는 도리를 총괄한 것으로 알고 성실한 마음으로 받아 사용할 것을 승낙합니까?
3. 교회의 화평과 연합과 성결함을 도모하기로 맹세합니까?
4. 주 안에서 본 노회 치리에 복종하고, 다른 노회로 이거할 때는 그 노회의 치리를 복종하기로 맹세합니까?

목사후보생이 질문에 동의함으로 서약한 후에 노회장은 상황에 적합한 기도를 한다. 그런 다음 노회장은 노회원들이 모두 기립한 가운데 다음과 같이 공포한다.

"주 예수 그리스도의 이름과 교회가 덕을 세우기 위하여 나에게 주신 권위로 우리가 그대에게 하나님이 부르시는 곳에서 복음을 전파할 강도사로 인허하고, 이 일을 선히 이루기 위해 하나님의 복과 그리스도의 영이 네 심령 속에 충만하기를 바라노라. 아멘."

제579문 강도사 인허를 받은 사람은 반드시 교회의 표준문서(standards)에 동의해야 하는가?

이것은 강도사 인허에 반드시 요구되는 필수조건이다. 1730년 대회는 만장일치로 응시생Intrants 혹은 목사후보생이 입회할 때 대회의 회원들이 하는 방식 그대로 웨스트민스터 신앙고백서(신도게요), 요리문답서와 예배 모범서Directory를 함께 꼭 받아들여야 한다고 선언한 바 있다. 이 사실은 1734년, 1758년과 1825년에도 집행했고 그 이후로 계속 요청했다.

제580문 강도사 인허에 대한 노회록은 어떻게 작성하는가?

강도사 인허에 관하여, 노회록은 아래와 같이 작성된다.
"언제, 어디서, _____노회가 회집하여 _____의 학력과 도덕적인 성품이 합당할 뿐 아니라, 무흠 입교인이 되는 증거를 이미 얻었으며, 정식으로 고시하여 일반 학식과 신앙적인 지식과 기타 요긴한 학문에 대하여 풍성함을 나타냈으므로 노회가 기쁘게 받기로 결정한다. 또한 그가 본 장로회 신조를 수용하며 강도사 인허 서약에 만족할 만한 답변을 하였기에 본 노회는 _____를 노회 지역에서, 혹은 정당한 청빙을 받는 그 곳에서 강도사로 그리스도의 복음을 전파하며 성스러운 사역에 수습생Probationer으로 인허하기로 하다."
이 회의록의 등본이나 인허의 증명서를 노회장과 서기가 연명날인하여 강도사에게 주어 교회에서 설교할 권한을 준다.

제581문 강도사의 권한은 무엇인가?

강도사 인허를 받은 사람은 목회를 위한 준비과정으로 설교할 수 있는 자격을 얻게 된다. 강도사는 평신도에 속하나 당회에 복종해야 한다. 목사후보생이나 강도사 인허를 받은 사람은 노회의 관할하에서 목회훈련을 받고, 또 노회가 그를 관할하고 그에 대한 책임을 갖고 있지만, 목사 장립을 받아 목회 사역을 완전히 감당하기까지는 아직 일반 교인에 속하여 당회 관할하에 있다.

그러므로 그는 성례를 시행할 수 없으며 축도도 할 수 없다. 결혼 주례도 못한다. 하지만 구파 총회는 1844년에 세상법이 허락하면 강도사라 할지라도 결혼 주례를 하는 것은 교회법을 범하는 것이 아니라고 결정했다. 또한 견습하기 위하여 배석을 할 수 있을지 몰라도 당회나 치리회 재판에 회원이 되어 언권을 가질 수 없으며, 혹 교회의 임시목사처럼 사역할 수 있지만 담임목사로 인정되지 않으며, 공동의회 의장이나 당회장이 될 수 없다.

제582문 목사후보생은 관할 노회에서 다른 노회로 이명할 수 있는가?

어떤 목사후보생에게 강도사 자격을 얻기 위한 과정 중에 본 노회에서 타 노회로 이명할 경우가 생기면, 적합한 증명서류들을 이전 노회에서 받아 이명할 노회로 정식으로 제출한다. 정상적으로 이명한 후에 남은 과정을 계속할 수 있다. 또한 시작한 대로 동일하게 끝까지 과정을 밟아야 한다. 이는 목사후보생이 시험을 시작한 노회에서 합법한 이명증서를 받아야 하는 것을 의미한다. 본 노회의 이명 없이 타 노회의 관할하에 있을 수 없고 특히, 강도사 인허가 거절된 후에 행하는 그런 처사는 더욱 불법이다.

제583문 강도사는 관할 노회에서 다른 노회로 어떻게 이명을 하는가?

목사후보생과 마찬가지로 강도사는 관할 노회의 허락을 받은 후에 서기가 서명한 강도사 인허증명 회의록 초본과 노회추천서를 동반하여 이명하려는 노회에 증명서류를 제출하면 아무런 제한 없이 이명할 수 있다.

제584문 강도사 인허 기간은 얼마 동안 지속되는가?

헌법은 이 사항에 관하여 분명하게 규정하지 않는다. 그러므로 노회는 강도사의 설교가 교회에 덕을 끼치지 못한다고 여길 때에 언제든지 강도사 인허를 임의로 취소할 수 있다.

1872년 총회는 다음과 같은 규칙을 채택했다. 인허 기간은 4년이다. 만약 이 기간 동안 강도사가 전임 사역자로 초빙되지 못하면 모든 인허 기간은 4년 후에 만료되지만, 노회는 1년 더 연장할 수 있다. 1874년에 '4년에 만료가 되는 인허'라는 의미는 '실행한 날짜로부터 계산하여 만료된다'는 의미임을 확인했다.

제585문 철회된 강도사 인허를 다시 재인허할 수 있는가?

강도사의 건강이 회복된 경우나 외국 여행에서 돌아온 경우와 교사로 있다가 혹은 일반 직장생활을 하다가 다시 신학공부를 시작한 경우나, 심지어 교회가 시행한 권징에서 복직되어 강도사 인허가 다시 합법적으로 갱신된 사례가 있다. 이는 총회가 검사나 감독하는 권한 이외에 강도사 인허를 하고 계속하여 주는 노회의 역할에 어떤 권한도 가지지 않는다고 언급하는 것 같다.

제586문 강도사 인허를 취소할 수 있는가?

설교 사역을 상당 기간 하고 있던 강도사가 교회에 덕을 끼치지 못하는 것으로 드러날 때, 노회는 타당하다고 판단되는 경우에 강도사 인허를 취소할 수 있다. 또한 목사후보생이 목회 사역에 부적합한 것으로 인정되거나 도덕적이지 못한 죄를 범하였을 때는 언제든지 인허를 취소하고 그를 당회로 돌려보내서 더 강력한 권징을 받도록 할 수 있다. 노회가 그의 품행이나 설교에 만족하지 않아도 인허를 취소할 수 있다.

제587문 강도사는 어디서 설교하는가?

강도사Licentiate는 인허 증서에 기록된 대로 노회 관할 내에서 설교할 수 있으며 어디서든지 그를 청빙하는 곳에서 설교할 수 있다. 노회의 관할하에 노회 관할의 허위 교회나 기도처Missionary Stations에서 사역할 수 있다. 또한 노회의 허락을 받아 교단의 부서와 그 밖의 곳에서 사역할 수 있다.

제15장

목사, 선교사 선거 및 임직

제588문 허위 교회란 어떤 교회인가?

담임목사가 시무하지 않는 교회를 허위 교회vacant church라고 한다. 임시목사가 있어도 허위 교회이다. 다른 교회의 목사가 정기적으로 설교를 하는 경우에도 담임목사가 없으면 허위 교회이다.

제589문 허위 교회에서는 예배와 설교와 같은 사역이 어떻게 이루어지는가?

허위 교회의 당회는 노회의 관할하에 설교에 책임이 있어 강도할 사람을 세워야 한다. 적합한 설교자를 파송하는 것은 노회의 허락을 받아야 하고, 당회는 노회가 추천하여 보낸 자를 초빙해야 한다. 당회는 교회의 화평과 질서와 덕을 위하여 가능한 한 가장 빠른 방법으로 최선을 다하여 담임목사를 청빙하도록 노력해야 한다.

또한 교인이 담임목사 선출을 위한 공동의회를 소집하자고 당회에 적법하게 요청할 때 당회가 무시하거나 거절하면, 교인은 노회에 소원할 수 있다. 만약 주일에 설교할 목사를 세우는 것이 형편상 힘들거나 불가능하면, 당회가 정치 조례Form of Government 20장에 따라서 예배를 주관해야 한다.

제590문 당회는 어떻게 담임목사를 세울 수 있는가?

당회가 담임목사를 구하는 방법은 여러 가지가 있다.

1. 첫 번째 방법은 노회나 혹은 어느 목사나 교인이 적당한 담임목사 후보자로 강도사와 목사를 추천하는 것이다. 전 교인이 담임목사로 적합한 한 사람을 선택할 준비가 있어 보일 때까지, 당회는 추천받은 이들을 차례대로 초청해서 한 주일이나 여러 주일 동안 설교하도록 한다. 그러므로 교회에 선을 보이는 강도사와 목사는 설교 지원자candidates for the pulpit라고 불린다. 이것이 가장 일반적으로 취하는 입후보 방법이다.

   그러나 형편상 목사의 입장을 곤란하게 하고, 교회에 후보자의 자격을 판단할 공평한 기회를 주지 못하고, 종종 전 교인의 일치를 해치기 때문에 이것에 대한 반대도 많다.

2. 두 번째 방법은 임시목사를 세우는 방법stated-supply plan이다. 당회는 추천받은 자들, 즉 어느 정도 알고 그들이 판단할 때 괜찮다 하는 자 중 한 사람을 선택하여 몇 개월 혹은 1년 동안 임시목사로 사역하도록 한다. 그리고 임시목사와 당회가 서로 뜻이 맞는 경우에는 기간 만료 시 담임목사로 자리 잡을 수 있다. 하지만 목사나 강도사가 오랜 기간 동안 불확실하게 시험을 받는 상황에 있는 것을 좋아하지 않고, 이런 상황이 오랜 기간 이어지는 것은 전 교인에게도 덕이 안 되기 때문에 이에 대한 반대도 많다.

3. 세 번째 방법은 위원회를 정하는 것이다. 당회는 위의 두 방법이 초래할 나쁜 결과들로 인해서 염려할 경우, 교회가 허위 교회로 있는 동안 다른 교회 담임목사나 교수 혹은 다른 목사 중에서 본 교회의 후보자로 고려될 수 없는 사람을 초청하여 설교하도록 한다.

그리고 이 기간 동안 공동의회를 소집하여 당회나 일부 당회원과 교인들로 구성된 위원회를 임명하여 목사를 선택하도록 한다. 공동의회는 위원회의 결정을 거부할 수 있지만, 위원회의 결정을 받아들이는 것이 일반적이다. 위원회는 추천을 받고 여러 교회를 방문하여 추천 받은 목사나 강도사의 일반적인 직무와 개인적인 성품을 알아본다. 그리고 만약 위원회가 교회에 적합한 목사를 찾았다고 여기면, 그와 청빙에 대해 협의한다. 청빙을 수락할 뜻이 있을 경우에, 그는 최종 응답을 하기에 앞서 교회에 방문하여 설교하는 것이 타당하다. 위원회는 청빙에 대한 보고서를 공동의회에 제출하고, 공동의회는 투표를 통해 결정한 후 노회에 청원하여 결과를 기다린다.

강도사 청빙에도 이 방법이 적용된다. 위원회가 강도사를 설교하도록 청하거나 강도사가 사역하고 있는 교회를 직접 방문할 수 있다. 비교적 비중 있는 교회들은 명성이 있고 경험이 많은 목사들을 청빙할 때 주로 이 방법을 채택한다. 이 방법은 결정하는 데 유리한 점이 많고 사역자와 교회가 옳은 판단을 내릴 수 있는 더 좋은 기회를 제공하기 때문에 점점 더 선호되고 있다.

이 방법의 변형된 형태도 때때로 도입된다. 교회가 작거나 당회가 경험이 없을 때 신뢰하는 이전 담임목사나 다른 목사를 위원으로 선정하여 위에서 제기한 권한들을 부여하고 그들로 하여금 담임목사를 선택하도록 하는 방법이다. 그러나 이것은 위원 목사에게 매우 큰 책임을 지우는 것이다.

여기에서는 방법에 대해 자세한 설명은 하지 않지만, 교회나 그들이 선정한 대표들이 담임목사 후보에 대해 목회자로서의 자격을 만족할 수 있는 기회를 충분히 가질 수 있어야 한다고 본다. 그리고 담임목사를 청빙하기 전에 그의 사역에 대해 어느 정도 알고 있어야 한다. 어떤 수습생Probationer이 교회가 흡족할 정도로 설교를 잘해 교인이 그를 담임목사로 세울 준비가 되어 있으면 당회는 이를 위한 공동의회를 소집하는 절차를 밟는다.

제591문 담임목사 후보자들이 공동의회 이전에 그 교회에서 설교할 수 있는가?

대부분의 경우 어쩔 수 없는 것처럼 보인다. 어떤 후보가 전 교인에게 좋은 인상을 주지 못하면 당회가 그를 다시 청하기를 원치 않는다. 때문에 교회가 결정하기 전에 어떤 사람들을 더 많이 초청하거나 더 적게 초청할 수 있다.

따라서 당회는 후보를 선택할 때 신중해야 하고, 후보들 때문에 교회 안에서 발생할 수도 있는 분란을 예방하기 위하여 가능한 한 후보자의 수를 제한해야 한다. 강도사가 후보자일 경우는 담임목사 청빙을 위한 공동회의가 모이기 전에 이미 그가 탁월한 후보자로 여겨지는 경우이다.

제592문 누가 담임목사 청빙을 위한 공동의회를 소집할 수 있는가?

당회가 목사 청빙을 위하여 공동의회 소집을 위한 절차를 밟아야 한다. 전 교인이 목사 청빙에 대한 마음이 있을 경우에 당회는 공동의회를 소집한다. 투표권을 가진 입교인 과반수가 소집을 청원할 때, 공동의회를 소집하는 것은 당회의 의무이다.

그러나 요청대로 그때에 소집하여 투표하는 것이 교인들을 크게 자극

하며, 지나치게 성급한 것이 되고, 아직 후보에 대한 충분한 지식을 얻지 못했거나, 혹은 후보가 그 자리에 적합하지 않다는 것으로 인정되는 등 분별력 없는 행동으로 간주될 때 당회는 합법적으로 공동의회를 소집하여 전 교인의 의견을 듣고 투표를 연기할 수 있다. 또한 당회가 공동의회 소집을 거절할 수도 있다.

만약 당회가 적법한 요청을 받고도 공동의회 소집을 무시하거나 거절한다면, 전 교인이나 누구든지 노회에 소원할 수 있다. 이때 노회는 당회나 어떤 교인이 부당하게 목사 청빙을 늦추거나 경솔하게 목사를 황급히 세우려는 것을 방지하고, 교회에 덕을 끼치지 못하는 방향으로 공동의회를 진행하려는 시도를 방지해야 한다.

1877년 총회는 성급히 부적절하게 목회를 정리하는 것을 반대했다.

담임목사 청빙은 오래 지속적인 관계를 신중히 고려하여야 하고 기도로 준비해야 한다. 모든 경우에 있어서 공동의회 소집은 반드시 당회나 상회에 의해서만 이루어져야 한다.

제593문 누가 공동의회 회장이 되는가?

당회는 선거를 신중하게 치르기 위해 거리를 감안하여 큰 폐가 되지 않는 이상, 몇몇 인근 교회 목사들의 참석과 조언을 요청할 수 있다. 그러나 여의치 않은 경우 주위의 도움 없이 당회가 공동의회를 진행한다. 노회가 허위 교회의 당회장으로 임명하는 목사가 공동의회의 회장이 된다. 인근 교회의 다른 목사를 회장으로 요청할 때, 그는 반드시 동일 노회 소속이어야 한다. 회장이 될 목사가 여의치 않을 때 당회가 선임한 장로가 임시회장으로 회의를 주관해야 한다. 모든 경우에 당회 서기는 공동의회 서기가 된다. 공동의회를 주관하는 회장에 대해서 이의가 있을 경우에는 재조사를 위해 노회에 상정하여 처결하도록 한다.

제594문 공동의회는 어떻게 소집하는가?

주일 예배가 끝난 직후에 강단에서 공동의회 소집을 교인에게 다음과 같이 공포한다. "모든 교인들은 ○○일 주일예배로 모이는 교회에서 교인들이 찬성할 경우에 그때 거기서 담임목사를 선출하는 선거로 모인다."

공동의회 소집 전에 충분한 시간을 주어야 하며, 모든 교인에게 회의 소집에 대한 통지를 해야 한다. 통상적으로 공동의회 소집은 권징 조례의 규정에 따라 10일 전에 통지되고 종종 같은 주간에 열린다. 장로회 정치 원리에 따라서 담임목사는 반드시 교인들의 직접선거에 의해 선출해야 한다. 담임목사를 지교회 교인들이 직접 선출하는 것은 누구에게도 양도할 수 없는 귀중한 특권이다.

제595문 다른 교파는 담임목사를 어떻게 선거하는가?

감독교회나 개혁감독교회는 담임목사 혹은 교구목사를 운영위원회 Westry가 선출한다. 그 운영위원회는 교구가 1년마다 뽑는 교회의 회원들로 구성되어 있는데 세상적인 temporal 일을 감당한다. 감독에게 목사 청빙을 위해 투표한다고 알려 주어야 한다.

감리교회는 연회에서 지도 장로 Presiding Elders의 도움을 받아 감독이 모든 교회 목사를 해마다 임명한다. 목사나 교회 직원들이 종종 비공식으로 요청을 하지만 감독은 선정에 대한 전권을 가지고 있다. 감독은 한 목사를 동일한 교회에 담임으로 3년 연속 임명할 수 있으나 그 이상은 할 수 없다. 많은 교인들이 한 목사를 두고 4년 내지 심지어 5년을 계속 연장해 달라고 강력하게 희망하여도 그것은 받아들여지기 어렵다.

조합교회는 두 개의 기관이 있는데 하나는 교회 즉 무흠 교인으로 구성되어 있고, 또 하나는 회 혹은 교구라고 부르기도 하는 교회의 재산과 세상적인 일을 담당하는 자치 영구기관이다. 담임목사를 선출할 때 이 두 기관은 따로 모임을 가진 뒤 선정하기 전에 한 후보자로 단일화한다. 그 결과를 다시 교회 운영위원회에 제출하고 그 후보자를 심사하며 청빙을 인준하고 위임식을 한다. 루터교는 교인 전체가 담임목사를 선출한다.

제596문 목사 선출을 위해 소집된 공동의회는 어떻게 개회하는가?

정해진 날에 참석하여 사회를 보도록 초청받은 목사가 설교하는 것이 마땅하고, 이어서 공동의회를 개회한다. 만약 어떤 이유로 설교가 생략된다면, 회장은 일반적으로 목사 직분의 성격과 중요성에 대해서 설명한다. 또한 회장은 교회에 도움이 될 만한 교훈들을 전하기도 한다. 하나님의 인도를 구하는 기도를 한 다음에, 공동회의 소집과 관련된 당회의 회의록을 낭독한다.

그리고 마지막으로 공동회의 회장은 담임목사 선출을 위한 투표를 원하는 바에 따라서 즉시 실시한다는 내용을 교인들에게 공포한다. 일반적으로 그 원하는 바는 "여기 모인 교인이 이제 담임목사를 선출하는 선거를 실시하노라"고 결정한다는 의미이다. 전 교인의 다수가 목사 선거에 대해 찬성하면, 회장은 투표를 즉각 실시한다.

제597문 목사 선거에서 누가 투표하게 되는가?

교회의 견책에 따르지도 않고 올바르게 시행하지도 않는 자는 투표할 권리가 없다. 또한 스스로 작정하거나 혹은 교회의 규칙에 따라서 정당한 수입의 일정 부분을 하나님께 드리지 않음으로써 헌금의 의무를 저버리는 자도 투표권을 행사하지 못한다. 1711년에는 목사 생활비를 위해 헌금하는 자 외에는 목사 청빙을 위한 투표를 할 수 없다고 의견일치를 보았다. 1788년 대회가 채택한 이 내용에서 투표권자들은 교회의 유지를 위해 확실하게 헌금하는 정식 회원이어야 한다고 했다.

그러나 이 내용은 1820년 수정안에서 빠졌다. 1863년 구파 총회는 목사 청빙을 위한 선거 투표 자격을 무흠 입교인communicant으로 제한하는 대회에 반대하여 낸 소원을 인정했다. 이어서 총회는 담임목사 청빙 투표권을 무흠 입교인에게 제한하는 관례는 이미 여러 교회들이 행하고 있으므로 판단하건대 반대할 이유가 없다고 선언한 바 있다. 한편 1867년 구파 총회는 다시 품행이 바른 무흠 입교인 외에 담임목사 청빙 투표를 행할 수 없다는 법을 실시하는 것을 거절했다. 그러므로 무흠 입교인에게 투표권을 박탈할 수 없으며, 청빙의 건 말고 다른 문제에 투표하는 자는 교회를 유지하는 데 헌금하는 자이어야 한다는 사실을 제외하고는 각 지교회는 이 문제를 다룰 때 교회 재량에 따라 판단했다. 한 교인이 1년 이상 예배에 불참하는 경우에 무흠이라는 말은 사용하지 못한다. 1879년 총회는 성찬을 온전하게 참석할 수 있는 교회 회원은 자신이 다니는 교회 담임목사 청빙 투표권이 있으며 이는 '교회 정치' 15장 4조에 있는 조건을 따라야 한다는 것이 총회의 결정이라고 했다. 남장로교는 무흠 입교인 외에 어느 누구도 자신이 다니고 있는 교회의 직원을 투표하는 권리가 없다고 선언한다.

장로교회는 교회마다 차이가 있다. 어떤 교회는 무흠 입교인만 투표할 수 있고, 어떤 교회는 무흠 입교인임과 동시에 예배를 참석하는 가장이 투표할 수 있다. 또 어떤 교회는 무흠 입교인이면서 교회의 유지를 위해 헌금하는 모든 자가 투표할 수 있다.

조합교회는 각 지교회가 따로 선거권자에 대한 규정을 세울 수 있다. 그러나 교회의 회의에서 남자 성인 무흠 입교인만이 투표를 할 수 있으며 미성년자나 여자에게는 투표권이 없다.

제598문 담임목사 청빙을 위한 선거가 끝난 후 공동의회 회장의 의무는 무엇인가?

당회나 공동의회 회원 중에서 담임목사 후보자를 추천할 수 있다. 후보가 한 명 이상일 경우에는 일반적으로 무기명으로 투표하여 표결하며, 후보 한 사람이 모든 표를 얻는다면 회장은 그가 만장일치로 선출되었음을 공포한다.

만약 소수의 반대 투표자들이 있다면, 회장은 그들을 설득하여 다수의 찬성 투표자들과 연합하여 만장일치로 표결되도록 한다. 그러나 적지 않은 수가 선출된 후보를 반대하고 청빙에 동의하지 않아 그 회에서 일치되게 할 수 없을 경우에 공동회의 회장은 시행을 유안하도록 한다. 만일 거의 만장일치가 되거나 다수 측이 후보자에 대한 청빙을 강력히 주장한다면, 회장은 모두가 동의하도록 설득한 후에 청빙서를 작성하여 노회에 정식으로 제출한다.

청빙서에는 공동의회 의사 진행 과정, 모두 동의하지 않은 상황과 숫자 등 자세한 사항을 함께 기록한다. 이로써 청빙이 이루어지면 서류를 준비하여 서명한다. 모든 교회 예식과 마찬가지로, 회장의 기도와 축도로 폐회된다. 일반적으로 회장은 새로운 환경에 처한 교인에게 도움이 될 만한 축사나 권면을 한다.

제599문 공동의회 회의록을 어떻게 작성하는가?

당회 서기가 공동의회 서기가 되어 회의록을 작성한다. 담임목사 청빙에 관한 것은 당회 활동이 아니기 때문에, 당회록에는 이 내용을 기입하지 않는다. 그리고 각 노회는 관련 없는 사건들이 기록되었는지의 여부를 살피기 위하여 공동의회 회록을 자주 검사한다. 당회가 소집하고 서기가 작성하는 모든 회의의 회의록은 따로 준비된 의사록에 기입되는 것이 마땅하다. 청빙서와 함께 모든 내용 절차를 노회에 제출하여야 한다.

제600문 담임목사를 청빙할 경우 청빙 서식은 어떤 방식으로 작성되는가?

담임목사 청빙을 위한 서식은 다음과 같은 서식으로 작성된다.

_____지역 _____교회 교인들은 귀하가 목사의 재덕과 능력을 구비한 줄로 아오며, 또한 복음 안에서 당신의 목사로서의 수고가 우리 영혼에 영적 유익을 줄 것을 확실히 알고 바라면서 우리는 공동 의회를 거쳐 귀하를 담임목사로 청빙합니다. 그리고 귀하가 본 교회의 정당한 담임목사로 시무하는 기간 중에는 본 교인들이 모든 일에 편의와 위로를 도모하며 주 안에서 순복하고, 주택과 어려움이 없는 생활을 위해 목사생활비 _____를 매년 네 번에 나누어(혹은 매년 두 번이나, 한 번에) 드릴 것을 서약하오며, 이 서약을 확실히 증거하기 위하여 서명날인합니다.

주후   년   월   일

○○노회 ○○교회
입교인 각각 서명날인
증인 공동의회 의장 서명날인

사실과 서약을 분명하게 표현했으면 자구 하나하나의 의미는 별로 중요하지 않다. 여백은 교인의 직접투표에 따라 채운다. 청빙은 법적으로 이행해야 할 의무이다. 이것을 통해 보면 목사는 세상적인 근심과 직업으로부터 자유로워야 한다. 세상 법정은 종종 성격상 이 계약은 구속력이 있다고 인식했다. 사례는 매달 주기도 하고 주마다 주기도 했다.

제601문 담임목사의 생활을 위해서 일정한 사례가 필요한가?

담임목사의 생활을 위해서 청빙서에 일정한 생활비가 약속되어 있도록 규정하고 있다. 이를 위하여 청빙을 허락하는 노회는 반드시 충분하고 일정한 사례비가 지급될 수 있는지를 고려해야 한다. 청빙되는 목사와 교회가 생활비에 대해서 충분히 만족하여도, 노회가 그렇지 못하다고 인정하면 청빙을 허락하지 않을 수 있다.

교회가 사례비의 일정 부분을 국내전도부 Board of Home Missions에 의존한다면 교회는 단지 교회가 헌금할 수 있는 부분을 약속할 수는 있다. 그런 경우에 국내 전도부에서 얼마의 도움을 받는다고 명시한다. 때로 담임목사가 연봉 혹은 주급으로 교회로부터 얼마를 받아야 할 것인지는 서로 동의해야 할 문제이다. 여기서 노회는 담임목사를 충분히 지원하는지에 대한 것은 의문을 제기하지 못한다. 담임목사는 생활의 걱정에서 자유롭지 못하며 교회의 변화무쌍한 감정에 의존할 수밖에 없다. 교인이 담임목사를 후원하겠다고 하는 어떤 법적이고 확실한 서약은 없다. 하지만 1811년 총회의 의견(신파 총회는 1854년)은 교회가 담임목사에게 사역에 대한 사례비를 인색하지 않게 지급하는 것이다. 이것은 교회의 의무이다. 구파 총회는 같은 해 이 주제에 관한 보고서를 인쇄했으며, 이 보고서는 교회 강단에서 목사가 낭독해야 한다고 시달했다.

제602문 교회는 목사 사택을 제공해야 하는가?

목사 사택 Parsonage은 청빙서에 사례와 함께 언급한다. 상당히 초기인 1766년 대회에서는 모든 목사는 대지, 편리한 집과 필요한 물품을 제공받아야 한다고 추천한 적이 있다. 총회는 1872년과 그 후에도 자주 동일한 추천을 거듭했다. 교회는 담임목사에게 적절한 사택과 집을 제공해야 하고 노회는 사택을 위한 상설위원회를 구성해야 하며, 목사와 장로는 이와 같은 문제로 사람들의 관심을 끌어야 한다고 결정했다.

이듬해 총회 사택위원회는 3년의 수고 끝에 그 일을 교회 설립부Board of Church Erection에 맡겼다. 그 일을 효과적으로 진행하기 위해서 긍정적인 당부사항이 있었다. 그러나 이와 관련해 진전된 일은 별로 없었다. 1876년 이 목적을 위해 재정을 받지 않은 교회 설립부는 이제는 더 이상 자신들의 의무사항으로 여기지 않는다고 제시했다.

제603문 담임목사를 청빙한 후에 교회는 생활비를 증감할 수 있는가?

1. 청빙은 본질적으로 쌍방 계약이다. 만약 계약기간 동안에 어떤 사항이 변경된다면, 오직 당사자 간의 동의로 이루어질 수 있다. 재단이사회(Board of Trustees 역자주: 교회는 당회와 이사회로 구성되어 있다)는 당사자 중 한편이므로 어떠한 변경도 할 수 없다. 여기에서 당사자는 당회가 소집한 공동의회와 청빙된 목사이다. 반드시 당사자 사이의 동의에 의해서만 생활비의 증감을 변경할 수 있다.
2. 청빙은 통상적인 계약과는 차이가 있다. 합법적으로 노회의 인가가 필요하다는 점에서 일반적인 계약과 차이가 있다. 노회가 충분히 만족할 경우에 후보자에게 청빙서를 준다. 계약을 인정하는 것은 목회적 관계를 법적으로 인정하는 것이 된다. 그러므로 어떠한 변경도 반드시 노회의 승인을 받아야만 한다. 미국의 경우 주의 법에 따라 이런 원칙을 인정한다.

생활비의 액수는 교회의 지급 능력과 목사의 생활 형편에 따라 결정된다. 목사가 생계를 걱정하지 않도록 생활비의 액수를 정하고 약속한다. 교회의 재산이 늘어나거나 목회비가 더 필요할 때, 교회는 이미 약속한 생활비의 액수를 올릴 의무가 있다. 이것은 위임식에서 구두 서약으로 이루어진다. 위임식에서 교인들은 목사가 재직할 동안 청빙서에 약속한 대로 생활비와 그 외에 목사의 품위와 사역을 위해 필요하다고 생각되는 것들을 충분하게 제공하기로 약속한다. 서로 동의하여 생활비를 올렸을 때, 계약은 변경되고 목사는 변경된 액수를 받는다. 다시 말하면 목사가 침묵하여 동의했다면 정해진 사례 외에 액수를 더 받게 되는 것이다. 목사의 동의가 없으면 교회는 원래 약속한 액수를 삭감할 수 없다. 미국의 주 법도 이 사실을 인정했다.

목사의 사례를 삭감해서 목사의 생활이 극도로 어려워지면 이것은 불신앙이고 동시에 불법이다(사회법과 교회법에서 둘 다). 만약 교회가 지속적으로 생활비를 지급할 능력이 없어 목사가 생활비 변경에 대해 불만을 가진다면, 노회가 이 문제를 맡아 처리해야 한다.

1854년 구파 총회는 각 지교회 장로, 집사, 이사, 교인이 11월 1일 전 어느 날을 정해 모여, 다음부터는 필요하다면 더 자주 모여 목사나 임시목사가 적절하고 충분한 사례를 받고 있는지 조사해야 한다고 권했다. 그렇게 사례를 받고 있지 않다면 즉각적으로 올릴 방도를 구하여 다음 노회에 보고해야 한다고 했다.

제604문 교회는 생활비를 어떻게 준비하는가?

모든 지교회는 목사에게 지급할 생활비를 마련하기 위하여 가장 타당한 방법을 강구해야 한다. 현재 교회에서 사용할 수 있는 아래와 같은 방법들이 있다.

1. 작정 헌금이다. 주로 작은 개척교회나 재정 형편이 열악한 교회에서 일 년에 한 번 교인의 재정 능력에 따라서 액수를 작정해 정해진 시간

에 헌금을 한다. 매주일 예배에서 드려지는 헌금을 첨가한다. 다른 방법으로도 헌금한다.
2. 세금이다. 크고 부유한 교회의 경우, 교회 의자는 교회 의자를 위해 헌금을 낸 사람의 소유이다. 건축헌금 대신 의자헌금을 한 사람들이다. 의자 소유주들은 의자를 차지할 수 있고, 그것들을 다른 단체에게 빌려줄 수 있으며, 또는 판매하거나 다른 재산과 같이 증여할 수 있다. 교회의 연차 모임에서 자산평가에 따라 의자에 관한 세금을 교회 경비로 제공받을 수 있다.
3. 대여세이다. 교회는 교회 의자를 모두 소유할 수도 있고 감독할 수도 있다. 건물을 위해 제공된 무엇이든지 돈이 들지 않는다. 이사회는 의자를 빌려줄 수 있다. 혹 그 목적을 위해 교회가 선정한 사람이 빌려줄 수 있다. 쌍방이 바라는 대로 빌리는 기간을 1년으로 할지 아니면 비정기적으로 할지, 또 어느 위치에 있는지, 크기가 얼마나 되는지에 따라 대여비에 차이가 있다. 1년 동안 빌린다면 의자를 차지하는 이들은 달리 통지가 없는 한 의자를 보유한 자로 이해한다. 그래서 종종 좌석료pew에 의한 방법이 있다. 좌석에 대한 금액은 다음 회기 예산을 세우는 회기말 모임에서 결정한다. 이 방법은 주로 미국 교회에서 사용된다.
4. 경매에 의한 것이 있다. 이는 가끔씩, '의자 연중 판매'라 불린다. 실제로 경매에 의한 대여이다. 의자는 1년에 한 번만 보유한다. 의자위원회는 의자 크기와 위치에 따라 의자대여비를 책정한다. 공개경매에서 자산평가 이상으로 가격을 매겨 경매를 하여 최고 높은 가격에 낙찰을 받는다.
5. 주정헌금이다. 이것은 봉투헌금envelope system이라고도 부른다. 가족이나 개인은 매주일 교회의 같은 의자에 앉는 것을 권하지만 그 좌

석료는 받지 않는다. 때때로 의자는 다른 가족들에게 할당되는데 그 기준은 교회에 헌금하는 액수에 따라 하지는 않는다. 교회 회기년도 초기에 일정한 헌금을 작정하면, 1년 중 매주일 날짜가 적힌 헌금봉투를 제공받는다, 주일에 작정한 헌금 중 52분의 1을 헌금봉투에 넣어 헌금한다.

6. 일반헌금이다. 의자는 자유석으로 하든지 가족과 개인에게 1년 동안 할당되어 있다. 매번 예배를 드릴 때마다 교회경비를 위해 헌금한다. 그때마다 자신의 능력에 따라 헌금한다.

제605문 노회는 담임목사와 교회 사이에 이루어진 계약이 이행되고 있는지의 여부를 조사할 수 있는가?

이것은 노회가 마땅히 해야 할 의무이다. 총회는 노회의 이러한 의무에 대해 강조해 왔다. 1854년 구파 총회는 각 지교회의 담임목사가 충분하고도 적절하게 사례를 받는지 살필 것을 명령했고, 노회들에게는 목사 자신들이 목회자의 사례에 관한 설교를 하고 있는지 알아보아야 한다고 요청했다. 신파 총회는 같은 해에 비슷한 안을 채택했다. 따라서 노회는 이런 규칙에 따라, 장로에게 자신의 담임목사의 사례가 1년 동안 정규적으로 충분히 제공되는지 여부를 질문해야 한다.

제606문 청빙서에는 누구의 서명을 받아야 되는가?

전 교인이 청빙서에 서명한다. 그러나 그들을 대신해서 장로와 집사 또는 위탁 대리인Trustees이나 교회 선임 위원이 서명할 수 있다. 이런 경우에, 목사나 공동회의 의장은 대리 서명자들이 공동회의의 공식 투표로 임명되었고, 모든 면에서 앞에서 정한 방법대로 준비했음을 노회에 충분히 증명해야 한다. 또한 위원들을 임명하여 개인적으로 노회 앞에 청빙을 신청한다.

교회는 공동회의 회의록과 청빙서를 가지고 가서 청빙받을 목사에게 전달할 준비를 한다. 노회가 그 청빙에 만족할 경우 위원들의 청빙을 허락하고, 청빙받을 목사가 청빙에 응하면 그에게 청빙서를 부여한다.

제607문 청빙서를 주는 것과 청빙서를 받는 것은 각각 무엇을 의미하는가?

교회가 목사에게 청빙서를 주는 것은 교인들이 그를 인정하여 위임 목사로 받아들이겠다는 의미이다. 그리고 목사가 청빙서를 받는 것은 자신을 담임목사로 위임하려는 교인들의 요청을 받아들이겠다는 의미이다.

제608문 목사 장립과 목사 위임의 차이는 무엇인가?

장립ordination이란 강도사probationer를 목사로 세우는 예식이다. 그리고 위임installation은 목사를 담임목사로 세우는 예식이다. 담임목사로 위임받지 않은 자도 목사 장립을 받을 수 있으나, 목사 장립을 받지 않고서는 담임목사 위임을 받지 못한다. 위임목사의 자리에서 물러나 목양적인 관계가 소멸되어도 목사의 신분에는 영향을 주지 않는다.

제609문 교회는 장립식과 위임식을 서로 다른 날에 시행할 수 있는가?

강도사가 청빙받은 후 바로 목사로 장립될 경우에, 노회는 가능한 한 장립식과 동시에 위임식을 거행한다. 노회나 위탁을 받은 위원회가 적절하다고 여겨지면 위임식을 거행할 수 있으나, 장립식은 노회가 결정한다. 미국 장로교 역사 초기에 강도사를 청빙한 교회가 너무 멀리 위치해서 노회가 회집하기 어려운 경우에는 노회가 위원을 임명하여 장립식과 위임식을 거행하도록 했다. 그러나 이런 일은 극히 드물다.

청빙한 교회가 노회가 회집한 곳에서 상당히 멀리 떨어져 있거나, 노회가 예정된 위임식 날에 모일 수 없거나, 교회가 노회를 대접할 수 없거나, 강도사가 즉시 성례를 시행하고 목회 사역을 수행하는 것이 바람직할 때 노회는 청빙서를 주어 장립을 하고 위원을 선정하여 위임식을 나중에 적절하다 판단할 때 속행할 수 있다. 이런 정황에서 볼 때, 위임식은 반드시 그 교회의 교인들이 참석한 가운데 거행되어야 한다.

제610문 청빙서를 어느 노회에 제출하는 것이 타당한가?

청빙서가 준비되면 현재 목사를 관할하고 있는 노회에 제출한다. 청빙을 받는 목사는 교회의 결정에 대한 통지를 받고 노회가 청빙을 승인하면 청빙에 응할 준비를 한다. 만약 노회가 청빙서를 직접 청빙받을 목사에게 주는 것이 적절하다면 그렇게 할 수 있다. 이 경우에 노회장은 청빙받은 자가 받을 준비가 되었는지 물어보고 노회가 열린 가운데서 전해 준다. 그가 청빙에 동의할 때에는, 노회는 위원을 임명하여 장립식과 위임식을 조정한다.

결론적으로 모든 목사나 강도사는 노회를 경유하여야 청빙을 받게 된다. 회무를 처리하고 경비를 줄이고 지체하지 않기 위해 강도사는 청빙하는 교회가 소속되어 있는 노회로 가는 이명서를 받는 것이 관례이다. 이명에 대한 모든 절차는 목사후보생과 목사의 경우와 동일하다.

제611문 다른 노회에 소속한 목사를 어떻게 청빙하는가?

교회가 청빙에 관해 위임한 대표들은 본 노회에 먼저 청빙서를 제출하여 정식으로 노회장과 서기의 서명을 받는다. 본 노회가 청빙서를 검토하여 합당한 것으로 승인하면, 청빙서는 청빙을 받는 목사의 소속 노회로 이송된다. 강도사가 한 교회에서 일정 기간 사역하는 경우나 청빙서가 준비된 것을 알면 이거하는 노회에게 줄 이명증서를 받게 되고, 이명증서를 제출하기 전 받아들여지게 되면 이 과정이 불필요하다. 노회 회집이 어려우면 강도사는 노회의 지경 안에서 사역을 해야 한다. 노회의 결정과 청빙에 대한 인준 없이는 그 노회를 떠날 수 없다.

이런 경우 교회 대표들은 합법적으로 기명날인하여 그 청빙서를 노회에 제출해야 한다. 또한 청빙서를 인정하지 않거나 절차를 중지할 수도 있다. 똑같은 규칙이 무임목사나 담임목사에게도 적용된다. 그러나 노회가 청빙서를 강도사에게 주고 그가 이명서를 받을 의향이 있으면 해 노회에서 이명해 준다. 청빙받을 자는 청빙한 교회 소속 노회로 가서 장립을 위한 예식들을 준비하고 이에 순종한다.

1834년 총회는 "교회 정치 조례는 각 노회가 목사직을 신청하는 자와 노회 지경 안에서 이전에 목회 사역을 해 본 경험이 없는 자들을 심사하고 장립하는 권리와 특권을 인정한다"고 선언한 바 있다. 장로교회가 이미 조직되어 있는 곳 어디에서도 목회 사역을 감당할 것을 제안하는 이들도 강도사와 같이 하고 장립도 받게 된다. 이는 강도사가 다른 교파에 속해 있으면 더욱더 중요한 사안이다.

제612문 노회는 청빙받은 목사에게 청빙서 교부하는 것을 거절할 수 있는가?

이런 권한이 노회에 있는데, 1875년 총회는 청빙서 주는 것을 거부한 결정에 대해 한 목사의 소송과 소원에 답변을 해 주었다. 총회는 "노회는 이 문제에 관련해서 재량권을 가지고 있으며, 이 결정권은 '교회 정치' 15장 9조에 분명하게 명시되어 있다. 그러므로 이 상소는 기각한다"고 했다.

1885년 구파 총회는 교회와 목사가 완전히 서로 만족할지라도 사례가 불충분하기 때문에 노회가 청빙서를 인정하지 않았다. 1726년 초기 교회는 전임자의 생활비보다 많은 금액을 책정하자마자 다른 목사를 법적으로 청빙하는 데 자유로웠다.

제613문 목사고시 과목에는 어떤 것이 있는가?

목사고시는 노회에서 강도사 인허를 받는 시험과는 다르다. 다음과 같은 사항을 신중하게 점검해야 한다. 참 신앙의 유무를 알기 위해 영적 경험을 점검한다. 신학, 철학, 교회사, 헬라어, 히브리어와 노회가 필수적이라고 생각하는 다른 학문 영역에 대한 시험을 치러야 한다. 교회 헌법과 정치 원리 및 권징 조례와 규칙에 관한 지식을 문답한다.

제614문 목사 장립을 위한 시험과 강도사 인허를 위한 시험은 어떤 차이가 있는가?

이 두 종류의 시험은 목사나 강도사 후보생들이 복음을 전할 자질들을 갖고 있는지의 여부를 시험하기 위한 반복적인 성격을 가진 시험이다. 한 교회에서 담임목사로서의 권위를 얻기 위하여 기독교 원리들에 대해서 얼마나 알고 있으며, 교회 정치와 권징을 잘 적용할 수 있는지를 특별히 관찰하여야 한다.

제615문 헌법이란 무엇인가?

헌법Constitution은 장로회 신경 혹은 신앙고백The Confession of Faith, 대소요리문답The Larger and Shorter Catechism, 교회 정치The Form of Government, 권징 조례Book of Discipline, 그리고 예배 모범Directory for Worship

이다. 이밖에 총회는 증빙 문서들proof-texts을 추가하도록 했다. 그것들은 상당히 가치 있는 기록들도 있지만 노회가 적용할 만큼 권위가 주어지지는 않아, 1820년 수정판에는 폐기되었다. 총회는 자주 헌법에 대해 반복하여 위와 같이 정의를 내렸다.

1832년 총회는 다시 웨스트민스터 총회의 대소요리문답을 포함하여 교회 표준문서를 구성한다고 발표했다. 1848년 구파 총회는 장립할 때 강도사에게 던지는 "웨스트민스터 신앙고백을 진실히 받아들이고 채택하는가?"라는 질문은 "대소요리 문답을 받아들이고 채택하는가?"라는 질문을 포함한다고 결정했다. 그때 '신앙고백'의 다른 부분도 변경하지 않고 채택한다는 의미이다.

장로교 헌법을 채택하지 않는 자들은 목사로 장립을 받을 수 없거나 인정받을 수 없다. 1825년 총회는 신조와 고백과 규칙에 결정적으로 반대를 표명하는 자에 관한 헌의안에 대한 답변으로 "헌법은 밝히 모든 강도사에게 장로교회 신앙고백이 성경이 가르치는 교리체계를 포함하므로 자신들이 신실히 받아들이고 채택할 것을 엄숙히 선언해야 한다"고 결정했다.

교단 통합 때 의견일치가 되길, "통합은 우리 신앙표준문서를 교리적으로 또 교회적으로 기초로 해야 효력이 발생한다. 신구약성경은 영감된 하나님의 말씀으로 믿음과 행위의 정확무오한 규칙이고, 신앙고백은 성경이 가르치는 교리체계를 포함하므로 계속하여 진실히 받아들이고 채택해야 한다. 장로교회PCUS의 교회 정치와 권징은 우리 장로교의 정치 원리와 규칙을 포함한다고 인정해야 한다"고 했다.

남장로교는 "미국남장로교PCUS 헌법은 교리의 상징들로 구성되어 있고 이들은 신앙고백서와 대소요리문답에 내포되어 있는 내용들이다. 또한 교회 정치 조례, 권징 조례, 예배 모범으로 구성되는 교회 헌법을 아울러 포함한다"고 선언했다.

제616문 목사 장립을 위한 시험 외에 서면으로 제출할 과목이 있는가?

노회가 올바르다고 여기는 설교문을 하나님의 말씀에 근거하여 기록한다. 일반적으로 지정된 본문에 관해 작성된 설교문은 노회 앞에서 전체적으로 또는 부분적으로 읽혀지거나 설교 형식으로 전달된다. 마찬가지로 이 설교문은 때때로 교인들 앞에서도 읽혀지거나 설교 형식으로 전달된다.

제617문 목사고시의 합격을 어떤 방식으로 채점하는가?

목사후보생들은 자신의 이름이 불려질 때까지 자기 자리에 앉아 있는다. 각 후보자들이 자신의 견해를 나타낸 다음에 인정 여부를 위한 투표를 한다. 노회가 만족하여 목사로 장립하기로 결정하면 후보생들을 불러서 결과를 알려 준다. 청빙할 교회의 장로 한 명이 준비위원으로 임명되어 장립식과 위임식 준비에 대해 보고한다. 준비위원은 시간과 장소 그리고 예식에 참석할 목사들을 정하여 보고하고, 노회가 연기하면 그 지정된 시일과 장소에 회집하여 장립식을 거행한다.

제618문 장립식을 주일에 할 수 있는가?

1821년 총회는 장립식을 주일에 거행하는 것이 마땅하지 않다고 선언했다. 그러나 특별한 상황으로 절박한 경우에는 주일에 장립식을 하도록 요구할 수 있다. 총회는 노회가 이 문제를 처리하도록 위탁했다.

제619문 목사 장립식을 어디에서 거행해야 하는가?

형편이 허락한다면 담임목사로 청빙을 받은 교회에서 장립식을 거행하는 것이 좋다. 안디옥교회가 바울과 바나바를 외국 선교사로 파송하기 위해 따로 세웠을 때 행했던 것같이 노회는 그 교회 교인들에게 예식을 치르기 전에 금식하며 준비할 것을 권고할 수 있다(행 13:2~3).

제620문 목사 장립을 위한 예식은 어떻게 준비되는가?

목사 장립식이 거행될 날이 정해지면, 노회는 회의를 소집한다. 노회는 통상적으로 예배를 드리며 장립식에 걸맞는 설교를 한다. 사회는 회장이나 회원 중 한 사람이 보게 되는데, 일반적으로 노회장이 사회를 본다. 사회자는 교인들에게 예식 진행 절차에 관해서 설명하고 장립식의 성격과 중요성에 대해 밝혀 교인들이 엄숙한 분위기에서 은혜롭게 예식에 참석하도록 한다. 설교는 노회가 초청한 목사가 한다. 그러나 꼭 노회의 회원일 필요는 없다.

제621문 후보자가 해야 할 서약은 무엇인가?

후보자들에게 다음과 같은 질문을 한다.
1. 신구약성경은 하나님의 말씀이요 신앙과 본분에 대하여 정확무오한 유일의 법칙으로 믿습니까?
2. 본 장로회 신조와 웨스트민스터 신도게요 및 대소요리문답은 신구약성경이 교훈하는 도리를 총괄한 것으로 알고 성실한 마음으로 받아 믿고 따르겠습니까?
3. 본 장로회 정치와 권징 조례와 예배 모범을 정당한 것으로 승낙합니까?
4. 주 안에서 같은 직원 된 형제들과 동심 협력하기로 맹세합니까?

5. 목사의 성직을 구한 것이 하나님을 사랑하는 마음과 그 독생자 예수 복음을 전포(傳布)하여 하나님의 영광을 나타내고자 하는 본심(本心)에서 발생한 줄로 자인(自認)합니까?
6. 어떠한 핍박이나 반대를 당할지라도 인내하고 충심으로 복음의 진리를 보호하며 교회의 성결과 화평을 힘써 도모하여 근실히 역사하기로 작정합니까?
7. 신자요 겸하여 목사가 되겠은즉 자기의 본분과 다른 사람에 대한 의무와 직무에 대한 책임을 성실히 실행하여 복음을 영화롭게 하며 하나님께서 그대에게 명하사 관리하게 하신 교회 앞에 경건한 모본을 세우기로 승낙합니까?
8. 청빙을 받아들이고 이와 같이 서약함에 따라서, 이제 기꺼이 이 교회의 담임목사가 되겠습니까? 그리고 하나님께서 능력을 주시는 대로 교인들에 대한 담임목사의 의무를 수행할 것을 약속합니까?

후보자들은 질문에 답하는 동안에 교인들이 볼 수 있도록 설교단 근처에 기립해야 하고, 서약을 할 때 명료하고 분명하게 답을 해야 한다. 사회자가 교인들에게 질문을 할 때도 후보자들은 기립해 있어야 한다.

제622문 목사를 청빙하는 교인들은 어떤 서약을 하는가?

사회자는 교인들에게 다음과 같은 질문을 한다. 교인들도 역시 서약을 할 때 기립해야 한다.

1. ○○교회 교우 여러분은 목사로 청빙한 ○○ 씨를 본 교회 목사로 받습니까?
2. 여러분은 겸손하고 사랑하는 마음으로 그가 교훈하는 진리를 받으며 치리에 복종하기로 승낙합니까?
3. 목사가 수고할 때에 위로하며, 여러분을 가르치고 인도하며 신령한

덕을 세우기 위하여 진력할 때에는 도와주기로 작정합니까?
4. 여러분은 그가 본 교회 목사로 재직 중에 한결같이 그 허락한 생활비를 의수依數히 지급하며 주의 도에 영광이 되며 목사에게 안위가 되도록 모든 요긴한 일을 도와주기로 맹세합니까?

제623문 교인들은 어떤 식으로 답을 하는가?

오른손을 들어 답을 표시한다. 만일 교인들이 원하는 경우 구두로 찬성을 표시한다. 그러나 청빙서에 이미 표현되어 있는 공식적이며 진지한 서약에 대한 승인은 반드시 해야 한다. 그런 다음 각자의 자리에 착석한다.

제624문 장립식은 어떻게 하는가?

후보자들은 예배당의 가장 편안한 자리에서 무릎을 꿇고, 사회를 보는 목사는 설교단에서 내려와 후보자 앞에 선다. 이때 노회의 다른 목사들도 후보자 주위에 모인다. 사회자는 사도들의 모범을 따라서 안수함으로 기도하여, 엄숙하게 그를 복음 사역의 거룩한 직분자로 장립한다.

제625문 목사 장립식 때 누가 안수를 하는가?

소속 노회의 목사들과 언권corresponding 회원들이 목사 장립식에서 안수를 한다. 때때로 언권 회원으로 장립식에 초청된 다른 교단 소속의 목사들도 참여할 수 있다. 편리하다면 우선적으로 이들은 언권 회원으로 초대받아 좌석에 앉아야 한다(예배 전에 이루어져야 한다).

치리장로들은 노회의 회원들로서 후보자의 자격을 심사할 책임은 갖지만 장립식에 참여하지는 못한다. 1842년 구파 총회는 최근까지 장로교의 일관된 관례를 준수할 것을 권고했다. 다시 말하면 설교장로Preaching Elders와 감독만이 이 예식에 참여할 수 있게 했다. 다음해와 1844년에 총회는 장로교의 헌법이나 전통이나 헌법의 문자나 정신에서도 종교개혁 후 유럽과 미국 장로교회의 원리와 관례 어느 곳에서도 치리장로가 목사 장립에 안수하는 권한이 없다고 확언했다. 1860년 신파 총회도 똑같이 분명히 했다.

제626문 악수례는 어떻게 하는가?

기도가 끝난 후에 새로 장립된 목사는 일어나서 사회를 본 목사와 악수하고 그 다음에 노회의 모든 회원들과 순서대로 악수를 한다. 이때 목사로 장립한 이들에게 다음과 같이 말한다. "우리와 함께 거룩한 사역에 참여하게 되었으니 친교(교제)의 악수를 청합니다(갈 2:9, 행 1:25)." 이 경우에도 치리장로들은 노회 회원이지만 악수례에 참여하지 못한다. 이것은 사역의 자리에 있는 자만이 그를 환영할 수 있음을 명백히 함의한다.

제627문 장립과 위임을 공식적으로 선포해야 하는가?

사회를 보는 목사는 헌법에 따라서 해 목사가 이 교회의 담임목사로 임명된 것을 공포한다. 노회 서기는 또한 한두 개의 신앙신문에 "○○○ 씨가 _____ 교회 담임목사로 장립되었고 위임되었다"고 광고를 해야 한다. 남장로교에는 악수례 후에 노회장이 "내가 교회의 머리 되신 주 예수 그리스도의 이름과 노회의 권위로, 남장로교PCUS 헌법에 따라 목사 ○○○ 씨를 본 교회 목사로 위임됨을 공포하노라. 이제는 담임목사로서 교인이 재정 후원, 격려, 존경과 주 안에서 순복해야 할 자격을 갖추었노라. 아버지 하나님과 그 아들과 성령의 이름으로 아멘"이라고 말한다.

> 제628문 **장립식에서 어떤 권면이 주어지는가?**

1. 새로 장립된 목사(새로 장립된 감독)에게 설교단 근처에 편한 자세로 서 있게 한 다음에, 사회를 본 목사나 권면을 위해 지정된 목사가 하나님의 이름으로 엄숙하게 권면을 한다(딤후 4:1~2).
2. 교인들에 대한 권면은 일반적으로 지정된 다른 목사가 한다(히 13:7, 16, 17; 살전 5:12, 13). 권면을 통해 서로에게 주어진 의무를 끝까지 잘 이행할 것을 강조한다.

> 제629문 **장립식은 어떻게 폐회되는가?**

사회를 본 목사나 다른 목사가 장립자들을 하나님의 은혜와 인도에 의탁한다는 내용으로 기도한다. 마지막으로 찬양을 드리고 축도를 함으로써 폐회한다. 축도는 일반적으로 새로 장립한 목사가 첫 번째 목회 활동으로서 행한다. 장립식의 예식 절차와 위임식의 예식 절차는 동일하다.

다음과 같은 내용을 준수해야 한다. 엄숙한 위임식 후에 그 당시 참석한 교회의 가장들 혹은 적어도 장로들과 교회의 세상적인 일을 관리하도록 선정된 자들이 담임목사에게 나아와 충심과 사랑으로 받아들인다는 표시로 악수를 한다. 그리고 노회는 정식으로 예식 절차를 회록에 기입하고, 신임 목사의 이름을 명부에 올린다.

> 제630문 **신임 목사의 지위는 어떠한가?**

장립을 통해 당회의 관할을 받는 지교회의 무흠 입교인communicant 자격은 종료되고, 이제는 노회의 회원으로서 노회에 대한 의무와 권리를 가진다. 그는 목사로서의 충분한 권위를 가지고 복음을 선포하며, 성례를 시행하고 결혼예식을 주관한다. 그리고 거룩한 직분에 속하는 모든 일들을 행할 권위를 가진다. 다른 목사들과 동등한 지위와 권위를 가진다.

제631문 목사후보생이 청빙서도 없이 지교회 위임 청빙을 받지 않고도 장립을 받을 수 있는가?

목사후보생은 지교회의 담임목사로 청빙을 받지 못해도 복음 사역을 위하여 목사 장립을 받을 수 있다. 노회가 필요하다고 생각하면 전도목사로 장립하여 복음을 전파하고 성례를 집전하여 산간벽지나 전도지역에 교회를 조직하도록 할 수 있다. 이들을 전도목사나 무임목사Minister sine titulo로 부르기도 한다.

이들은 노회가 이미 조직된 곳에서나 교회가 새롭게 성장하는 곳에서는 사역할 수 없다. 그러나 노회가 필요로 하면 예외는 있다. 1850년 구파 총회는 전도목사를 장립하여 재정적으로 연약한 교회여서 담임목사를 청빙할 수 없는 지역이나 너무 떨어져 있어서 장립한 목사가 사역을 할 수 없는 곳에서 사역하게 하는 것은 합법적이라고 선언했다.

또한 노회가 필요로 하면 외국 선교사나 국내 전도목사나 강도사나 출판담당 목사로 장립할 수 있다. 외국 선교사는 국내에서 노회가 설립되어 있는 지역에서 사역할 수 있고 무임으로 장립받을 수 있다. 이는 노회에게 상당한 주의를 요하는 문제였다. 1764년과 1810년 사이 전도목사를 장립하는 데 동의하기에 앞서서 대회와 총회의 조언을 구하는 것이 다소 관례가 되었다. 하지만 1810년과 1813년 노회는 이 동의안을 거부했다.

제632문 장립 서약 질문은 다른 것이 있는가?

전도목사의 경우 장립 서약의 여덟 번째 질문이 생략되어 다음의 질문으로 대체된다. "귀하는 이제 전도자의 사역을 기꺼이 감당하겠느뇨? 그리고 하나님께서 능력을 주시는 대로 귀하에게 부과될 책임과 의무를 이행하기로 약속하느뇨?"

제633문 장립을 받은 전도목사의 지위는 어떠한가?

다른 목사들의 지위와 동일하다. 단, 그는 어떤 지교회와도 특별한 관련성을 가지지 않는다.

제634문 감독교회는 어떻게 후보생들을 목회 사역으로 받아들이는가?

추천받은 후보자는 교구의 감독에게 신청해야 한다. 감독은 후보자의 공부를 감독하고 후보자를 평신도 낭독자로 고용한다. 그들은 성직자의 옷을 입지 못하며 축도와 면죄도 하지 못한다. 3년 동안 후보자로 있어야 하고 그 후 감독이나 감독이 선정한 두 명 이상의 사제, 즉 심사목사Examining Chaplains라 불리는 그들이 후보자를 심사하여 직제상 서열이 제일 낮은 집사로 장립한다. 장립은 감독이 안수함으로 시행된다.
안수받은 그들은 감독의 관할을 받으며 감독이 판단할 때 자격이 되면 설교할 권한을 부여하며 교회의 담임목사나 교구목사나 사제 아래에서 집사직무를 수행하도록 보낸다. 그들은 특별히 가난한 자나 아이들을 돌보며 공적인 예배와 목회 사역 하는 교구목사를 돕는 역할을 감당한다. 그들은 세례도 베풀고 성찬식 때 떡도 분병하고 포도주도 분잔하나 성별하지는consecrate 못한다. 또한 죄의 사면을 선포하지 못하고 축도도 못한다. 그들은 1년 동안 집사로 남아 있어야 하고, 그동안 사제 직제(목회직제상 2번째 서열)를 위한 후보자로 여긴다.
심사목사위원회Examining Chaplains나 두 명의 사제로부터 여러 가지 과목을 심사받아야 한다. 그들은 설교와 예배의 순서를 읽으며 목회 사역에 적합한 것을 보여 주는 몇몇 증명을 제출해야 하고, 교회나 교구에 청빙을 받아 사역하고 있음도 보여 주어야 한다.

교구목사(담임목사)의 선거는 교회의 교구Vestry가 하고, 감독으로부터 인준을 받아야 한다. 교구는 교회 기관장Church-wardens과 그 외 사람들로 구성되어 있으며, 교구 지역의 세상적인 일을 관리하도록 선출한다. 반드시 무흠 입교인일 필요는 없다. 사제의 장립은 감독과 현장에 있던 사제의 안수로 한다. 장립식은 교구목사로 교구 지역을 위임받는 위임식institution or installation 전에 언제라도 어디서든지 할 수 있다.

위임예배는 위임식 주체자인 감독이 선정한 사제가 시행할 수 있다. 사제는 장립하는 것과 견신례를 세우는 것과 감독(목회직제로 최고 서열)에게 부여된 최고의 권위, 이 세 가지를 제외한 목사의 모든 기능을 가지고 있다. 감독은 대교구diocese의 회의에서 선출된다. 대교구는 적어도 6개 교구parish를 포함하는 어떤 지역을 말하며, 총회General Convention가 한 감독의 치리하에 두는 지역을 의미한다. 대교구의 총회는 교구목사와 평신도 대표(여러 교회를 대표함)들로 구성되어 있다. 이들은 함께 참석하지만 성직자와 평신도로 따로 구분하여 투표를 한다.

감독 선출은 감독회House of Bishops와 성직자와 평신도 대표회House of Clerical and Lay Deputies의 인준을 총회에서 받아야 한다. 회기 중이 아니라면 감독의 과반수와 몇몇 대교구의 상설위원회가 인정을 해야 한다. 감독의 장립은 감독 3명 이상이 안수함으로 할 수 있다. 감독의 특별한 역할은 견신례와 장립과 감독하는 일이다. 각각 자신의 대교구 안에서 최고의 권위를 지닌다. 아울러 감독회는 교회를 일반적으로 감독하고 최고의 권한을 가지고 있다.

제635문 조합교회는 목회 사역의 후보생들이 어떻게 사역하게 하는가?

후보생들은 설교 권한을 얻기 위해 협회Association에 신청한다. 협회는 기도와 상호 조언과 진보를 위해 목사들로 구성된 모임이다. 이는 후보생들에게 권한을 주는 기능 외에 교회적 기능은 없다. 신중하게 심사한 후에 협회의 관례에 따라 이루어진다. 담임목사를 선출하거나 강도사로 무임으로 장립받으려고 하는 열망을 인정하는 교인이 소집하는데 목사와 교회 대표운영위원회에게 장립을 신청한다.

후보생이 교인이 만족할 정도로 설교를 했을 경우 무흠 입교인들은 모임을 가져 그를 담임목사로 청빙하기 위해 투표를 한다. 자체적으로 영구적인 기관이며 또 교회의 재산을 소유하고 교회의 재정적인 사무를 담당하고 있는 자들로 구성되어 있는 회society가 투표하는 것이 적절하다고 여기면, 교회가 새로운 담임목사의 사례를 결정하고 투표하기 위해 모임을 가져야 한다. 이 두 기관의 결정은 운영위원회에 내놓아야 한다. 그리고 운영위원회는 후보자를 심사한다. 장립은 목사 3인 이상의 위원회가 교인이 보는 앞에서 안수함으로 진행하며, 목사와 교인들에게 권면을 한다. 목회를 대표하는 목사가 선정되어 신임 목사에게 위원회의 이름으로 교제의 악수를 한다.

제636문 침례교회는 어떻게 후보생을 목회로 인도하는가?

침례교회는 교회 정치가 회중적이다. 목회를 구하는 자들에 관해 다음과 같은 안을 채택했다. "젊은이가 후보생이 되려고 하면 지역 교회에 신청을 하고, 그의 재능을 시험해 본 후 일반적으로 신학 수업을 시작하면 그 자격을 준다." 이 권한은 한 교회 담임목사로 청빙을 받게 되면 취소되거나 계속할 수 있다. 운영위원회가 소집하여 조합교회에서 하듯이 그를 심사하여 장립한다.

제637문 감리교회는 어떻게 후보생을 목회로 인도하는가?

감리교회에서는 무흠 입교인이 속회장 아래 속회로 나누어져 있다. 속회나 혹은 교구의 속회장과 집사회의 추천으로 어떤 이를 담당설교자가 권면자Exhorter로 권한을 준다. 그는 담당설교자 관할하에 기도와 권면을 위한 모임을 개최하고 지역 연회나 분기별 연회를 참석한다. 이 권한은 1년간 유효하며 갱신할 수 있다. 목회를 고려하지 않는 권면자들도 권한을 가지고 있는 자들이 종종 있다.

지역설교자는 미리 정해진 시험에 통과하여 분기 연회의 결정에 따라 해마다 자격을 얻는다. 그는 일반적으로 세상일을 담당하지만 목회 직무를 수행하는 데 주관하는 장로가 그를 채용한다. 그가 장립을 원하면 집사로 장립을 받기 전에 4년간 신학 수업을 해야 한다. 연회를 통해 집사는 심사를 받고 감독의 안수로 장립을 받는다.

순회하는 집사의 의무는 다음과 같다.

1. 세례를 베풀고 성스러운 결혼식을 거행함.
2. 성찬식 때 장로를 도와줌.
3. 순회설교자의 모든 책무를 감당함. 간헐적으로 이런 의무를 행하면서 그는 지역집사가 될 수 있다. 그는 사역을 계속하고 장로가 되기 전까지 2년간 정해진 신학 수업을 마친다.

연회에서 장로를 심사하고, 감독과 2명 이상의 장로가 그 장로를 장립한다. 장로의 의무는 모든 예식에서 목사의 의무와 같다. 지역장로이면서 특별한 임무가 없이 유동적이지 않다면 그는 사건이 요구하는 대로 자기의 직분을 수행한다. 순회장로로 연회에 허락된다면 그는 해마다 교회의 담임목사로 임명을 받으며 3년간 연속으로 동일한 직무에 재선임될 수 있다. 주관장로는 감독이 선출하여 4년을 초과하여 한 구역을 지도하지 않게 한다. 그는 또한 자기 구역을 순회해야 하며, 장로들과 집사와 권면자를 책임져야 하고, 권징을 시행하며, 분기 연회를 개최하며, 교회의 영적인 일과 세상일을 감독한다. 자기 구역에 감독이 있다면 감독을 섬기고 수학 중인 후보생을 지도하며 다른 주관 장로들과 함께 감독조언위원회를 구성한다.

감독은 총회가 선출하고 3명의 감독이 장립을 하고 적어도 한 명의 감독과 두 명의 장로가 장립을 한다. 감독의 의무는 연회를 사회 보는 것이며, 권징을 시행하고 순회하고 교회를 감독하며 장립하고 법문제를 결정하고 후보생들을 위한 신학 공부를 제정하는 것이다.

제16장

목사 전임

제638문 담임목사와 지교회 사이의 목양 관계는 영구적인 것으로 간주해야 하는가?

총회는 헌법이 목양 관계 pastoral relation를 영구적인 관계로 인정함을 여러 차례 강조했다. 목양 관계의 영구성은 사역을 더욱 힘 있게 하며 신성하게 만든다. 또한 이것은 안정을 지향하는 우리의 전통적인 믿음을 반영한다. 따라서 교인들은 목사를 책임진다는 생각을 가지고 청빙해야 하며, 반면 목사는 거룩한 직분을 감당할 준비를 해야 한다.

제639문 목양 관계는 언제 상실되는가?

담임목사가 사망할 경우에 이 관계가 상실된다. 또한 다른 교회의 담임목사로 갈 경우, 총회의 산하 부서나 신학교에서 그를 필요로 할 경우에 이 관계는 상실된다. 그러나 어떤 목사도 노회의 허락 없이 교회를 옮기지 못하며, 교회를 옮기기 위해 청빙을 받지 못한다. 오직 노회의 허락으로 가능하다. 만약 총회가 그에게 사역을 요청한다면, 노회는 항의할 수 있지만 최고 치리회의 결정에는 이의를 제기할 수 없다.

신학교 교수는 신학교 이사들이 초빙하는데, 총회가 그 결정을 거부할 수 있다. 총회가 결정하기 전에 작성된 청빙서는 다른 청빙서와 마찬가지로 노회에 제출할 수 있다. 이사들의 선택에 따라 총회가 결정하는 중요한 문제이다.

제640문 본 노회 소속 목사를 청빙하기 원할 경우 지교회는 어떤 방법으로 청빙할 수 있는가?

청빙은 이미 앞에서 설명한 대로 해야 한다. 한 교회에서 현재 시무하고 있는 목사를 청빙하고자 하면 청빙위원을 세워 청빙을 원한다는 청원서를 노회에 제출한다. 청빙의 중요성을 감안할 때 교회는 이런 방법을 수행할 특권을 가지며, 목사가 차지하는 부분보다 독특하다고 본다. 노회는 심사숙고하여 청원서를 살펴본 후에 합당한지의 여부에 따라서 청빙을 중지할 수 있고 아니면 당사자에게 청빙서를 교부하도록 명할 수 있다.

교회가 노회의 결정에 만족하지 않는다면 노회에 상소나 소원할 권리이 있다. 청빙에 관련된 당사자들이 노회에서 청빙에 관한 문제를 처리할 준비가 되어 있지 않다면, 목사와 교인들에게 작성된 소환장을 교부하여 다음 노회가 소집될 때에 참석하도록 한다. 이렇게 함으로써 관련 당사자 쌍방은 판결에 앞서 자신들이 의견을 낼 수 있고 청원을 제출할 수 있다. 담임목사는 상황에 따라 자신의 책무를 고려할 여유가 있게 된다.

청빙을 위해 선정한 노회 위원이 공예배를 마친 후 즉시, 강단에서 교인들에게 소환장을 낭독하게 된다. 그렇게 함으로써 소환장이 있고 교회를 이동하는 이유를 설명하게 될 노회가 열리는 시기 사이에 최소한 2주일이 지나야 한다. 소환장은 쌍방이 치리회 앞에 출석하기 전 최소한 10일 전에 통지되어야 한다는 규칙에 따라야 한다. 소환장에 따라 교회 안에 담임목사를 위해 투표 권리가 있는 자들로 구성한 공동의회를 소집하여 거기서 청빙위원들을 선정하여 숙지하도록 하고, 노회의 소환장에 대해 교회를 대신하여 응답하도록 한다. 이처럼 담임목사를 청빙하는 교회는 청빙위원에게 맡겨서 처리하는 듯하다.

노회는 모여 쌍방으로부터 사건의 전말을 들으며 담임하고 있는 목사를 그냥 그대로 시무하게 하든지 아니면 전임하게 할 것이다. 이때 교회의 화평과 덕을 세우는 데 가장 적절한 방법을 택해야 한다. 혹 여의치 않으면 대회의 조언과 지도를 위해 다음 대회에 사안 전체를 제출할 것이다. 노회는 현재 담임하고 있는 곳에서 강력한 반대가 있더라도 목사 전임을 명할 수 있고, 교회는 소원할 권리가 있다. 노회는 감독(Bishop _____ 목사)이 동의하지 않으면 목사 전임을 할 수 없다. 만약 담임목사가 이 사안 전체를 노회의 판단에 맡기기 위해 노회에 제출한다면 노회의 결정에 동의하는 것으로 해석한다. 소원이나 상소의 방법이 아니고는 대회에 올라오는 사건은 없다.

제641문 본 노회 소속 목사 청빙 과정을 줄일 수 있는가?

일반적으로 그 과정을 줄일 수 있다. 위에서 설명한 과정은 당사자들이 준비 없이 노회에 대답한 경우에 해당되는 것이다. 청빙을 하는 교회의 청빙 사실이 목사에게 전해지면 그는 당회의 의견을 물어 그 문제를 논의할 공동의회를 소집한다. 그리고 위원들을 세워 그 결과를 노회에 설명하여 노회가 청원서를 접수했을 때 쌍방이 바로 당석에서 이 문제를 해결하도록 할 수 있다.

제642문 타 노회 소속 목사일 경우에는 어떻게 청빙하는가?

청빙하는 교회는 앞에서 제시한 방법대로 청빙서를 작성하여 본 노회에 제출하여 허락을 얻는다. 교회는 본 노회가 허락하면 청빙목사가 소속된 노회에 청원서를 제출한다. 노회는 결정하기 전에 청빙받는 목사와 그의 교회(장로들)를 소환하여 의견을 듣는다.

교회의 청빙위원은 이전의 방법대로 청원을 내고 청빙서와 소속 노회의 인가증 사본을 함께 제출한다. 이전의 방법대로 쌍방의 의견을 듣고 청빙이 승인되면, 즉 청빙받는 목사가 전임을 동의하면 청빙서를 청빙받는 목사에게 준다. 청빙받는 목사가 청빙서를 수락하면 그를 현재 교회의 담임에서 사면케 하고 이명증서를 발급하여 전임하도록 한다. 바로 청빙하는 교회가 있는 지역의 노회에 속해야 하며, 전임해 갈 교회에서 목회를 잘 할 수 있도록 적절한 방법을 모색해야 한다.

교회가 속해 있는 노회는 노회 서기가 가지고 있는 이명에 관한 진정한 증서를 받은 후 가능한 편리한 시기에 위임절차를 밟아야 한다. 노회가 청빙서를 본인에게 주는 것에 대한 내용은 실제에 있어서 다소 차이가 있을 수 있다. 그러나 인용한 언어로 볼 때, 청빙할 교회 위원들이 노회가 허락한 청빙서를 청빙받은 목사의 현 노회에 제출하여 결과를 들어야 한다는 의미이다. 청빙받은 목사가 청빙서를 받지 않거나 동의하지 않으면 결코 현 담임목사직을 해제할 수 없고 노회에서 이명해서도 안 된다. 전임해 갈 노회는 합법적으로 담임할 수 있도록 적절한 절차를 밟는 것만 하고, 즉 표현한 대로 하면, 진정한 이명증서를 받고 난 후 형편에 맞는 대로 교회에서 위임절차를 밟는다.

제643문 타 노회 소속 목사 청빙 과정을 줄일 수 있는가?

동일 노회 소속의 시무목사를 청빙할 때와 마찬가지로 그 과정을 줄일 수 있는 방법이 있다. 청빙받은 목사가 청빙하는 교회와 그 노회의 결정을 통보받으면 적절한 시기를 택하여 교인들에게 알려 위원을 임명하고 노회에 의사를 표시하도록 하는 방법이다. 자신의 청빙이 이루어졌음을 통보받은 목사는 청빙이 확실하고 쌍방 노회가 허락할 것이 분명하다면 목사직을 사임할 절차를 밟는다.

청빙하는 교회는 그 교회가 속해 있는 노회로 하여금 전임 절차를 밟아 즉시 청빙할 준비가 되어 있어야 한다. 쌍방의 노회가 상당한 거리에 떨어져 있고 다른 절차를 위해 만남이 여의치 않을 때 주로 이루어지는 방법이다. 이런 경우 노회는 담임목사직에서 해제하기 전에 당사자가 수락하게 될 청빙 사실과 성격에 대해 충분히 통보를 받아야 한다.

제644문 노회는 현재 시무하고 있는 목사의 동의 없이 그의 자리를 옮길 수 있는가?

전임은 목사의 동의 없이 결정되지 않는다. 하지만 노회가 목사를 해임하는 것은 목사의 동의 없이도 가능하다.

제645문 목사 위임이란 무엇인가?

목사 위임installment이란 목사와 지교회 교인들 사이에 목양 관계를 성립하는 것이다. 강도사가 청빙을 받을 경우에는 목사 장립식과 위임식을 같이 거행한다. 목사가 지교회의 담임으로 오게 될 경우에는 위임식만 거행한다. 노회나 위원회가 위임식을 주관하는 경우도 있지만, 위임식을 위하여 특별히 노회가 선정한 위원회가 예식을 진행하는 경우가 일반적이다.

제646문 위임식은 언제 거행하는 것이 좋은가?

위임식은 교인들이 참석하기에 가장 편리한 날에 거행하는 것이 좋으며, 거기에 대해 교인에게 적절하게 통보해야 한다. 총회는 주일에 장립식을 거행하는 것에 반대하며 위임식도 다른 날을 정하여 하도록 장려한다. 그러나 장립식과 마찬가지로 이 문제도 노회의 재량에 맡긴다.

제647문 위임식 전에 예배를 어떤 형식으로 드리는가?

위임식은 교회의 일반적인 예배 순서에 따라서 진행된다. 노회 회원들 가운데 미리 지정된 목사가 설교를 담당한다. 때때로 노회의 허락을 얻어서 언권회원으로 간주되는 다른 노회 소속 목사가 설교할 수 있다. 이후에 사회를 보는 목사가 참석한 교인들에게 예식의 취지를 설명하고 관련된 노회의 절차를 간단히 소개한다.

제648문 위임을 받는 목사에게 요구하는 서약 내용은 무엇인가?

위임을 받는 목사는 교인 앞 강단 가까이 서서 다음과 같은 질문에 답하여 서약을 해야 한다.

1. 귀하가 청빙서를 받을 때에 원하던 대로 이 지교회의 목사 직무를 담임하기로 작정합니까?
2. 이 직무를 받는 것은 진실로 하나님께 영광 돌리며 교회에 유익하게 하고자 함이니 본심으로 작정합니까?
3. 하나님의 도와주시는 은혜를 받는 대로 이 교회에 대하여 충심으로 목사의 직분을 다하고, 모든 일에 근신 단정하여 그리스도의 복음 사역에 부합하도록 행하며 목사로 임직하던 때에 승낙한 대로 행하기를 맹세합니까?

이 서약에 대한 대답은 반드시 모든 참석자들이 들을 수 있도록 분명한 목소리로 해야 한다.

제649문 위임목사를 맞이할 교인들에게 요구하는 서약은 무엇인가?

사회를 맡은 목사는 교인들에게 장립식에서의 서약과 동일하거나 비슷한 질문을 한다.

1. _____교회 교우 여러분은 목사로 청빙한 ○○○ 씨를 본 교회 목사로 받겠습니까?
2. 여러분은 겸손하고 사랑하는 마음으로 그의 교훈하는 진리를 받으며 치리를 복종하기로 승낙합니까?
3. 목사가 수고할 때에 위로하며 여러분을 가르치고 인도하며 신령한 덕을 세우기 위하여 진력할 때에는 도와주기로 작정합니까?
4. 여러분은 저가 본 교회 목사로 재직 중에 한결같이 그 허락한 생활비를 의수(依數)히 지급하며 주의 도에 영광이 되며 목사에게 안위가 되도록 모든 요긴한 일을 도와주기로 맹세합니까?

교인들은 일반적으로 착석한 채로 위의 질문에 답하여 서약한다. 그러나 교인들이 하나님 앞과 노회 앞에 기립한 채로 서약에 동의할 경우에 위임식은 훨씬 감동적이며 책임감을 더욱 생생하게 느낄 수 있다.

제650문 이러한 서약에 어떻게 대답해야 하는가?

동의한다는 표시로 오른손을 들어야 한다. 교인들은 반드시 위임식에서 담임목사를 진실하게 존경할 것이라는 서약을 하나님에 대한 가장 엄숙한 서약으로 존중해야 한다. 이는 목소리로 답하든지 고개를 숙임으로 답한다.

제651문 누가 서약에 대답해야 하는가?

지교회에 관련된 모든 교인들이다. 특별히 목사에 대한 투표권을 가지는 교인들이 서약한다.

제652문 위임을 어떻게 공포해야 하는가?

목사와 교인들이 서로 목양 관계pastoral relation와 책무를 시작할 준비가 되었음을 이미 표시했고 이를 노회도 명령하였으므로, 사회를 맡은 목사는 다음과 같이 공포한다. "내가 교회의 머리 되신 주 예수 그리스도의 이름과 노회의 권위로 목사 ○○○ 씨를 본 교회 목사로 위임됨을 공포하노라." 이어 하나님의 인정과 복 주심을 구하는 기도를 드린다.

제653문 어떠한 책임과 의무가 주어지는가?

위임식에서 지도받은 대로 담임목사와 교인들에게는 책임과 의무가 주어진다.

제654문 목사 위임식은 어떻게 폐회하는가?

기도와 예식에 어울리는 찬양 후에 축도로 폐회한다. 일반적인 축도로 폐회하지만, 새로 위임된 목사가 축도한다.

제655문 교인들은 위임된 담임목사를 어떻게 환영하는가?

위임식이 엄숙하게 거행된 이후에, 참석한 교인 가정의 가장들과 교회를 대표하는 장로들과 교회의 세상일을 담당하는 이들이 목사 앞으로 나아가서 환대의 징표로 진심에서 우러나오는 악수를 청한다. 이 경우 교회에 속한 어린이들이 목사에게 인사하기 위하여 앞으로 나오는 것도 적절한 방법이다.

제656문 위임식은 반드시 필요한 예식인가?

지교회는 담임목사 없이도 일정 기간 동안에 목사의 직무를 수행할 수 있다. 이런 경우에 직무를 수행하는 목사는 일정 기간 동안 임시목사 Stated Supply로 사역한다. 하지만 임시목사는 당회에 참석하거나 교회에서 권징이나 정치를 수행할 권리가 없다.

그럼에도 불구하고 1736년 대회는 테넌트 목사Rev. Mr. Tennent와 네사미니교회Church at Neshaminy 사이에 어떠한 공식적인 위임식을 거행하지 않았지만 목양 관계를 인정했다. 그렇다고 예배를 생략한 것에 대해 정당화하지도 않았다. 당시 교회 상황에 의한 독특한 경우였으며, 테넌트 목사는 공동체와 교회와 노회와 대회가 교회의 담임목사로 모두 인정했다. 그렇지만 목사 위임식은 반드시 필요하다.

제657문 다른 교파에서는 어떻게 담임목사를 위임하는가?

감독교회는 교구나 교회의 '담임신부 위임식'이라 부른다. 감독이 선정한 장로 1인 이상이 거행하며, 예배 중에 선임 위원장Warden이 교회의 열쇠를 담임신부에게 건네주고 위임자는 성경과 공동기도서the Book of Common Prayer와 정경서Books of Canons를 주는데 이는 교우의 신앙과 교회의 권징을 시행하는 데 지도해 주는 하나님의 말씀을 베푸는 규칙이 된다.

조합교회에는 미국 북장로교회와 비슷하며, 감리교회는 담임목사를 매년 정하므로 따로 예배가 없고 담임목사제가 아니라 순회제이다.

제17장

목사 사면 및 사직

제658문 목사가 담임목사의 직분을 사면할 수 있는가?

목양 관계pastoral relation는 목사와 교인들이 서로 동의함으로써 성립된 관계가 아니라, 노회의 승인을 받아 성립된 관계이다. 이와 같은 이유로 목사나 교인들이 이 관계를 임의대로 취소시킬 수는 없다. 노회가 이에 관한 유일하고 완전한 권한을 가진다. 목사는 임의로 담임목사의 직을 그만둘 수 없으며, 다른 교회의 청빙에 응할 수 없다. 마찬가지로 교인들도 노회의 승인 없이 담임목사를 그만두게 하거나 다른 목사를 담임목사로 청빙할 수는 없다.

어떤 목사가 지교회에서 여러 가지 불화grievances 가운데 사역하여 담임목사의 직을 사임하고 교회를 떠나기를 희망할 경우, 노회는 다음 모임에 교회의 대표자를 소환하여 노회가 그 목사의 사면을 수락하지 말아야 할 이유가 있는지 없는지 조사해야 한다. 만약 교회가 담임목사의 사임을 원할 경우에도 필요한 부분은 약간 다르지만 이와 같은 비슷한 과정을 거친다. 이는 목사와 교인 쌍방간에 합의하지 않았다고 보지는 않는다. 그러나 노회는 그 불화가 사임의 이유가 될 수 있는지 판단하고 결정하기 위해 노회에 사직서를 내야 한다.

제659문 불화란 무엇을 의미하는가?

불화란 주어진 임무를 수행하면서 생기는 부담, 중압감을 의미한다. 이러한 불화는 목사 개인에게 발견될 수도 있고, 목사의 가족에게 나타날 수도 있다. 또는 교회 공동체나 교인들에게서, 또는 교회 안의 사무 관계에서 생길 수 있다.

불화는 질병, 능력 상실, 노쇠로 인한 다양한 노인성 질병, 목사 가족의 건강 상태, 많은 교인들의 궁핍함, 적절한 후원에 대한 욕구, 교인들의 애정 또는 확신의 결핍, 교회 안에서의 목사나 그의 사역에 대한 적극적인 반대(대립), 목사의 안정된 생활에 대한 교인들의 약속 이행 실패와 같은 양상으로 나타나는데, 이러한 불화는 목사가 교회에 헌신하는 유용함을 실천하지 못하도록 방해하거나 훼방하는 해로운 요소이다.

교인들에게는 다음과 같은 두 가지 양상 때문에 불화가 생길 수 있다. 하나는 목사의 안정된 생활을 위해 약속된 사례비를 지속적으로 지급하지 못하는 것이고, 다른 하나는 목사의 설교자로서의 사역 성격에 대해 불만족이 점점 커지는 것이다.

단, 부도덕한 일이나 이단성은 이러한 불화에 포함되지 않는다. 이런 행위들에 대한 죄과가 나타날 경우에는 반드시 노회 재판에 회부되어 처리되어야 한다. 결국, 이러한 불화는 목사와 교인들 사이의 적응 부족과 협력 부족으로 생긴 감정이라고 할 수 있다.

제660문 사소한 이유로 인하여 목양 관계를 해제할 수 있는가?

이와 같은 내용을 미루어 볼 때 담임목사와 교인들 사이의 목양 관계는 중대한 이유 없이 경솔하고 조급하게 깨뜨려서는 안 된다는 의미가 담겨져 있다. 담임목사와 교인들 간의 목양 관계는 영구적인 것으로 목사의 선한 영향력은 해를 거듭할수록 더해진다. 1880년 총회는 목사와 교인 사이의 관계에 대한 잘못된 이해가 증가되고, 교회의 영적 유익보다도 재정을 더욱 중시하는 사람들의 영향력이 증가하여 목양 관계에 해악을 끼치는 일들이 교회 안에 늘어나고 있다고 천명한 바 있다.

그러므로 총회는 이 문제에 대한 해결책으로 다음과 같은 두 가지 방법을 분명하게 제시하고 있다. 첫째, 노회는 위임식에서 이 문제에 관하여 담임목사와 교인들을 대상으로 분명하고 충분하게 교육해야 한다. 둘째, 모든 담임목사와 교회는 '교회 정치' 17장에 있는 관련 조항의 법 정신에 따라 엄격하게 준수하고, 노회도 그 집행을 엄정하게 해야 한다. 부가적으로 설명하자면, 현실적으로 심각한 불화가 있을 경우에도 어떤 조치를 취할 때까지는 반드시 오랫동안 인내해야 한다. 그리고 목사가 불화 가운데 사역한다면 이 관계가 양측에 앞으로도 필요한지 또는 관계를 깨는 것이 상책인지를 노회가 심사할 때까지 이 관계는 취소될 수 없다는 것이 이 문제에 대한 헌법적 설명이다.

제661문 담임목사는 사면과 관련하여 어떤 단계를 밟아야 하는가?

목사나 교인들이 사임을 원하는 것이 명백할 경우에, 목사는 다음과 같은 단계를 밟는 것이 타당하다.
1. 이 문제에 대해서 같은 노회 회원 1인 이상과 의논한다.
2. 교인들과의 관계에 있어서 교회의 대표이며 목회 직무상 조언자인 장로들의 조언을 구한다.

3. 목사가 결정한 사항을 당회에 알린다.
4. 사면을 청원하려는 목사는 자신의 의향을 공식적으로 노회에 통지한다.
5. 사면 청원에 대한 희망과 이유를 기록한 청원서를 노회에 제출하거나 혹은 구두로 노회에 알린다. 이후에 노회는 해당 교회의 위원commissioners을 소환하여 다음 노회 때 그 이유를 분명하게 설명하도록 한다. 만약 조금이라도 충분치 못한 사유가 있다면 다음 노회가 소집될 때까지는 사면에 대한 청원을 받아들이지 않는다.

제662문 노회는 목사의 사면에 대한 청원을 첫 회집에서 허락할 수 있는가?

목사와 교회의 의사를 충분히 들을 때까지는 성급한 결정을 하거나 사면을 허락해서는 안 된다. 그러나 목사가 사면에 대한 자신의 의향을 교인들에게 충분히 알려 교인과 목사가 함께 사면에 대해 청원했으면, 그리고 당회가 공동의회를 소집하여 노회의 첫 회집에 나가 의견을 말할 위원을 임명했다면, 노회는 첫 회집이라도 즉시 시행할 수 있다.

공동회의에서 불화가 생각했던 것보다는 추측에 불과하고 덜 심각한 것으로 간주되는 경우에 교인들은 그 불화를 제거하는 것이 바람직하다. 만약 교인들이 전체적으로 목사를 사랑하고 그 사랑도 매우 뿌리가 깊지만 문제가 되는 이해관계들이 매우 심각하다는 사실이 공동회의에서 인정되면, 목사는 권고를 받고 담임목사직에서 물러나는 것이 바람직하다. 담임목사가 교회의 형편과 목사 자신과 사역에 대한 감정의 상태에 대해 오해를 한 것이 확실하기 때문이다.

또한 담임목사가 교인을 떠나서는 안 된다고 확신하고, 교인들도 목사가 노회에 사임 청원한 것을 동의하지 않아 담임목사가 이런 사실을 두고 자신의 희망을 관철시키고 싶은 마음을 돌이키게 되면, 담임목사는 교인들의 소원에 동의하고 계속 시무한다고 결정하는 통지를 공식적으로 하는 것을 제외하고는 아무런 조치를 취할 수 없다. 그러나 담임목사가 자신의 거취문제에 확신이 서면 이 문제를 노회에 상정해야 한다.

제663문 목사의 사면 청원에 대해 교회가 노회에 어떻게 대답하는가?

교회는 위원commissioners을 통하여 답변해야 하므로, 당회가 소집한 공동의회에서 이 문제를 해결할 목적으로 위원들을 선정한다. 이때 사회는 담임목사가 하거나 담임목사와 당회가 선택한 노회 목사가 맡도록 한다. 이때 사회 보는 노회 목사는 담임목사 투표권을 가진 교인들이 투표로 선정한다. 공동의회에서는 위원의 수가 결정된다.

때때로 당회와 교인들을 대표하는 위원은 서로 다른 부류가 될 수도 있는데, 이 문제로 심각한 분열이 나타나거나 긍정적인 결론에 도달하지 않을 수도 있기 때문에, 위원은 소수의 의견을 대표할 수도 있고 다수의 의견을 대표할 수도 있다. 하지만 중요한 것은 교인들의 희망과 견해를 잘 전달할 진실하고 공정한 대표가 노회 앞에 가는 것이다.

위원은 인증된 공동회의록 사본을 소지하고 있어야 하며 서면으로나 구두로 의견을 전달할 채비를 갖추어야 한다. 필요하다면 더 많은 진술 내용도 준비해야 한다. 이때 청원한 담임목사와 함께 참석할 수 있다. 위원은 노회가 목사의 사면 청원을 허락하지 말아야 할 이유를 설명한다. 만약 노회의 결정에 만족하지 않는다면 위원은 상회에 소원할 권한이 있다.

제664문 노회는 교회의 의견과 반대로 결정을 내릴 수 있는가?

노회는 교회가 적절한 공지를 받아 위원을 임명할 기회를 가지도록 보장해야 한다. 따라서 소환장이 정당하게 발부되어야 한다. 그러나 교회가 노회 앞에 나와 설명하지 않거나 목사의 사면을 반대하는 교회의 설명이 불충분할 경우 목사는 사면해야 한다. 그리고 이같은 상황을 반드시 기록해야 한다.

목사가 사면하면 교회는 새로운 목회자가 올 때까지 담임목사가 공석이 된다. 그리고 이 모든 결정의 책임은 노회에 있다. 목사나 교회가 노회의 결정을 수용할 수 없다면 대회에 상소나 소원을 할 수 있다.

제665문 교회가 불화로 인해 목사의 해임을 원하면 교회는 어떤 조치를 취해야 하는가?

교인들은 은밀하게 기도함으로써 목사와 협력하는 일에 개인적인 수고를 아끼지 말아야 한다. 이러한 기도는 불화의 소문이나 불화를 완전히 제거하지는 못할지라도 확실히 줄여줄 것이다. 만약 교회에 새로운 재정적인 부담이 있다면 재정 담당자는 이런 문제에 관해서 즉시 목사와 상의해야 한다.

목사의 자질 부족, 직무 태만, 영성이나 경건성 결여, 질병이나 노쇠함으로 인하여 증가되는 여러 가지 현상 등 교회의 영적 유익을 해치고 있는 원인들이 있으면 장로들은 기도를 많이 하고 배려하는 마음으로 목사에게 그 사실을 알려야 한다. 담임목사는 주 안에서 장로들보다 상위에 있기 때문에 장로들은 목사의 결점을 찾거나 비난할 권한이 없다. 목사는 장로들의 종이 아니며 그들과 동등하지 않다. 그는 노회에 대해서만 책임이 있다.

장로들은 담임목사와 협력하는 교인들의 대표로서 교회를 영적으로 다스리고, 교회의 영적인 유익을 증진시키기 위하여 최고의 조치를 취하는 데 책임을 져야 한다. 따라서 장로들은 목사의 사역을 방해하고 교회에 은혜가 되지 않는 모든 일에 대해서 목사에게 지속적으로 보고해야 한다. 만약 교인들 사이를 이간시키는 일이 있거나, 설교나 목회 사역에 더욱 불만을 갖도록 하는 것이 있거나, 소수 교인들이 지속적으로 불평과 불만을 터뜨려 치명적인 영향을 주는 일이 있을 때, 장로들은 반드시 사실 관계를 알아내어 목사에게 전달해야 한다. 그러면 목사는 사역에 방해가 되는 이러한 장애물들을 제거하기 위해 장로들과 상의한다.

이런 노력 가운데, 교인들과 장로들은 담임목사 위임식에서 그들이 엄숙하게 했던 서약을 기억해야 한다. 특별히 목사의 사역 기간이 오래된 경우에는 더욱 이러한 서약을 기억해야 한다. 종종 이런 충실한 노력으로 예수님의 은혜가 임하고 서로의 신뢰가 회복되어 목사가 사면하지 않고 불화가 제거되는 경우도 있다.

만약 불화의 소리가 너무 오랫동안 지속되어 목사가 자신의 사임이 교회에 유익이 될 것이라 결정한다면 그는 사임에 필요한 단계를 밟는다. 그러나 그와 같은 경우에도 목사는 충실히 노력해 준 장로들을 존중하고 사랑하며, 교회의 조화를 유지해야 하며, 후임목사의 사역이 잘 준비되도록 해야 한다.

한편 당회가 제시한 방책으로 불화가 제거되지 않는다면, 목사와 장로들은 더욱더 많은 의논을 해서 다른 조치를 취해야 한다. 그러나 이런 조치가 실패하거나 목사가 교회의 영적 유익을 지속적으로 해치는 교인들의 불화를 더 이상 감당할 수 없게 되면 장로들은 노회의 다른 감독(목사)들을 청해서 사건에 대한 조언을 구해야 한다. 동일한 이유로 목사에 반대하는 사악한 보고가 제출되는 경우에도 장로들은 노회의 다른 목사들을 청해서 사건에 대한 조언을 구해야 한다. 일반적으로 이런 조언을 통해 불화가 제거되거나 아니면 목사가 사임하도록 권고를 하게 된다. 그럼에도 불구하고 목사가 권고를 받지 않을 경우에, 장로들은 목사와 교회의 유익에 대해 심사숙고해서 사건 전말을 노회에 제출해 처결을 의탁한다. 이때 목사는 노회에 그 의도에 대해 설명해야 한다. 목사의 사임에 관해서 아래와 같은 세 가지 방식으로 처리된다.
1. 당회의 결의로 노회에 위탁한다.
2. 당회나 공동의회가 노회에 목사의 담임 해제를 청원한다.
3. 노회가 당회록을 검토한 후 이 문제로 인해 교회의 상황이 좋지 않다는 사실이 드러날 때 노회가 직접 나선다.

만약 목사의 사면에 관한 문제가 매우 절박한 것이면, 당회는 교인들의 요청이나 당회 자체의 결정에 따라 공동의회를 소집하여, 노회에 이 문제를 설명할 위원을 임명한다. 위원은 노회의 다음 회집에서 교회에서 발생한 불화와 목사의 사역에 대해 보고한다. 노회는 결정을 내리기 전에 반드시 양측을 불러 그 설명을 들어야 한다.

제666문 담임목사의 사면을 원하는 교회가 불화를 조장하여 그를 해임할 수 있는가?

해임할 수 없다. 이런 행동은 기독교인답지 않은 것이며 교회가 위임식에서 했던 서약을 파기하는 것이다. 그들은 이와 같이 서약에 대답했었다. "온유함과 사랑을 가지고 담임목사의 입에서 선포된 진리의 말씀을 받아들이고, 담임목사가 권징을 적절하게 시행함으로써 그에게 순종하고, 힘들게 사역하는 그에게 힘을 실어 주고, 교인들을 가르치고 영적인 교훈을 주려는 그의 노력에 도움이 되도록 한다."

따라서 공개적으로나 은밀하게, 개인적으로나 조직적으로 담임목사를 반대하는 것은 서약을 위반하는 것이며, 교회의 화평을 어지럽히는 중대한 죄악을 저지르는 것이다.

제667문 교회는 목사의 사례비를 삭감하므로 자신들의 불만을 표시할 수 있는가?

이러한 불만 표시는 기독교인답지 않은 비겁한 행위이다. 뿐만 아니라, 담임목사 청빙 시 체결한 계약을 위반하는 것이며 위임식에서 서약했던 것을 파기하는 것이다.

제668문 목사의 사면에 관한 공동의회에 담임목사가 참석해야 할 필요가 있는가?

참석할 필요가 없다. 이 경우 당회가 반드시 공동의회를 소집해야 한다. 이때 목사가 참석을 거절하고 혹은 당회가 타당하다고 생각하면, 소속 노회의 다른 감독(목사)을 초빙하여 공동의회를 주관하도록 한다. 목사나 교회가 목양 관계를 해제해 줄 것을 요청한다면, 목사가 참석하지 않고 협력하지 않은 상태에서도 공동회의를 여는 것은 타당하다. 구파 총회는 위와 같이 결정했다.

제669문 소수의 교인들이 목사의 사면을 청원할 경우에 노회는 목양 관계를 해제할 수 있는가?

노회가 해제할 수 있다. 목사나 장로, 교회congregation, 또는 소수의 교인들이 목사의 사면을 노회에 청원할 수 있다. 이에 대해 재판부는 사건을 전체적으로 재검토한 후에 목사와 교회 양측이 원하는 대로 결정을 내리기보다는 양측에게 유익이 되도록 결정을 내릴 권한이 있다. 교회가 목사를 받아들일 수 있을 만큼 만족스러운지의 여부와 다수의 교인들이 원하는 것이 단지 몇 가지 이유 때문에 무시되고 있는지의 여부를 결정하는 데 있어서 각 교회가 결정할 수 있는 권리를 인정받아야 한다.

이와 같이 교회 안에서의 다양한 형편과 사정이 목사와 일부 교인들 사이에서 존재할 수 있다. 그러므로 이들은 신앙의 명예를 위해서라도 목양 관계의 해제를 요구할 수 있다. 구파 총회는 위와 같이 결정했다.

제670문 목사가 원하는 것과 상반되게 노회가 목양 관계를 해제할 수 있는가?

위에서 언급한 것과 동일한 이유로 가능해서 노회가 합당하다고 인정하면 해임할 수 있다. 그러나 목사는 상회에 소원할 권한이 있다.

제671문 교회는 어떤 방법을 통하여 허위 교회로 선포되는가?

노회에서 투표로 결정이 나면 노회장이 그 목사가 _____교회의 담임목사직을 사임한다는 사실을 선포해야 한다. 그리고 노회는 노회원을 위원으로 임명하여 그 교회 주일예배에 설교한 후에 그 교회가 허위 교회가 된 것을 선포하도록 한다. 일반적으로 다음 노회 때까지 빈 강단에 설교자를 세울 수 있도록 노회는 당회에 허락해 준다.

제672문 다른 교파에서는 목사가 어떻게 사임하는가?

다른 교단에서의 목사 사임에 대해서는 다음 세 교파의 경우를 살펴보겠다.

감독교회에서는 교회법에 의해서 선출된 교구목사Rector나 임명목사가 해당 교구나 교구위원회의 동의가 없이는 사임하지 못한다. 반면에, 해당 교구나 교구위원회(교구위원회가 구역에서 결정할 수 있는 권한이 있는 경우)는 특별한 상황을 제외하고는 교구목사나 임명목사의 뜻과 반대되게 그들을 다른 사역지로 이동시키지 않는다. 교구목사와 교구 사이의 문제에 대한 감독의 결정이 만족스럽지 못할 때, 감독은 교구 상비위원회의 조언과 동의를 얻어서 최종적으로 중재하고 판단한다. 만약 교구위원회가 교구목사의 사임을 수락하면, 감독에게 그 사실을 보고하여 승인을 받아야 한다.

조합(회중)교회에서는 담임목사가 사임을 원할 경우에 교인들에게 사실을 알리고, 교회 회의와 목사회에 사직서를 제출한다. 이에 대해 따로따로 결정을 내리며 운영위원회를 소집하여 임시조치를 간구하여 결정하며 목사에게 이거 추천서를 전달한다.

감리교회에서는 시무목사가 일 년 단위로 임명된다. 가능하다면 목사가 임기 말까지 불화를 인내해야 한다. 교회를 관장하는 장로Presiding Elder와 감독에게 통지하여 다음해 회기 연회Annual Conference에 다른 교회로 보내 줄 것을 희망한다. 그러나 어떤 이유 때문에 임기가 끝나기 전에 교회를 떠나기를 바란다면, 반드시 교회를 관장하는 장로와 감독의 허락을 받아야 한다.

제18장

선교

제673문 선교란 무슨 의미인가?

선교missions라는 용어는 허락을 받고 어떤 일을 수행할 목적으로 보내거나sending 보내어지는being sent 행위를 나타내는 데 사용되고 있다. 특별하게 기독교 신앙을 전파하기 위해서나 선교 기지station of missionaries에 사람들을 파송하는 것이 선교이다. 여기서 선교는 기독교의 영역을 확장시키고 특히 국내외에서 복음을 듣지 못한 자들에게 복음을 전하는 데 필요한 교회의 권한과 노력을 포함하기도 한다.

제674문 관할 지역 안에 허위 교회가 있을 때 노회가 어떻게 해야 하는가?

노회는 총회가 위임하여 지정한 지역들을 살펴야 한다. 또한 책임감을 가지고 지역 안에 있는 모든 교회에서 복음이 신실하게 선포되고 있는지 알아보아야 한다. 만약 관할하에 있는 교회들 중에 허위 교회가 있다면, 담임목사가 청빙될 때까지 그 교회에 사역할 목사를 파송하여 예배를 정기적으로 드릴 수 있게 해야 한다.

노회 안에 허위 교회의 수가 많아서 말씀 사역이나 제반 행정에 관해 노회가 지원을 할 수 없는 경우에는 다른 노회나 대회나 총회에 도움을 요청하여 필요한 부분을 제공받아야 한다. 이러한 조치는 조직 교회뿐만 아니라 노회의 관할하에 있는 복음이 전해지지 않은 영역에도 해당된다.

제675문 목사가 시무하지 않는 교회(허위 교회)들은 어떠한 도움을 받는가?

1. 노회는 적법한 증서를 가진 목사와 강도사를 목사가 없는 교회에 파송해야 한다. 노회가 사역할 목사나 강도사를 먼 거리에 있는 허위 교회에 파송할 때, 허위 교회가 있는 지역을 관할하는 노회나 통과하는 지역을 관할하는 노회들에, 혹은 적어도 그들의 위원회에 신임장을 제출하여 허가를 받아야 한다. 이런 경우 목사는 선교사란 명칭을 갖는다.
2. 노회는 반드시 재정상의 도움을 주어야 한다. 또한 노회는 필수적으로 예배를 통해서 지교회 교인들을 후원하고 보상을 주어야 한다. 허위 교회가 목사에게 사례할 능력이 생기면 다른 것은 필요하지 않다. 바로 교회는 담임목사를 청빙하는 일에 착수해야 한다.

1709년에 런던 목사들은 미국을 도우려고 두 명의 순회목사를 파송하여 2년 동안 후원할 것을 약속했으나 지키지 못했다. 1710년에 필라델피아 노회는 1년 동안 파송할 젊은 목사를 구하여 후원해 줄 것을 더블린 노회에 청원했다.

제676문 타 노회 지역에 파송된 선교사는 누가 책임지는가?

목사는 항상 그가 속한 노회가 책임을 진다. 노회와 상관 없는 전혀 다른 곳에서 후원을 받은 목사는 다른 단체가 사역 현황을 보고하도록 요청한다고 할지라도, 목사는 소속 노회의 관할하에 있는 것이 올바른 것이다. 다른 노회의 관할 지역에서 사역하는 목사는 반드시 노회의 허가를 받기 위해 해당 노회에 신임장과 같은 서류들을 제출할 채비를 갖춘다. 일정 기간 정해진 지역에서 사역할 예정이면, 물론 교회나 선교지 그리고 목사나 선교사는 가능한 한 빠른 시일 안에 그 지역 관할 노회에 소속될 것을 확실하게 권고할 만하다. 다른 노회에 소속해 있는 동안 목사는 교회를 담임할 수 없다.

제677문 총회가 전도목사와 선교사를 파송할 수 있는가?

후원 청원은 노회나 대회, 총회에 할 수 있다. 더 나아가서 교회의 최고 권위를 가진 기관인 총회는 청원이 없더라도 판단에 따라 교회를 세우고 허위 교회를 돕기 위해 전도단을 파송할 수 있다.

그러나 목사 고시와 장립, 소속 회원의 자격 심사, 관할 안에 있는 지교회의 사역 지도 등의 권한이 노회에 있기 때문에 선교사 파송 시 해당 노회의 권한을 존중해야 한다. 사람을 선택하고 자격요건을 심사하는 권한이 모두 노회에 있다는 의미이다. 총회는 단지 적임자를 물색하여 그를 전도목사나 무임목사로 장립한 노회를 지도하는 것이고 특정 지교회와 관계 없는 목사를 관리하고 감독할 뿐이다.

제678문 목사의 동의를 구하지 않고 전도목사와 선교사로 파송할 수 있는가?

항상 전도목사나 선교사가 되기로 쌍방의 동의를 구한 후에 파송해야 한다.

1789년 대회는 몇몇 담임목사를 임명하여 버지니아로 가게 해서 정해진 날짜로부터 예배를 드리게 해 장로교 규칙에 따라 일정 기간 동안 머물게 했다. 대회는 필라델피아 노회와 뉴브런즈윅 노회에게 그곳에서 사역하는 이들이 임명받은 바를 잘 수행하길 바라고 우리의 관할 지역에서 사역 임무를 주거나 허락해서는 안 될 것을 확실히 했다. 왜냐하면 그렇지 않으면 우리의 선한 의도를 실망시키게 되기 때문이다. 나아가서 이와 같은 목사들은 임명받은 바를 대회의 엄격한 감독하에 수행해야 한다.

제679문 누가 선교사로 파송을 받는가?

아래와 같은 두 가지 요건을 가진 목사가 선교사로 파송된다.
1. 담임목사나 임시로 목사직에서 물러난 목사는 단기간 또는 장기간 동안 선교사로 파송받을 수 있다.
2. 목사 장립식에서 오지와 극빈층이 있는 지역에서 복음을 전하는 사역에 헌신한 전도목사들은 선교사로 파송받을 수 있다. 이들은 총회와 노회의 지도 아래 영구히 이 일을 수행한다.

1. 국내 전도부

제680문 미국 북장로교단은 언제 선교를 시작했는가?

기록에 의하면 1707년 첫 총노회 General Presbytery 때 다음과 같은 결정을 하였다. 노회의 모든 목사는 목사가 필요한 곳과 선한 일을 할 수 있는 기회가 주어지는 곳, 즉 가까운 지역의 척박한 곳에 가야 한다는 결정이다. 또한 필라델피아 대회의 첫 모임에서는 경건한 목적을 위해 헌금해야 한다고 몇몇 대회 회원들에게 제안한 바 있으며, 동일한 목적을 위하여 헌금하는 기회를 만들어 동료들과 함께 진력해야 한다고 결정했다. 아울러 회계를 선정하여 모은 물질을 보관 및 관리하여 대회의 재량에 따라 쓰여져야 한다고 했다.

이에 여디디아 앤드류Jedidiah Andrews 씨가 선정되었다. 다음 날 헌금을 계산해 보니 18파운드 1실링 6펜스였는데, 그 금액에 대해서는 그 자신뿐 아니라 그의 가족과 관리자와 책임자들이 대회에 책임을 지고 있다. 이것이 미국에서 장로교단이 만들어낸 최초의 구제헌금이 되었다. 영국과 스코틀랜드와 아일랜드에 도움을 요청하여 대회의 기금에 보태었다. 그 대회는 복음 전파를 위해 이 기금에서 처음으로 책정된 금액을 뉴욕 장로교회에 전달했다.

나아가 대회는 명령하기를 대회 소속 모든 목사는 매년 경건한 목적을 위해 각 지교회에서 헌금을 해야 한다는 추천서를 수신하여 지교회 목사나 장로가 대회에 매년 보내야 한다고 했다. 1738년에 만장일치로 모든 목사는 1년 헌금을 하든지, 아니면 부동산에서 나온 수익에서 10실링을 기금에 헌금할 것을 결정했다. 1722년 세 명의 첫 순회선교사가 임명되었다.

제681문 순회선교사란 무엇인가?

일정한 지역을 여행하면서 열악한 장소에서 복음을 전하기 위해 임명된 사람을 말한다. 처음에는 임시직으로 임명받아 한 번 여행할 때 3개월씩 하고 일반적으로 다음 치리회 모임 때까지로 했다. 치리회가 특별하게 경로를 선정해 주었고, 선교사는 의무적으로 그 임무를 수행했다. 이들의 임무는 조직되지 않은 곳에서 설교하고, 구성원을 조직하고, 사람들을 지역에서 잘 적응하도록 도와주고, 장로를 장립하며, 성례를 집행하고, 사람들에게 권징교육을 하고, 종국적으로는 삶의 변화를 지도하는 데 있다. 특별히 공인된 사역을 하기 위해 방법을 동원하며, 지교회에 유익하고 필요하게 보여지면 무엇이든지 이행한다. 그는 자주 규칙적인 기도처Mission Stations를 설립하여 조직 교회로 성장할 때까지 정한 시간에 심방하도록 했다.

1839년과 1839년 구파 교단의 모든 담임목사들은 1년마다 이런 성격을 띤 선교여행을 해야 한다고 요청받았다. 1852년 신파는 지역 형편에 따라 교회와 회원이 요청하고 각 노회는 노회의 지역 안에 순회선교사를 임명해야 한다고 했으며, 각 대회도 선교사를 임명하여 성경의 방식대로 열악한 지역을 개척해 나가며, 노회로 하여금 신설 교회를 설립하기 위해 예비하게 한다. 나아가서 신설 교회를 책임질 목사를 구하며, 척박한 장소에 예배를 위한 처소를 짓는 데 도와주고 지도하는 역할을 해야 한다고 했다.

제682문 부서의 시작은 어떻게 되었는가?

1789년 최초 총회에서 선교의 중요성을 인식했으며, 각 대회에게 다음 회집 때 자격을 갖춘 2명의 회원을 채용하여 전방위에 선교를 해야 한다고 요청했다. 노회는 책임을 지고 노회 관할하에 있는 몇몇 교회들이 그 해 헌금을 하도록 했다. 다음해 5인위원회를 선정하여 선교의 계획을 완수하기 위해 총회 선교사들에게 몇몇 필요한 지시사항을 준비하도록 했다. 또한 그들의 사역에 대한 보상에 대해서도 명시했다. 그 다음 날 보고하기를 선교사 2명을 선정하여 뉴욕과 펜실베이니아 주 경계 전방위에 최소한 3개월 동안 사역하도록 했다. 물론 사례도 지급되었다. 이 위원회가 바로 총회의 상비부서 중 하나가 되었다.

1799년에 선교를 어떻게 할 것인가에 대한 방법론에 대해 다음과 같은 내용의 보고서를 채택했다. 첫째, 선교는 진정으로 자격을 갖춘 이들이 담당해야 한다. 이들은 은혜의 교리를 설교할 수 있어야 하고 교회를 조직해야 하며 가가호호 심방하여 교리교육을 해야 한다. 둘째, 교회 정치를 잘 인식해야 하며 회중 정치인지 장로교회 정치인지를 바로 알아야 한다. 셋째, 적절한 자격을 갖춘 한 명 이상을 선정하여 정보담당자로 세워 총회가 1년마다 파송한 선교사들을 돕고 지도하여야 한다. 넷째, 선교사들은 둘씩 짝지어 가야 하고 그들이 가야 할 여정을 총회가 결정해 주어야 한다. 다섯째, 선교사는 장로교회의 신앙고백서와 권징의 제도에 관한 책자를 배포해야 한다.

1800년에는 4개 부서를 기대하게 되었다.
1. 인디언들을 복음화하는 부서
2. 흑인들을 교육하는 부서
3. 성경과 서적과 소책자를 배포하는 부서
4. 목회사역을 위해 젊은이들을 교육하는 부서

그래서 1802년 총회는 4명의 목사와 3명의 장로로 구성된 선교 상비부를 설립하였다. 이들의 책무는 정보를 수집하고, 선교사를 임명하여 일정한 장소로 가게 하며, 동시에 사역을 지도하고 연락을 취하고 보고서를 받고, 기금에 대해서 문의하고, 목사 한 분을 선택하여 총회에서 해마다 선교설교를 하게 하고, 총회의 지도하에 선교 사역을 감독하는 것이다. 이 위원회는 총회 정회 중에 총회 이사회에게 필요한 금액을 요청할 수 있는 권한을 부여받았다.

1805년 선교 상비부는 17명으로 늘어났고 그 중 10명은 필라델피아 혹은 근교에서 거주했으며 또 다른 회원들은 각 대회 출신이었다. 1816년 위원회는 확대되어 명칭이 선교부 Board of Missions로 변경되어 미북장로교 PCUS 총회의 권위 아래 활동하게 되었다.

제683문 상비부와 상설위원회의 차이는 무엇인가?

상비부standing committee 혹은 상비위원회는 총회를 개회하면서 선정하며 보고한 후 총회가 해제할 때까지만 존속한다. 반면 상설위원회permanent committee는 총회가 폐회하더라도 해제되지 않고 총회 기간 외에 존속하는 기구이다. 신파 교단은 위와 같이 구별하여 상설위원회가 교단의 자선 사역을 감독하였으며, 구파는 상비부가 그 기능을 담당하였다. 그러나 구파 교단은 상비부가 하기보다는 총회가 직접 관련을 맺었다. 교단을 분리하기 전만 해도 상비부라는 용어는 엄격하게 정의를 내리지 않았다. 1802년에는 선교부The Standing Committee on Missions가 반드시 해마다 선정되어야 했으나 사실은 차기 총회가 폐회할 때까지 1년 동안 계속 사무를 보았다는 점에서 다소 상설위원회의 성격을 띠었다.

제684문 상비위원회 혹은 상설위원회와 부서는 무슨 차이가 있는가?

상비 혹은 상설위원회는 모든 사건을 총회의 지시에 따라 처리하게 되어 있으며, 위원회가 제안하는 모든 절차는 반드시 총회의 인준을 받아야 한다. 부서Board는 선교에 관한 사무 일체를 시행할 전권을 가지고 있으며 해마다 총회에 보고를 하도록 되어 있다. 이는 총회가 조언을 주고 상의함으로 부서에게 혜택을 줄 수 있으며 활기찬 단합의 묘미를 살려 사역할 수 있게 하기 위함이다.

제685문 선교부에 어떤 권한을 부여하는가?

이미 선교위원회에 부여한 권한 외에 선교사를 임명할 권한을 가지고 있다. 또 그들에게 생활비 및 사역비를 줄 수 있고, 각 지교회에 보조 선교회들을 설립할 수 있는 권한도 있다.

선교부 사역을 국내 선교에 국한해야 한다는 의견이 적지 않았다. 왜냐하면 업무량이 너무 많았기 때문이다. 그러나 선교부는 미국의 척박한 지역뿐만 아니라 해외, 즉 세계 이방나라에서도 선교를 할 수 있는 권한을 가지고 있었다. 언급한 바와 같이 선교에 대한 책임을 지고 있었다. 또한 실행위원회Executive Committee와 관계자를 임명할 권한도 있었다. 1828년에는 선교부 회원이 목사 26명과 장로 15명이 될 정도로 성장했다.

제686문 어떠한 변화가 있었는가?

1830년에는 총회 선교부와 미국 국내 선교회가 임명한 공동교섭단체부가 미국 서부에서의 선교 사역에 열정을 쏟았다. 그렇지만 상당한 논의 끝에 실패로 결과를 맺었다. 그럼에도 불구하고 선교 사역을 포기하지 않았고 1838년 교단 분리 전까지 이런 기관들 사이에서 연합의 움직임이 있어 왔지만 결국 선교부Board of Missions가 해체하기에 이르렀다. 노회들은 선교부를 통해서 하거나 아니면 미국국내선교회를 통해서 선교 사역을 계속했다. 신파 총회 소속 노회와 교회는 후자와 공동협력했고, 구파는 전자와 활동했다. 교단 분리 이후에 신파 총회는 1861년까지 계속 그렇게 하다가 그 해에 장로교국내선교위원회Presbyterian Committee of Home Missions를 구성했다.

제687문 미국국내선교회는 무엇인가?

1822년 이전에는 다양한 지역 국내선교회들이 설립되어 있었다. 이들 중 많은 이들이 미국 서부 끝까지와 남부에 선교사를 파송했다. 1822년 5월에 뉴욕 주의 지역선교회 중 10개 단체 대표들은 장로교회와 화란개혁교회에 속해 있었는데 이들은 합병하여 뉴욕연합국내선교회United Domestic Missionary Society of New York를 구성했다. 이것은 교단 소속 기관은 아니었는데, 1826년에는 이 단체에 속한 선교사가 127명이나 되었고 그 중 100명은 뉴욕 주에서, 27명은 다른 주에서 사역을 했다.

보스턴에서 개최한 목사 모임의 요청에 따라 실행위원회가 1822년에 회람지를 발간하여 회중교회(조합교회), 장로교회, 화란 개혁교회의 모임을 뉴욕의 브릭장로교회에서 갖기로 했다. 거기서 국내선교회National Domestic Missionary Society를 설립했다. 프린스턴 신학교의 알렉산더 박사와 밀러 박사 두 사람이 그 계획을 지지했다.

다시 헌법이 채택됨으로써 연합국내선교회United Domestic Missionary Society의 이름을 미국국내선교회American Domestic Missionary Society로 변경할 것을 요청했다. 이 일은 1826년 5월에 이루어졌다. 전제조건 중 하나는 현존하고 있는 여러 선교회들은 자신들의 의지와 상관없이 폐지되어서는 안 되고 대체되어서도 안 된다. 뿐만 아니라, 오히려 강화되고 활성화되어야 한다는 것이다. 이 선교회와 북장로교 선교부는 조화를 이루어 함께 사역을 감당하기도 했다. 1837년 이전 국내선교회Home Missionary Society는 선교회 서기의 관할하에서 교단의 화평과 연합, 순수성을 위해서는 바람직하지 못한 역할을 감당하는 단체였다고 평가되고 있다.

제688문 교회개척(Church Extension) 상비부는 무엇인가?

1849년 신파 총회는 미국본부선교회American Home Missionary Society와 함께 사역하는 가운데 선교회가 감당할 수 없는 사역의 일부분을 담당해야 할 의무감을 가졌다. 그래서 노회에 노회 산하 연약한 교회들을 보조하고 상설 선교기관들이 시작한 신설교회를 회집해야 한다고 권고했다. 또한 주일학교 사역을 강조하였고 대회로부터 증빙서류가 갖추어지면 가까운 곳에나 멀리 떨어진 곳에 후원을 받아 새로운 교회를 건축했다. 다음 해 본부선교회Home Missionary Society의 후원으로 노회의 경계 안에 신설교회를 조직하고, 열악한 교회는 정기적으로 설교자를 갖추도록 하는 결정을 했다. 오래되고 부유한 교회는 약한 교회를 도와야 한다는 것이 기대하는 바였다.

선정한 위원회 보고에 의하면 1852년에는 미국본부선교회가 국내 선교사역을 담당하는 선교단체로 추천을 받았다. 노회는 해마다 교회개척 상비부를 뽑도록 지시를 받았다. 교회로부터 헌금이 미국본부선교회에 전달되었다. 후원 청원은 노회의 추천사항이었으나 그 선교회의 관계자의 공식적인 인준이 필요하지 않았다. 하지만 이 선교회는 정보를 수집할 권한도 있고 청원을 놓고서 재량껏 전체적으로 혹은 일부를 지원할 것을 결정해야 한다.

노회는 순회선교사를 선정하여 열악한 지역을 조사하고 새로운 교우를 모으고 그들을 담임할 목사를 구하고 교회 건축을 지도하고 모든 방법을 강구하여 교회개척을 개발해야 한다. 이 모든 일을 노회나 대회의 상비부 산하에 두어야 한다. 각 대회는 교회개척위원회Church Extension Committee를 해마다 선정하여 현재 건물을 건축하고 있는 연약한 교회를 융자나 기부금으로 지원하기 위해 각 교회가 헌금하는 것을 요구해야 한다. 총회의 다른 모든 상비부 가운데 교회개척상비부는 해마다 선정하여 이 주제에 대해 대회와 노회의 보고를 요약하여 그 사역을 지속적으로 감당할 제안서를 제출해야 한다. 다섯 명의 위원이 선정되어 미국본부선교회와 상의하고 원칙상 허락하는 대로 이 계획안에 협력을 요청했다. 1853년 대회위원회는 이 선교회가 대회와 노회의 교회 기능과 충돌을 일으킬 입장이 아니며 교회의 관계를 해치고 있고 또한 교단을 구별하여 차별하고 있다고 보고했다. 다른 어떤 단체보다 북장로교 본부 선교회가 현재의 조정 아래 국내선교사역을 성공적으로 수행하고 있다고 총회는 확신을 가지고 있었다. 동시에 총회는 선교회의 규칙이 때로는 교회 개척과 필요한 곳을 후원함에 있어서 방해요소가 되기도 한다고 지적하였다.

제689문 교회개척위원회는 무엇인가?

1855년 총회의 관심은 본부선교회의 규칙에도 없는 사역의 일련의 사건에 집중되었다. 총회는 대회, 노회, 또는 개척정신을 가진 장로교 선교사들을 채용하여 도시와 큰 마을에 교회 건축과 장로교교회 개척을 하게 했다. 그런데 본부선교회와 협력하고 있는 총회는 교회 개척에 관한 문제를 감독할 권한을 교회개척위원회에 주지 않았고, 또 책임에 있어서도 동반자의 역할을 하지 않았다. 그리고 총회는 교회개척위원회를 설립하여 필라델피아에 그 조직을 두었다. 또한, 이 위원회는 부여받은 권한 외에는 다른 기능을 가지고 있지 않았다. 그 주어진 기능은 노회, 대회, 다른 장로교 순회선교사 혹은 개척정신이 있는 관계자를 채용하는 것이며, 이들과 같은 예외 경우에는 후원을 제공하여 이런 목적을 위해 헌금을 받으며 지출을 하는 것이다. 국내선교와 총회가 협력하는 정책은 변함이 없다. 이 위원회는 보조적인 의미가 있고 선교회의 규칙이 배제한 사건을 다루어야 했다. 1857년에 즉각적인 결정을 요청하는 청원과 관련하여 이 위원회에 보다 많은 재량권이 실렸다. 1859년 다시 한 번 위원회의 권한이 확대되어 다른 어떤 곳에서 후원을 받을 수 없는 교회를 도울 수 있었다.

제690문 장로교 국내선교위원회(Presbyterian Committee of Home Missions)는 무엇인가?

1861년에 신파 총회가 조직을 했고 다음 해에 법인단체로 만들었다. 총회가 선정한 15명으로 구성했으며, 미국 북장로교회Presbyterian Church in the United States와 관련하여 연약한 교회나 교인을 위해 설교자를 지원하고 일반적으로 교단을 위해 국내전도의 전체를 감독하도록 했다. 왜냐하면 총회는 지시를 내리고 교단과 이 위원회가 맡은 재산과 기금을 관리하고 지출해야 하기 때문이다. 이 위원회는 1871년까지 존속했다.

제691문 서부선교위원회(Western Committee of Missions)는 무엇인가?

1845년 구파 총회는 서부에서의 선교를 더 힘차게 하기 위해서 선교부 Board of Missions 안에 위원회를 선정하여 서부선교위원회로 명명하고, 켄터키 주 루이스빌에 두어 필라델피아에 둔 선교회와 유사한 권한을 가지도록 했으며, 매달 선교부에 보고하도록 했다. 서부선교위원회는 서기와 총담당자와 회계를 두었으며 1862년까지 존속했다.

제692문 남서고문위원회(South-Western Advisory Committee)는 무엇인가?

1859년 구파 총회는 선교부가 뉴올리언스 시에 고문위원회를 설립하여 지역 서기를 두고 남서부의 선교사역을 시작하도록 하고, 선교부와 이 위원회가 상의하여 조정한 세부사항을 실천하도록 명령했다. 선교부는 북서부에서도 이와 유사한 권한을 가진 북서부고문위원회를 샌프란시스코에 두었다. 이 두 위원회는 1862년 총회의 명령으로 폐쇄되었고, 그후 선교부는 전체 지역에 종전과 같이 노회를 통해 사역을 했다.

제693문 국내선교부(Board of Domestic Missions)는 무엇인가?

이 부서는 선교부와 동일하다. 1857년 총회는 펜실베이니아 법원이 인정한 선교부의 재단명칭 변경을 받아들였다. 즉, 국내Domestic란 용어를 소개하면서 해외 선교부와 혼동하여 생기는 불편과 손실을 막았다.

제694문 장로교 국내전도부(Presbyterian Board of Home Missions)는 무엇인가?

1869년 구파와 신파의 연합으로 뉴욕 법원으로부터 명칭을 '위원회' 대신 '부'로 대체하는 결정을 획득했으며 1871년 1월 20일에 통과됐다.

제695문 미국 장로교 국내전도부(Board of Home Missions of the Presbyterian Church in the United States of America)는 무엇인가?

1869년 국내전도부The Board of Domestic Missions와 국내전도위원회Committee of Home Missions는 적법한 절차로 그들의 소유로 되어 있는 재산과 기금에 손해를 끼치지 않고 합병할 때까지 각자의 사역을 지속해야 한다고 일치를 보았다. 1872년에는 미국 장로교 국내전도부라는 새로운 명칭으로 뉴욕 주에서 인가를 받았다. 국내전도부Board of Domestic Missions는 1873년까지 존속해 오다가 펜실베이니아 주의 결정으로 모든 재산을 신설한 부서로 이전하고 공식적으로 이전에 언급한 두 기관의 합법적인 계승자가 되었다.

제696문 국내 전도부 후원 청원은 어떻게 이루어지는가?

선교사와 그의 사역지는 총회와 관계를 맺어야 한다. 청원서에 기록할 사항은 다음과 같다. 1. 교회와 목사의 이름, 2. 무흠 입교인 수와 교회의 크기, 3. 다른 교회와 떨어진 거리와 크기, 4. 교회가 있는 지역의 인구와 특징, 5. 교회의 능력과 서약, 6. 꼭 필요한 최소한의 금액.

장로와 집사와 교회 이사들이 청원서에 서명하여 노회로 송부하여 승인을 받아야 한다. 노회는 청원서와 금액에 대해 무기명 투표로 결정하여 그 결과를 전도국에 보낸다. 교회는 선교사에게 한 서약을 지켜야 하며 선교부에 헌금을 보내야 한다. 책정 금액은 1년 동안만을 위한 것이므로 노회의 재청원으로 갱신할 수 있다.

제697문 국내 전도부는 모든 청원에 승인해야 하는가?

후원 청원이 필요한가에 대해 면밀하게 심사하는 것은 물론 어떤 교회가 후원을 받고 얼마를 받느냐 결정하는 것은 노회의 책무이다. 이것은 선교부가 할 수 없는 일이다. 청원이 노회에 상정될 때 또 다른 문제, 즉 책정액을 줄 수 있는가도 답변해야 한다. 이것은 선교부의 관할로 되어 있는 기금의 액수에 따라 결정한다. 그리고 전체 사역지에서 올라온 모든 다른 청원서의 상대적인 중요성에 따라서도 결정이 된다. 왜냐하면 기금 부족으로 청원을 거절할 수 있고, 원했던 책정액의 일부를 줄 수도 있기 때문이다.

1883년에 이 주제에 관해 위원회가 보고하기를, 노회가 판단해 볼 때 전체 사역지를 심사한 후 더 합당하고 전도양양한 사역에 대해 기금이 필요하다고 여겨지지 않으면 전도부는 일반적인 경우에 노회가 추천한 책정 금액을 거절해서는 안 된다고 했다. 기금이 필요하게 여겨지는지에 대한 결정도 선교부가 했다.

제698문 선교에 관련하여 전도부와 노회의 관계가 어떠한가?

전도부는 총회 기관이며 노회를 통해서 사역을 한다. 그러므로 전도부의 성공여부는 본질적으로 노회와의 협력과 실질적인 노회의 후원에 달려 있다. 먼 거리에 떨어져 있는 곳에서 사역하기에 합당한 선교사를 구하는 일을 성공하는 것도 전도부의 사역을 위해 노회에 신청하는 이들의 공식적인 정보에 의존하고 있다.

선교사는 노회에 책임이 있으며 선교지 교회와 사역지에 대해 전권을 가지고 있다. 그러나 선교사는 노회에서 파송을 받아도 전도부에 정기적으로 보고서를 제출해야 한다. 후원하는 교회들이 담임목사를 구하지 못하면 통상 국내 선교후원금이 중단된다. 국내전도부가 선교사를 후원할 수 있는 형편이 되도록 위원을 세워 교회들을 양육하고 유지할 수 있게 후원해 주는 것이 노회의 책무이다.

1880년 총회는 위원회가 전도부의 사역 방법을 노회와 관련해서 고려해야 한다는 헌의안을 1개 대회와 7개 노회로부터 접수했고, 1833년 위원회는 보고하였다.

제699문 장로교 국내 전도 여성실행위원회(Women's Executive Committee)는 무엇인가?

국내전도를 위한 기독여성의 사역의 역사는 미국의 국내전도부 초기로 거슬러 올라간다. 처음에는 주로 기도와 선교사들을 위한 선물준비를 담당하다가 교단 재연합 이후에 상당한 수준으로 활발해졌고, 전도국 요청으로 전도부를 위해서 헌금을 모으기 위해 조직적으로 수고하게 하였다.

또한 선교지의 여성에 대한 관심도 심도 있게 논의했다. 당시 선교지 여성의 사정은 형편없었고 선교사들도 제대로 접근하지 못하고 있는 실정이었다. 미국 내 유타 주, 뉴멕시코 주와 아리조나 주와 같은 지역 상황은 모든 관심으로부터 거의 동떨어져 있었다. 여성을 위한 사역이 상당히 필요하여 결국 여러 여성선교회와 여성선교부서를 조직하게 되었고, 기금을 모아 국내외에서 사역하려고 하는 여성사역자 파송을 그 목적으로 하였다. 그들 중 일부는 국내, 국외를 구분하지 않고 사역을 감당했으며, 일부는 국내나 국외 중 하나를 선택해서 책임을 맡았다. 이들 모두는 교단의 부서와 관련을 맺었으며 더러는 대회와 노회, 교회에 위원회와 분과위원회도 두었다.

1878년 피츠버그 총회 기간에 여성대회가 개최되었으며, 이는 국내전도를 위해 좀 더 완성된 조직이 되었다. 결국 뉴욕의 여성선교부Ladies' Board of Missions와 전적으로 국내전도만을 위해 자발적으로 헌신하는 대회를 위하여 장로교 여성 국내선교회Women's Home Missionary Society of the Presbyterian Church를 만들려고 하였다. 그러나 이것은 무산되었고 장로교국내전도여성실행위원회Woman's Executive Committee of Home Missions of the Presbyterian Church가 조직되었다. 1881년에는 여성선교부 부속으로 있는 여성모임이 5개나 되었는데 이들 중 여성실행위원회 규모가 제일 컸다. 27개 대회에는 대회가 인준한 여성위원회가 있었으며, 실행위원회의 구성원은 각 대회의 위원회에서 두 명씩으로 하였다. 그 해에 모은 헌금는 무려 미화 27,793달러나 되었고 선교사들의 선물도 가치로 환산하면 약 17,000달러가 되었다.

2. 교육부

제700문 목회 준비생들을 위한 교단의 초기 정책은 무엇이 있었는가?

1733년 총대회General Synod는 한 학생에게 경건헌금fund for pious uses 중에서 장학금appropriation을 주었다. 1739년 대회는 학교나 신학교를 설립하기 위한 헌의안을 인준하였다. 그 일을 이루기 위해 대표 한 명을 선정하여 계획안을 채택했고, 후원 요청을 위해 교회마다 청원했으며,

스코틀랜드 교회 총회에도 청원서를 냈다. 그러나 당시 영국과 스페인이 전쟁을 해서 모든 사안이 당분간 보류되었다.

1743년 필라델피아, 뉴캐슬, 도네갈 노회들은 청소년들을 교육하기 위한 학교를 열었고, 이듬해 1744년에 대회는 이 결정을 인준해 그 학교를 대회의 관할로 두었다. 학교의 목적은 언어와 철학, 신학 교육을 무상으로 제공하는 것이었다. 프란시스 앨리스 목사가 학교를 감독했으며, 매년 각 교회 헌금으로부터 후원을 받았다. 일정 기간(1757~1762) 펜실베이니아에 있는 극빈 독일 학생을 교육하였으며, 감독교사가 이 사회 추천으로 목회를 준비하고 있는 네덜란드 학생이나 영국 학생을 교육하며 극빈 네덜란드 학생들을 영어로 교육한다는 조건으로 매년 학교의 총이사회에서 기금을 받았다.

제701문 뉴저지대학은 언제 설립이 되었는가?

뉴욕 대회가 1746년에 엘리자베스타운Elizabethtown에 설립했다. 뉴저지대학은 하버드대학(1636), 윌리엄메리대학(1692), 예일대학(1700)이 세워진 후 미국에 4번째로 설립된 대학으로 1757년에 프린스턴으로 옮겼다. 1752년 대회는 뉴저지대학을 위해서 교회들이 헌금할 것을 지시했으며, 이듬해 후원 요청을 위해 테넌트 목사와 데이비스 목사를 유럽에 보냈다.

스코틀랜드 장로교회 총회에서의 연설에서 이 대학의 목적은 목회를 위해 준비하는 젊은이들을 교육함으로써 늘어나는 교단의 담임이 없는 교회들과 척박한 사역지에 목회자를 수급하기 위한 것임을 분명히 하였다. 1768년 뉴욕 필라델피아 연합대회는 대학에 신학교수 임명을 승인했으며, 헌금 가운데 교수를 위한 기금을 책정했다. 또한 이사회가 기금을 가지고 있으면서 그 기금에 대한 이자로 경건한 극빈학생을 도와 주었다.

1806년 총회는 뉴저지대학의 설립목적은 신앙을 정진하고 경건하며 목회에 은사가 있는 학생을 교육하는 데 있다고 선포했으며, 신학교 이사회는 이러한 설립목적에 맞춰 신학생들을 위해 최대한 넉넉한 후원을 해 주었다. 실제로 모든 학생들은 품행에 대한 적절한 증빙서류를 제출해야 하고, 기숙사비로 일주일에 저렴한 가격인 1달러만 내면 더 이상 어떤 교육비도 내지 않고 신학교수인 학장의 도움을 받아 계속 공부할 수 있어야 한다고 했다.

교수는 일주일에 두 번 신학생들에게 신학, 교회사, 교회 정치와 기독교와 유대교, 고고학과 목회의 책무duties of the pastoral office를 포함해 강의했다. 또한 원하는 학생들에게는 히브리어를 강의했는데 그 강의는 성공적인 목회를 위해 유용하고 꼭 필요한 것이었다. 한편 학생들은 모든 강의에서 교수의 비평에 순복해야 하고, 과제로 내준 주제로 에세이나 설교를 해야 했다. 신학회는 일주일에 한 번 개최하였고, 큰 신학교 도서관도 이용할 수 있었다. 신학과는 1881년 뉴저지 대회의 관할하에 있었으며 동일한 목적을 지니고 있었으나 더 이상 1811년에 맺은 협약에 따르지 않았다.

제702문 어떠한 노회 교육제도가 인정받았는가?

1771년 뉴캐슬 노회는 노회가 인정한 계획안을 대회에 상정했으며, 다른 노회들도 힘을 실어 동일한 행동을 취했다. 계획안은 바로 노회의 허위 교회는 1년에 2파운드를 내고 노회의 모든 목사는 1파운드씩 내 기금을 많이 모으는 것이었다.

후원받는 젊은 학생들은 목사의 추천을 받고 노회가 심사와 인준을 하면 노회가 신학공부를 지도하며 장립을 받고 1년 동안 사역지도를 받을 권리를 지니고 있다. 후에 목회를 하고 싶지 않으면 5년 안에 그를 위해 투자된 금액을 반환해야 한다.

1806년 총회는 노회에게 목회와 후원과 교육과 훈련을 위해, 그리고 학생들을 모집하기 위해 어떤 일을 하는지 해마다 보고해야 한다고 강조했다. 또한 이런 중요한 의무를 간과하면 그 이유를 보고해야 했다. 만족할 만하게 해명을 하지 않은 노회는 의무태만으로 기록되고 총회에서 책망을 받았다.

제703문 프린스턴신학교는 언제 설립되었는가?

1809년 필라델피아 노회는 신학교 설립을 위한 헌의안을 총회에 제출했으며, 총회는 그 문제에 관한 위원회를 선정했다. 위원장은 예일대학 학장이면서 코네티컷 총연합회 대표인 드와이트 박사였다. 그 위원회는 세 가지 안을 보고했는데 첫째는 교단지역의 중심에서 가까운 곳에 학교를 설립하는 것이고, 둘째 북부와 남부에 각각 하나씩 설립하는 것이고, 셋째 각 대회에 하나의 학교를 설립하는 것이며, 각 대회가 학교의 설립과 감독에 전적으로 책임을 져야 한다는 것이다. 다른 계획에 의하면 총회가 감독을 해야 한다.

1810년 총회는 목회자 후보생들에게 보다 깊이 있고 효율적인 신학교육을 보장하는 신학교를 설립할 것을 결정했다. 이 신학교는 세 명의 신학교수를 두어야 하지만 다 채워지지 않아도 시작하도록 하였다. 과목으로는 신학, 고대근동학과 성경문학, 교회사, 교회 정치와 같은 과목들이 필요한 것처럼 보였다. 무상교육과 필요시 후원을 할 수 있도록 각 대회의 위원들이 선정되어 헌금을 요청하기로 했다. 노회는 학생들이 자기가 교육받기 원하는 곳에 보내 주고 심사를 하여 인준한 자들에게 강도권을 주는 재량을 가지고 있었지만 신학교는 그런 전권을 가지고 있지 않다.

1811년 뉴저지대학 이사회는 총회에 몇 가지 제안을 했는데 이듬해 채택되었다. 그 안의 주요한 사항은 다음과 같다. 첫째, 신학교는 프린스턴에서 가까운 지역에 있어야 하고 대학교와 관련을 맺어야 한다. 둘째, 총회는 대학 이사들과 충돌 없이 신학교 이사들과 교수들을 임명하고, 교수과목을 선정하고, 학생들을 지도감독하고, 기금을 운영하도록 한다. 셋째, 신학교에 필요한 건물은 총회가 대학이 있는 터에 짓거나 프린스턴 안에 또는 가까운 곳에 구입한 토지에 지어야 한다. 넷째, 대학 건물을 사용하는 것은 실제적이고 원하면 최대한 장기로 해야 한다. 다섯째, 대학은 가능한 적은 비용으로 총회 또는 신학교 이사들이 신학생들을 교육해야 한다. 여섯째, 이사회는 총회의 명령에 순복하며 기금은 대학기금과 분리하여 관리해야 한다. 일곱째, 대학교수와 신학교가 대학도서관을 무료로 사용하도록 허용해야 한다.

총회는 대학교와 신학교의 원만한 유대관계가 계속되기를 원하고 있고, 신학교가 프린스턴에 있으면 신학교수직을 대학에 두지 않아도 된다고 일치를 보았다. 1829년에는 선교학과 신설을 제안했다. 교단 신학교는 신학교육과 교회정치를 계획 안에서 동일하게 하기로 했다.

제704문 대회신학교는 무엇인가?

각 노회와 대회는 목회자 후보생을 교육하는 데 자신들의 안을 채택할 권한을 지니고 있었다. 총회가 이것을 인준했으며, 대회의 관할하에 있는 모든 신학교는 대회신학교로 이름했다.

이들 중에는 버지니아 대회와 노스 캐롤라이나 대회 관할하에 있는 유니언신학교가 있었고, 사우스 캐롤라이나 대회와 조지아 대회 관할하에는 콜롬비아신학교, 7개 대회 관할하에는 신설 알바니신학교가 있었다(세 개는 1854년 대회의 관할하에 재조직한 후). 이들 신학교는 총회의 인준을 받았으나 켄터키 대회와 테네시 대회 관할하에 있는 남서부신학교는 총회로부터 인준을 받지 못했다. 사우스 하노버에 있는 인디애나 신학교는 7개 대회의 관할하에 뉴알바니로 옮겨갔으며, 샌프란시스코 신학교는 태평양 대회가 조직했다.

제705문 노회 감독하에 있는 신학교는 어떤 것이 있었는가?

어번Auburn에 있는 신학교는 뉴욕 중부와 서부에 있는 몇몇 노회가 선출한 총대 위원회와 총대가 선출한 이사회가 지도하였다. 그리고 독일 신학교German Theological School는 뉴악Newark 노회가 설립했다. 노스 캐롤라이나 샬롯Charlotte에 있는 비들대학교Biddle University도 있었다.

제706문 독립 신학교는 어떤 것이 있었는가?

신시내티의 레인신학교Lane Seminary와 뉴욕의 유니언신학교Union Seminary는 장로교회의 교인, 즉 개인이 세운 신학교들이다. 이들은 인가서에 장로교 신조를 가르치는 장로교 기관으로 되어 있었지만 노회의 관할하에 있지 않았다. 또한 북서부의 독일신학교와 블랙번 목사가 일리노이 주 칼린빌Carlinville에 설립한 블랙번대학교Blackburn University가 있었다.

제707문 펠로우십 기금은 어떤 종류가 있는가?

성경문학에는 높은 질서의 문화를 보존하려는 열망이 있었다. 1876년에 이를 성취하기 위해 유니언신학교에서 프라이즈 펠로우십 기금Prize Fellowship Fund을 시작했고 각각 만 달러로 되어 있는 두 가지 종류의 기금이 있었으며, 이것으로 교수들이 인정한 학생들은 졸업 후 2년 동안 국내에서나 외국에서 계속 공부할 수 있게 해 주었다.

1880년 프린스턴신학교에서는 4분기마다 600달러를 주는 기금이 있었다. 이는 4월에 보는 히브리어 특별시험에서 최고점수를 받은 학생으로 교수회가 인정한 학생이면서 기숙사에 거주하는 대학원생에게 수여하는 펠로우십이었다. 이는 또, 교수회의 지도 아래 프린스턴에서 하든지 다른 외국 대학교에서든지 적어도 1년을 공부하는 학생이어야 했다. 1881년 총회는 기꺼이 프린스턴과 유니언신학교에 기금을 설립한다고 통보하였고, 이런 일을 다른 신학교에도 추천한다고 했다.

제708문 교구학교(parochial)는 어떤 것이 있는가?

1696년 스코틀랜드에서는 매 교구마다 한 학교를 설립한다는 법안이 통과되었다. 담임목사는 교장 역할을 했으며 교사를 임명하는 권한을 가지고 있었다. 노회는 시간표와 방학을 조정했으며 문제가 생길 경우에 담당자를 문책할 수도 있었다. 노회의 판결은 최종적이었다. 자유교회Free Church가 주류Established에서 분리해 나갔을 때도 담임목사와 노회의 관할 아래 교구학교제도를 그대로 채택했다.

1844년 구파는 위원회를 구성하여 장로교 교구학교를 설립하는 방안을 연구했다. 이듬해 연구서를 제출했으며 이의 도입을 간곡히 추천했다. 1846년 총회는 성경 교육과 은혜 교리를 포함하지 않는 어떠한 교육도 온전하지 못하다고 결론을 내리고 교회가 학교를 맡는 것을 인정한다고 했다. 또한 교구에서 가르치는 모든 교육은 교단과 교육부가 신중하게 관심을 기울여야 한다고 했다.

1847년 총회는 실천적인 측면에서 교회가 사명감을 갖고 당회의 지도 아래 일정한 지역 안에 초등학교를 하나 이상 설립해야 한다고 강조했다. 거기서 일반 과목과 함께 기독교의 진리와 책무를 열심히 교육해야 한다고 역설했다. 그리고 노회나 대회를 독려하여 지역 안에 교구학교나 노회학교를 설립할 수 있도록 적절한 모든 방안을 모색하고 그것을 실행하게 했다. 교육부는 이에 대한 정보를 수집하여 후원금을 주었다.

제709문 교육부는 언제 교구학교를 포기했는가?

교육부는 1847년 위에 언급한 결정을 통과한 후 교구학교를 설립하고 후원하기를 20년간 계속했다. 1868년 연례보고서에서 사역내용을 요약하여 보고했고, 늘어나는 관심에 대해 언급했다. 그러나 이듬해 교육부는 그것에 대한 전반적인 계획이 실패로 돌아간 것을 보고했으며 특히 실제적으로 극복하기 힘든 이유를 언급했다. 총회는 이에 대한 어떠한 조치도 내리지 않았다.

교육부는 대학과 신학교를 포함하여 17기관을 후원했으며, 58개 교육기관과 131개 교구학교를 지원했다. 1870년 교단연합 때도 교육부의 이와 같은 사역에 대해 어떤 언급도 없었으며 전반적으로 그 문제는 누락되었다. 결국 1871년, 교육부와 관련한 학교를 폐쇄하는 데 미화 2,020달러가 소요되었다.

제710문 언제 교육부를 조직했는가?

1819년 헌의를 받은 총회는 교육부 조직을 결정했다. 교육부의 목적은 경건하고 재능이 있는 젊은이들을 지원하여 목사로 양성하는 데 있으므로 고전 학문과 신학을 포함한 모든 과정을 획득하게 하는 것이었다. 후에 약간 수정은 있었지만 헌법을 조직했다. 교육부는 1841년 구파의 지도 아래 허가를 받았다.

제711문 미국교육회(American Education Society)는 무엇인가?

1815년 보스턴에서 설립하여 미국목회준비신앙청년교육회American Society for Educating Pious Youth for the Gospel Ministry라 불리다가 1820년 미국교육회로 변경했다. 원래 초교파로 계획되었으나 후원자와 수혜자 대부분이 조합(회중)교회와 장로교회였다.

1818년 다시 장로교교육회를 설립했고, 1827년에 다른 유관단체와 마찬가지로 미국교육회의 지부가 되었다. 1831년 지부들은 뉴욕의 교육회와 조정된 관계를 받아들였고, 몇몇 지역에서 영향력이 커져서 다시 이전 명칭인 장로교교육회를 사용하면서 미국교육회의 장로교 지부로 오랫동안 존속했다. 1874년 대학 및 신학교 발전협회와 미국 교육부와 유기적인 연합이 있었으며 이후 이름이 바뀌어 미국 대학 및 교육회 American College and Educational Society가 되었다.

제712문 서부교육회(Western Educational Society)란 무엇인가?

1838년에서 1854년까지 교단의 신파 진영은 미국교육회와 다른 자원 기관들과 협력을 해 왔다. 1852년 총회는 그런 단체가 없는 서부에 서부교육회라는 기관을 설립하여 총회의 산하기관이 모이는 동일한 장소와 시간에 매년 모임을 해야 되며 총회 회원이 당연직ex-officio 회원으로 활동해야 한다고 제안했다.

제713문 교육상설위원회(Permanent Committee on Education)란 무엇인가?

교단 분리 때 신파 총회는 각 노회와 교회들에게 미국교육회를 추천하여 여러 해 동안 존속하게 했다. 그러나 1852년에 서부교육회와 다른 기관은 그들의 활동이 교단과 관련을 맺고 있는 한 해마다 총회에 보고해야 한다고 결론지었다. 이는 결국 1856년 목회를 위한 교육상설위원회를 뉴욕에 설립하는 계기를 만들었으며 전권과 책무는 구파 교육부와 아주 흡사했다.

산하 교회들은 이 위원회를 인정해야 한다고 추천을 받았지만 지역 안에서의 교육활동은 단체와 지방단체를 통해 자유롭게 할 수 있도록 했다. 규칙과 규정에 따라 기금에서 직접 젊은이들을 도우며 기금을 회계에 헌금함으로 목사후보생을 해 위원회의 후원과 감독을 받게 해야 한다고 했다. 뉴욕에 소재한 미국중앙교육회와 필라델피아교육회와의 조화로운 협력을 위해 약간의 조정을 해야 했다. 1858년 재단법인허가를 획득했고 1861년 위원회 계획은 수정되었다.

제714문 미국북장로교 교육부(Board of the PCUSA)는 무엇인가?

교단 연합 때 이 교육부는 구파 교육부와 신파 교육상설위원회의 통합으로 이루어졌다. 모든 노회는 관할하에 있는 교회들이 연헌금을 하는지 살펴야 한다. 이 교육부는 필라델피아에 있다.

제715문 교육부의 기능상 어떤 변화가 있었는가?

교육부의 기능에 대한 특별위원회가 1877년에 구성되어 1881년까지 존속했다. 그리고 특별위원회는 첫째, 교육부가 목사후보생 훈련에 관련한 일에 교단의 실행관계자가 되어야 하고, 뿐만 아니라 조건에 맞고 이런 목적을 위한 교육기관을 후원해야 하며, 또 총회가 교육부에 위탁하는 모든 다른 교육을 위해 존속해야 한다고 제안하였다. 둘째, 교육부의 법을 수정하여 기능을 확대해야 한다고 제안했다. 셋째, 교육부는 대학을 후원하는 제도를 마련해야 하고, 아울러 이런 목적을 위해 재산증여나 많은 다른 헌금들이 들어오게 만들어야 한다고 제안했다. 그리고 후원을 받는 대학들은 교육부에 대학의 위치, 조직, 그리고 운영에 대한 만족할 만한 약속을 해야 한다고 했다. 넷째, 이와 관련한 기금들은 목사후보생들을 위한 후원기금과 구별해야 한다고 했다.

이런 제안을 담은 보고서는 다음 총회에 보고하기 위해 위원회에 보고되었다. 국내전도 상비부의 보고서도 이 위원회에 보고되었다. 이 보고서는 서부에 교육상설위원회를 임명할 것과 교회사역분과를 제도화할 것과 교육기관의 가장 적합한 위치를 선정할 것을 촉구했다. 특별히 전방위에서 사역하고 있는 선교사와 교사들을 공급하는 문제와 함께 합법적 기금을 위해 방안을 강구하며 정해진 목적을 위해 분배되고 투입될 때까지 기금을 책임졌다. 예로 인도에 있게 될 대학을 후원하는 계기가 되었다.

제716문 여성교육에 대해 어떤 결정이 있었는가?

1849년 구파 총회는 부모들에게 경고하기를 자녀들을 가톨릭학교에 보내는 것은 위험하니 보내지 말라고 했고, 그것은 세례 때 서약한 것을 파기하는 것이라고 했다.

1880년 총회는 가정과 교회가 친밀한 관계가 있고 교단의 여자아이들을 교육하는 관점에서 볼 때 성도들을 확신하게 해서 교단의 목적과 성격에 맞는 사역을 감당하는 교육기관을 세워야 한다고 결론지었다. 더 나아가 목사를 촉구해 모든 적절한 방법을 동원하여 여자학교의 효율성을 인정해 주헌법에 덧붙이도록 하고 그 학교에서 최상의 문화교육이 이루어지고 교단의 복음적 예배를 드림으로써 변혁되어야 한다고 했다.

3. 출판부

제717문 교단이 신앙서적 출판을 하기 위해 초기에 어떻게 했는가?

1735년 대회 회원은 신앙서적을 출판하기 전에 신앙문제에 관한 논쟁을 준비하는 어떤 것이라도 심사하고 인정하기 위해 위원회에 제출해야 했다. 1772년 전방위와 연약한 교회에 배포하기 위해 신앙서적을 마련할 필요성에 대해 심도 있게 논의할 위원회가 구성되었다.

대회는 교회에 일반헌금을 지시했으며, 교회에 보내는 목회서신을 통해서도 명령했고 위원회가 가격을 언급한다면 각 권이 현금으로 10파운드를 넘지 않은 범위에서 다음과 같은 책자를 마련하여 배포할 권한이 있다고 언급했다. 즉 성경, 웨스트민스터신앙고백서, 빈센트의 소책자판 요리문답서, 다드리지의 신앙부흥과 진보Rise and Progress of Religion, 기독세계에 대한 사랑어린 충고A Compassionate Address to the Christian World, 와츠의 자녀를 위한 찬양Divine Songs for Children 그리고 총회 요리문답서가 있었다. 다른 책자와 소책자는 기부받았는데 이는 그들이 판단하기로 대회가 신앙지식을 널리 알리는 것에 반응을 보이는 것이어서 그 책자를 배포하는 임무를 맡았다.

이듬해 필라델피아에 하나, 뉴욕에 하나, 두 위원회가 가난한 사람들에게 책자를 배포하기 위해 구성되었다. 1803년 이리Erie 노회가 성경과 다른 경건서적을 배포할 것을 청원하여 지식의 부족으로 패망하여 가는 가난한 많은 사람들과 무지한 사람들을 영적으로 교육하기 위해 회람책으로 사용하도록 했다.

제718문 배포할 성경은 어떻게 마련하였는가?

1783년 목사 3인으로 구성된 위원회는 대회가 선정하였으며, 성경을 구입하기 위해 헌금을 받았으며 몇 가지 이유로 대회는 이 위원회에게 에트킨Aitken 씨가 운영하는 미국판 성경을 공급하도록 지시했다. 1789년 첫 총회에서는 뉴저지 주의 인쇄업자인 콜린Collins 씨가 신구약성경을 인쇄할 것을 제안했으며, 교단뿐만 아니라 교파를 초월한 모든 기독교인들이 지지하고 지원해 줄 것을 희망했다. 모금을 마련하기 위해 16인 위원회가 구성되었다.

위더스푼 박사Dr. John Witherspoon, 사무엘 박사Dr. Samuel S. Smith와 암스트롱 목사Rev. James F. Armstrong가 선정되어 다른 교파에서 하든지 우리 교단 대회가 하든지, 구성되는 위원회와 동의해서 교정인쇄를 수정하고 필요하면 가장 정확한 성경을 정하여 앞에 언급한 인쇄소에서 인쇄를 하도록 추천했다. 또한 이 출판에 관련한 교단들의 견해에 차이가 없으면 오스터발드Ostervald의 주석이 들어 있는 성경을 출판해야 한다고 제안했다.

제719문 첫 번째 성서공회(Bible Society)는 언제 구성되었는가?

영국에서 일찍이 1698년에 신앙지식보급협회Society for the Promotion of Christian Knowledge가 있었는데 이 단체에서 사람들이 나와 영국의 다른 곳으로 퍼졌다. 이들은 성경 반포를 그들의 목적 중 하나로 여겼다.

기금 700파운드로 1804년에 영국과 외국 성서공회British and Foreign Bible Society가 조직되었다. 실행위원회는 영국 교회Church of England 평신도 16인과 반대자 15인과 외국인 6인으로 구성되었으며, 2만 권의 신구약성경과 5백 권의 신약성경을 인쇄했다. 자국과 유럽대륙에 보조단체가 설립되었다.

제720문 **미국성서공회(American Bible Society)는 언제 조직되었는가?**

1808년에 필라델피아 성서공회가 구성되었다. 이듬해 코네티컷과 메사추세츠에 하나씩 생겨났다. 1813년에 할리팍스Halilfax에, 1814년에 안티규아Antigua에 각각 하나씩 조직되었다. 1816년에 뉴욕에 성서공회가 조직되었으며 첫해에 미화 37,779달러를 접수했고 6,410권을 배포했다.

동일한 해 총회는 "미국성서공회를 구성한다는 소식을 듣고 기뻐하였으며 마음에서 우러나오는 환희를 느꼈다"고 기록하였다. 이것은 뉴욕시에서 성서공회가 조직된 이후 며칠 만에 이뤄진 일이라 교파를 초월한 기독교인들이 만장일치로 이렇게 표현했다. 최고의 유익을 위해서 최선의 노력을 기울였고 아울러 상당히 많은 숫자의 존경받는 대표단이 열정과 성실함을 보여 주었다. 이를 통해 생명의 양식을 공급해 주었고, 이런 일은 하나님의 역사로 성경 보급을 위해 애쓴 자들에게 하나의 큰 복으로 다가왔다는 것을 믿을 수밖에 없었다.

제721문 **흠정역 성경(Autorized Version of the Bible)은 무엇인가?**

'킹제임스 역' 혹은 '1611년 역'이라고도 부른다. 성서공회의 허가서에 다른 성경은 인쇄하지 못하게 되어 있다. 당시 흠정역 성경은 영국과 미국 교회에서 사용하였다. 1870년 켄터베리 대회Convocation에서 영미개정역 성경Anglo-American Revision 작업이 처음 결정되었고, 통상 '신역성경New Version'으로 불렸다.

영국 교회에서 처음 이 계획을 시작했으나 영국위원회England Committee가 조직된 즉시 미국의 많은 학자들과 협력하기 위한 초대장을 보냈다. 1871년에는 약 30명으로 구성된 유사한 위원회가 조직되었다. 프린스턴의 그린 박사Dr. Green가 구약회Old Testament Company의 회장을 맡았고, 뉴헤븐의 전 학장인 울시Woolsey가 신약회New Testament Company의 회장이 되었다. 그래서 1880년에는 신약이 완성되어 영국과 미국위원회가 인정을 해주었다. 옥스퍼드와 캠브리지에서 그것을 인쇄하였으며 영국과 미국에서 동시에 시판되었다. 1881년 총회 회기 동안 빛을 보았다. 1885년에 드디어 구약 개정판이 나왔다.

제722문 소책자위원회는 언제 처음으로 조직되었는가?

앞에서 언급한 '신앙지식진흥협회Societies for Promoting Christian Knowledge'라 불리는 영국의 협회는 신앙소책자tracts of religion를 배포하는 것을 그들의 목적으로 삼았다. 1750년에는 '가난한 자들을 위한 신앙지식진흥협회Society for Promoting Religious Knowledge among the Poor'가 여러 교단이 연합하여 신앙서적과 소책자를 배포하는 첫 번째 출판협회로 조직되었고, 1756년 영국 에딘버러와 글래스고에서는 이와 유사한 협회들이 조직되었다. 1795년에 한나 모어Hannah More가 '저렴한 보고 소책자Cheap Repository Tracts'들을 발행하기 시작했으며 그 가운데는「솔즈베리 평원의 목자Shepherd of Solisbury Plain」라는 소책자가 포함되었다. 1793년 신앙소책자협회 혹은 당시 스코틀랜드 신앙소책자 및 서적협회라고 불린 단체가 설립되었다.

1799년에는 런던 신앙소책자협회가 조직되었으며, 미국의 첫 신앙서적출판협회는 1789년에 필라델피아에서 조직된 '감리교서적협회Methodist Book Concern'였다. 이후에 이는 뉴욕으로 옮겨갔다. 1802년 메사추세츠 주, 찰스타운의 여디디아 몰스 박사는 19개의 소책자를 발간하여 32,806권에 달했고, 그것들의 대부분은 메인 주, 켄터키 주와 테네시 주에서 소화했다. 이듬해 메사추세츠 신앙지식진흥협회를 조직했고 이때부터 1814년까지 미국의 여러 주에서 다양한 협회들이 생겨났다.

제723문 미국소책자협회(American Tract Society)는 언제 구성하였는가?

1814년 포터 목사Rev. E. Porter와 에드워즈 목사Rev. Justin Edwards는 안도버에서 그곳 신학교 몇몇 교수들과 함께 '뉴잉글랜드 신앙소책자협회'를 시작했다. 1823년 이 이름을 '미국소책자협회'로 변경했다. 1825년까지 안도버에 물류창고가 있었으며 그 후 보스턴으로 옮겨왔다. 1825년 봄 뉴욕에서 모든 지역에 있는 보조협회들을 연합하기 위해 미국소책자협회를 구성했다. 보스턴에 있던 협회는 지부형태가 되었고 인쇄판과 출판물을 가격을 받고 판매했다. 1859년에 이런 연합은 깨졌으나 1878년에 다시 조직했다.

제724문 장로교단은 소책자 출판에 대한 결정을 언제 하였는가?

1809년 총회는 각 대회가 가장 편리한 대로 많은 소책자협회를 구성하여야 하고, 또한 각 대회가 가장 적절하다고 여겨지는 계획을 가지고 세워야 한다고 제안했다.

제725문 장로교 소책자 및 주일학교교재협회(Presbyterian Tract and Sabbath-school Book Society)란 무엇인가?

1833년 필라델피아 대회는 협회를 조직해서 대회의 감독 아래 척박한 지역과 젊은이들을 위해 장로교 신앙교리를 심어 주는 소책자와 서적을 출판하였다.

제726문 소책자 및 주일학교교재 출판부(Board of Publication of Tracts and Sabbath-school Books)는 무엇인가?

교단 분리 이후 즉시 구파 총회는 이 부서를 조직하여 필라델피아에 두었다. 이 부서를 조직한 것은 건전하고 성경적 원리를 유포하는 것이 명백하고도 중요한 이유 때문이었고, 총회의 권위로 적절한 출판물을 제공하는 것은 교단의 최고치리회의 책임이기 때문이었다.

이 부서는 8인의 위원으로 구성되었다. 실행위원회의 책무는 적절한 소책자와 서적을 선별하여 준비하는 일이었다. 이에 속한 재산은 총회유지재단이 소유했다. 장로교 소책자 및 주일학교교재협회는 필라델피아 대회 관할에서 이 부서로 합병되었으며 총회 관할로 바뀌었다.

제727문 장로교 출판부(Presbyterian Board of Publication)는 무엇인가?

1839년 소책자 및 주일학교교재 출판부는 법 구조상 약간의 변경이 있었다. 이름을 장로교출판부로 바꾸었으며 종교개혁의 대원리, 교단의 교리와 정치, 건전한 교리와 참 신앙을 표방하는 정기간행물을 지지하며 인정받은 작품을 출판하는 권한을 지니고 있었다. 1841년 교회 도서는 출판부의 출판물로 구성되어야 하며 당회의 관할로 되어야 한다고 제안한 바 있다. 1843년 총회는 각 대회와 노회에 책 보관소를 설립할 것을 인준했다. 재산권은 1847년 장로교 출판부재단으로 법인허가를 받기 전까지 총회유지재단에서 관리했다.

제728문 교리소책자위원회(Doctrinal Tract Committee)는 무엇인가?

1846년 '교리 소책자에 대한 안건'에 대한 헌의가 신파 총회에 올라왔다. 그 안건은 한 위원회가 다루었으나 1852년에 교리소책자위원회가 구성되어 장로교의 교리, 정치, 선교정책을 해설하는 소책자 시리즈의 출판을 감독하기까지는 어떤 일도 하지 못했다. 위원회의 소재는 필라델피아에 있었다.

위원회가 만장일치로 동의하지 않으면 소책자는 출판하지 않았는데, 이 원칙은 나중에 변경되어서 4분의 3 득표로 하다가 후에는 단지 과반수만 되어도 출판하도록 했다. 이 위원회는 회의록에 자주 '소책자 준비 및 출판 상비부'로 이름하였으며, 서적뿐만 아니라 소책자도 준비했다. 1854년 모든 출판물은 뉴욕과 필라델피아에서 동시 출판하기로 했다.

제729문 장로교출판위원회(Presbyterian Publication Committee)는 무엇인가?

1855년 교리소책자위원회의 명칭이 장로교출판위원회로 변경되었다. 1857년에는 장로교의 독특한 교리와 실제를 다루는 작품을 출판할 뿐 아니라 때로 전반적으로 기독교에 유익을 끼치는 복음주의에 관한 것도 출판했다.

이 위원회는 법인으로 조직되지는 않았다. 그러나 펜실베이니아 법원은 총회와 관련한 모든 협회와 교회의 업무를 위해 필요한 장소와 재산을 보유할 장로교재단이사회 Trustees of the Presbyterian House를 법인화하는 결정을 통과했다. 이 이사회는 장로교 출판위원회이사회 법인자격으로 권한을 지니고 있었고 이 위원회도 그와 동일하고 완전한 권한으로 법인을 합법화했다. 필라델피아 체스넛 1334번지와 1336번지 재산을 구입했고 건물도 위에 언급한 목적으로 리모델링했다.

제730문 현재 장로교출판부는 어떻게 구성되었는가?

1869년 교단 연합 때 두 교단 총회의 부서와 위원회의 법인권리는 실제로 합병되었고, 구파 출판부와 신파 장로교출판위원회는 가능한 빠른 시일에 재조직하기로 결론지었다. 그러나 그 와중에도 합병될 때까지 즉, 새로운 부서가 연합한 교단의 출판목록을 완성할 수 있을 때까지 계속 출판은 해 왔다. 하지만 과거 논쟁거리를 제공할 만한 주제들은 배제하였다.

1870년 장로교 출판부와 장로교 출판위원회는 장로교출판부라는 이름으로 연합하였다. 두 교단의 부서 회원들은 해체되었고 교단 각 단체의 동수인 48명이 선정되었다. 사역을 지속하기 위해 필요한 모든 내부조정은 새로운 부서 결정에 맡겨졌다. 두 교단의 이전 부서와 위원회에 속한 모든 재산은 1847년에 법인등록한 장로교 출판부이사회가 소유했다. 만약 사망이나 사임으로 인한 공석이 생기면 채워 넣음으로 두 교단의 부서를 동일한 수로 대표하게 했다.

장로교재단이사회는 새로 생긴 이 부서에 필라델피아 체스넛 1334번지와 1336번지의 건물과 토지를 이전했다. 이 건물은 연합교단의 요청에 부응하여 재건축하고, 부서가 소유한 체스넛가의 821번지 건물은 팔기로 했다. 1885년에 총회의 두 부서와 총회 재단이사회가 합병하는 데 이제껏 당면한 장애물들이 제거되었다. 장로교 총회이사회와 장로교재단이사회는 이전의 명칭으로 된 두 법인체를 하나로 연합하는 데 권한을 가지고 필요한 결정을 내렸으며, 1874년 총회에 제출한 두 법인체의 공동보고서의 정신과 조건을 총회가 인정했다.

제731문 출판부에는 몇 개의 국이 있는가?

1. 출판부: 이는 특별한 목적으로 조성된 자본을 토대로 존속하며, 엄

격한 사무원칙에 입각해서 운영한다. 뿐만 아니라 서적과 정기간행물의 판매로 자체 유지되며 그에 대한 수익금은 출판부 외의 다른 부서에 자본으로 돌린다. 총회가 출판하는 서적에 대한 성격을 결정하였는데, 외국어로 되거나 특별한 계층을 위한 몇몇 서적이나 소책자를 출판할 시에는 특별지시가 주어졌다.

1880년 이 출판부는 성경의 신적 권위와 완전한 영감, 우리 주 예수 그리스도의 신성과 대속적 죽으심, 죄로 인한 인간의 멸망, 십자가에 흘리신 보혈로 통한 절대적 대속 등에 추호라도 의심이 갈 만한 출판물이 출판되지 않도록 계속하여 주의를 기울여야 하고 끊임없는 감시를 해야 한다고 지시를 받았다. 진리를 가공의 이야기로 가르친다면 사실에 근거해야 함을 분명히 했다. 위원회의 판단에 따라 하되 어린이가 구원받기 위한 복음의 내용을 담지 않은 책이라면 신앙진리를 포함한다고 해도 그 책은 출판부에서 출판해서는 안 된다.

1882년 총회는 도서보관소를 시카고와 세인트루이스에 설립할 것을 지시했다. 이 일은 성사되었고 출판부 도서를 판매하기 위해 뉴욕, 시라큐즈, 디트로이트, 클리블랜드, 인디애나폴리스, 피츠버그, 신시내티의 서점상들과 조정을 했다. 태평양 연안에 있는 교회들의 특수한 경우 출판부는 샌프란시스코에 새로운 도서보관서의 설립이 필요하다는 제안을 받았다.

1885년 출판부는 뉴욕의 14번가에 도서보관소를 설립하도록 지시를 받았다. 그러므로 출판부는 지사Branch Houses나 대리점Representatives의 설립 필요성을 심도 있게 주의를 기울이는 한편, 필요성이 극명하게 드러나지 않는 경우는 양산하지 않도록 자제했다. 다른 단체의 유익에 해가 되지 않고 신앙을 전파함으로써 동일한 일이 확장되는 것을 보장하기 위함이었다.

1882년 총회는 출판부에게 사업국의 투명하고 명확한 손익계산서를 요청했으며, 1884년에는 전문회계사를 고용하여 출판부 자산과 회계를 철저하게 검사하도록 했으며, 이듬해 총회에 보고하도록 지시를 내렸다. 이 검사는 최소 2년에 한 번씩 하기로 제안했으며 보고서에는 출판부의 두 국을 철저히 검사한 내용을 담도록 했다. 그 보고서는 6,000부를 인쇄하여 한 부씩 교단 목사들에게 배부하되 총회가 전반적인 안건에 대해 요약한 지난 결정사항들을 보고서와 함께 인쇄해야 한다고 했다.

2. 선교부: 이 일을 담당하고 있는 국은 따로 법적으로 조직되어 있었고 출판부와 다른 회계장부가 있었다. 출판부의 출판물을 목사에게나 필요한 교회에게는 돈을 받지 않고 배포하는 것이 이 분과의 책무이다. 책은 선정된 사람을 통해 판매가 이루어지는데, 선정된 사람은 출판부 선교사라 불렀으며 노회의 인준에 순복하여 선정해야 하고 노회의 감독 아래 있어야 했다.

1878년 총회는 출판부의 선교부분과와 사무국은 각기 유기적으로 분리가 되었으면 좋겠다는 요청에 아래와 같이 답변했다. "이 분과는 이미 실제적으로 분리되어 있기 때문에도 그렇고 선교기금의 어떤 부분도 사무국을 위해 사용되어서는 안 되는데, 오히려 선교분과의 일체 경비가 사무분과에서 들어온 금액보다 더 많이 사용되고 있다. 그러므로, 이에 관한 어떠한 변경이라도 바람직하지 않다."

이 선교부는 총회가 지시하는 대로 각 지교회의 헌금으로 유지하고 있다. 선교기금으로 가는 모든 헌금은 선교부의 선교사역과 주일학교사역을 위해서만 사용되어야 하며 서적, 소책자와 주일학교 선교사들을 지원하고 아울러 서적과 소책자 제작 비용으로 지불하고, 이외 다른 비용은 선교부 사역 중 구제사역에 해당한다. 교단 연합 때 선교부를 조직하면서 변방에 있는 사람들을 복음으로 접근할 수 있는 큰 규모의 권서인의 힘을 유지하고, 교회가 효과적이면서 영원히 유지될 수 있는 곳이면 어디든지 교회를 설립할 수 있게 준비해야 하는 필요성을 인식하였다. 1881년 총회는 7인 위원회를 선정하여 출판부의 선교부가 효율적으로 사역하는 것을 진전시키는 데 필요하다면 모든 변화나 방법을 강구하여 보고하도록 했다. 그들의 보고는 간략하게 채택되었다.

1) 선교부는 가능하면 출판부와 권서국colportage department을 완전히 분리하여 따로 사업을 하게 하고, 이 두 부서의 관계는 출판부와 다른 국과의 관계에도 동일하게 적용된다.
2) 출판부는 전체적으로나 부분적으로나 상업적인 이윤이 있기 때문에 정당화되지 않는 어떤 다른 직책과 담당을 병행할 수 없다.
3) 연례보고서에 ①출판물의 가격을 내리는 것이 실제적인지 아닌지와 ②출판부가 매년 주일학교 사역과 권서 혹은 다른 선교 목적으로 산출해 내는 총액이 얼마인지를 제시해야 한다.
4) 선교부위원회와 섭외총무Corresponding Secretary가 권서인을 정하고 감독도 해야 한다. 권서인은 선교부의 허락 없이는 어떤 노회에도 보낼 수 없다.
5) 선교 사역을 감독하는 직책은 폐지되어야 한다. 출판부가 판단하기를 업무적인 이유로 인해 지역감독을 계속 유지해야 한다고 요청하는 경우 외에는 선교부가 지역감독을 존속해서는 안 된다.
6) 선교부는 각 교회 헌금을 통해 유지되어야 하고 이 기금에서 주일학교 부서 서기와 연락담당자의 인건비 일부, 권서인의 인건비나 그 외 보조금이 나가야 한다.
7) 권서인의 사역은 척박한 지역에의 신앙적인 방문과 주일학교 사

역이 주이며, 서적을 판매하는 것은 부차적인 일이다.
8) 서적을 좀 더 넓게 유포하기 위해서 선교부를 통해 담임목사와 선교사는 연락을 주고받아야 한다.

제732문 권서(colportage)란 무엇인가?

1847년 총회가 인정하고 선교부가 채택한 제도인 이 권서사역은 복음이 척박한 지역에 권서인으로 위임받은 사람이 출판물을 무료로 주거나 판매하는 일을 말한다. 교단 연합 이후 1871년 선교부의 상비부는 선교부가 효율적으로 사역하기 위해서는 서적을 배포하는 권서제도가 꼭 필요하다고 언급했다. 그래서 그 수를 줄이기보다는 많이 늘려야 한다고 했다. 그러므로 총회는 출판부가 몇몇 노회의 지도하에서 효과적이고 경제적인 이 권서제도를 힘차게 진행해야 한다고 결론지었다.

출판부는 권서인들에게 사역을 맡기고 그 대가를 지불한다. 그들은 총회가 요청한 노회들의 감독을 받아 사역을 하고, 노회는 그들의 사역에 대해 즉각적이고 철저한 조사를 하는데 만약 그들 중 효과적이지 않고 신실하지 않는 자로 판명이 나면 출판부에 보고되어 그는 즉각 사임을 해야 한다. 권서인의 의무는 척박한 지역에서 가가호호 방문하여 가정에서 신앙에 대한 대화를 나누고 함께 기도하며 출판부의 서적을 판매하거나 돈을 받지 않고 그냥 주는 일을 하는 것이다.

1874년에는 척박한 지역에서 주일학교를 세우는 일을 하거나 이미 세워진 곳에서는 주일학교를 강화하는 일이 주어졌다. 1874년에는 또 이 권서인들을 출판부의 선교사 Missionaries of the Board of Publication로 이름할 것을 지시했다가 1882년에 다시 권서인으로 정했다.

1881년 이들은 그 해 동안 71,396권을 판매했으며, 무료로 준 것이 25,057권이고, 나누어준 전단지는 4,652,744장이나 되었다. 이 권서인들은 72,106가정을 방문했으며, 방문한 그들 대부분은 신앙대화와 기도를 하였다. 1874년에서 1880년까지 그들은 계속 집집마다 방문했으며 8,205개의 주일학교를 세웠고 척박한 땅에 474개의 신설학교를 세웠다. 1881년 교회들은 출판부 선교사역에 대해 더 깊이 연구와 관심을 가져야 한다고 결론을 내렸다. 출판부는 선교부에 해를 주지 않고 지역 감독의 수를 줄여야 하는지를 생각해야 했다. 그리고 한 위원회를 선정하여 선교부 사역과 효율성을 증진시키기 위해 어떤 변화와 방법이 필요하다면 이듬해 강구하여 보고하도록 했다.

주일학교 사역에 관해서는 출판부는 항상 젊은이들을 위한 서적 출판에 특별한 관심을 쏟았다. 1871년 출판부가 활동적인 측면에서 확대하여 주일학교 사역을 3개로 나누었다.

1. 주일학교에 완벽한 교재를 제공하여 자체 교재와 함께 잘 선별한 교재를 활용하게 하는 일이다. 그 내용은 성경 연구와 교리 교육에 도움을 주는 것이며, 주일학교 교사와 교수들을 위한 정기간행물을 발행해 효과적인 교사 사역을 위해 필요한 다양한 도구를 갖추게 하는 일이다.

2. 교사의 수준을 높이고 주일학교가 하나님에 관한 지식을 젊은이들에게 고취시켜 그들을 그리스도의 구원으로 인도하는 위대한 일을 감당하기에 적합한 단체를 설립하는 일이다.

3. 권서인을 임명하는 데 있어서 가능하면 주일학교 선교사에 적합한 인물을 선정해 그들을 교육시켜 척박한 지역에 주일학교를 세우도록 하며 노회의 지도를 받게 한다. 1874년 총회는 출판부 선교부가 노회와 관련한 교단 주일학교를 감독하면서, 동시에 교단 주일학교가 기독교 복음화를 위한 중요한 단체이므로 효과적이면서 뚜렷한 위치에까지 이끌어 올리는 것이 사역의 목표가 되어야 한다고 결정지었다.

이는 당시 미국 상황에 절실한 부분이어서 그런 요청이 있었다. 더구나 각 교회가 해 준 헌금으로 선교부가 책정한 금액 이외에 또 주일학교 사역을 위한 특별지정헌금을 청원하여 받아야 한다는 결정도 했다.

1871년 총회는 주일학교 총 감독을 출판부가 임명한 것을 인준해 주었으며, 교단 주일학교에게 적어도 1년에 한 번 출판부 선교부에 헌금하도록 했다. 1878년 각 노회들을 촉구하여 위원을 임명하거나 노회 주일학교 교장을 임명하든지 해서 가능한 한 노회 지역에 있는 주일학교를 감독하고 격려하는 일을 맡게 했다. 특히 각 주일학교 통계를 수집하여 총괄교장에게 전달하라고 명령을 내리는 일이 그의 임무였다.

1880년 총회는 교단 주일학교 교장은 총회 서기가 임명하는 사람으로 해야 한다고 제안했다. 1881년 총회는 주일학교의 당회조정권, 주일학교통계 수집, 가정과 주일학교에서의 출판부의 정기적인 주일학교 교재 사용권에 대해서는 이전 총회결정을 재확인했다. 또한 주일학교들은 출판부의 정기간행물과 서적들을 구입하고 선교헌금을 함으로써 출판부를 도와야 한다고 했다.

출판부는 또, 자체 회원에서 7인의 상비부를 구성하여 주일학교 부서의 서기에게 조언하고 상담을 해야 한다고 총회로부터 지시를 받았다. 1884년 총회 서기(혹은 총무)는 회의록 부록에 주일학교 부서 서기가 준비한 그 해 주일학교 통계를 출판할 것을 지시받았다.

제733문 주일학교 보통반(Normal Class)이란 무엇인가?

시작 초기부터 주일학교 부서 교장은 교사가 주일학교를 위해 철저히 준비해야 할 필요성과 중요성을 교단에 강조했다. 1879년 교장은 필라델피아 노회의 보호 아래 출판부 전체회의실에서 보통반을 시작했고, 담임목사들과 교장들과 교사들이 참석했다. 3년 과정의 보통반 교육이 마련되었으며 첫해 강의할 과목들은 광고되었다. 총회는 이 결정을 인준했으며 가능한 곳이면 어디든 보통반을 구성할 것을 제안했다.

1881년에는 주일학교기관의 개최와 대회 개최와 주일학교의 일반적인 보통반 조직을 촉구했다. 1883년 총회는 서기를 통해 교사들의 더 나은 교육을 위해 성경통신학교Bible Correspondence School 부서를 조직한다는 안을 인준했다. 이듬해 보고서에 의하면 전체 수가 5,300개였다.

4. 해외선교부

제734문 개신교회가 선교에 관심을 쏟은 지 얼마나 되었는가?

종교개혁 때 개신교회 앞에 놓인 중요한 과제는 내부적인 문제, 즉 개신교회 자체 교리와 예배와 정치를 발전시키는 일이었다. 개신교의 외부 사역은 주로 시민사회의 종교적이고 지성적인 공격으로부터 자신을 보호하는 일과 가톨릭 신자들을 진리로 이끄는 일이었다.

하지만 루터는 자주 기독교 신자들에게 이방인들과 터키인들의 비참함을 상기시켜 주었으며 그들을 위하여 선교사를 보내야 한다고 촉구했다. 1555년에 칼빈은 브라질에 작은 규모의 프랑스 식민지 대원들과 함께 14명의 교사를 보냈는데, 이와 같은 첫 번째 개신교 선교는 단명하였다. 1664년에 어네스트 본 웰스Ernest von Wels가 이방인에게 기독교를 전파하기 위해 예수연합회Jesus Association를 구성할 것을 촉구했지만, 사람들은 그를 광신자로 여겼다.

뉴잉글랜드 정착 직후 존 일리옷은 인디언들의 영적 상태에 상당한 관심을 가지고 있어서 1646년에 공식적으로 선교에 착수했다. 다른 곳에서 도움을 받지 않고 혼자 번역한 모히건역 성경Mohegan version을 가지고 들어갔다. 이 선교는 오랫동안 지속되었으며 놀라운 성공을 거두었다.
크롬월은 세계의 모든 개신교를 하나의 선교사회로 연합할 계획을 품고 있었으며 전 세계를 4개의 선교지역으로 나누었다. 1701년 기독지식진흥회Society for Promoting Christian Knowledge의 몇몇 회원들은 이방인에게 선교사를 보내는 위원회를 구성하여 해외복음전도회Society for the Propagation of the Gospel in Foreign Parts라는 이름을 얻었다. 이는 영국 교회 아래 있었고 현재도 그곳의 감독을 받고 있다.
1709년에는 스코틀랜드 기독지식전도회가 구성되었으며 주로 미국 인디언 사역을 감당했다. 18세기 말까지 개신교에 의한 선교는 미미했지만 모라비안 교도들에 의해서 서인도제도, 그린랜드, 북미와 남미에서의 사역은 활발하였다. 1790년 선교에 대한 목적이 다시 한 번 관심을 받기 시작해 1792년 영국 침례교선교회가 구성되었고 인도에 첫 선교사를 파송했다. 1795년 런던선교회가 구성되어 회원들은 네 개의 다른 교단에서 29명의 젊은이들을 첫 선교지역인 태평양의 섬에 파송했다.
1799년 교단선교회Church Missionary Society가 조직되었고 운영은 항상 저지대 교회 담당이었다. 교단 소속 선교사들은 39신조에 서명을 해야 했고 감독교회의 장립에 순복해야 했다. 감리교는 1814년 리즈에서 선교회를 조직했으며 바로 활동에 들어갔다. 1796년에는 스코틀랜드 선교회가 조직되었으나 총회는 같은 해에 이방인에게 선교사를 파송하는 것은 어리석은 일이라고 선언한 바 있다. 이는 다시 1824년 번복되었고 1829년 더브 박사Dr. Duff를 인도에 첫 선교사로 파송했다.

제735문 미국 교회들이 한 일은 무엇인가?

미국 교회들은 일찍이 인디언에게 깊은 관심을 가졌다. 존 일리옷의 헌신 이후 많은 수의 다른 지역 출신들이 선교사로 헌신했다.

제736문 북장로교가 감당해 온 선교에 관한 노력은 어떤 것들이 있는가?

기록으로 남아 있는 첫 독노회에서(1707년) 교단 선교사의 성격과 교단의 의무에 대해 인식을 했다. 1717년 첫 대회에서 경건의 목적으로 기금이 조성되었으며, 이 기금은 해마다 각 교회 헌금으로 유지되었다. 1742년 인디언들에게 가는 선교사 한 명이 안수를 받았지만 해외선교에 관한 대회의 공식적인 결정은 1751년에 있었다. 이방 선교는 중대한 문제이면서 위급한 상황이라고 보고 받은 대회는 중요하고도 가치 있는 기획을 추진하기 위해서는 모든 회원들에게 1년에 한 번은 교회들로부터 목적헌금을 거둬 모금한 헌금을 매년 대회에 보내야 한다고 지시했다. 1755년 테넌트Mr. Gilbert Tennent는 인디언들에게 복음을 전파하기 위한 기금으로 영국 화폐 200파운드를 받았으며 이것의 운용은 대회의 지도에 맡긴다고 대회에 보고하였다. 이 헌금은 뉴저지대학의 재단이사회에 맡겨졌고 그 이자로 해마다 인디언 선교를 위해 사용되었다. 첫 선교사는 뉴저지 인디언들에게 사역한 브레이너드 목사Rev. David Brainard로 보인다. 이 선교는 1781년까지 존속했다.

제737문 이와 같은 선교는 어떻게 이루어졌는가?

대회가 선교사들을 임명하여 감독을 했고 매년 책정액은 인디언 선교를 위한 기금과 교회 헌금에서 비롯되었다. 1768년 12인 대회위원회가 구성되었고 엘리자베스타운에서 모여 다음 대회에서 인준 받으려는 일반적인 계획을 세워 합의했다. 이는 서부 인디언들에게 복음을 전파하는 데 필요한 사항을 준비하기 위해서였다. 그러나 바라는 대로 이루어진 것이 없었다.

1788년 총회가 설립되었을 때, 서부 인디언 선교는 버지니아 대회가 계속해 왔으며 대회가 분리될 때 피츠버그 대회로 이관되었다. 그 외 다른 대회들도 선교를 감당했는데 캐롤라이나 대회는 남부 인디언들에게 선교했다.

대회들은 선교사를 임명했고 선교위원회와 재단위원회를 통해 그 사역을 감독하고, 총회에 매년 보고를 했다. 총회는 유지재단에 지시를 내려 대회가 선교사역을 계속하기 위해 금액을 책정하도록 했다. 1806년 피츠버그 대회에서 총회가 선교를 관할하면 좋겠다는 안건이 나왔으나 그 당시 적절하다고 생각하지 못하다가 1825년 해외선교회Foreign Missionary Society로 이관되었다.

1791년 캐롤라이나 대회가 복음이 척박한 땅에 선교사를 파송하는 일과 그 지역에서 신앙의 유익이 되는 예배를 맡도록 허락해 주는 결정이 통과되었다. 단, 상기 대회가 매년 총회에 위 주제에 대해서 특별한 진행보고서를 제출하며 선교사들을 지원하기 위해 헌금하고 보내진 금액의 정기 보고서도 함께 보내야 한다는 단서가 있었다.

제738문 인디언에 관한 최근의 결정은 무엇이 있었는가?

1880년 총회는 헌의안에 답하여 인디언에 대한 미국의 관계와 의무는 오랫동안 미국 정부의 심도 있고 주의 깊은 관심을 받아왔다는 사실을 인식하여 총회는 가능하면 신속히 1. 인디언 부족을 보호하고 받아들이는 법안을 세워 2. 토지개인소유권을 보장해 일정기간 양도할 수 없게 하고 3. 일반법을 통해 그들의 학교를 지원하고 4. 인디언들의 완전한 종교의 자유를 보장해 주어야 한다는 입장을 밝혔다.

또한 위원회를 선정하여 이와 같은 결정을 보고하고 인디언의 복지를 향상시키기 위해 조치를 취하라고 정부에 촉구하도록 했다. 그들은 대통령과 면담을 통해 이같은 의견서를 제출했다. 이 위원회는 다음 해에 회원 5인을 추가했으며, 1882년 대통령과 인디언 의회 위원회 앞에서 보고하고, 총회의 지시에 따라 의견서를 제출했다.

이 위원회는 또 노회와 대회를 상기시켜 인디언 개화를 위해 관심을 불러 일으켰다. 그 다음 해 의회는 아래와 같은 원칙을 구체화하는 인디언 정책에 관해 엄숙히 서약하고 국가의 신뢰에 대한 결정을 통과시켜야 한다고 총회는 결정했다.

[원칙: 인디언들과 신뢰가 깨어져서는 안 되며, 외부침범자들은 인디언의 영역에서 떠나야 하고, 인디언의 생명과 재산을 보호하기 위한 적절한 법이 제정되어야 한다. 터전을 옮기는 일은 토양과 기후가 좋지 않아 오직 그들의 의지에 따라서 자신들의 부족을 옮기는 것이 되어야 하며, 인디언들도 교육의 혜택을 받아야 하고, 가능하면 신속히 그들이 경작할 수 있을 만큼 여러 명의 소유로 토지를 가질 수 있도록 허락해 주어야 한다. 또한 인디언들도 합당한 조건이 되면 가능한 빨리 시민의 권리와 특권을 부여해 주어야 한다.]

1883년 5인 위원회를 선정하여 미국의 인디언과 중국인 선교 사역을 본부에 이관하는 것이 적절한지 여부를 조사하도록 했다. 1885년 최종적으로 인디언 언어로 사역하는 어느 곳이든지 그 선교사역은 해외선교부의 관할에 있어야 하고, 영어로 사용되는 사역은 본부 관할이 되어야 한다고 보고했다. 지역 교회들이 지역 안에 있는 중국인 대표들을 돌보는 것을 제외하고는 중국인들을 위한 사역은 해외선교부에 맡겨졌다.

제739문 미국 해외선교부(American Board of Commissioners for Foreign Missions)는 언제 조직되었는가?

1810년에 조직되어 미국에서 처음으로 생겨난 선교회였다. 이는 앤도

버 신학교 학생회에서 비롯되었으며 그들 중 아도니람 저드슨Adoniram Judson이 있었다. 학생회의 목적은 이방 나라에게 복음을 전하는 데 가장 적합한 방법과 수단을 조사하기 위한 것이었다.

대표부는 교파적 배경이 없었으나 회중교회, 장로교회, 화란개혁교회와 그 외 다른 교파가 인정을 했으며, 여러 해 동안 북장로교도 이 단체와 협력했다. 1836년에는 의견 충돌로 인해 여러 교단이 분리되었다. 또한 이익과 불이익이 있든지 관계없이 그들은 통합하여 이방 땅에 복음을 전하게 되었다. 그러나 계속적으로 교단 분열을 일삼는 것은 그리스도인의 의무라 할 수 없다. 교단 분리 후 신파는 재연합할 때까지 협력을 지속했다.

제740문 해외 선교 상비위원회(Standing Committee)는 무엇인가?

신파 총회는 교단 재연합 때까지 A.B.C.F.M과 공동 협력했지만, 1850년 해외에 노회를 설립하는 문제는 한 위원회에 위임되었다. 1854년까지 어떠한 결정도 취해지지 않았으며 A.B.C.F.M 규칙 하에 해외에 노회와 장로교회를 설립하는 것은 실제적인 일이 아님이 판명되었다. A.B.C.F.M 자문위원회뿐만 아니라 이 문제와 관련하여 장로교 선교사들과 교류하고 1년마다 보고하기 위해 상비위원회가 조직되었다.

제741문 해외 선교 상설위원회(Permanent Committee)는 무엇인가?

1856년에 상비위원회는 확장되어 상설위원회로 불렸다. 해마다 장로교회가 관련하는 선교활동과 장로교 목사의 수와 해외 선교지에서의 목사후보생 수와 교회 헌금과 교단의 이자 수입에 대한 보고서를 요구함으로써 기관의 책무는 늘어갔다.

1859년 몇몇 헌의는 총회가 해외 선교사들과 더 긴밀한 관계를 맺어야 할 것과 해외 선교지에서 노회를 설립할 것을 촉구했다. 총회는 수백만 달러를 헌금한 후에도 독립된 선교지교회를 가지지 못했으며 전체 해외선교지에서 단 하나의 교회만 세웠다는 것을 상기했다. 해외 선교지 분할은 미국해외선교부(A.B.C.F.M)에 의해 나누어졌고 전적으로 교단 선교사들에 의해 점유되었다고도 했다. 또 다른 이는 교회관계에 있어서는 교단 선교사가 직접 지도를 해야 한다고 촉구했다.

총회는 이런 헌의를 통해 심사숙고하는 것이 요구된다고 결정한 바 있다. 그리고 A.B.C.F.M과 공동협력을 영구화하는 희망을 가지는 반면, 총회는 교단의 이익을 좇아 선교부가 해외 노회를 설립하는 데 어떤 장애물도 설치하지 말아야 한다는 결정을 기록에 남겼다. 또한, 선교사는 노회 설립을 위해 임명되었다는 것을 기록했다. 그리고 선교사와 상설위원회 사이에는 자유롭게 연락이 오고갈 수 있도록 결정했다.

선교부는 이와 같은 견해를 널리 알릴 희망을 표현했으며 선교사들은 몇몇 선교지역에서 장로교의 탁월한 정치제도를 영구화하기 위해 준비하고 있었다. 뉴저지 뉴욕 대회는 해외 노회를 설립하고 받아들일 권한이 있었다. 더 나아가 어떤 새로운 독립 해외 선교를 착수하는 것은 적절하지 못하다고 결론지었다. 1860년 교단으로서 미국 대표선교부와 계속 사역해야 할지의 문제가 다시 거론되었으며 혹은 미북장로교 사람들의 노력과 정신을 상당히 빠르고 충분하게 강화시킬 때가 왔는지에 대해 생각해 보았다. 교단이 재연합할 때까지 상설위원회는 그 사역을 지속했다.

1865년 상설위원회는 인가를 취득했으며 그로 인해 해외선교 목적을 위한 재산을 보유할 수 있도록 법인화했다. 이 상설위원회의 책무는, 총회가 선교를 지도하고 총회에 위탁되거나 선교 목적을 위해 상설위원회에 위탁된 재산이나 기금을 접수하고 관할하고 배분할 수 있지만,

총회를 대신하여 전반적인 해외선교를 감독하는 일이다. 상설위원회는 인가서에 포함되어 있는 모든 사역을 담당하지 못했지만 기금을 조성하거나 헌금하거나 선교의 일을 하는 것은 아니었다. 단지 장로교단에 속한 사역의 일부를 감독하고 그 결과를 총회에 보고하는 역할이었다.

제742문 다른 선교회가 설립되었는가?

미국침례교선교연합회American Baptist Missionary Union는 1814년에 설립이 되었으며, 감리교감독교회선교회Missionary Society fo the Methodist Episcopal Church는 선교부를 1820년에 세웠다.

제743문 연합해외선교회(United Foreign Missionary Society)는 어떤 단체인가?

1816년 총회에 선교위원회가 선교부로 설립이 되는 안을 보고했는데, 선교부가 국내선교뿐 아니라 해외선교도 담당해야 한다는 것을 고려하게 되었다. 하지만 화란개혁교회와 연합개혁교회와 동일한 신조를 고백하는 다른 교회들도 포함한 선교회를 조직하는 것이 더 바람직한 일로 여겨졌다. 이 제안으로 다음 해에 연합해외선교회가 조직됐다.

이 단체의 목적은 북미의 인디언들과 멕시코와 남미 거주자들에게와 이방민족과 반 기독교세계에 복음을 전하는 것이었다. 연합해외선교회는 뉴욕에 두었고 선교사들은 차별 없이 세 교단에서 선출되었다. 즉 장로교, 화란개혁교회과 연합개혁교회였다. 이 선교회는 1826년까지 지속되어 오다가 자체 요청과 미국 해외선교대표부의 요구가 있어서 총회는 두 선교회를 연합하기로 합의했다.

제744문 총회는 해외선교사역을 철회하였는가?

1812년 미국해외선교대표부는 총회에 복음화되지 않은 국내 지역에 자신들과 사역 면에서 협력할 기관 설립을 제안했다. 그러나 총회, 해외선교 업무는 단독 부서의 지도하에 두어 관리해야 한다는 이유로 거절하였다. 가중한 국내선교까지 감당하는 것은 적절하지 않을 뿐만 아니라 최근 구역의 여러 지역에 다른 선교회들이 설립되었기 때문이었다. 그러나 미국해외선교대표부는 1817년에 다른 교단과 함께 연합해외선교회를 설립했으며, 1826년 미국 선교부와 연합할 때까지 존속했다. 그 문제는 이후 다시 제기되었으며 그 해에 선교부는 이미 미국 내 척박한 지역에서뿐 아니라 세계의 이방나라들에서 선교기지를 설립할 권한을 가지고 있다고 총회는 결의했다. 그러므로 선교부가 전권을 가지고 해야 하는 것이 적절한지 여부를 판단하는 것은 선교부의 재량에 맡겨졌다.

1831년에 해외선교에 관한 헌의안이 제출되었으며 한 위원회가 선정되어 미국 선교부와 상의하도록 했다. 이 위원회의 보고는 이듬해에 고려되었으며, 총회는 원칙에 대한 의견은 내놓지 않았으나 미국 선교부의 제안이 각 교회의 동정과 후원을 받도록 충심으로 수정했다.

제745문 서부해외선교회(Western Foreign Missionary Society)는 어떤 단체인가?

미국대표선교부와 1831년에 선정된 위원회가 교단을 선교사역에서 배제하는 협정 체결을 방지하기 위해 1831년에 피츠버그 대회가 자체적으로 서부해외선교회를 조직했다. 총회는 그 대회가 보여준 해외선교에 대한 관심을 기쁨으로 환영했다.

1835년 총회는 "이방인에게, 유대인에게와 이슬람교도에게 복음을 전하는 데 구별된 그리스도의 교회로서 아무것도 할 수 없었다는 것은 지금은 사랑하는 시온 백성들에게서 안식을 취하시는 교회의 머리 되신 주님의 이마에 주름살이 생기게 하는 일 중 하나라고 믿어 의심치 않는다"고 선포했다. 국내선교뿐 아니라 해외선교를 더 열정을 가지고 수행하고 자유로이 후원을 받아야 하는 것이 결국 교회에 유익을 끼치는 데 아주 중요하게 생각되었다.

해외선교 노력과 활동의 핵심으로서 서부해외선교회는 인정을 받았고, 그것은 우리가 속해 있는 교단의 교리와 법을 수호하는 이들에게 상당한 확신을 심어 주는 듯했다. 위원회가 피츠버그 대회와 상의하여 서부선교회에서 총회의 감독으로 이관하는 것을 인정받는다면 해 대회와 동일한 것으로 인정하고 확인하여 그 다음 해 총회에 보고하는 권한을 받았다. 1836년 그 위원회는 이관조건을 서로 합의하였다는 사실과 피츠버그 대회가 그 조건들을 인준했다고 보고했다.

한번은 해외선교부를 조직하여 총회에 이관된 재산의 소유권과 사역을 지도하도록 제안했다. 오랜 토론 끝에 4인이 많은 수로 결정하기를 이관에 동의하지 않았으며 그 이유로는 위원회에 위임된 권한이 일상적인 것이 아니면서 동시에 보장받지 못하기 때문이었다. 모든 피조물에게 설교하라는 명령은 독특한 교회정치로 장로교회에만 주어진 것이 아니고 그리스도 모든 제자의 단체에게 즉 전체 교회에게 주어진 것이다. 그러나, 1837년 총회는 해외선교부를 조직했으며 피츠버그 대회는 모든 선교와 재산을 즉각적으로 선교부에 이양했다. 섭외총무는 선교부에 동일한 직분으로 부름을 받았으며 서부해외선교부 역사 기록이 선교부의 공식 도구로 채택되었다.

제746문 **미국북장로교(PCUSA)의 해외선교부(Board of Foreign Missions)는 무엇인가?**

해외선교 주제는 1837년 다시 총회 앞에 살렘노회의 헌의로 재출되었다. 가 108인, 부 29인으로 총회가 장로교해외선교부는 선교를 위한 목적으로 세워지고 해 총회에 직접적이며 우호적으로 해외선교사역을 감독하고 자신의 권한으로 적절히 수행했다고 결정했다. 선교부 회원은 80인이었는데 후에는 120인으로 증가했다. 이름도 장로교 해외선교부로 하였다.

실행위원회는 섭외총무와 회계를 제외한 9인으로 구성되었으며, 선교사를 임명하고 선교사역을 감독했다. 일정 기간 재산권은 총회 재단이사회가 소유했으며 선교부의 소재는 뉴욕에 있었지만 첫 모임은 볼티모어에서 개최했다. 이 선교부는 교단을 재연합할 때까지 선교사역을 계속했으며 구파 교회들이 인정해 1870년부터는 교단의 부서가 되었다. 각 지교회와 개인들은 다른 선교회에 자유로이 헌금했다. 교단 재연합 때 미국 선교부와 우호적으로 조정했으며, 성공적인 선교단체 중 다섯은 선교사 43인과 많은 수의 현지인 목사후보생과 조사들의 수가 선교부에 이관되었다.

제747문 **교단 재연합 때 해외선교부가 어떤 변화를 가져왔는가?**

선교부는 섭외총무와 회계를 제외한 15인 회원이 있는데 다섯은 매년 뽑힌다. 당연직 회원 중 하나는 해외선교와 관련하여 모든 주제에 대해 총회의 언권회원이 된다. 이미 수정하지 않고 이 순간까지 상설위원회에 위임한 그들에게 이관된 책무는 선교부로서는 실행위원회를 능가하지 못하며 해외선교부의 언권회원으로 다닌다.

제748문 선교부는 교육부와 관련되어 있는가?

선교부는 해외 선교지에서의 모든 선교사역을 감독하는 것으로, 선교부는 자녀교육과 현지인 사역에 높은 관심을 쏟았다. 1881년 선교부는 다른 교단의 선교부와 교류하도록 명령을 받았으며, 다른 교단 선교부는 인도장로교연맹에서 대표가 되었다. 그들은 알라하바드에서 신학교를 제안한 것을 인정하였으며, 그 제안한 대학을 설립하고 지원하는 데 공동 협력할 것을 그들이 확신했고, 다음 총회에 교류 결과를 보고하도록 지시받았다.

제749문 해외선교의 여성사역은 어떤 단체들이 담당했나?

1871년 여성선교회는 미화 7,000달러를 모금했으며, 1875년에는 96,000달러를 모금했다. 그 해에 총회는 여성선교회의 위대한 효율성과 유용성을 언급했으며, 교단의 모든 교회에 보조 선교회를 조직할 것을 제안했다. 1879년 해외선교부 안에는 부수적인 7개의 여성 선교부가 있다고 보고했다. 이들 선교부는 영적으로 척박한 환경에 처해 있는 이방나라 여성들을 위해 노력했으며 나름 결과도 아주 좋았다. 이들의 명칭은 다음과 같다. The Woman's Foreign Mission Society(Philadelphia), Ladies' Board of Missions(New York), Woman's Board of Foreign Missions(Albany), Woman's Board of Foreign Missions(Troy), Home and Foreign Mission Society(Brooklyn), Board of Missions of the South-west이다. 이들이 그 해에 모금한 금액은 정확히 미화 136,309달러 69센트였다. 이로 인해 총회 기간에 총회가 열리는 동일한 도시, 동일한 교회에서 여성선교부들과 여성사역을 위한 단체들의 대회를 개최하는 것이 전통이 되었다. 1881년에 개최한 여성대회가 제일 많이 참석했으며 아주 유익한 모임이 되었다.

5. 교회설립부

제750문 교회설립을 후원하기 위해 초기에 어떤 조치들이 있었는가?

1733년 교회 설립을 위해 청원한 배스킹리지Baskingridge 교회와 퍼스엠보이Perth Amboy 교회들이 그들이 모이는 장소의 세를 도와주기 위해 일정한 금액이 허락되어야 한다는 헌의안을 올렸으며, 이 모든 것이 경건목적기금위원회Committee of the Fund for Pious Uses에 위탁되었다. 1775년 메사추세츠 살렘교회로부터 이와 유사한 후원 청원이 접수되었다. 그들이 모이는 집이 화재로 전소되어 재건축하는 데 필요한 후원을 청원하는 내용이었다. 이는 보스턴 노회가 촉구한 청원이었다. 대회는 가능한 한 모든 사람은 그들을 위해 구제헌금 할 것을 바라면서 그들을 구제의 대상으로 설정할 것을 제안했다.

제751문 교회개척위원회는 무엇인가?

1843년 연약한 교회들을 위한 교회 설립에 관한 헌의안이 구파 총회에 올라와 위원회를 선정하여 그 문제를 다루어 다음 총회에 보고하기로 했다. 그 후 총회는 예배를 위한 처소가 꼭 필요하다는 결론을 내리고는 할 수만 있으면 각각 교회는 자체 건물을 설립해야 한다고 언급했다. 연약한 교회의 목사들을 돕는 것이 전체 교단의 의무인 것처럼 예배 처소를 위해 적절한 건물을 건축하는 것이 교단의 의무이다. 이런 일이 선교부 사역과 밀접한 관계가 있기 때문에 달리 지시가 없으면 선교부에 위탁되었으며 매년 이에 관해 보고해야 했다.

선교부는 매년 5인으로 구성된 교회개척위원회를 선정하여 이런 목적으로 헌금한 헌금을 책임지게 했으며, 건축설계와 견적에 대해 무상으로 지원하든지 아니면 건축비를 지원하든지 청원에 따라 결정해 주었다. 따라서 선교부는 위원회가 청원을 받고 기금을 접수하고 금액을 책정하는 것에 대한 규칙을 정하고 이런 목적헌금을 교회마다 매년 하도록 지시했다.

1854년 총회는 선교부에게 교회개척위원회를 확대하여 선정한 이 위원회의 총무를 세워 교단 교회마다 방문하여 중요한 사안을 보고하게 하여 목적헌금을 접수하고 지출하는 보고서를 따로 제출하도록 했다. 1855년에 가서는 선교부에게 이런 업무를 맡기지 않고 총회 직할 교회개척위원회를 구성하기 위한 몇몇 사람들에게 위임해 주었다. 이는 세인트루이스에 있었다.

첫 번째 보고서에 선포된 원칙은 다음과 같았다.

책정은 노회의 청원대로 한다. 금액은 교회의 요청과 회계상 형편에 따라 결정한다. 책정액은 가능하면 많은 곳에 공평하게 나누어 주어야 한다. 그 재산은 구파장로회교단에 귀속된다는 증명서를 교단재단으로부터 요구한다. 할당금액은 교회로 하여금 부채를 완벽하게 없이 해 주어야 한다. 2년이 지나도록 책정금액을 청원하지 않으면 무효가 된다. 헌금하는 자가 목적헌금으로 교회를 지정할 수 있다. 교회가 조건에 맞으면 바로 정해진 시간 즉시 책정금액을 지불할 수 있게 해야 한다.

제752문 교회개척부(Board of Church Extension)는 무엇인가?

1860년 북장로회 총회는 앞서 설명한 교회개척위원회의 이름을 교회개척부Board of Church Extension로 변경하였으나 내부 조직이나 총회와의 관계에는 어떠한 변화도 없었다. 교단이 재연합할 때까지 교회개척부서의 활동은 계속되었다. 이 부서는 허가서나 영구한 기금도 없었으므로 신파의 교회설립기금재단이사회와 연합하는 데 아무런 법적인 장애가 없었다.

제753문 교회설립위원회(The Church Erection Committee)는 무엇인가?

1850년 신파 총회는 할 수만 있으면 어디서든지 교회 건물을 세우고 담임목사가 정착함으로써 신앙적인 기관이 영구히 지속하는 데 진심으로 노력할 수 있는 이 위원회를 각 교회마다 추천해야 한다고 결론을 내렸다. 이 사역에 포함되는 것은 오래되고 부유한 교회들은 새롭고 약한 교회들과 협력해야 한다는 내용이다.

1853년 예배처소를 세우고 약한 교회들을 지원하기 위해 10만 달러를 계속 모금하기로 결정했다. 10인의 교회설립위원회는 해마다 총회가 선출했으며 그들 중 6인은 뉴욕에 거주해야 하고 4인은 필라델피아에 거주하도록 했다. 모임은 두 도시를 번갈아 가며 모이도록 했다. 그 기금은 위원회의 지시에 따라 총회 회계에게 맡겨졌다. 그러나 전체 10만 달러가 모금될 때까지 어떠한 금액도 나누어 주지 않았다.

각 대회가 상대적으로 필요로 하는 것과 기금의 상황에 대한 보고서를 총회에 보고해야 했으며 동시에 같은 금액을 제안했다. 총회는 각 대회가 이듬해 해당하는 액수를 결정하고, 이 금액은 대회가 교회에게 대출이나 기부를 하기 위해 빼낼 수 있게 했다. 그 대출은 명확히 합의를 했으며 위원회가 만족할 만한 계약상 안전과 저당이나 개인적인 수표는 접수했다. 기부금이 있었으며 대출은 필요시 회부되었고 각 대회에 할당된 금액은 전체 액수의 4분의 1이었다.

그러나 지교회와의 관계에서 변경이 있을 경우를 대비해 모든 헌금은 건물에 담보잡혀야 했다. 후원을 받는 각 교회는 교회설립위원회를 위해 매년 헌금을 해야 하고, 원금이 상환될 때까지 대출에 대한 이자는 요구하지 않았다.

제754문 미국 북장로회 교회설립기금재단(The Trustees of the Church Erection Fund of the General Assembly of the Presbyterian Church in the United States of America)은 무엇인가?

1854년 신파 총회는 재단이사회를 조직하기로 결정하여 그렇게 이름을 짓고 이사를 9인으로 하고 그 중 4인은 목사로 하고 5인은 총회 산하 교회 장로로 했다. 장로들은 뉴욕에 거주해야만 했다. 이사회는 뉴욕에 두었고 매년 총회에 보고해야 했다. 허가서도 받아 재단이 기금을 보유하고 관리할 수 있게 했다. 교회설립위원회에 부여된 의무가 바로 이 재단이사회에 이관되었으며 각 대회는 교회설립위원회를 통해 이 의무들을 이행할 수 있었다.

후원을 위한 각 청원은 서면으로 완벽하게 하고 대회 위원회에 먼저 제출하기로 했다. 인준되면 바로 위원회가 보증한 후 재단이사회에 보내서 필요한 서류를 받고 합법적으로 인준이 되면 담보 금액을 나누어 줄 수 있게 했다. 조직 교회나 채무가 없는 건물이 아니면 어떠한 대출이나 기부금도 해 주지 않아야 하고 계약한 부채를 일 년 안에 갚아야 했다. 대출은 재산 가치의 3분의 1을 초과해서는 안 되며 미화 500달러 이상이면 곤란했다. 기부금은 미화 200달러 이상이 되지 않았으며 재산가치의 4분의 1을 초과하지 않게 했다.

모든 대출은 아래와 같은 조건에서 가능했다. 1. 원금은 일 년에 4차례 분할로 상환되어야 한다. 처음 상환은 대출날짜로부터 3년 안에 이루어져야 한다. 2. 분할금이 정확하게 지불된다면 이자는 받지 않는다. 3. 지불 불이행 시 이자는 전체 지불되지 않은 대출금액에 따라 정해진다. 4. 교회가 총회를 탈퇴하게 되면 전체 금액을 한꺼번에 갚아야 한다. 담보는 재산을 저당함으로 되고 반드시 보험을 들어야 한다.

1855년 이사회는 법인화했으며 교회설립기금은 총회회계를 거쳐 이사회로 이관되었다. 1856년 전체 금액이 드디어 미화 일만 달러가 되었고 그때 금액을 할당해 주었다. 1866년에 이르러서는 이상과 같은 계획이 변경되어 교회에 대출해 주는 제도는 폐지되었으며, 기금과 이자는 교회 헌금과 함께 저당과 보험으로 담보잡힌 약한 교회에 기부하는 것으로 사용되었다. 이런 기부금은 헌금액의 3분의 1을 초과하지 못하게 했으며, 건물이나 토지를 저당설정하지 못하게 했다. 영구한 기금이라는 이름을 보유했으며 헌금이나 다른 출처에서 마련된 금액은 보조기금 Supplementary Fund으로 불렀다. 후원청원은 처음에는 대회 설립위원회보다는 노회 설립위원회에 하게 했다.

제755문 미국 장로회 총회 교회설립기금부(the Board of the Church Erection Fund)는 무엇인가

교단 재연합 때에 구파 교회개척부와 신파 교회설립기금재단이 연합해 교회설립기금 재단이라는 이름과 허가서를 유지했다. 21인으로 구성된 부서는 양 교단에서 공평하게 선출하였으며, 재단 이사 7인의 목사와 8인의 평신도는 뉴욕과 뉴욕 근처에 거주하고 3인의 목사와 3인의 평신도는 미국 서부에 거주했다. 그 부서는 뉴욕에 있었고 미국 북장로회 교회설립기금부라 불렸다. 1882년 부서 명칭의 약자를 청원하는 것은 부서에게 권한을 위임했으나 바람직하지 않다고 여겼다. 영구한 기금은 미화 250,000달러나 될 수 있었다.

제756문 기금부의 사역에는 어떤 변화가 있었는가?

1879년 총회는 유타 주, 뉴멕시코 주에 학교를 설립하고 예배당을 건축하는 중요한 문제에 대해서 보조기금을 교회뿐 아니라 예배당을 건축하는 데 사용할 수 있도록 요구하며, 또한 예배당을 건축할 수 있도록 변경하는 권한을 요구하는 해 부서의 헌의안을 접수했다.

이 안은 채택되었으며 1885년 해 부서는 문구를 아래와 같이 수정하도록 지시를 받았다. "교회설립부는 몰몬교도, 인디언, 스페인어를 사용하는 사람들이 예배당을 설립하는 데 보조할 수 있다." 그러나 해 부서를 위한 교회의 연헌금annual collections을 일반회계에서 특별목적으로 변경하는 사례는 부결되었다. 1880년 총회는 일반적으로 예배장소를 건축하는 데 비싸게 미화 1,000달러 이상 후원하는 것은 거절한다는 해 부서의 결정을 인정했다.

동일한 해에 변경을 원하는 헌의안이 접수되었는데 해 부서는 노회 소유의 교회에 후원을 할 수 있었다. 총회는 해 부서가 특별한 경우에 부합하기 위해 그 인가서의 내용을 수정하는 것은 바람직하지 않다고 답변해 주었다. 또한 총회는 어려움을 쉽게 해결해야 한다고 답했고 노회는 재산을 노회가 새로 설립하는 교회에 이양하는 것을 공동명의로 해야 한다고 답변했다. 그렇게 되면 이런 교회의 재단은 해 부서로부터 후원을 접수할 수 있게 되고, 요청된 담보를 해 부서에게 반환할 수 있게 된다. 교회의 재단은 다시 노회의 재단에 이중 담보를 할 수 있으므로 그들의 권리에서 안정장치를 할 수 있었다.

6. 구제부

제757문 장애인 목사와 홀사모를 돕는 교단의 초기 노력은 어떤 것이 있었는가?

총노회General Presbytery의 원회원 중 한 사람인 윌슨 목사Rev. John Wilson가 1712년 소천하자 1719년에 필라델피아 대회는 경건목적기금에서 홀사모widow(미망인 사모)에게 4파운드가 지급되어야 한다고 결정했다. 이 홀사모는 1725년에 또 다른 금액을 받았다.

1733년 노 목사인 엔드류 목사Rev. J. Andrew가 필라델피아에서 자기 목회를 도울 사람을 대회에 청원했다. 대회는 노 목사가 명예롭게 삶을 유지할 수 있도록 교회에서 제공한다는 조건으로 허락해 주었다.

제758문 홀사모 기금은 무엇인가?

1755년 필라델피아 대회는 아래와 같은 계획을 인준했으며 참석한 목사들은 모두 서명했다. 목사 개개인은 일 년마다 2파운드 내지 3파운드를 공동기금으로 모았으며, 미래의 대회 회원인 목사후보생들도 이에 동의했다. 목사가 해마다 2파운드 내지 3파운드를 내는 것에 따라 소천한 목사의 홀사모에게 일 년에 5파운드 내지는 7파운드 10실링을 지불했다.

만약 홀사모가 재혼하면 연금의 3분의 1을 수령하고, 나머지 3분의 2는 목사가 사망한 뒤 12년 동안 연금관리회사가 최대한 적절하게 판단하여 자녀들에게 나누어 준다. 자녀가 없는 홀사모가 재혼하면 살아 있는 동안 금액의 반을 수령한다. 회원 중 장애인이 생기면 장애로 있는 동안 연금대상이 된다. 기금은 교회의 연헌금으로 증가되어야 한다.

첫 시작 때 37파운드가 헌금되었으며, 이 헌금은 '홀사모 기금Widows' Fund'으로 명명했다. 연금수령 대상자가 되기 위해서는 5번 연금을 넣어야 했다. 연금을 다 넣기 전에 목사가 소천하면 홀사모에게 금액의 반을 지급했다. 1759년에 이 회사는 '가난하고 어려운 장로교회 목사와 홀사모와 목사자녀들을 위한 연금회사Corporation for Relief of Poor and Distressed Widows and Children of Presbyterian Ministers'라는 상당히 긴 명칭으로 등록되었다. 자본금은 20명의 목사 개인마다 천 파운드를 초과하지 못하였다. 이 회사는 미국 내에 제일 오래된 생명보험회사로 존속하고 있다.
이 회사가 사용하는 장로교회 목사라는 용어는 장로교회와 개혁장로교회, 연합장로교회, 컴버랜드장로교회, 개혁화란교회와 독일개혁교단과 그 유사한 정치형태를 가진 교단들을 의미한다. 여기에 각 교단의 평신도도 포함된다고 수정이 되어 유지되었다. 당시(1882년)의 이름은 장로교 연금 생명보험회사Presbyterian Annuity and Life Insurance Company이며 필라델피아에 소재했다.

회사의 전체 역사를 통해 보면 대회에 상당한 관련이 있고 대회관계자나 조언을 통해 이 회사가 존재했다. 계속 이어진 총회와도 관련을 맺었으며 총회회기가 필라델피아에서 개회되는 동안 수년간 유익과 관련이 있어 보였다. 1876년 그 회사는 총회에 연례보고를 제출하려고 청원했으나 총회가 감독을 하고 인정하는 것은 총회에 속한 권한과 어울리지 않는다고 기각했다

제759문 장애인 목사를 위해 제안받은 다른 구제계획이 있었는가?

1794년 다음과 같은 계획안이 노회에 시달되었다. 1. 사례로 80파운드를 받는 목사 개인은 매년 30실링을 공동기금에 넣기로 한다. 2. 이 기금은 장로교 목사와 가족들을 위한 구제기금으로 한다. 3. 각 노회는 해마다 장애인 목사 명부와 도움이 필요한 목사가족 명부를 후원청원 추천과 함께 제출해야 한다. 4. 해마다 헌금을 하도록 한다. 5. 총회와 관련이 있는 모든 목사는 후원을 받을 수 있다. 그러나 노회들은 목적은 인정하는 반면 그 계획안을 채택하는 것은 적절하지 못하다고 여겼다.

제760문 장애인 목사와 가족들을 위한 기금이란 무엇인가?

1849년 구파 총회는 사망한 목사의 가족을 돕기 위해서와 노 목사와 장

애인 목사를 위한 구제를 위해 교회 연헌금으로 기금을 조성할 것을 결정했다. 그리고 이 기금은 총회의 재단이사회의 관할에 두어야 하며, 각 노회의 추천으로 출판부가 그 기금을 지불해야 한다고 했다. 그리고 영구기금은 특별헌금과 유산으로 조성되어야 한다고 했다. 1852년 이 기금을 지불하는 의무는 총회재단이사회에 이관되었다.

1849년 채택된 계획안은 여러 총회에서 인준했으며 특히 1856년에는 어떤 변경이 바람직한지를 알아보려고 전년도에 구성된 위원회가 회의록을 낭독했다. 1861년에 기금위원회 회장과 총무를 지원하기 위해 개인재원으로부터 금액을 제공함으로 담당자로 하여금 전적으로 그 일에 헌신하게 했다. 남북전쟁 당시에 46개 노회가 후원을 중단했음에도 불구하고 헌금은 증가해, 총회는 영구기금을 증가하는 쪽으로 교단의 관심을 지속적으로 기울였다. 교단 재연합 때에 영구기금은 미화 24,000달러에 다달았고 교회 헌금은 미화 32,772달러가 되었다.

제761문 목회구제 기금(Ministerial Relief Fund)은 어떤 계획이었는가?

1861년 신파 총회는 장애인 목사와 그 가족을 후원하기 위한 기금을 조성하는 문제로 위원회를 선정했다. 1864년 연헌금, 기부, 유산으로 조성된 기금은 목회자 구제 헌금으로 명명할 것을 결정한 바 있으며, 이 기금은 교단과 관련되는 무흠하고 품행이 방정한 장애인 목사와 사망한 목사가족들을 위한 기금이었다.

이 기금은 장로교 주택재단에 속해 있었으며 노회 추천으로 공정하고 혜택이 되는 원칙에 따라 배분되도록 했다. 총무를 선임하고 그 임무를 명시할 권한은 재단이사회에 있으며, 각 노회는 상비부를 선정하여 필요한 경우를 파악하여 구제기금실행위원회에 추천과 함께 보고하도록 했다.

제762문 '장애인 목사, 사망한 목사의 홀사모와 자녀를 위한 구제기금'은 무엇인가?

구파 총회의 장애인 목사와 가족들을 위한 기금 Fund for Disabled Ministers and their Families과 신파 총회 목회자 구제기금 Miniterial Relief Fund에 관한 문제를 다루기 위해 선정된 합동위원회는 다음과 같은 보고서를 내었으며 채택되었다. 보고서의 내용은 명칭변경 건이었는데, 이 기금은 '장애인 목사, 사망한 목사의 홀사모와 자녀를 위한 구제기금'으로 이름을 바꾸었다.

총회 임원회는 해마다 총무, 회계, 회원 중 4인을 선출하여 이 기금을 관리하는 자들로 위원회를 구성했다. 이 모든 금액은 노회의 추천으로 되었고 매년 정해졌다. 청원은 완벽한 정보를 제시해야 했다. 추천하는 책임은 노회 소관이지만, 위원회는 각 경우의 특성과 재정 상태에 따라서 금액을 책정할 권리가 있었다.

제763문 장로회 장애인 목사, 사망한 목사의 홀사모와 자녀를 위한 구제부(Presbyterian Board of Relief for Disabled Ministers and the Widows and Orphans of Deceased Ministers)는 무엇인가?

1874년 총회는 7인의 위원회를 선정하여 목사 구제부를 위원회로 승격하는 것이 적절한가를 조사하여 효과가 얼마나 증대할 것인가를 보고하게 했다. 이듬해 그 보고서는 제출되었으나 1876년 총회에 위임하였고, 관계자가 직접 총회와 접촉하여 손실의 책임을 피했다. 위원회는 1876년 6월 20일 필라델피아에 모여 조직하였으며 동일한 해에 허가서를 취득했다. 위원회는 총무와 회계 외에 12인으로 구성되었다.

1880년 총회는 일반적으로는 목사가 질병에 의해 장애인이 되지 않거나 나이로 인해 병약하게 되지 않으면 그들 스스로 적절한 직업을 유지할 수 없을 만큼 가난하다는 이유 때문에 어떤 금액도 목사에게 책정하지 말아야 한다고 결정했다. 또한 일반적으로 목사의 홀사모에게 자녀가 있어서 그녀에게 후원을 해 준다면 어떤 금액도 지불되어서는 안 된다고 결정했다. 목사가 자발적으로 세상적인 직업을 위해 수년간 목회사역을 떠났다가 사업에 실패하여 돌아와 목회사역을 다시 원할 경우 구제부 기금에 대한 모든 청원은 자발적으로 포기하는 것으로 간주한다.

1881년 총회는 구제부가 후원 청원을 거부하는 것이 적절하다고 여겨질 때마다 그런 결정에 대한 이유를 청원을 한 노회에 전달해 주어야 한다고 선언했다. 1884년 구제부는 첫째 원칙을 수정할 권한이 있으며 이후에는 모든 책정액이 목사가 당시 속해 있는 노회나 사망시 속해 있는 노회의 청원으로 이루어져야 하고 노회의 신용으로 들어와야 했다. 그리고 교단과 관련이 있는 목사와 가족이 후원 대상이 된다고 결정했다. 1885년 총회는 선교사역에 헌신한 여성들은 목사와 동일한 조건으로 구제부의 혜택을 받는 명부에 올릴 것을 결론지었다.

제764문 장로교 목사관(Home for Presbyterian Ministers)은 무엇인가?

부루언 박사Dr. Alexander M. Bruen는 목회자구제부에 뉴저지 퍼스 엠보이에 있는 브루언가 재산의 주택과 땅을 기부했다. 그것이 장로교 장애인 목사와 사망한 목사의 홀사모와 자녀들을 위한 장소가 되었다. 이듬해 도서관을 설립할 것을 제안했으며 출판부는 출판물을 재량껏 하도록 권한을 받아 실행하였다.

제765문 어떤 다른 방법이 고려되었는가?

1882년 위원회가 선정되어 1. 어떤 목사가 설교할 수 없을 정도로 장애가 생기거나 명예롭게 은퇴한 경우 노회의 인정하에 적어도 300달러를 주는 계획을 연구하도록 한다. 2. 홀사모와 고아들을 위한 기금을 조성하여 사망한 목사의 가족을 후원하는 계획을 연구한다. 1884년 일반기금으로부터 동일한 분배 조건으로 목회자를 후원하는 내용과 목사생명보험에 대한 헌의안이 이 위원회에 올라왔다.

7. 자유인(Freedmen) 선교부

제766문 유색인종에 대해 취해진 결정은 어떤 것이 있었는가?

1774년 뉴욕 필라델피아 대회는 아프리카인 2명을 그들의 나라에 선교사로 파송하는 요구를 허락하였다. 이것은 흑인노예에 대한 토론으로 이어졌으나 1787년까지 어떠한 결정도 없었다. 결국 1787년 대회는 시민사회의 유익과 상황과 조화를 이루는 지혜로운 방법을 동원하여 미국 내에 노예제도를 폐지해야 한다고 선언한 바 있다. 이것을 목적으로 노예로 묶여 있는 자들에게 좋은 교육을 받게 하여 자유생활을 준비시키고, 자신들의 자유를 보호하기 위한 충분한 기회와 방법들을 제공해야 한다고 했다.

1800년대 총회는 선교 사역을 제도화하면서 관심을 끄는 네 가지 목적을 명시했다. 그 중 하나는 흑인과 가난한 자들과 선교대상국의 척박한 환경에 있는 자들을 교육하는 것이다. 노예가 처한 세상적이고 영적인 상황을 계속하여 총회가 연구하는 과정에서 1787년 대회 결정을 자주 반복하다가 1815년에 다음과 같이 결정했다. "밀수로 노예를 매매하고 부당하게 대우하는 것은 복음의 정신과 위배되는 부적절하고 잔인한 행위"라고 선언했다. 노회와 당회는 노예제도와 같은 부끄럽고 불의한 행위를 근절하기 위해 지혜로운 방법을 동원해야 했다.

1818년 총회는 "다른 사람이 인류의 한 부류를 자발적으로 종으로 삼는 것은 하나님의 법과 명확하게 배치되는 일로 인간 본성의 가장 값지고 성스러운 권리를 심각하게 범하는 일로 생각해야 한다"고 만장일치로 결론지었다. 또한 "이것은 그리스도 복음의 정신과 원리에 전반적으로 어긋나는 일로, 우리가 속해 있는 교단이 미국에서 노예제도를 종식시키는 사역을 일찍 시작했다는 점에서 기쁘게 생각한다. 이를 성취하기 위해 총회는 1816년에 조직된 미국 식민협회American Colonization Society를 후원하고 격려하여 교단의 모든 회원들이 노예들에게 기독교의 원리와 책임을 교육시키도록 도와주어야 한다"고 제안했다.

총회의 영구 선교기금(1,800달러)을 위한 구독 자료에 명시된 목적에는 흑인 교육도 들어 있다. 1801년에 지혜롭고 경건한 흑인 체비스John Chavis는 렉싱턴 노회 목사후보생으로 총회가 같은 피부의 사람들을 위한 선교사로 임명하였다. 1807년 글로세스터John Gloucester도 흑인이었는데 동일한 사역에 임명받았다. 10년 후 그는 필라델피아 노회 회원으로 총회에 등장했다.

제767문 구파 총회는 어떤 결정을 내렸는가?

어떤 환경이든지 노예를 보유하는 것이 가증스러운 범죄인지 아닌지 하는 문제는 기독교의 모든 교파를 자극했다. 1845년 구파 총회는 그리스도와 그에게 감동을 받은 사도들이 노예를 소유한 자에게 성찬을 금하지 않았기 때문에 그리스도의 치리회로서 교단은 금할 권한이 없다고 하였다. 또한 교단이 법으로 교회에서 제거하려는 시도를 하지 않았기 때문에 교단은 더욱 그 주제에 대해 법을 세울 권한이 없다고 선언한 바 있다. 사도들이 주인과 노예들에게 영광스러운 복음의 교리를 동시에 가르치고 각자 서로의 의무에 대해 명령함으로써 노예의 형편을 개선하려 했기 때문에 그리스도의 교회는 그만큼 미국의 노예 형편을 개선할 수 있다는 것이다.

이듬해 "총회는 우리 교단이 거의 60년 동안 노예에 관한 주제에 대해 교단 입장을 표방해 왔고 본질적으로 동일한 정서를 지니고 언급하였다"고 말했다. 그리고 1845년 총회 이전의 총회가 종종 주장해 온 입장을 거부하거나 취소할 의도는 없다고 결정했다. 그 주제는 1849년 처음 다루어졌고 1850년 헌의가 있었다. 1863년에는 1818년과 1845년 결정은 납득할 만하며 교단의 의견을 충분히 표현한 것이라고 선포하였다. 노예해방선언Emancipation Proclamation 이후, 1864년 총회는 중요한 선언을 발표하는데 이 주제에 대해 교단의 동일하고 일관된 증언을 반복하였다. 즉, 총회는 하나님께서 사악한 반역을 통치하셔서 미국을 노예제도의 악과 죄악에서 구해 주시는 것에 대해 감사했고 이 쓴뿌리가 완전히 발본색원될 수 있도록 간절히 원했다. 1825년과 1839년 총회는 교단이 노예에 관한 신앙교육을 점점 더 강화하는 것을 보고 기쁨을 표했으며, 성공적인 교육은 국내전도사역에 분수령을 가져왔다고 선언했다. 1847년 유색인종을 신앙교육하는 데 상당히 관심이 많아지고 있다고 확인되었으며, 그 사역은 해가 거듭할수록 더 뜨거운 열정과 성공을 가져왔다. 국내전도와 교육부는 이에 충심으로 관여했다.

제768문 애쉬문 학원(Ashmun Institute)은 무엇인가?

1853년 총회는 뉴캐슬 노회로부터 올라온 의견서에 답하여, 미국의 해방된 유색인들의 유익과 편익을 위해 고등학교를 설립하는 것은 총회의 충심어린 승인과 추천에 부응하는 것이라고 결론을 내렸다. 이는 철저히 노회나 대회의 감독과 지도 아래 있어야 하며, 노회의 지경 안에 위치해 유색 미국인들의 행복과 효율성을 증진하기 위한 교육을 실현

해야 한다는 이해를 동반했다.

1822년 리베리아Liberia 식민지를 담당했던 미국 식민협회 책임자 저후디 애쉬문을 기념하여 애쉬문 학원이라고 이름한 이 학교는 펜실베이니아 주 옥스퍼드 근교에 위치해 있었다. 그는 해방된 유색인들이 위태롭게 된 것을 발견하고 그들의 위기에서 벗어날 수 있게 노력하여 1828년에는 번영하게 만들어 놓았다. 안타깝게도 그는 귀국하자마자 사망했다.

총회는 당시에 이 학원을 유색인종의 복음사역을 목적으로 교육하는 미국 내의 유일한 신학교로 추천했다. 1859년 이 학교는 신학교의 첫 열매로 아프리카에 세 명의 선교사를 파송했다.

제769문 링컨대학교(Lincoln University)는 무엇인가?

1866년 펜실베이니아 법원에서 애쉬문 학원의 허가가 확대되어 이의 명칭이 링컨대학교로 변경되었다. 이는 뉴캐슬 노회 관할로 계속 존속했다.

제770문 비들 기념 학원(Biddle Memorial Institute)은 어떤 교육기관인가?

가타와 노회가 알렉산더 목사Rev. S. C. Alexander를 임명하여 노스 캐롤라이나 주 샬럿Charlotte에 신학반을 설립했는데, 이는 자유인을 교리교사Catechists와 목사로 훈련시키기 위한 것이었다. 필라델피아에 있던 한 미망인이 남북전쟁 때 사망한 남편을 기념하여 비들 기념 학원이라고 부르는 학원을 위해 건물과 물질을 제공했다.

제771문 월링포드 학교(Wallingford Academy)는 어떤 교육기관인가?

1868년 설립되었으며 피츠버그의 월링포드 부인이 희사한 것인데 건물장소는 사우스 캐롤라이나 주 찰스턴에 있다. 이 학교의 목적은 유색인 교사들을 준비하는 것으로, 학교를 시작한 첫 해 말에 학생 수가 300명이 넘었다.

제772문 총회 자유인을 위한 교육위원회(General Assembly's Committees for the Education of Freedmen)는 무슨 일을 하는가?

1864년 교육부가 총회에 보고한 보고서를 살펴 보면 자유인으로 알려진 아프리카인이 많은 것을 볼 수 있는데, 이들은 도덕적으로나 지적으로 아주 열악한 환경에 놓여 있었다. 이들에 대한 논의는 한 위원회에 위탁되어 자유인을 위한 신앙교육을 위해 다음과 같은 계획이 보고되어 그 보고서가 채택되었다. "이들을 위한 사역은 막중하여 교육부가 다 감당할 수 없었다. 하지만 총회는 역사적인 교리와 신앙에 충실해야 한다. 그리고 아프리카인의 소망은 하나님의 통치하의 기독교 교육에 있다. 따라서 총회는 그동안 짓밟히고 오랜 기간 동안 학대받은 자들의 삶의 질을 높이고 구원하기 위해 할 수 있는 일을 해야 한다."
두 위원회가 선정되었는데 각각 2인 목사와 3인의 평신도로 구성해서 하나는 필라델피아에, 다른 하나는 인디애나폴리스에 두고 '총회 자유인을 위한 교육위원회'라 불렀다. 이들은 공동협력하며 그 사역을 감독했으며, 노회의 인준을 받아 교사와 목사를 선정하였다. 그러나 국내전도부와 충돌하지 않으면서 학교를 세우고 사용할 책을 결정하고 기금도 확보했다. 이 위원회들은 총회에 직접 보고해야 했다. 출판부도 자유인 복음화를 위해 사용되는 출판물을 출판부 재량으로 무료로 제공해 주었다.

제773문 자유인에 관한 총회위원회(General Assembly's Committee)는 무엇인가?

새로 꾸려진 임시단체의 효과를 증대시키기 위해 구파 총회는 1865년 이전에 선정한 두 위원회를 대신할 하나의 위원회를 만들었다. 피츠버그에 소재한 이 위원회는 9인의 목사와 9인의 평신도로 구성되었으며, 앞선 두 위원회에 부여된 권한과 유사한 권한을 부여받아 가능하면 신속히 여러 부서가 특정한 목적을 지니고 있는 사역의 일부를 교단의 부서에 이양하라고 지시받았다.

이듬해 사역의 막중함과 중요성을 감안하여 이 위원회는 6인의 회원들을 추가로 가입시켰으며 실행위원회를 통해 사무를 진행하였다. 교단 재연합 때 이 위원회는 72개 교회를 조직했으며, 5,634명의 무흠입교인을 관할했고, 주일학교에 4,723명을 모았고, 주중학교에는 3,000명 이상이 있었다. 교사와 목사들을 준비시키는 학원이 미국 남부에 세 곳이 있었으며 미화 66,680달러의 가치가 있는 재산을 보유했다.

제774문 신파 총회는 어떤 결정을 내렸는가?

1839년 신파 총회는 노예에 관한 주제를 하급치리회에 수의하게 해서 그들이 판단할 때 악을 제거하기 위해 가장 공평하고 적합한 결정을 하도록 했다. 하지만 1846년까지 어떤 결정도 하지 않다가 노예제도에 대해 반대하는 견해를 가질 수밖에 없는 상황이 되자 회원들을 독려하여 가능하면 신속히 모든 수단을 동원하여 노예제도를 폐지해야 한다고 언급했다. 왜냐하면 총회는 주 예수 그리스도의 치리회로 사법적인 권한이 없기 때문에 그러하다. 그러므로 이 문제를 당회와 노회와 대회에 맡겨 자신들이 판단하여 권징을 시행하도록 하였다. 이는 단지 일반적인 검사와 지도받는 의미에서만 총회의 관할을 받게 되어 있다.

총회는 1849년 노예제도에 관한 19개 문서를 제출했으며 1818년과 1846년의 결정을 반복했다. 이는 다음과 같은 원칙을 포함했다. 1. 시민의 자유는 인간의 권리이다. 2. 노예제도는 불의하며 압제하는 제도이며 그에 관련한 모든 이들에게 해를 끼치는 것이다. 3. 가능한 신속히 신성한 종교에서 오점을 제거하여 노예제도를 완전히 폐지하는 것은 모든 기독인들의 의무이다. 4. 단번에 제거하지 못할 경우에 노예해방을 준비하기 위해서 직접적으로 신앙교육을 해야 하고, 생명에 대한 참지식을 전달해야 한다. 5. 노예시장, 부당한 잔인성과 가족의 분열은 교회 권징으로 교정해야 한다.

1853년 총회는 노회로 하여금 이듬해 1. 교회와 관련한 노예 소유주의 수와 그들 소유의 노예 수 2. 어찌할 수 없이 노예가 필요한지 3. 미국 남부 교회가 노예들의 신앙에 대해 실제적으로 관심을 가지고 있는지에 대해 보고를 하도록 했다. 1855년, 이전의 총회 지침들을 재확인하는 목회서신은 모든 교회들에게 송부되었으며, 한 위원회를 선정하여 다음 총회에 교회의 노예 보유에 대한 주제를 지도할 수 있는 총회의 법적인 권위에 관해 보고하도록 했다.

1856년 이 위원회는 "총회는 범법자에게 개인적으로 권징을 시행할 권한이 없으므로 일반적으로 확인과 지도하는 과정에서 직접적으로 하회 치리회, 즉 대회를 통해 접촉할 수 있을 뿐"이라고 보고했다. 이외에 총회는 과거에 종종 시행했던 바 증언하고 견책하는 기능을 가지고 있다. 이듬해 총회는 이전 지침들을 반복했으며 미국 남부에 있는 일부의 교회들이 "노예제도는 하나님이 세우신 제도로, 미국에 현존하는 것은 올바른 것이며 성경적"이라고 주장한 사실에 애도를 표하고, "이 사실은 복음의 전체 정신과 충돌되는 것이며 기독교 세계의 양심에 혐오스러운 일"이라고 선포하였다.

남부 렉싱턴 노회는 그들의 입장을 검토하여 교정해야 했는데 이러한 교리와 실천은 장로교회에서 영구히 용납할 수 없는 것이라고 했다. 노회의 결정에 대해서 엄숙한 항의가 있었고 거기에 대한 내용은 의사록에도 포함되었다. 서명한 자들은 "총회의 결정이 실제로 남부의 결정을 폐지하는 것"이라고 선포하였으며 그 권한은 교회의 통일성을 해치는 것이며, 북장로교와 남장로교에 해로운 것이고, 동시에 미국의 연합을 파멸케 하는 것이라고 주장했다. 이 항의에 대한 답변은 기록되어 있다. 총회가 이듬해 모였을 때, 남부 대회들은 대표들이 참석하지 않았으며 그들은 따로 연합장로회대회United Synod of the Presbyterian Church를 조직했다.

제775문 장로교 국내전도위원회의 자유인국(Freedmen's Department of the Presbyterian Committee of Home Missions)은 무엇인가?

이 국은 1865년에 조직되었는데 맡겨진 사역과 활동방식은 구파 총회의 '자유인을 위한 위원회'와 유사했다. 교단 재연합 때 선교사 13명과 교사 18명과 학생 약 4,000명이 되었다.

제776문 자유인을 위한 장로교선교위원회(Presbyterian Committee of Missions for Freedmen)는 무엇인가?

교단 재연합 때 총회자유인위원회와 장로교국내전도위원회 자유인국은 재조직이 완성될 때까지 자신들의 사역을 지속해 왔다. 그 후 미국 내 유색인종들의 신앙과 교육의 유익을 위해 피츠버그에 위치해 있는 12인 위원회가 담당해야 한다고 결정하며 '장로교자유인선교위원회'

로 명명했다. 따라서 이전에 자유인위원회와 장로교국내전도위원회 자유인국이 보유하고 있었던 모든 서류와 금전과 재산을 새로운 위원회에 이양했다.

교단의 부서들은 이 위원회와 공동사역을 하도록 제안받았으며, 이 위원회는 교단에 의해 세워진 기관에 실력 있는 유색인 목사와 교사들을 공급할 것을 권고받았다. 여성들에게도 유익이 돌아가도록 학교를 제공할 필요성에 대해서는 위원회가 상당한 관심을 두었다. 1874년 총회는 이 위원회에게 5년 동안 기존 제도대로 하되 그 기간에 해당 위원회와 국내전도국이 합병하기 위한 모든 문제를 시행해야 한다고 지시를 내렸다. 그리고 가능하면 빨리 이 위원회의 관할하에 있는 교회들을 국내전도국으로 이양할 것을 권고하였다.

1878년에 어떤 이들은 이를 두고 해체되어야 하는 위원회의 사역이 국내전도국에 이양된 것으로 해석했으며, 또 다른 이들은 단지 선교교회를 국내전도국에 이양하는 것으로 받아들였다. 반면, 이 위원회는 교육사역을 상세하게 계속 감독해야 한다고 주장했다. 이 위원회는 1월에 80교회, 27명의 목사와 2명의 교리교육자를 전도국에 넘겨주었으며, 56개 교회와 22명의 목사와 25명의 교리교육자와 전체 복음적 교육사역을 자체 관할에 두었다.

총회는 앞에 언급한 두 견해와 그 사역의 형편과 미국 남부에 있는 한 대회와 두 노회에서 올라온 이 위원회를 존속시켜 달라고 청원하는 헌의안을 고려해 본 후 당시 자유인을 위한 장로교선교위원회는 존속해야 한다고 결정했다. 그리고 각 교회마다 후원과 함께 진실한 기도가 있어야 한다고 결정하였다. 이듬해 다시 이 문제가 다루어졌고, 총회는 다수결로 그 사역을 국내전도국에 이양하고 위원회를 존속시키는 것을 거부했다. 아울러 1878년 총회를 움직인 이유는 여전히 설득력이 있으며 그 사역은 대단히 중요하므로 방법을 달리해서 시험해봄으로 위험에 빠트릴 이유가 없다는 것이었다.

제777문 이 위원회가 관할하는 학교는 어떤 것들이 있는가?

1. 인가받은 기관

    비들대학교(노스캐롤라이나 주의 샬럿)

    월링포드학교(사우스캐롤라이나 주의 찰스턴)

    스코티아신학교(노스캐롤라이나 주의 콩코드)

    이 기관의 계획은 유색인 소녀들에게 종교교육과 당시 최고 수준인 신학교에서 배우는 인문학과 과학으로 교육시키고, 또한 최고의 부인과 어머니와 교사가 될 수 있는 최고의 가정교육으로 교육시키는 것이었다. 교육기관의 장소는 자유인위원회가 선택했다. 이를 위한 기금은 오하이오 주의 스콧 씨Mr. Matthew Scott가 주로 기부한 것이었다. 기숙사에는 32명이 기숙했으며 기숙사를 사용하지 않은 통학생도 많이 있었다.

2. 일반 학교

    시작부터 이 위원회는 자유인을 교육시켜 같은 피부색을 지닌 자들의 교사를 삼기 위해 특별한 관심을 쏟았다. 학생들이 준비되면 방학 기간 동안 주일학교와 일반학교에 고용되었다. 이 계획은 점점 더 관심을 받기 시작해 어떤 학교는 훈련학교로 계획되었는데 나중에 일반 학교Normal Schools로 불렸다.

    브레인너드 학원(사우스캐롤라이나 주 체스터, 1869년에 조직)

    페어필드 일반학교(사우스캐롤라이나 주 윈즈보로, 1869년에 조직-남여학교)

    폴러프톤 학원(사우스캐롤라이나 주, 1878년에 조직)

3. 학년제 학교

메드웨이 학년제 학교(조지아 주 리버티 카운티, 1874년에 조직)

그린버로 학년제 학교(노스캐롤라이나, 1868년에 조직)는 교구학교였으나 1874년에 학년제 학교로 되어 백인반과 흑인반 두 개로 나누어졌다.

콜럼비아 학년제 학교(테네시 주의 콜럼비아, 1866년에 조직)는 처음부터 이 이름을 사용했다.

4. 일반 교구학교

일반 교구학교는 위원회의 후원으로 각 지교회 당회의 감독 아래 있는 학교를 말한다. 이 학교는 학년제 학교에 들어가기 위해 준비하는 학생들에게 일반 과목을 가르친다. 1878년에는 37개가 있었고, 1881년에는 84개가 있었는데 위원회의 관할하에 있었다. 일반 교구학교는 주로 자유인을 목적으로 세워졌지만 흑인뿐 아니라 백인에게도 개방되었다. 위원회가 염두에 둔 교회와 학교의 전반적인 제도는 피부색으로 인해 사람을 배척하는 일은 없었다.

1881년 총회는 주의 일반학교를 위해 노스캐롤라이나 주 플랭클린톤에 건물을 세우는 노력을 인준했는데, 위원회의 지도 아래 그 목적을 위해 사용될 재원을 마련하고 그 재산권은 총회 재단에 두어야 한다는 단서를 달았다.

제778문 자유인을 위한 선교부는 무엇인가?

1882년 자유인을 위한 선교위원회는 인가 신청을 하는 권한을 가졌는데 자신들이 선택한 것과 동일한 것이었다. 이듬해 PSUSA에 '자유인을 위한 장로교 선교부'라는 이름으로 법인화했다고 보고했다. 이 선교부는 모든 재산권을 조사하고 추적해야 한다고 지시를 받았는데, 이는 교회와 학교를 세우는 데 기금을 사용하기 때문이다. 따라서 이미 확보되어 있거나 앞으로 확보될 모든 재산권의 초본을 선교부 사무실에 보관해야 했다.

이듬해 보고서에는 이 위원회와 선교부를 통해 미화 300,000달러의 재산이 7개 주와 인디언 지역의 학교와 교회에 분산되어 있다고 보고했으며, 법적인 재산 3분의 2는 이미 조사되었고 만족할 만한 결과가 있었다고 보고했다. 선교부는 건물에 대해서 미화 100,000달러의 보험을 들었다.

제779문 선교부와 노회의 관계는 어떠한가?

1. 교회에 대한 책정예산은 노회의 추천이 있어야 한다. 선교부는 책정예산을 거부하거나 수정할 경우 그에 대한 사유를 서면으로 노회에 알린다.
2. 노회는 교회의 조직과 목사의 성격을 판단하는 데 최종 결정권이 있다.
3. 선교부는 노회의 희망사항을 살피고 어떤 학교를 유지할 것인가를 결정해야 한다.

제780문 자유인 여성분과는 무엇인가?

1885년에 조직되어 자유인의 부인과 자녀를 위한 사역을 했다. 특히 여성에 관심을 두고 여성을 고용하여 여성들을 방문하고 가르치게 했다.

8. 생계유지기금

제781문 이 제도는 언제 생겼는가?

1870년 총회는 이 주제에 대한 헌의와 스코틀랜드 생계유지기금에 관한 몇몇 헌의를 접수했다. 이 문제는 한 위원회에 위임하여 이듬해 보고하게 했는데, 이 보고서는 사례가 충분하지 못한 목회자를 돕는 제도의 필요성을 피력하였다. 세 가지 계획안이 아래와 같이 설명되었다.
1. 스코틀랜드 자유교회Free Kirk of Scotland의 경우 – 보통기금, 분담금과 유사분담금 – 부의 기준과 재량에 따라 ad libitum 보조하는 기금 2. 아일랜드 장로교회의 경우 – 기부제도이며, 영구 생계유지기금으로 이 기금의 일 년 수입이 이러한 목적으로 충분한 금액이 된다. 3. 스코틀랜드 연합장로교회의 경우 – 후원보조금으로 이것이 추천되고 채택되었다.

제782문 생계유지기금 제도란 무엇인가?

1. 모든 사례금은 두 가지로 분류된다. 목회자 사례금은 목회자가 적어도 미화 500달러를 사례로 받는 것을 말한다. 그리고 교회 개척금(선교)은 임시목사나 담임목사가 500달러 이하를 받는 것을 말한다. 전자는 후원제도 아래서 이루어지며, 후자는 국내전도부에 청원하여 받게 된다.
2. 목적은 목회자 최저사례비를 적어도 1,000달러로 한다.
3. 목회자에게 매년 평균 7달러 30센트를 주는 교회는 후원을 받아야 한다.
4. 각 노회는 목회자에게 1,000달러 이하로 사례하는 200교회를 조사하도록 한다.
5. 후원을 청원하는 교회는 위원회를 선정하여 생계유지기금이나 교단

부서에 매주 헌금을 하든지 매월 헌금을 하든지 그 계획안을 실행하도록 한다.
6. 모든 교회는 모든 사람에게 해당하는 체계적인 헌금 계획을 채택하도록 한다.
7. 각 목회자는 성도들에게 이 제도를 후원하기 위해 목회자에게 지급하는 사례의 20분의 1과 동일한 금액을 하도록 독려한다.
8. 각 교회는 목회자의 사례를 매년 총회에 보고하도록 한다
9. 각 노회는 이 제도 아래서 청원하는 것을 면밀히 조사하여야 한다.
10. 7인 위원회는 서기를 두어야 하고, 매년 총회가 선정하여 청원을 감독해야 하고, 이 위대한 목표를 더 발전시켜야 한다.

제783문 총회목회자생계유지위원회는 어떤 것인가?

이는 앞서 언급한 7인 중앙위원회에 주어진 이름이며, 제이콥스 목사 Rev. M. W. Jacobus가 서기였다. 1871년 9월 13일 피츠버그에서 조직되었다. 위원회가 각 교회에게 내려준 후원금은 한정된 기간 즉 1년, 2년, 혹은 3년간 지원된다고 이해했다. 후원금의 조건은 다음과 같다. 1. 실제 위임받은 담임목사 2. 사례가 500달러 이하 3. 사택은 제외하고 평균 가족당 최소 7달러 30센트 4. 노회의 추천 5. 이전 해의 사례보다 적지 않게 6. 사례의 총액이 처음부터 지불되어야 하고 7. 교회 사례의 20분의 1을 위원회에 미리 지불하고 8. 모든 총회부서를 위한 체계적인 헌금(헌금봉투나 헌금위원에 의해) 9. 합동하지 않으면 인근 교회에 후원하지 않음. 담임목사는 이런 조건에 부합되지 않으면 도움을 받을 수 없었다. 2년차 때에는 새로운 신청을 요구했으며 생활유지를 위해 사전에 만족할 만한 증거를 제시해야 했다.

제784문 국내전도부의 생계유지국은 무엇인가?

1874년 부서들의 활성화를 위해서 계획이 채택되었다. 국내전도부는 두 개의 담당부서가 있었는데 하나는 국내전도국이었고, 또 다른 하나는 생계유지국이었다. 각각 부서의 헌금을 위해 각 교회들에게 이 부서들은 따로따로 청원을 했다. 전도부의 후원을 받는 교회들은 가능하면 빨리 전도부와 노회가 할 수 있는 대로 생계유지제도 아래 편성되기를 바랐다. 어떤 교회라도 노회가 납득할 만한 특별한 사유가 없으면 5년 이상은 국내전도국 산하에 두어서는 안 된다.

1875년 총회는 이 전도국이 후원하는 교회를 두 부류로 나누어야 한다고 지시했다. 1. 전도교회Mission Pastorates, 즉 한 교회나 그 이상의 교회가 목양 관계를 유지하고 담임목사를 후원하기 위해 적어도 가족당 7달러 30센트를 평균으로 헌금하는 경우이다. 최저 사례는 전도부와 노회가 결정을 한다. 2. 생계유지 교회Sustentation, 즉 한 교회 이상으로 구성되어 있고 동일한 예배처소를 사용하며 위임목사는 한 명이고 사택을 제외하고 적어도 가족당 7달러 30센트를 주는데 700달러는 초과하지 않게 헌금하는 경우.

노회가 불가능하다고 여기지 않으면 자립을 위해 해마다 미화 50달러씩 증가시키고, 전도부는 사례를 1,000달러까지 올리기로 하였다. 청원은 노회의 허락을 받아야 하며, 총회의 모든 부서를 위해 교회의 헌금이 있어야 한다. 하지만 이런 조건을 충당하는 교회는 많지 않아 후원을 받는 많은 교회들이 새로운 청원에 50달러를 미리 약속할 수 없었으므로 회계가 많은 금액을 잔고로 가지고 있었지만 부서는 낙심할 수밖에 없었다. 조정을 제안하는 몇몇 헌의안이 총회에 제출되었고, 생계유지제도는 구제사역으로 다시 설립되어야 한다고 많은 이들이 요구하고 나섰다.

1878년 다음과 같은 변화가 있다. 1. 국내전도부의 두 독립부서는 더 이상 존속하지 않는다. 두 부서의 회계는 합병한다. 2. 후원을 받는 교회들은 두 부류로 분류되어야 한다-생계유지 교회와 전도교회. 3. 생계유지 교회의 조건은 합법적인 목양관계가 있어야 하고 총회 모든 기관을 위해 연헌금을 해야 한다. 그리고 사례를 위해 적어도 600달러를 헌금해야 하며(적어도 교인헌금 6달러 50센트) 노회의 추천이 있어야 한다. 전도부는 사례를 보조하여 900달러가 되도록 하고 여기에는 산출된 사택비는 포함시킨다. 이런 일들이 연약한 교회를 분류하는 데 충돌되어서는 안 된다. 전도부담헌금Mission charges의 조건은 한 교회 이상이 구성되어야 하고, 목사와 그의 사례는 동일한 노회의 관할이 되어야 하며, 연헌금을 총회 모든 기관을 위해 해야 하고, 노회의 추천이 있어야 한다. 후원금은 노회와 전도부가 결정해야 한다. 앞에 언급한 두 종류의 후원은 특별한 경우를 제외하고는 5년 이상 수령할 수 없다. 전도부는 계속하여 교회가 조직되지 않은 새롭고 척박한 지역에 선교사를 파송해야 한다.

1878년 기금으로 미화 44,879.50달러가 모아졌고, 생계유지 교회만을 위해 사용해야 한다고 지시를 받았으며, 총회 산하 모든 지교회들은 생계유지 교회를 위해 각각 헌금을 해야 하고, 그 금액 전체를 국내전도부 회계에서 송금해야 한다고 했다. 1880년 총회는 "생계유지계획은 여러 각도로 총회에 공헌도가 크므로 이런 제도가 없어지면 안 된다"는 위원회의 보고서를 채택하였다. 노회는 이 기금을 충당하기 위해 즉각적이고도 효과적인 방도를 간구해야 한다는 강력한 요청을 받았다.

제785문 이 제도로 어떤 목적을 거두었는가?

우선 경제적으로 어려운 교회들의 목사들을 후원하는 데 주안점을 두고 그 교회들이 자립할 수 있도록 했다. 1878년에 이룰 목적은 목회 직무가 보다 일반적으로 세워지고, 목회사역을 더 낫게 지원하기 위한 것이어야 한다고 했다.

1888년 국내전도부 보고서에는 생계유지제도의 원래 계획은 국내전도부 아래 두어 교회가 빨리 자립할 수 있게 하는 것이 아니라 생계유지를 위해 더 많은 사례를 주기 위한 것이었다고 보고했다. 교단은 동일한 능력이 있는 개인이나 동일한 조건에 있는 교회를 구별하기 위해서 하지 않았으며 다른 이보다 더 후원하기 위해 차별하는 제도를 제안하지 않았다. 교회는 일반적인 전도교회보다는 빠른 속도로 자립에 도달할 수 있다는 기대와 함께 더 많은 생계유지 후원을 받았다.

제786문 1881년 취해진 결과는 무엇인가?

다음과 같은 결과가 채택되었다. 생계유지교회에 관해 총회 앞에 내 놓은 자세하지 않은 정보와, 그 목적을 위해 헌금한 교회가 그리 많지 않은 사실로 미루어 볼 때, 15인 위원회를 구성하여 노회와 국내전도부와의 관계를 보고하도록 하며, 그 사실을 조사하여 다음 총회에 보고하도록 결정했다. 이는 생계유지제도의 조건과 역할에 대한 것을 교단이 구제하는 기관으로서 보고하고 제도의 효율성을 증대시키고 후원명단을 정리하기 위해 자세한 조사를 해야 한다고 했다.

한편 아래와 같은 결정은 다음 총회 때까지 연기되었다. 목사의 수를 고려해 볼 때 생활비의 증가와 제한된 수입, 목사와 목사가족의 요구사항이 줄어들긴 했어도 충족시키기 위해서 취한 최선의 방안들은 특별위원회가 구성되어 이 모든 상황을 살펴보고, 다음 총회에 현재 있는 기관을 더 연장하는 것과 목사들, 특히 사역에 들어서는 목사들이 해임되거나 장애로 인해 목회사역을 감당하지 못할 경우 가족들을 부양하기 위해 새로운 방도를 채택하는 것이 가하다고 결정했다. 이런 사실은 다음 총회에 고려되었고 1883년 보고하기 위해 위원회에 위임되었다.

1884년에 목사생명보험에 관한 헌의안이 올라왔고 1885년까지 계속되었다. 1881년에 구성된 15인 위원회는 "생계유지에 관한 그들의 결정은 불필요하니 국내전도부나 새로 조직되는 대회가 생계유지제도를 보완하여 결정하고 있는 것으로 이해한다"고 보고했다. 총회는 생계유지제도를 위해 오래된 대회는 국내전도부의 제안을 적극적으로 고려해 줄 것을 결정했다. 이 제도가 동부에 있는 대회들이 약해져 가는 교회들을 후원하기 위해 채택하는 것이 적절하다고 생각한다면 이 제도가 피로 나눈 형제교회들의 많은 이들이 기대하는 것에 부응하기 위해 세워져야 한다는 견해를 전도부가 가지고 있다고 결정한 바 있다.

뉴욕, 뉴저지, 펜실베이니아, 오하이오, 아마도 미시간, 인디애나, 일리노이 같은 크고 부유한 대회가 생계유지헌금이라고 하는 특별 헌금을 함으로써 약한 교회들의 후원을 담당하는 것이 좋은 일이라고 했다. 전도부회계로 전달될 헌금이지만 대회의 판단에 따라 헌금을 정리하여 모든 금액을 인출하기도 했다. 전도부는 자세한 내용을 언급하지 않으면서 그 제안은 대회가 상당히 신중하게 고려한 가치 있는 내용이어서 만족한다고 했다. 대회의 생계유지계획안은 이듬해 다시 추천받았다.

9. 대학 후원부

제787문 이 부서는 언제 생겼는가?

1743년에 한 학교가 대회의 관할하에 세워졌고 대회가 그 학교를 후원했다. 그리하여 1746년 뉴저지 대학이 설립되었다. 교육부 기능에 관한 특별위원회가 1877년까지 계속되어 오다가 1882년에 다시 보고되었다. 이 위원회는 계속되어 오다가 확대되어 교단의 관할하에 있는 학교나 대학을 요청하는 3개의 헌의안을 제출했다. 이듬해 이 위원회는 이 학교 설립의 역사와 교단의 감독하에 학교와 대학교 설립 및 후원의 필요성을 기술하는 완벽한 보고서를 제출하였고, 총회가 채택할 확실한 결정을 제안했다.

1. 확실한 기관이 설립되어 장로교단과 관계된 고등교육 학교를 책임져야 한다.
2. 이 기관은 독립 부서로 만들어 직원을 따로 두어 사역을 하게 한다.
3. 다음과 같은 조건을 가지고 부서가 만들어져야 한다.
   (1) 이 부서의 명칭은 대학과 학교를 위한 장로회 후원부로 하고 일반적인 사역은 허가서에 한계를 명시한다.
   (2) 이 부서는 시카고에 두고, 실행위원은 시카고나 바로 인근에 거주하는 자로 한다.
   (3) 이 부서의 역할은 학교 목적을 위해 지교회로부터 연헌금을 관리하며, 새로운 기관을 위한 장소를 결정할 때 지방 기관들과 협력하고, 어떤 기관을 후원해야 할지 결정하며, 기부금을 구하는 기관에게 청원에 따라 특별지역을 할당해 주는 역할을 하되 기관들 사이에 충돌이 없도록 조율한다. 그리고 대체로 교단에 직접 요청하는 모든 청원은 기각한다.
   (4) 이 부서가 받은 기금은 고충 속에 있는 기관의 현재 비용을 도와주거나 영구히 기부하는 데 사용한다.
   (5) 앞으로 설립되는 모든 기관은 후원을 받는 조건 가운데 유기적으로 PCUSA 총회와 연결되어야 하며, 허가서 항목에 장로회 전권위원이사회의 3분의 2가 들어가 있어야 한다.
   (6) 이미 설립된 기관인 경우와 위 항목에 포함되지 않은 경우는 언

제라도 기관이 교단 감독을 받지 않으면 기부금 책정금액은 부서로 환부 조치된다.

(7) 그 외 기금의 배분과 금액의 정도나 지도는 장로회의 감독을 철저히 받는 조건으로 전적으로 부서의 재량에 맡긴다.

4. 이 부서는 일리노이 주 법 아래와 앞으로 다른 주의 법 아래서 허가를 받아야 하며, 해 부서는 유산이나 증여나 증여부동산을 받을 수 있게 하는 것이 필요하다.

5. 위원회를 선정하여 이 부서를 위한 24인 회원 명단을 총회에 보고하고, 조직을 위한 어떠한 지시사항도 보고해야 한다. 보고가 되면 총회는 인정하여 해 부서 회원들은 가능한 빠른 시일에 이 부서의 조직을 완성할 권한을 지니게 된다. 그럼으로써 방대하고 책임 있는 사역을 하게 된다. 이 일이 이루어졌다.

제788문 어떤 결정이 더 있었는가?

1884년 이 부서의 첫 보고가 있었는데 각 지교회들에게 추천되었다. 그 내용에서 총회는 "특별기관이 설립되어 있는 노회나 대회는 그 지역 밖에서 청원하는 모든 독립청원은 기각해야 한다"고 했다. 여자대학교에 관하여는 이 부서의 일반적인 사역과 일치하는 한 여성교육만을 위한 기관에 금액을 책정하는 것은 바람직한 일이라고 결정했다.

1885년 각 당회와 교인들은 이 부서가 기금설명을 할 자격이 있는 모든 기관에 추천서를 줄 수 있다는 사실에 관심을 가졌다. 그리고 총회는 노회나 대회의 지경을 넘어서고 이 부서의 추천서도 없이 청원하는 대학이나 학교에 대해서는 모든 것을 기각한다고 했다. 이 부서는 후원받은 기관의 재산 소유가 변경되면 보험을 드는 것을 살펴보아야 한다.

총회는 또 기독교 사역에 동참하면서 더 많은 독일청년들을 목회사역으로 인도하는 것이 매우 중요하다는 관점에서 이 후원부서는 독일계학교를 주의 깊게 살펴 이 결과에 부응하고 있는지 봐야 한다고 결정했다.

10. 절제부

제789문 총회는 절제에 관해 어떤 결정을 했는가?

1811년 한 위원회가 선정되어 술 취함으로 방탕한 길로 빠지는 문제를 방지하는 방도를 간구하게 되었다. 절제하지 못하는 것도 죄라는 것과 술을 생산하는 습관에 대해 경고하는 것을 종종 설교할 것을 요구하는 보고서를 제출했다. 각 당회는 이 죄에 관해서 무흠입교인들을 특별감시를 해야 하며, 개인 경고와 공개 권계를 시행함으로 기독인의 이름에 누를 끼치는 방종으로부터 교단을 정화하기 위해 노력해야 한다. 직원과 회원들은 선술집 수와 주류판매소를 감소시키기 위해 노력할 것을 명령받았다. 1818년에는 이 주제에 대한 목회서신이 발행되었다.

1827년 미국 장로교회는 제혜롭게 다른 교파의 기독교인 형제들과 협력해야 할 뿐 아니라 모든 미국인과 인류의 친구들과 협조하여 독주를 마시는 무절제한 습관, 이와 관련된 미국의 관습과 제도를 변경하기 위해 공동의 변화를 추구하고자 하는 범국가적인 노력에 동참해야 한다고 결정한 바 있다. 이것으로 인해 미국 절제추진위원회가 결성되었다. 1828년에는 금식과 기도일을 정했다.

1829년과 1830년 총회는 절제회의 수가 증가되었고 성공을 거두었다는 점에서 기뻐했으며 독주를 절제하는 원칙에 입각해서 각 교회마다 절제회를 만들 것을 강조했다. 1840년, 1864년, 1866년 신파 총회는 절제회를 거듭 인정했고, 무절제를 용인하는 복장이나 의복을 반대했으며, 알콜성 사이다와 맥주와 에일(ale)을 음료수로 사용하는 것을 금했다. 그리고 가정에서 포도주를 제조하는 것과 사용하는 것도 반대하여 이 모든 독주를 절제하는 것을 절제회의 조건으로 하였다. 그리고 이 조건은 교회의 순수성과 하나님의 말씀에 따라 모든 기독교인에게 요구되는 것이라고 선언했다.

1865년 구파 총회는 유사한 지침을 내려서 무절제, 독주 제조와 판매, 독주를 만들거나 판매하는 자들에 대한 교회 권징책임에 대한 총회의 입장을 설명하는 문서를 채택했다. 총회는 무흠에 대한 새로운 조건을 채택하는 것은 인준하지 않았지만, 독주를 음료로 제조하고 판매하는 것은 엄연히 형제들과 그리스도께 대한 범죄행위라고 언급했다. 이같은 행위를 변함없이 유지한다면 기독교인의 성품을 타락시키고 기독교의 성찬의 특권을 속이는 일이라고 했다. 1871년 연합교단은 이전 총회의 판결을 반복했으며, 출판부는 요약을 출판하여 모든 목사들에게 보내주기로 했다. 매년 총회는 이 주제에 대한 결정을 통과했다.

제790문 절제상설위원회는 무엇인가?

1880년 헌의안에 답하여 9인 특별위원회가 구성되어 총회절제상설위원회에 관한 문제를 위임받아 다음해 총회에 보고하기로 했다. 총회는 절제상설위원회를 15인 회원으로, 8인 목사와 7인 평신도로 구성하되 대다수가 인근에 거주하는 자로 다음 해 6월 둘째주 화요일에 시카고에서 첫 모임을 갖기로 했다. 그곳에서 제비뽑기로 5인씩 나누어 각 세 분과를 만들어 1년, 2년, 3년조로 그 직을 담당하게 했으며, 총회가 3년 기간을 두고 매년 계속할 사람을 해마다 선정하기로 했다. 해 위원회는 그들 자체 정관을 채택하고 총회인준을 획득해야 한다.

상설위원회의 의무는 대회와 교회들을 깨우치고 연합하여 절제개혁을 추진하는 데 적절한 방법을 구하는 것이다. 그리고 총회에 그 문제에 대한 결정을 보고하고, 교단에 가치 있고 도움이 되는 자료통계를 수집 및 보고해야 한다. 또한 절제에 대한 총회의 지침에 관심을 기울이도록 하고, 출판부에 이 주제에 관한 적절한 내용을 추천하는 것이며, 출판으로 절제에 대한 총회의 이전 결정사항을 명문화하고 다른 복음주의 교단이 유사한 결정을 하도록 추진하는 것이 그들의 의무이다. 출판비용은 이 부서가 감당해야 하는데, 이 위원회의 다른 비용은 달리 충당되지 않으면 일 년마다 총회 회계예산에서 250달러를 할당한다. 이와 같은 추천은 채택되었으며 공백은 뉴욕 시가 채워 주었다. 이것은 새로운 출발점이었다.

모든 부서와 상설위원회는 교단의 일반적인 사역을 위해 존재한다. 그러나 총회는 특별한 죄나 덕목에 대한 부서나 위원회를 함부로 선정하지 않는다. 1881년 총회는 어느 한 노회와 국제주일학교연합회가 헌의를 했지만 주일상설위원회를 선정하기를 거절하고 이전 해의 결정을 언급했으며, 3개 노회 청원 가운데 유사한 결정은 기각되었다. 왜냐하면 상설위원회를 너무 많이 구성하는 것은 적절치 않으며 총회 자체가 책무수행을 더 잘할 수 있기 때문이다.

제791문 다른 결정이 있었는가?

매년 위원회는 비용을 위해 교회에 청원할 권한이 있다. 1884년과 1885년에는 1882년부터 무절제를 반대하는 지난 총회의 통일된 판결이 재확인되었다. 절제대회가 추천되었고 목사들은 절제에 관한 설교를 하도록 요청받았다. 총회는 어떤 주에는 '알콜이 인간에 미치는 영향'에 대해 공립학교에서 교육하는 것을 보고 기뻐했고, 1885년 9월 25일 주일에 100번째 주를 지켜야 한다고 추천했다.

11. 사택위원회

제792문 사택(manses)을 확보하기 위해 초기에 어떤 노력을 하였는가?

1766년 뉴욕 필라델피아 대회는 모든 목사에게 편리한 주택과 필요한 농장improvements이 있는 교회 토지glebe가 제공되어야 한다고 추천했다. 1782년, 1783년과 1799년 각 교회가 담임목사에게 사례를 제대로 지불하는지와 교회 토지와 목사관이 제공되며 교회와 목사 서재가 있는지 살펴보도록 했다.

제793문 구파 총회가 취한 결과는 무엇인가?

1843년 구파 총회는 다음과 같은 보고서를 채택했다. "현재 담임목사가 가족을 위한 주택을 준비하는 데 관여를 하는 것은 목회사역에 지장을 줄 정도이다. 그러므로 교단 목사들이 잘 정착하고 경제적인 유혹으로부터 안전하도록 적절한 목사관을 준비하는 것이 교회가 해야 할 일이라고 결정하기로 하다. 다가오는 세대에 복음을 전하는 데 지속적으로 후원하여 교회들의 논쟁거리를 없애기 위해 법적인 절차로 가장 효과적으로 목사관을 마련하는 데 상당한 관심을 가져야 한다고 결정하기로 하다."

목회 후원에 관해 1854년에 결정을 한 바 있고 이에 대한 중요한 문서를 출판하기로 지시를 받았다. 1864년 총회는 장로교 목사들과 가족들을 위해 사택을 제공하는 것은 중요한 의무이며 동시에 더 이상 지체할 수 없는 사안이라고 했다. 그러나 워낙 방대한 일이라 교단의 형편을 면밀히 조사하고 교단 상황을 철저히 알아야 했다. 그러므로, 총회 관할 아래 있는 지교회들은 다음과 같은 일곱 가지 질문에 답해야 했다. 이 질문을 통해서 얼마나 많은 교회가 목사관을 보유하고 있고 그 형편과 계획, 어떻게 보유하게 되었는지를 확인했다. 이 답변들은 윌슨 씨Mr. Joseph M. Wilson에게 보내졌고 이를 분류하여 다음해에 보고했다.

1865년 위원회는 존속하였으며 노회들은 요구한 정보에 대해 도와주기로 했다. 1866년 노회는 질문에 대해 계속 도와주고 목사 사택과 도서관을 제공하는 것은 상당히 중요하고 필요하다는 것을 강조하는 목회서신을 각 지교회에 보냈다.

제794문 신파 총회가 취한 결과는 무엇인가?

1854년 신파 총회는 목회 후원에 대한 결정을 통과시켜 각 지교회로 하여금 기독교인의 믿음과 베푸는 정신으로 그 문제를 다루어야 할 것을 강조하였고, 말씀과 교리로 목회하는 자들을 위해 넉넉하게 제공하여야 한다고 했다.

제795문 사택위원회(Committee on Manses)는 무엇인가?

1870년 교단 재연합 후 총회는 5인 평신도 위원회를 선정하였는데 회장을 윌슨 씨로 하였고 '사택위원회'로 이름하였다. 이 위원회는 담임 목사들을 위해 각 교회가 보유하고 있는 사택에 대한 정보를 수집하여 정리하는 일을 하도록 했다. 교회들은 이 위원회와 열심히 교류하여 질문에 답하고 총회의 명령을 이행하는 데 도움을 주기로 했다. 이듬해 10명의 회원으로 확대되었다.

노회들은 노회사택위원회를 구성하여 총회 위원회와 공동협력하기로 했다. 수집된 정보들은 총회에 보고해야 했으며 더불어 1,500달러에서 6,000달러에 해당하는 사택을 위한 계획과 세부사항이 들어 있었다. 여기에는 윌슨 씨가 자기 사역을 하는 데 자기를 부인하는 노고와 연장하여 사역하는 데 대한 감사도 있었다.

1873년 그 위원회는 해체되었으며, 사택을 건축하는 일은 교회설립부의 의무에 포함시켜 활발하게 그 사역을 시행하기로 했다. 이 목적을 위해 사용될 금액은 분명히 헌금해야 했다. 하지만 1876년 그 부서는 이 목적을 위해 어떤 헌금도 들어오지 않아 아무런 일도 할 수 없었다고 보고하였다. 그리고 이제는 더 이상 이 부서의 의무가 될 수 없다고 제안했다.

12. 자선제도 상설위원회

제796문 자선 및 재정위원회는 무엇인가?

교단 재연합 때 21인 위원회가 선정되어 다음 해 총회에 교단 전체의 자선사역이 일관성 있고 단순하게 시행되도록 하는 계획안을 내놓기로 했다. 각 교단에서 5인 위원을 선정하여 연합장로교회가 사용할 기금을 모금하는 것을 수의했고, 모금하는 방법과 목적도 다루었다. 그 결과 1871년에 '자선 및 재정위원회'가 설립되었으며, 이듬해 약간 수정하여 다음과 같은 내용을 채택했다.

위원회는 뉴욕에 소재했고, 대부분 재정에 밝은 평신도 사업가 15인으로 구성하였다. 위원회의 의무는 1. 체계적인 헌금을 추진하는 일이고 2. 교단 전체 자선사역을 위한 헌금을 감독하는 것이다. 그 헌금은 부서 회계들에게 보내지거나 위원회에 보내지게 된다. 국내전도부 회계는 이 위원회의 회계가 되며, 각 부서의 재정적인 보고서를 매달 받게 한다. 총회가 추천하는 분기별 헌금은 각 지교회가 분담하도록 했다. 노회들은 상비부를 통해 협력하며 6개월마다 총회 위원회에 보고하기로 했다. 각 부서에 헌금하지 않는 지교회들은 교단의 기금으로부터 어떠한 후원도 받지 못하게 한다. 1874년 이 위원회는 중요한 사역을 이루었다는 상당한 인식과 함께 해체되었다.

강조된 원칙은 다음과 같았다. 1. 헌금은 영적인 동기에서 출발해야 하고 예배의 한 행위와 은혜의 수단으로 해야 한다. 2. 자주 해야 하며 조직적으로 해야 한다. 3. 적어도 재산의 10의 1, 즉 정확한 부분을 주께 드려야 한다. 4. 총회가 감당한 자선사역은 교단에 속한 모든 회원들의 동일한 의무이다.

제797문 총회 자선상비부(Standing Committee on the Benevolent Work of the Church)는 무엇인가?

1874년 자선 및 재정위원회가 해체된 후 교단 자선상비부를 설립하자는 안이 나와 각 대회에서 일 년마다 1인을 선정하도록 했다. 의무는 1. 미리 각 부서가 필요한 액수를 결정하는 것이며 2. 배분방식에 대해 조언하는 것이다. 다음 해 자선사역을 위해 1,622,000달러를 책정했다. 총회가 일정도 인정해 주었다.

이 상비부와 자선 및 재정위원회가 다른 점은 1. 이름에서 2. 상비부는 일 년 단위로 구성되었고, 자선 및 재정위원회는 영구적이었으며 3. 상비부는 대회가 선정하고, 후자는 총회가 선정하였으며 4. 상비부는 규모가 크고, 후자는 작으며 5. 상비부는 일반적이고 대표적이며, 후자는 지역적이고 구체적이며 6. 상비부는 조언을 주는 형태이고 후자는 헌금기금을 배분하며 7. 상비부는 미리 각 부서가 필요한 기금을 책정하고, 후자는 각 대회가 얼마를 모금할 것인가를 결정하는 데서 차이가 있다. 그러므로 이전에 있었던 상설위원회의 연속이 아니라 능력과 쓸모에 있어서 전혀 새로운 부서이다.

제798문 총회 자선 대회위원회가 무엇인가?

1875년 이 명칭은 총회가 아니라 대회가 선정하였다. 이 위원회의 의무는 1. 전반적인 자선체계를 고려하는 것 2. 총회 전과 기간 중에 모이고 조직하는 것 3. 각 부서 서기로부터 필요한 정보를 수집하는 일 4. 요청한 기금예산을 조정하고 모금방법을 제안하며 분배방법에 대해서 조언하는 일이다. 이에 관한 완벽한 보고서를 총회에 제출해야 한다. 회원들은 당연직 각 대회의 위원회의 회원이어야 하고 이 위원회와 총회의 결정을 대회에 보고해야 한다.

교단 자선 상비부 부장은 언권회원으로 초대받아야 한다. 회원들은 다음 회원들이 선출될 때까지 그 직무를 계속할 것이고 절반이 선출되어 다음 해까지 계속할 것이다. 총회는 다시 각 지교회로 하여금 총회가 추천하는 교단사역의 모든 계획에 헌금할 것을 요청했으며, 예배의 형태로 주일헌금을 하는 계획을 채택할 것을 조언했다. 그리고 5인 치리장로 특별위원회를 선정하여 다음 총회에 여러 부서와 위원회를 통해 교단 자선사역을 더욱더 경제적으로 시행하기 위해 적절하다고 여기는 제안들을 보고하도록 했다.

1876년 이 위원회 조직에 대한 의구심이 증폭되어 바로 특별위원회가 선정되며, 다음 해 다음과 같은 사항이 선언되었다. 1. 총회는 하회를 지시하여 특별한 권한을 가진 위원회를 선정할 권한을 지니고 있으나 그 권한은 하회에 있고 하회를 통해 총회에 보고해야 한다. 2. 이 대회위원회는 보고서를 제출함으로 총회의 제안이나 각 부서의 청원에 대해 특히 반대를 하는 사람들에게 즉각적으로 영향을 미치게 한다. 3. 일시적이지만 적절한 특별기관이 되었다. 교단 연합 때 많은 변화가 있었고 영구적인 기관이 되었지만 새로운 치리회, 즉 자문기관으로서 적어도 부분적으로는 총회에 관련하여야 한다. 4. 이 위원회는 헌법에 명시된 조항에 위배되지는 않지만 최고치리회의 고유한 위엄과 도덕적 권한를 침해하며 또한 반헌법적이며 지혜로운 것이 아니라고 선언하였다. 그리하여 이 위원회는 폐지되었다.

제799문 자선상비부(Standing Committee on Benevolence)는 무엇인가?

이는 총회가 매년 선정하는 상비부로 교단의 자선사역에 대해 보고해야 한다. 이 주제에 대한 두 위원회의 자문하는 기능은 1876년 문제시되었으며 다음 해 대회위원회는 폐지되었다. 대회는 해마다 노회의 자선사역 통계를 보고하게 되었으며 이 상비부의 수중에 있게 해서 총회보고서의 기초가 되었다. 그러나 대회 중 3개 대회는 이 요청에 응하지 않아 총회가 반복하여 요구하기도 하였다. 대회 보고서는 노회가 수집한 통계를 담아 대회 이전 봄대회에 제출하였으며 총회의사록에 포함되었다.

제800문 자선제도 상설위원회는 무엇인가?

1879년 자선상비부는 다시 1878년 대회 추천을 전적으로 무시한 것에 대해 보고했다. 상비부는 과거 역사를 돌이켜 본 후 교단이 지금 원하는 것은 기금을 모으고 분배하고 책정 금액과 방도에 대해 각 부서를 교육할 기관 말고 다른 새로운 기관은 필요하지 않을 것이라고 생각했다. 그래서 자선제도 상설위원회라는 새로운 위원회를 설립할 것을 건의해 각 대회나 노회가 자선위원회가 있는지 살피게 하였다.
자선제도와 교회사역은 아래와 같은 세 가지 사항이 성취되기 전에는 목사와 교회가 계속 다루었다. 1. 각 교회는 적당한 성경적 계획이 서야 한다. 2. 각 교회는 각 부서에 헌금을 해야 한다. 3. 장로교단의 전반적인 사역에 대한 보고는 정확해야 하고 새로워야 하며 계속 교회 치리회와 각 지교회에 공개해야 한다.

목사 3인과 장로 3인으로 된 위원회를 구성했고 교단의 많은 교회가 교단 부서에 헌금하지 않는 사실에 총회는 모든 교회의 회원들이 적어도 일 년에 한 번 각 부서에 헌금할 기회를 가져야 한다고 했다. 덧붙여 교단의 최고 치리회의 권한이 요청하였을 때 각 지교회의 당회는 헌금 기회를 반대할 권리가 없다고 결정했다. 또한 정보를 주고 헌금의 특권을 설명하고 각 부서의 요청사항을 매년 헌금과 관련하여 요청하는 것은 각 목사의 책임이라고 결정했다.

이듬해 이 위원회는 첫 보고서를 제출했으며 보고서에서 이전보다 현 교단이 이 주제에 많은 관심을 가졌다고 설명했다. 1881년 이 위원회는 다시 선정되었고, 12명으로 확대되어 상당히 많은 노력을 쏟았으며 클리블랜드를 중심으로 활동하였다. 지난 2년처럼 이 사역은 앞으로도 계속될 것이며 교단의 모든 부서와 함께 각 교회의 회원들에게 자선을 위한 헌금을 확보하기 위해 노력할 것이다.

이 목적을 위해서 각 노회와 대회는 자선제도 상비부를 구성하고, 각 교회는 헌금 계획을 하고, 각 회원은 개인 수입의 일정 부분을 주님께 따로 떼어 내는 교육을 받아야 한다고 했다. 총회의 지시에 따라 각 당회는 이 위원회를 위해 받은 통계서를 작성해야 했다. 출판부는 총회 서기와 주일학교 서기와 자선제도위원회의 대표로부터 제안을 받은 후 한 장으로 된 공란이 있는 통계서를 작성하도록 했고 작성한 후 총회 지시사항으로 각 당회는 모든 사실을 공개하는 것이 필요했다.

1884년 예배모범 수정안이 제출되었고, 구제헌금도 예배의 한 형태로 보다 뚜렷하게 인식되었다. 이듬해 이 안건에 대해 44개의 헌의안이 올라왔고 새로운 장을 노회의 수의를 위해 송부했다.

13. 장로교 역사회

제801문 장로교역사자료 수집을 위해서 초기에 어떤 노력이 있었는가?

1791년 총회는 한 위원회를 선정하여 미국 장로교 역사자료를 수집하기 위한 계획을 수립했다. 목사 개인마다 다음 총회에서 자신이 소장한 교회 역사자료를 제출하며 노회와 대회의 오래된 회의록을 검사할 것을 제안하여 몇 년 동안 계속 요청하고 수집했다. 1804년 그린 목사Rev. Ashbel Green와 해저드 씨Mr. Ebenezar Hazard가 선정되어 총회의 관할하에 역사를 기록하기로 했으며, 노회와 각 교회는 이미 수집한 자료들을 그들에게 보내주기로 했다.

1813년 이 위원회는 상당한 진보가 있었으나 그들이 계속 이 일을 하기는 곤란하다고 보고해 밀러 목사Rev. Samuel Miller가 선정되었고 역사자료 수집을 계속하고 완성하도록 지시를 받았다. 1819년 그린 목사는 재선정되어 밀러 목사와 연합하여 활동하다가 1825년 해체하였다. 그린 목사와 밀러 목사가 미국장로교역사 기록 작업을 그만둔 것은 참으로 안타까운 일이었다.

총회는 다시 그린 목사와 제인웨이와 일라이 목사를 3인 위원회로 선정하여 그린 목사가 소유한 서류와 연대기와 정보를 수집하여 미국장로교역사를 가능한 미루지 않고 완성하도록 독려하였다. 1797년 이후 모든 노회는 그들의 역사를 수집해서 이 위원회에 보내야 한다고 요청받았으며, 대회마다 책임자가 선정되어 장로교역사를 조명해 줄 인쇄된 모든 서류와 원고를 수집하도록 했다.

1836년 할스레이 목사가 사임한 일라이 목사 대신 선정되었다. 상당한 노력과 수고와 세월이 흐르면서 귀한 역사자료가 수집되었지만 너무나 안타깝게도 거의 다 없어져 버렸다. 왜냐하면 1791년 총회가 준비할 것을 명했는데 보관하지 못했기 때문이었다.

제802문 장로교 역사회는 무엇인가?

1852년 사우스캐롤라이나 주 찰스턴에서 모인 총회에서 조직한 모임이다. 1856년 약간 변경이 있었으며, 1857년 펜실베이니아 법원이 법인화해 주었다. 1877년 허가서는 수정되었다. 이 역사회의 목적은 자료를 수집, 보관하고 미국장로교역사에 대한 지식을 널리 알리는 것이었다. 실행위원회는 매년 보고를 하며 역사회는 각 교단 총회와 대회 기간에 강의를 한다. 미국북장로교단에만 국한하지 않고 미국 내 모든 장로교에게 열려 있었다.

제803문 총회는 이 역사회에 관련하여 어떤 결정을 했는가?

1853년 구파 총회는 역사연구회를 조직하는 데 관심을 표하며 대회와 노회에 관심을 기울게 해 적절하다고 여겨지는 역사자료를 보존하여 공동으로 협력하게 하였다. 총회의 권위 아래 과거 수집한 장로교역사에 관련한 모든 원고 자료는 이 역사회에 맡겨졌다. 역사회의 소재는 필라델피아에 있었다.

1873년 미국 독립 100주년 기념 위원회의 추천으로 총회는 6개의 역사강의를 준비해야 하고, 다른 기간의 역사 연구와 교회사역 방법에 대한 강의도 준비해야 한다고 명령했다. 또한 1876년 7월 첫 주일에 총회의 치리하에 있는 교단 산하 목사는 자기 교회 역사를 보고하고, 이 주제를 책임지도록 선정된 총회와 위원회가 지시하는 대로 해 역사의 복사본을 역사회에 송부해야 한다고 했다.

역사회가 소장한 귀한 자료, 즉 책 소책자와 원고를 보존하기 위한 방화건물 설립을 위해 지정된 날 각 지교회에서 헌금해 줄 것을 명령했다. 1877년 역사회 도서관의 가치를 설명하는 귀한 보고서가 제출되었는데 이는 방화건물을 세우는 데 필요한 금액을 신청하는 보고서이기도 했다. 총회는 추천을 갱신하였고, 목사들로 하여금 역사강의에 참석하도록 권고했다. 또한 역사회 건물과 기부금 모금을 위한 헌금이 있어야 한다고 했다.

1878년 총회는 교단의 값진 자료를 보관할 안전한 장소를 위해 20,000달러를 확보하였으며, 헌금을 하지 못한 목사에게는 담임하고 있는 교회역사를 준비하여 역사회에 제출할 것을 제안했다. 총회는 역사회의 목적을 각 교회의 관심에 두고 1879년과 1881년에 이 제안을 반복했다. 그래서 1885년에는 책 2만 권과 소책자 6만 권을 소장하게 됐으며 대부분 역사적으로 귀한 자료들이었다.

5부

조선예수교장로회 제1회 총회(1912년)

이는 내가 육신으로는 떠나 있으나
심령으로는 너희와 함께 있어
너희가 질서 있게 행함과
그리스도를 믿는 너희 믿음이 굳건한 것을
기쁘게 봄이라

골 2:5

제19장

회장

제804문 회장이란 어떤 일을 하는 직책인가?

회무를 처리하기 위하여 회의를 주관하는 직책을 사회에서는 회장 President 또는 회장장-의장 Moderator이라고 하는데, 교회 치리회에서는 회장 혹은 의장 Moderator을 사용한다. 의장은 치리회의 모든 회의와 산하 위원회의 업무를 총괄해서 지도, 지휘한다.

회장은 대체로 치리회가 임명하는 위원이 임명하는데, 처음 거명된 사람이 된다. 그러나 치리회 산하 위원회는 자체적으로 회의를 주관하는 위원장을 결정할 수 있다.

각 치리회 회장은 치리회가 정한 규정 rules에 따라서 결정된다. 회장은 모든 치리회에 반드시 필요한 직책이다. 즉, 회장은 다른 교단의 총회에서와 같이 교회 각 치리회의 모든 회무를 의사진행 절차에 따라서 신속하게 처리하기 위하여 반드시 존재해야 하는 직책이다.

제805문 　회장(의장)은 어떤 권한을 가지는가?(정치 제19장 제2조)

치리회는 회장에게 의사진행 절차를 유지하는 일, 회의를 개회하고 폐회하는 일, 교회의 규정에 따라서 치리회 운영을 감독하는 일 등에 필요한 모든 권한을 위임한다. 즉, 회장은 권한을 위임받은 행정상의 직책이며, 자신이 주관하는 치리회를 섬기는 봉사자이다.

각 치리회 회장은 다음과 같은 권한을 행사한다. 회장은 상정된 모든 의제subject of deliveration를 치리회에 발의해야 한다. 회장은 판단에 따라 회무와 관련된 모든 문제가 가장 합법적이고 신속하게 상정되도록 발의한다. 회장은 모든 회원들이 회의 과정에서 방해받는 일이 없도록 하며, 항상 회장석을 향하여 발언하도록 한다. 회장은 발언자가 주제에서 벗어나거나 신상발언personal reflections을 하지 않도록 한다. 회장은 회의 규칙을 위반하는 회원에게 잠잠하도록 한다. 회장은 회원들이 허락 없이 치리회를 떠나지 못하도록 한다.

회장은 한 사안에 대해서 신중하게 토론한 후에 적절하다고 판단되면 사안에 대한 가부를 묻거나 투표하도록 한다. 치리회가 양분되어 가부 동수일 경우 회장이 결정투표casting vote를 하거나 결정투표를 원하지 않으면 두 번째 표결에 붙인다. 재표결의 결과도 가부 동수일 경우에 회장이 결정권을 행사하지 않으면 그 안건은 부결된다. 회장은 모든 사건에 대해서 가부를 묻기 전에 표결할 안건을 간결하고 명확하게 설명하고, 표결 후에 그 결과를 선언한다.

회장은 정기회의 이전에 특별히 위급한 상황이 발생할 때에 회신circular letter을 통하여 치리회를 소집할 권한이 있다. 회장은 자리에서 일어나 회의 규칙에 대하여 다른 회원들에 우선하여 설명할 권한이 있다. 만일 회원 중 2인 이상이 항의하면 회의 규칙에 가부를 물어 처리한다. 치리회가 다른 방법을 결정하지 않는 한, 회장은 위원회의 모든 위원들을 임명할 수 있다. 회장은 무기명 투표 시 다른 회원들과 함께 투표할 수 있고, 가부 동수일 경우에는 투표하지 못하고 부결된 것으로 결정할 수도 있으며, 투표하지 않고 가부 동수일 때에는 결정투표를 할 수도 있다. 이 경우 이중으로 투표할 수는 없다.

회장은 회장석에 있는 한 어떤 토론에도 참여할 수 없으며, 토론에 참여하려면 회장석을 떠나야 한다. 치리회가 재판회로 회집하였을 때 회장이 증인에게 선서케 하는 권한이 있다. 이 권한은 그가 주관하는 치리회로부터 나온 것도 아니고 총회에서 나온 것도 아니며, 모든 지교회가 따르기로 동의한 헌법이나 헌법조항으로부터 나온 것이다. 교회 권위에 의한 선서는 결코 사회와 충돌이 있을 수 없고, 또한 선서하는 것을 명시한 미국 주법을 위반하는 것은 아니다.

제806문 회장은 반드시 해당 치리회의 회원이어야 하는가?

반드시 그럴 필요는 없지만 해당 치리회의 회원이 회장이 되는 것이 일반적이다. 당회장은 보편적으로 지교회의 담임목사이다. 그러나 특별한 경우 담임목사가 없을 때는 당회가 노회에 소속된 목사를 초빙하여 회의를 주관하도록 한다. 회장 자격으로 사회하는 목사는 당회원이 아니어도 규정에 따라서 찬반 동수인 경우에 결정투표를 할 수 있다. 총회장은 총대가 아니어도 다음 총회가 구성되어 새 총회장이 선출될 때까지 사회를 맡는다.

만일 총회장이 참석하지 못하였고 직전 총회장이 참석한 경우에는 그가 사회한다. 만약 아무도 없다면 참석한 회원 중 연장자가 의장석을 맡는다. 참석한 직전 총회장의 의미는 다음과 같다. 1. 1835년 총회의 결정에 따라 참석이라는 의미는 회원이 아니어도 된다(신파 총회는 1861년 재확인했다). 2. 1843년 총회의 지침에 따르면 아무도 총회를 개회하거나 해당 회기의 개회에 사회를 볼 수 있는 권한은 없고, 단 예외로 바로 직전 총회장이 하거나 그가 또 참석하지 못한 경우는 총회 총대 중 한 명에게 권한이 있다고 총회가 신중하게 결정한 바 있다.

1880년 직전 총회장이 참석하지 못했을 경우 1877년 총회장이었던 일 즈 목사Rev. J. Eells가 개회설교를 하였고 새로운 총회장이 선출될 때까 지 사회를 보았다. 그는 총대도 아니었으나 이에 대한 반대가 없었다. 그러나 총회는 나중에 참석한 직전 총회장이란 문구 앞에 "총대가 되어야 한다"는 문구를 삽입하여 치리회 두 번째 규칙을 변경하기로 결정하였다.

제807문 회장이 의장석을 떠나야 하는 경우가 있는가?

회장이 속한 치리회에서 올라온 상소나 소원을 심리할 경우 그 심리 동안 의장석을 떠나야 한다. 이런 경우에는 참석한 총대 중 직전 총회장이나 다른 목사가 사회를 해야 한다.

제808문 회장은 어떤 방법으로 선출되는가?

허위 교회인 경우에는 노회가 소속 목사들 중에 한 명을 당회장으로 임명한다. 지교회가 담임목사를 초빙하는 경우에, 노회는 그의 위임식을 하여 당회장이 되게 한다. 담임목사의 병환이나 부재 시, 또는 담임목사가 회의를 주관하지 못하는 중대한 이유가 있을 때, 당회는 그를 대신할 노회 소속 목사를 초빙할 수 있다. 만일 초빙하지 못할 상황이면, 당회원 중 한 명으로 사회하게 할 수 있다.

노회장은 노회가 가장 좋게 생각하는 대로, 매년 또는 노회 때마다 선거할 수 있다. 보통 어떤 노회들은 6개월마다 회장을 선출하는데, 이 방법이 정당하다고 인정되기도 한다. 회원 중 누구라도 공천을 받을 수 있으며, 후보자가 한 명뿐이면 즉시 표결에 붙여진다. 그러나 후보자가 여러 명 공천받는 경우에는 각자 표결에 붙여지며, 호명이 되면 그 자리를 떠나게 된다. 투표는 구두 표결이 이루어지기도 하고, 어떤 노회는 무기명 투표로 하기도 한다. 그리고 위원이 선출된 회장을 데려오고, 직전 회장은 그를 회장석으로 인도한다.

대회와 총회의 회장은 각각 치리회, 즉 대회와 총회에서 선출한다. 후보 공천을 받는 목사의 노회 관계를 언급하는 것을 제외하고는, 후보 공천과 선출 방법은 노회의 경우와 동일하다. 이는 1791년 총회의 상비 규칙이었다. 1846년과 1851년에서 1869년까지 구파 총회가 대회장과 총회장은 과반수 이상의 득표를 얻어야 한다고 결정한 바 있다.

취임방식은 1791년 채택한 규칙에 따라 다음과 같이 진행한다. 새로 선출된 총회장이나 대회장은 임명받은 위원 한 명에 의해 총회 앞에 인도되어 물러나는 총회장에게 나오면 직전 총회장은 총회 앞에 그를 다음과 같이 소개한다.

"나에게 주어진 임무에 따라서, 귀하가 정당하게 총회장으로 선출된 것을 귀하와 총회 앞에 선언합니다. 총회장의 모든 직무와 총회의 모든 업무를 신중하게 처리할 수 있도록, 나는 이 자리를 떠나기 전에 총회와 관련된 모든 기록들이 포함된 회칙(장로회 치리회의 보통 규칙)을 귀하와 총회 앞에서 낭독할 것입니다. 그리고 앞으로 발생할 회무를 시행함에 있어서 귀하가 이 회칙을 신중하게 준수할 것을 확신합니다. 이제 순서에 따라서 귀하가 총회장으로서 받은 가르침에 보답하고 총회장의 직무를 수행하는 데 모든 회원들을 잘 인도할 이 회칙을 읽음으로써, 하나님께 영광을 돌리고 교회에는 덕을 끼치며 위로가 되도록 총회의 모든 회원들에게 전능하신 하나님께서 복 주시고 인도하시기를 기도합니다. 나는 이제 회장의 모든 직분을 사임하는 바입니다."

이전에는 이런 회칙이 낭독되었지만, 이제는 기록한 책을 회장에게 전달하는 것으로 낭독을 대신한다. 직전 총회장은 위에 기록된 인사말을 약간 변경하여 말할 수는 있다. 일반적으로 총회장은 위의 인사말에 제한을 받을 필요는 없다. 그리고 신임 총회장은 이에 대해서 종종 짧은 답사를 하고 총회 앞에 연설을 한다.

제809문 회장이 읽어야 할 규칙은 무엇인가?

회장은 장로회 치리회의 보통 규칙General Rules for Judicatories을 반드시 읽어야 한다. 미국 장로회의 경우, 이 규칙은 귀납법식 형태로 적용되고 있다. 이 규칙들은 1791년에 미국 북장로회 총회에서 채택되었으나 노회에까지 전달되지 않았기 때문에 헌법의 한 부분으로 여겨지지는 않는다. 여러 번 수정이 있으나 교단 재연합 때 미국 두 교단이 사용한 규칙이 대동소이해 별로 변경이 없었으며 1885년에 개정하였다.

[각 치리회 보통 규칙]

1. 지정한 휴회 시간이 끝나고 회의 시간이 되면, 회장은 바로 자리에 앉아서 회원들에게 즉시 참석할 것을 명하고 정족수가 되면 기도로 개회한다.
2. 예정한 시간에 정족수가 모였으나 회장이 참석하지 않았으면, 새로운 회장이 선출될 때까지 지체하지 말고 총대이면서 직전 회장이 사회한다. 만약 직전 회장도 자리에 없다면 참석한 회원 중 연장자 순으로 사회한다.
3. 예정한 시간에 정족수가 모이지 않으면, 출석한 회원 중 두 명이 휴회를 요청할 수 있다. 정족수가 되어 회의가 다시 열릴 때까지 이와 같

은 방법은 계속된다.
4. 회장은 항상 회의 질서를 유지하고, 올바르고 신속하게 모든 회무가 처리되도록 노력해야 한다.
5. 회장은 정한 날에 처리되도록 정해진 회무의 자료들을 신중히 보관하였다가 지정된 시간에 소집하여 그것을 처리케 해야 한다.
6. 회장은 다른 회원들보다 우선하여 규칙에 대해 설명할 권한이 있다. 회장이 기립하여 말하며, 만일 회원 중 2인 이상이 항의하면 회장은 규칙의 문제를 결정해 주어야 한다.
7. 치리회가 다른 방법을 결정하지 않는 이상 회장이 치리회의 모든 위원들을 임명한다. 상비부 위원들을 임명하며 그중에 부회장도 임명한다. 부회장은 회장의 요청으로 책임을 맡아, 회장이 회무를 수행함에 있어 다른 방법으로 그를 도와 그 직무를 대리하게 한다.
8. 어떤 치리회에서든지 무기명 투표로 표결이 부쳐질 때, 회장이 다른 회원들과 함께 투표할 수 있다. 그러나 찬반 동수가 될지라도 회장이 다시 투표할 수 없고, 이 안건은 부결된 것으로 정해야 한다.
9. 누구든지 처음 거명된 위원이 회장(부장)이 되어 회의를 소집한다. 그러나 그가 결석하였거나 회무를 수행할 능력이 없을 경우에는 두 번째로 호명된 자가 회장(부장)을 맡아 직무를 수행한다.
10. 모든 치리회의 회의가 개시되면 서기는 가능한 빨리 완전한 회원 명부를 작성하여 그와 동일한 것을 회장에게 제출해야 한다. 회원이 늘어나면 그 이름을 회원 명부의 적당한 부분에 추가한다.
11. 서기가 맡은 임무는 가능한 한 정식으로 승인을 받아서 채택된 모든 문서들을 순서대로 정리하여 보관하고, 차례대로 정확하게 유지하는 것이다. 공식 서기stated clerk는 모든 헌의서overtures, 청원서memorials, 기타miscellaneous 문서들을 받아 치리회judicatory에 전달해

야 한다. 그리고 치리회에 전달한 것과 동일한 기록을 만들어 헌의서와 안건들을 담당하는 위원회The committee(헌의부)가 그것을 적절히 배치하고 참고하도록 위원회에 문서를 전달하는 역할을 한다. 또 서기는 정회 후에 치리회를 다시 소집할 목적으로 발언권을 가진다. 그리고 서기는 회무 순서나 참고 자료들을 건의하여 보고하는 역할도 하지만, 항상 서기에게 의안을 나눠주도록 위탁한 위원회(헌의부)가 그것을 보고하는 데 우선권을 가진다.

12. 개회할 때마다 이전 회의록을 제시하고, 요구가 있을 때는 이전 회의록을 낭독하고, 착오가 있으면 수정한다.
13. 지난 회기 때 미결로 처리된 안건을 통상적으로 맨 처음에 처리하는 것이 합당하다.
14. 동의에는 반드시 재청이 있어야 한다. 회장은 토론하기 전에 동의와 재청을 반복해서 큰 소리로 말해야 한다. 회장이나 회원이 요청할 경우에 동의자는 서면동의를 해야 한다.
15. 모든 회원이 동의를 할 수 있고, 또한 토론 전에 재청자의 승낙을 얻어 철회할 자유를 가진다. 그러나 토론이 시작된 이후에는 해당 치리회의 허락을 받지 못하면 동의한 것을 철회할 수 없다.
16. 만약 토론 중에 있는 동의가 여러 부분을 포함하고 있으면, 2인 이상이 나누기를 요구할 수 있고 그러면 그 문제는 각 부분으로 나누어 처리한다.
17. 특정한 수와 시간을 정하는 것과 관련하여서 다양한 동의가 제기될 때, 항상 가장 많은 수를 시작으로 그리고 가장 오랜 시간을 시작으로 그 문제를 다룬다.
18. 심의를 보류하자는 동의, 안건을 채택하자는 동의, 폐회(휴회)하자는 동의, 그리고 이전에 다루었던 사건을 표결하자는 동의는 토론

없이 이루어진다. 절차문제, 토론의 연기, 사건 위임에 대한 동의는 회원 누구도 한 차례 이상 발언하지 못한다. 그 외 모든 사건에 대해서는 각 회원이 두 차례 발언할 수 있으나 다시 발언하려면 종종 해당 치리회의 허락을 받아야 한다.

19. 한 문제가 논의 중에 있을 때, 휴회를 하지 않는 이상 다른 동의를 받을 수 없다. 그러나 심의를 보류하자거나, 무기한 연기하자거나, 특정한 날까지 연기하자거나, 위임하자거나, 수정하자거나 하는 등의 동의는 여기에서 배열된 순서에 따라서 우선순위를 가지고 받아 다룰 수 있다. 폐회를 위한 동의는 절차상 항상 있어야 한다.

20. 동의를 받은 안건에 대하여 수정(개의)한 것을 다시 수정(재개의)할 수 있으나 재수정(재개의)한 것을 수정하자는 동의는 할 수 없다. 그리고 가부를 물을 때 수정동의를 묻고, 원 동의Original motion는 나중에 묻는다. 대체 동의Substitute는 수정 동의Amendment로 간주한다.

21. 심의를 무기한 연기하자는 동의와 유기한 연기하자는 동의 사이에는 구별이 있다. 어떤 안건을 유기한 연기하자는 동의는 토론 없이 받고, 그 동의가 결정되더라도 그 안건의 주제는 아직 효력을 가지고 있어서 회기 중 정한 시간에 다시 논의할 수 있다. 반면에 어떤 안건을 무기한 연기하자는 동의는 토론 없이 받을 수 있으나 그 동의가 결정되면 그 주제는 그 치리회 동안 다시 다룰 수 없다. 다시 다루려면 동의를 재고하는 투표를 해야 한다.

22. 다수의 요구와 허락에 의해 이전의 사건을 토론하지 않고 가부로 표결하기로 하면(이렇게 결정하면 안건이 표결될 때까지 모든 토론을 금한다) 다음 순서를 따라 처리한다.

논의 중인 사건을 위원회에 위임할 것을 동의하고, 만약 위임 동의가 유력하지 않으면 재개의하고 마지막으로 동의한다.

23. 한 번 처결한 사건은 같은 치리회Judicatory 회기 중에는 다시 재론할 수 없다. 그러나 결정할 당시에, 결정에 참석했던 회원 3분의 2의 동의가 있거나 다수편에 속했던 회원 중에서 동의와 재청이 있으면 재론할 수 있다.
24. 무기한 연기하기로 가결된 사건은 그 회기 중에는 다시 논의할 수 없다. 그러나 그 결정에 동참한 회원 4분의 3 이상이 가결하면 그 회기 중에라도 다시 논의할 수 있다.
25. 회원은 특별한 이유가 없는 한 표결에 참가해야 한다. 그렇지 않으면 각항 결정을 소수가 좌우하게 된다. 투표하지 않은 것에 대해 명백한 해명을 하지 못할 경우에, 침묵하는 회원의 의견은 다수파와 동일한 것으로 인정된다.
26. 회장이 표결에 부칠 것을 결심하면, 명백한 잘못이 드러나지 않을 경우에는 더 이상의 논쟁이나 발언은 허락되지 않는다. 그러나 잘못이 드러나면 회장은 그것을 시정하여서 즉시 표결에 부친다. 지정된 시간에 안건을 투표하자는 동의가 통과되었다면, 한 회원의 발언 시간을 10분으로 제한한다. 지정된 시간이 되면 어떤 설명이나 논쟁도 허용하지 않는다. 그러나 회장은 토론과정에서 충분히 이러한 사실들을 공지를 하여 적절한 절차 속에 표결이 진행되도록 해야 한다. 표결할 시간을 미리 정하자는 동의는 토론 없이 즉시 가부에 부쳐진다.

투표를 진행하는 도중에 정회시간이나 폐회시간이 될 경우에는 다수의 회원이 정회할 것을 허락하지 않는 한 투표를 끝낼 때까지 시간을 연장한다. 속회하면 그 투표 건이 끝날 때까지 다른 모든 안건보다 우선적으로 처리해야 한다. 하나의 안건에 여러 가지 사건이 포함된 경우에는, 이 규칙에 의하여 마지막에 동의한 것만을 전체적으로 채택하여 가부를 묻는다. 표결한 시간을 정하자는 동의는 토론 없이 가부로 결정된다.
27. 출석회원 3분의 1 이상의 회원이 요청하지 않으면, 어떤 문제에 대한 가부를 기록하지 않는다. 표결이 필요한 경우에는 수를 셀 필요 없이 기립 표결로 한다. 만약 회장이 기립 표결로도 결정할 수 없거나, 정족수 이상이 계표원을 청할 것을 동의한다면, 기립표결한 상태에서 계표원이 좌석 통로를 지나다니며 양편의 수를 세어 회장에게 보고한다.
28. 토론이 진행 중일 때, 회원들이 마음대로 신상발언을 하도록 허용해서는 안 된다.
29. 만약 1명 이상의 회원이 발언하려고 동시에 일어난다면, 회장석에서 가장 멀리 있는 회원이 첫 번째로 발언하게 된다. 모든 문제를 토론하는 가운데 의견이 양편으로 나눠지는 경우에, 양편의 의견을 대표하는 회원이 각각 번갈아 가면서 발언해야 한다.
30. 회원 중 3명 이상이 동시에 자리에서 일어난다면, 회장은 모두에게 착석할 것과 한 사람만 발언할 것을 요청해야 한다.
31. 모든 회원들은 발언할 때 회장을 향하여 발언하고, 동료 회원들에게와 특히 회장에게 존경심을 가지고 예의를 갖추어야 한다.
32. 발언자가 질서를 어지럽히거나, 잘못을 바로잡는다고 나서거나, 거짓 진술을 하지 않는 한 발언 중에 방해를 받지 않아야 한다.
33. 치리회의 회무가 진행되는 가운데, 허락을 받지 않은 회원은 사적인 대화를 할 수 없다. 또한 회장의 허락이 없이는 회원 서로 간에는 물론, 회의에 참석한 어떤 사람들과도 대화할 수 없다. 그러나 회장의 허락으로는 할 수 있다.
34. 재판회로 소집되는 동안 치리회 회원들은 침착함과 위엄을 지속적

으로 유지해야 한다. 심리 중에 있는 문제에 대해 간결하게 발언하고 장황하거나 주제에 벗어난 말은 피해야 한다. 주제에서 벗어날 경우에 어떤 회원이든지 그들에게 질서를 요청할 특권("규칙이요"라고 외칠 특권)이 있다. 이것은 회장의 임무이기도 하다.

35. 어떤 회원이 회의 분위기를 해치는 무질서한 행동을 한다면, 그를 제지하여 질서를 유지하는 것("규칙이요"라고 외쳐 그를 제지하는 것)이 회원의 특권이며 회장의 임무이다.

36. 어떤 회원이 회장의 결정으로 인해 자신의 권리를 침해당했다고 생각하면, 치리회에 항의할 특권이 있다. 그리고 회장은 그 항의에 관하여 토론하지 않고 표결 처리해야 한다.

37. 어떤 회원도 회장의 허락 없이는 회의 자리를 떠나가거나 치리회의 동의 없이 귀가하지 못한다.

38. 모든 치리회는 공개적으로 토론할 문제가 아니라고 판단될 경우에 비공개로 회의를 열 권한이 있다.

39. 비공개로 재판에 참석할 권한 외에도, 모든 치리회는 담화회 interlocutory meeting라고 불리는 회의를 소집할 특권을 가진다. 이 회의에서 회원들은 회의진행 과정에서 필요한 일반적인 형식에 얽매이지 않고 자유롭게 서로 대화할 수 있다.

40. 치리회가 재판회 judicial capacity로 회집하면 치리회에 부과된 재판 관련 회무를 신중하게 처리하고, 예수 그리스도의 법정에서 재판하는 것과 같이 회원들에게 강력하게 재판하는 회무를 처리하라고 요구하여, 회장은 회장석에서 엄숙하게 선포하는 것이 그의 의무이다.

41. 고소인과 기소인이 치리회에 소송을 제기한 경우, 치리회는 먼저 일을 감당할 충분한 숫자의 조사 위원 Judicial Committee을 임명해서 일

하는 것이 편리하다.

조사 위원은 사건과 관련된 모든 문서를 분류하고 정리하며, 치리회의 관리와 감독하에서 재판진행의 완전한 절차를 결정한다. 조사 위원은 위와 같은 임무를 수행하는 것 외에도 치리회의 회원으로서 재판에 참석하여 투표할 자격도 가진다.

42. 원고가 없이 치리회가 기소하기로 가결하고 재판이 진행되는 사건인 경우에 치리회가 선임한 기소 위원Committee of Prosecution은 기소한 부분에 따라서 모든 재판 과정을 진행한다. 기소 위원은 그 사건의 원고가 되므로 재판회원권을 상실하여 판결석에는 앉지 못한다.
43. 치리회의 상설 직원들은 그들과 관계된 사무를 논의할 때에 언권 회원의 권한을 가진다.
44. 지교회 당회는 기도로 폐회한다. 그러나 당회의 상회인 모든 치리회의 회장은 폐회할 때에 적당한 시편을 낭독하거나 적절한 찬송을 부르도록 한 후 축도로 폐회한다.

제810문 어떠한 회의 세칙(standing orders)이 채택되었는가?

1879년 회의 세칙들이 채택되었다. 장로회 치리회의 보통 규칙에 추가된 것으로 치리회 규칙의 한 부분이다. 이는 1884년과 1885년에 되었다.

1. 총회는 항상 일정한 시일, 즉 매년 5월 세 번째 목요일 오전 11에 소집된다.
2. 공개 통지 후, 모든 총회 총대는 신임장을 총회 당일 이전 시간이나 이전 날 공식 서기이며 상근 서기에게 제출해야 한다. 즉, 서기는 총대 천서 위원이 된다.
3. 총회는 성찬식을 개회 첫날인 목요일 저녁 시간에 거행한다.

4. 총회 기간 중 매일 저녁 시간은 공개회의 popular meeting 시간으로 다음과 같이 모인다.
주일학교 활동(둘째 날 저녁), 자유인 선교활동(넷째 날 저녁), 국내 전도 활동(다섯째 날 저녁), 해외 선교 활동(여섯째 날 저녁), 절제회 사역(여덟째 날 저녁) 등을 미리 정한 순서대로 보고한다.

5. 각 상비부 보고는 다음과 같이 지정된 시간에 검토한다.
목사 구제부 - 토요일 오전 10시
자유인 선교부 - 월요일 오전 10시
국내 전도부 - 화요일 오전 10시
대학 및 학교 지원부 - 화요일 오후 3시
국내전도부 - 화요일 오전 10시
출판부 - 수요일 오후 3시
교육부 - 둘째 화요일 오전 10시
자선부 - 둘째 목요일 오후 3시
교회설립부 - 둘째 금요일 오전 11시
절제부 - 둘째 금요일 오후 3시
해외 선교, 출판, 교육, 자선, 교회 설립과 관련된 상설 위원회의 보고는 지정된 시간에 검토한다.

6. 총회 서기는 총회에 전달된 모든 청원서와 헌의서 그리고 기타 문서들을 접수한 뒤에 기록한다. 모든 것을 안건 및 헌의 상비부에 보낸다.

7. 총회가 임명한 특별 위원들은 다음 총회 두 번째 날에 보고하도록 예비해야 한다.
각 부서나 위원회의 보고서를 검토하는 것과 총회의 절차상 시간을 할당하고 배정하는 것은 아래와 같이 총회 세칙에 있다.
1) 국내 전도부와 해외 선교 상비부의 보고는 각각 2시간 30분의 제

한 시간을 가진다. 그리고 교육, 출판, 교회 설립, 목사 구제, 자유인, 절제, 학교 지원 등을 담당하는 상비부의 보고는 각각 1시간 30분의 시간을 초과할 수 없다.

2) 모든 상비부와 특별위원회의 서기와 회장은 30분 이내로 보고해야 한다.

제811문 장로가 회장으로 선출될 수 있는가?

당회에서는 담임목사나 노회 소속의 다른 목사가 회장을 할 수 있지만 회의를 주관할 목사를 구할 수 없는 위급한 경우나 비상시에는 폐가 되지 않는 한 장로가 회의를 주관할 수 있다. 상회에서는 그러한 상황이 일어나지 않는다. 목사Minister라는 용어는 회장Moderator을 설명하는 데 사용되지 않는다. 그러나 회장의 직무 중에 설교, 장립기도, 축도가 있는데 이는 장로가 못할 일이기에 항상 목사가 회장이 된다. 총회장은 항상 목사이다.

제812문 회장은 어떻게 개회하며 폐회하는가?

회장은 개회와 폐회 시 기도를 한다. 이것은 마찬가지로 상회에서도 요구되는 형식이다. 당회의 경우는 이와 다르기 때문에 총회는 당회록에서 이 부분이 빠져도 예외로 인정한다.

제813문 고문관이란 무엇인가?

화란개혁교회에는 부회장이 선출되며 고문관adsessor이라 불렀다. 1878년 총회에도 유사한 직원이 해마다 선출되어야 한다는 제안이 권징서 수정위원회에 제출되었다. 스코틀랜드 장로교회에서도 고문관이 총회장의 공식 직원이었다.

제20장

서기

제814문 서기란 무엇인가?

서기Secretary or Clerk는 회록을 작성하고 보존하기 위하여 치리회가 임명한 사람을 지칭한다. 모든 치리회는 이 직책을 서기라 한다. 모든 치리회는 치리회의 결정사항을 기록하기 위해 서기를 선출한다. 서기는 기꺼이 그 직책을 계속 맡을 수 있다. 서기는 결정을 기록하는 것 외에도 회록을 신중하게 보존해야 하며, 정당하게 요청을 받을 때에는 언제든지 회록 초본을 교부해야 한다. 서기가 교부한 회록 초본은 교회에 속한 모든 구성원뿐만 아니라 어떤 치리회에서도 신뢰할 수 있는 확실한 인증 문서로 인정된다.

제815문 서기는 얼마 동안 직책을 지속하는가?

서기는 기꺼이 이 직책을 계속 맡을 수 있다. 서기는 치리회의 상설 직원permanent officer이며, 이 직책을 종종 수년 동안 유지한다. 노회 서기는 매 회기 때마다 선출되었다. 이러한 대회 전통은 총회가 조직되기 전까지 존속했다. 1773년 뉴욕 및 필라델피아 대회는 이전 서기들을 재선출했으며, 그 이후 가끔 서기 1인이나 2인을 재선출했다. 그러나 서기의 임기를 2년으로 제한했다.

제816문 서기는 반드시 본 치리회의 회원이어야만 하는가?

회장과 서기는 섬기는 직책이다. 직무와 관련하여 그들은 단지 봉사자일 뿐이지, 해당 치리회의 회원 자격 유무와는 무관하다. 특히, 서기에 관해서는 이런 사항이 확실하다. 그러므로 치리회의 회원이 아니더라도 결정을 기록하고 기타 서기 직무를 맡는 데 적임자라고 생각되면 임명할 수 있다.

그리고 부분적인 직무를 맡아 볼 임시 서기가 필요할 경우에는 노회가 가끔 회원이 아닌 강도사나 다른 사람을 서기로 임명할 수도 있다. 신파 총회도 1861년 이와 동일하게 언급했다. 하지만 서기는 회록을 보존해야 하므로 치리회의 관할에 있어야 한다.

제817문 당회의 서기는 누가 되는가?

당회의 선임을 받은 사람이 당회의 서기가 된다. 일반적으로 당회원이 당회 서기가 된다. 서기의 임무는 다음 회집 때 승인을 받아 통과시켜야 하는 회록을 올바르게 작성하고, 도서들과 문서들을 담당하고, 정당하게 요청을 받을 경우에(당회의 지시를 받아서) 회록의 인증된 사본을 교부하고, 소환장을 발부하고, 검사를 위해 노회에 당회록을 제출하고, 당회록과 당회가 소집한 공동회의의 회록을 보관하는 것이다.

제818문 노회의 서기는 누가 되는가?

노회의 선임을 받은 사람이 노회의 서기가 된다. 일반적으로 노회원이 노회 서기가 된다. 노회 서기의 임무는 매년 검사 받기 위하여 반드시 대회에 제출해야 하는 회록을 보관하는 것이다. 이 경우에 노회 서기는 회록뿐만 아니라 변경된 사항들과 노회의 전반적인 신앙 상황도 충분하게 보고한다. 노회 서기는 이와 유사한 보고서와 상황을 매년 총회에도 제출해야 한다.

제819문 공식 서기는 무엇인가?

노회, 대회, 총회 때 서기를 도와줄 사람이 필요하다. 특히, 각 치리회의 소집 기간 동안에는 더욱 그렇다. 이때 그를 돕도록 임명한 자와 구별하기 위해서 공식 서기Stated Clerk라는 명칭을 사용한다. 초기에는 서기가 모든 회무를 처리할 수 있었다. 그러나 뉴욕 대회와 필라델피아 대회가 연합한 후에 회무가 증가하면서 1763년에 조력자가 허용되어 서기와 조력자라는 명칭을 가졌다.

총회가 조직될 때나 치리회 서기를 규정할 때 공식 서기 직책이 등장하는데 그 이후로 노회 서기, 대회 서기, 총회 서기를 각 치리회 공식 서기라고 불렀다. 1870년에 유급으로 일년에 미화 400달러를 지급했다.

위에서 언급한 그의 책무에 덧붙여 1801년에 서기는 총회 총대들이 자신들의 책무를 제대로 이행하지 않아 예의를 지키 않고 허락 없이 총회를 떠나는 경우 그 사실을 노회에 통보하는 의무도 포함했다. 1807년에는 총회 회의록 초본을 인쇄하는 일과 총회의 지시대로 회의록 사본을 배부하는 일을 서기의 책무로 여겼다. 1871년에는 미화 100달러를 더 주어 총회 회계도 겸하게 했다.

제820문 **총회가 보관하는 도서들과 접수 문서들에 대해서 서기는 어떤 권한을 가지는가?**

서기는 접수된 모든 문서들에 대해서 수령증을 발부해야 한다. 그리고 보관하고 있는 총회록이나 제반 문서들을 총회 허락 없이 다른 사람에게 전달하지 못한다. 총회가 허락한 경우에라도 수령증이 없다면 전달하지 못한다. 공식적 보고와 관련하여 서기는 노회가 제출한 통계적 보고서에서 명백한 잘못이 있거나, 확실히 생략된 부분이 있을 때 고치거나 보충할 수 있는 권한이 있다.

제821문 **상설 서기(Permanent Clerk)란 무엇인가?**

1802년 총회는 "경험으로 얻어질 수 있는 회무 처리 능력을 보유한 회록 서기가 없어 이전 총회가 지장이 있었다"고 선언한 바 있다. 또한 "자신의 수고에 적절한 보수를 받지 않고 영구히 이 직무를 수행해야 한다고는 기대하지 않는다"고 했다.

상설 서기는 해마다 총회 회기 동안 총회록의 초안을 작성하는 일이 그의 임무이며, 이후 그에게 부여된 임무는 초본을 옮기며 인쇄하여 배부하는 일이다. 총회 예산에서 총회 회기 중이거나 그렇지 않거나 간에 그가 업무를 수행하는 동안 하루에 미화 3달러를 일비로 지불하였고, 문구용품도 제공했다.

그는 모든 회의록 원본을 작성하고, 사건에 따라 요청이 오면 총회 임원회나 다른 직원들에게 당연히 제출하듯 그 동일한 인증본을 발급한다. 총회가 끝난 후 회록 서기는 휴회 후에 원고를 수정하고 교정하여 공식 서기에게 전달한다. 1870년 상설 서기의 급여는 일년에 미화 300달러로 고정되었다. 노회나 대회의 회록 서기도 유사한 직무를 수행한다. 규모가 작은 노회는 회록 서기를 둘 필요가 없다.

제822문 **임시 서기란 무엇인가?**

1802년에 총회가 상설 서기직을 세웠을 때 임시 서기Temporary Clerk를 매년 총회 회기 때 선임해서 지금까지 왔는데, 그는 총회의 회록과 보도문communications을 낭독하고 필요한 경우 상설 서기를 돕는 역할을 하며 하루에 봉사비로 미화 1달러를 받는다. 신파 총회는 1856년부터 2명의 임시 서기를 두었으며, 구파 총회도 동일한 전통이 있었다. 교단 재연합 때에는 3명의 임시 서기가 필요했으며, 1873년 이후는 4명의 임시 서기를 해마다 임명했다(노회와 대회는 회기 때마다 한 명 이상의 서기를 선임했으며 무급으로 봉사했다). 그러나 1880년 총회는 각 서기에게 25달러씩 지불하라고 지시한 바 있다.

제823문 **상설 서기 대행(acting Permanent Clerk)은 어떤 일을 하는 직책인가?**

상설 서기Permanent Clerk가 병환 중이거나 부재 시에 그의 직무를 수행하도록 치리회가 임명한 자이다. 1881년 총회는 상설 서기가 계속 병환 중에 있다는 소식을 듣고, 로버츠 목사Rev. William H. Roberts를 다음 해 상설 서기 대행으로 임명하여 직무를 맡기고 직무에 대한 급여를 지불해야 한다고 결정했다.

제824문 **누가 서기로 선출될 수 있는가?**

서기는 통상적으로 해당 치리회의 회원이어야 하지만 반드시 그렇지 않다. 총회에서는 공식 서기Stated Clerk와 상설 서기Permanent Clerks가 종종 총회 총대가 아닌 경우도 있다. 특별히 장로가 임시 서기Temporary Clerk로 임명되는 경우도 가끔 있다. 1858년 신파 총회는 이들 서기들은 총회 총대는 아니지만 자신들의 직무와 관련된 사건이 논의될 경우에는 언권 회원으로서의 특권을 가진다고 결정했다. 교단 재연합 후 이런 특권을 그들에게 주었다.

제21장

허위 교회

제825문 교인들의 주일 회집(Weekly assemblies)에 어떤 은혜가 있는가?

하나님을 공적으로 예배하기 위해 교인들이 매주 회집하는 것은 아주 중요하며 이를 통해서 성도들의 성경 지식을 향상시키고, 예배의 관습과 성찬식에 대한 소망을 확고하게 한다. 또한 지극히 높으신 하나님을 경배하게 하고 서로 하나되도록 하는 긍휼의 마음을 가지게 한다.

제826문 허위 교회는 앞에서 언급한 예배를 반드시 드려야 하는가?

모든 허위 교회(무담임 교회)는 주일에 한 곳 또는 여러 곳에서 모여서 기도하고, 찬양하고, 성경을 읽는다. 이 예배는 관할 노회의 허락을 받아서 이루어진다. 허위 교회의 당회는 가능한 빠른 시간 안에 담임목사를 구하고 주일에 예배를 인도할 목사를 모시도록 노력해야 한다. 이것이 가능하지 않을 때에도, 예배는 정상적으로 유지되어야 한다. 이행할 수만 있다면, 예배는 한 주간에 한 번 이상 드려야 한다. 주일에는 당회의 지도를 받아 주일학교를 설립하여 주일학생 교육을 유지해야 한다.

제827문 누가 이 예배를 인도하는가?

예배를 사회하는 장로나 집사는 성경이나 다른 기독교 서적의 본문을 선택하여 읽는다. 그리고 이들은 모든 교인들이 바르고 질서 있게 예배를 드리는지 살펴본다. 담임목사가 병환 중에 있거나 부재시 장로가 이러한 의무를 맡아서 수행해야 한다. 예배를 인도할 다른 목사를 구할 수 없을 경우에는 그 자신이 예배를 인도해야 한다.

제828문 담임목사가 없을 경우에 장로가 말씀을 해설할 수 있는가?

1856년 구파 총회는 루이지애나 노회가 담임목사가 없는 경우에 치리장로가 성경을 읽고 해설하고 적절한 권면을 하여 교인들의 양심에 진리를 강권하도록 노력한 것은 장로교회의 원리에 어긋나지 않는 옳은 일이었다고 판단했다.

제829문 노회는 허위 교회를 어떤 방법으로 감독하는가?

노회는 관할 지역에 있는 허위 교회에 대해서 특별한 책임을 가져야만 한다. 그리고 노회는 이 부분과 관련된 정치 조례 Form of Government를 그 교회 장로들이 순종하도록 해야 한다. 1847년 구파 총회는 그렇게 하였다.

제22장

총회 총대

제830문 총회 총대는 누구인가?

총회 총대는 각 노회를 대표하는 사람이며 총회의 회원이다.

제831문 총회 총대는 언제 선출되는가?

노회가 항상 총회 총대를 임명한다. 총회 총대는 총회가 개회하기 바로 전에 열리는 마지막 정기 노회에서 임명된다. 노회는 총대가 총회에 참석하기 위해 충분한 준비기간을 주어 자신들의 의무를 수행할 수 있도록 여유를 갖고 임명해야 한다. 그러나 총회가 개회하기 7개월 이전에는 총대를 정할 수 없다.

제832문 정식 선거를 거치지 않은 사람도 총대로 받을 수 있는가?

선거관리위원은 선거와 관련해서 불법적인 모든 사항들을 총회에 보고해야 한다. 총회는 불법선거에 관련된 사람이 총대 자리에 앉기 전에 이 문제에 대해서 판단해야 한다. 구파 총회에는 이런 경우가 있었다. 작은 노회나 선교사 노회가 임명을 하려고 하였으나 봄 회기 때 정족수가 성립되지 않아 명백히 선출하지 못한 경우, 선출하였으나 총대권을 연기한 경우, 선교사 노회가 헌법이 명시한 시한 전에 선출했을 경우는 목사와 치리장로를 허락해 주었다. 매 경우 자기 유리한 대로 판단을 했으며 때로는 결정하는 데 있어서 일관되지 못한 경우도 있었다.

1843년 총회는 스미스 목사Rev. D. M. Smith를 거부했다. 왜냐하면 노회가 봄노회 때 정족수가 되지 못했으므로 노회에 참석한 자들이 총회에게 그를 총대로 받아달라고 요구했으며 그곳에 결석한 목사 2인도 이에 동참했다. 그에 대한 선출은 만장일치로 여겨졌다. 하지만 1865년 스미스 장로H. Smith라는 사람은 한 노회가 2년 동안 정족수가 되지 않았지만 몇몇 목사와 장로들의 요구로 총대로 인정된 바 있다.

제833문 총회는 새로 조직된 노회가 파송한 총대를 받을 수 있는가?

1822년 총회는 교회 헌법에 따라서 정식으로 조직된 노회가 만족할 만한 증거 서류를 제출하고 총회와 교류가 있으며, 총회장 선거 이전에 그런 증거물을 갖추었던 경우에 총회는 그 노회가 파송한 총대를 받을 수 있다는 세칙을 채택했다.

1837년 그런 노회는 관련 대회가 합당히 보고해야 하며, 이름이 변경된 노회에게도 동일한 규정이 적용되어야 한다고 요청했다. 만약 새롭게 조직한 노회가 총대 수를 과도하게 늘렸다고 총회가 확신하는 경우에는 총회가 다수결로 거절할 수 있을 뿐만 아니라, 소속 대회에 새 노회를 이전 노회에 다시 병합하라고 요청해야 한다.

제834문 위원회 위원들은 총대로 선출될 수 있는가?

총회는 각 노회에서 파송한 동수의 목사Bishops와 장로 대표들로 구성된다고 헌법이 규정하고 있다. 그러나 교단 연합안Plan of Union의 조항에 따라 구성된 교단상비부 위원들은 노회의 대표로 받아들여졌고, 장립받은 치리장로의 모든 권리를 가졌다. 또한 상비위원회 위원들의 자격으로 대회와 총회의 회원으로 인정했다. 그러나 1831년 이 사실은 헌법상 문제가 많고 적절하지 않다고 선언한 바 있다. 이듬해 총회는 이들의 선출을 인정하지 않았다.

제835문 총회가 끝나기 이전에 총대가 자리를 떠날 수 있는가?

진정으로 총회를 떠날 필요가 있는 경우에, 흠석 위원회Committee of Leave of absence의 허락을 받아서 자리를 떠날 수 있다. 그러나 총회는 각 노회에 대하여 회기가 끝날 때까지 남을 수 있거나 기꺼이 그렇게 할 수 있는 사람을 총대로 보내고, 또한 총회 업무를 끝까지 수행할 사람을 총대로 선출할 것을 반복해서 명령해야 한다.
총대는 총회 회기 중 모든 모임에 참석하기 위해서 일정을 조정해야 하며 자신의 성실함을 보고하고 노회록에 이것을 기록해야 한다. 총회 서기는 총대가 허락도 없이 직무를 수행하지 않거나 총회를 떠난 경우 노회에 공지해야 한다.

제836문 원총대principal Commissioners와 부총대alternate Commissioners란 무엇인가?

원총대principal Commissioners는 노회를 대표하는 총대로 임명된 사람이다. 가능한 한 총회는 원총대에게 뜻하지 않는 사고가 나서 노회 대표로서의 직무를 감당하지 못하는 일이 없도록 한다. 그러나 각 노회는 원총대가 어쩔 수 없이 자리를 비울 경우에 대비하여 부총대alternate Commissioners를 임명한다.

제837문 자신의 자리에 이미 착석한 총대가 부총대에게 자신의 자리를 양도할 수 있는가?

1827년까지 이는 허락되었지만 총회가 판단하여 자리를 차지하고 있던 원총대가 부총대에게 자리를 양보하거나, 부총대를 자리에 앉도록 허락하여 앉았다가 다시 원총대에게 자리를 양보하는 헌법의 구성은 부당한 처사라고 결정했다. 이런 경우는 적절하지 못하며 폐지되어야 한다고 했다.

그러나 총회는 여러 번 특별한 사정이 있는 경우에 한해서만 부총대가 원총대에게 자리를 양보하는 것을 허락한다. 구파 총회는 원총대가 자리를 양보하여 부총대에게 주도록 허락해 주었다. 이것도 특별한 경우에 예외였다. 위와 같은 결정에 대한 사유를 가벼이 다루어서는 안 된다. 자리 양도는 총회의 권위와 위신에 해를 끼치는 일이라는 사실을 기억해야 한다. 그러나 재판 사건을 심리 중일 때에는 어떠한 변동도 허락할 수 없다.

제838문 이런 규정은 속회에서도 적용되는가?

당회, 노회, 대회 총회에서 모든 속회adjourned meeting는 정기회의 연장이다. 속회에서는 정기회에 참석했던 총대들이 모두 참석해야 한다. 이 사실은 신파 총회가 노회에게 두 교단 총회가 1869년 가을에 교단연합의 종지부를 찍기 위해 피츠버그에서 속회로 모인다고 통보해 줄 때의 지시사항이었다. 그러나 구파 총회는 속회로 모였을 때 모든 부총대는 원총대가 참석하지 못했을 경우에만 허락한다고 결정했고, 이 결정사항을 신파 총회에 통지해 주었다.

제839문 총대라는 것이 어떻게 증명되는가?

노회로부터 위임을 받아 총회로 파송된 각 총대들은 총회 명부에 등록하기 전에 아래의 서식을 기입하여 총회장과 서기에 제출한다.

은혜 중 평강하심을 바랍니다. 본 노회에서는 이번에 ○○교회당에서 회집될 제○회 총회(년 월 일 시 회집)에 아래와 같이 본 노회 총대를 선거하여 파송하오니 조량하시기를 바랍니다. 혹시 원총대가 유고 불참할 경우를 고려하여 각각 그 부총대도 함께 선거하였사오며, 저희가 우리 교회의 원리와 헌법과 하나님의 말씀에 근거하여 성실히 회무를 처리하고 돌아와서 그 자세한 전말을 본 노회에 보고케 하였기에 천거하나이다.

1. 총대를 선거한 노회
   가. 때 : ___년 ___월 ___일 ___시
   나. 곳 : ___ 교회 예배당
   다. 회수: ___ 노회 제 __ 회 정기 노회
2. 파송하는 총대
   가. 목사 총대
   나. 장로 총대
3. 부총대
   가. 목사 부총대
   나. 장로 부총대

년 월 일
○○장로회 ○○노회
노회장 _____

서 기 _____
○○장로회 총회장 귀하
노회는 임명에 대한 기록을 해야 한다.
총대 천서

제840문   천서 위원이란 무엇을 하는 직책인가?

직전 총회장이 설교와 기도를 함으로써 총회는 개회된다. 개회 후 1826년 채택한 규칙에 의하여 회장은 천서 위원Committee on Commissions을 임명한다. 그리고 총회는 총대들을 검사하는 시간을 가진다. 그리고 이 날 오후에 천서 위원들은 규칙에 합당한 총대들의 이름을 보고하고 명부를 작성한다. 이 일이 다 끝난 후에 총회는 회무를 시작한다.

1829년 상설 서기와 공식 서기들은 천서 상비위원회로 임명을 받는다. 총회가 개회하는 날 오전 11시 이전에 모든 총대들의 명단을 이 위원회에 건네기로 결정했다. 그리고 총회 회기 중에 제출된 명단도 이 위원회에 건네주어야 한다고 정했다.

제841문   총대 선거 조사 위원이란 무엇을 하는 직책인가?

천서 검사 위원의 보고가 끝난 후에 총대로 인정받은 자들은 자리에 착석한다. 회무를 처리할 준비가 되면 총회가 우선 선거 조사 위원Committee on Elections을 임명해야 한다. 그들의 의무는 총대 천서를 점검하여 절차상 문제가 있거나 헌법에 맞지 않는 총대가 있는지 조사해 총회에 보고하는 일이며, 가능한 빨리 보고해야 한다. 이 위원회의 보고는 제출과 동시에 실행해야 한다.

총회장과 임시 서기들이 선출되기 전에 총회의 명부가 완성된다. 그러나 당시에는 총대 천서 조사위원회의 보고를 들은 후 총회장과 서기의 선출을 진행하는 것이 규칙이다. 총회장과 서기 선출 후 총회장이 상비위원회를 구성할 때 총대 선거 조사 위원을 임명한다.

제842문 천서(Commissions)에서 발견되는 불법한 요건들에는 어떤 것들이 있는가?

1. 총대로 임명되었다는 증거는 있지만 천서가 없을 때
2. 공식 서기가 서명한 회의록 초본extract만 있을 때
3. 천서에 합법적인 서명이 없을 때
4. 총대로 선출된 날짜의 기록이 없을 때
5. 총회를 개회하기 7개월 전보다 더 이른 시기에 총대 선거를 했을 때
6. 천서가 규정 형식을 갖추지 않았을 때
7. 대회가 보고하지 않은 노회들이 보낸 천서
8. 천서는 없고, 정식 선거를 치를 수 없는 선교사 노회missionary Presbytery가 희망한다는 증거만 있는 경우
9. 천서를 잃어버렸거나 회송이 연기된 경우. 다만, 총대 임명에 관한 만족할 만한 실제적 증거가 있는 경우에는 이름이 총대 명부에 기재되는 것이 관례이다.
10. 당회나 교인 수에 비례하여 너무 많은 총대를 총회에 파송한 경우

제843문 총회는 천서의 진의를 살필 수 있는가?

1826년 총회는 회원 중 한 명이 장립받은 장로가 아니지만 총대로 임명받은 자에 대해 보고를 받은 바 있다. 아마도 교단 연합안이 시행될 때였다. 총회는 모든 노회가 소속 회원들의 자격 조건을 심사하여야 한다고 했으며, 총회는 오직 상소나 위탁판결이나 소원함으로써 주의할 수밖에 없다. 합법적인 것으로 인정된 서면 문서를 무시하고 인정되지 않

는 구두 증언verbal testimony을 허락하는 것은 위험한 선례를 남길 수 있고, 그리스도 교회의 모든 질서를 파멸로 이끌 수 있다.

제844문 노회가 할당받은 총대 수보다 더 많은 총대를 보낼 때 누가 무효가 되는가?

구파 총회는 이런 사태가 발생된 경우에 총회는 가장 나중에 총대로 임명된 사람을 받아들이지 않아야 한다고 했다. 그리고 이들을 총대 선임 규칙을 위반한 것으로 보고 무효 처리했다.

제845문 총회 경비는 총대에게 어떻게 지급되는가?

가능하면 모든 치리회가 예우를 갖추고 충분한 대표성을 충분히 확보하기 위해서는 각 노회가 자신을 대표하는 목사와 장로의 경비를 부담하는 것이 타당하다. 1792년 총회는 각 노회에게 자신들의 총대가 현 총회를 참석할 때 경비를 지불하라고 명령한 바 있다. 1803년에 먼 곳에 위치한 노회의 총대 경비 지급도 노회가 맡았다. 뉴욕 및 뉴저지 대회와 필라델피아 대회 소속 노회들은 지교회로부터 매년 헌금을 모아 회계가 그 헌금을 보관하고 있다가, 총회 지시에 따라서 총대로 참석하게 될 사람들에게 지급하기도 했다.

제846문 총대 기금이란 무엇인가?

이 기금은 위의 결정에서 비롯되었다. 1806년과 1807년에 상당한 종합적인 계획안이 채택되었으며, 이로 인해 모든 교회들은 매년 총대 기금을 위해 헌금할 것을 요청받았다. 그리고 1833년에는 유사한 안건이 통과되었다. 1801년에 각 노회는 총대와 관련한 문제에 있어서 만약 그들이 의무를 등한시하고 예의규칙에 주의를 기울이지 않으며 총회 장소를 갑작스럽게 떠나고 불참허락을 받지 않고 귀가한다면 총회 회원으로서 봉사여비를 받아서는 안 된다고 지시받았다.

1818년 이 기금을 받을 자격이 있는 회원은 총대기금위원회가 임명된 후 3일 이내 서면으로 완벽하게 신청해야 한다. 그렇지 않으면 해당된 기금을 박탈당해야 한다고 했다. 1827년에는 총회 회기 시작 후 6일 이내 불참허가를 받은 총대는 총회 지시가 없는 한 기금을 받아서는 안 된다고 했다. 그리고 1833년에는 이 기금에 헌금하지 않은 노회는 총대기금으로부터 여비를 받을 수 없었으며, 몇몇 다른 노회들은 자신들이 각각 헌금한 액수만큼 받을 수 있었다.

제847문 여비위원회란 무엇인가?

총대 기금으로 헌금한 금액은 여비위원회Committee on Mileage가 관리했으며, 위의 결정한 바대로 회집장소에 온 각자 거리대로 총대들이 요구한 금액을 분배해 주었다. 이는 교단 분리 전에 적용된 사례였으며, 이후에 양 교단이 다 사용하게 되었다. 1856년 신파 총회는 각 노회들에게 이 주제에 대해 헌법에 첨가할 것을 제안했으나 대다수 노회들은 결정을 하지 않았다.

1857년에 다음과 같은 안건이 채택되었다. 각 노회는 충분한 금액을 매년 헌금해야 하며, 무흠 입교인의 수에 따라 금액이 정해졌고, 노회가 생각할 때 가장 적절한 금액을 할당했다. 여비상비위원회는 총대여비에 필요한 금액과 다음 총회 경비와 적절한 비율도 함께 보고했다. 회기 넷째 날 이전에 헌금한 금액은 여비위원회에 지불되었으며, 각 총대는 필요한 여비와 경비에 대한 청구서를 제출했다. 총회 경비를 빼고 가능하면 청구금액은 다 지불하였다. 단, 자신의 노회가 할당금액을 완벽하게 지불한 총대만이 청원할 수 있었다. 완전한 할당 금액을 헌금한 노회의 각 목사나 무담임교회는 의사록의 등본을 받을 수 있었다. 1858년 분담금은 무흠 입교인 한 명당 5센트였다.

제848문 교단 재연합 때 어떤 계획안이 채택되었는가?

총대들의 청구서는 회기 다섯째 날(넷째 날 대신) 전에 위원회 수중에 들어가야 하고, 외국 노회의 총대들은 미국 내 거주지에서 온 총대들과 비례해서 pro rata 필요한 여비를 받을 수 있다는 조건을 제외하고는 동일한 계획안이 교단 연합 때 채택되었다. 1871년 총대와 부수적인 기금은 무흠 입교인당 60센트로 정해졌다가 1880년에는 다음해부터 무흠 입교인마다 5센트로 정해졌다. 1878년 이 계획안은 받아들일 만했고 진행이 잘 되어갔다. 자유인 노회와 외국노회들을 포함한 158개 노회 중에서 무흠 입교인 분담금을 내지 않은 노회가 한 노회도 없었고, 여비에 대한 청구도 다 해결되었다.

1875년 총대들은 이후에 총회 기간 중 네 번째 날 일찍 청구서를 제출해야 했다. 총회는 더 자세히 설명하기를 총대가 총회에 오고 가고 하는 교통비는 자신이 해결해야 하고, 다른 경우에라도 가능하면 가장 경제적인 노선을 이용하는 것이 당연하다고 했다. 도중에 발생하는 숙박비에 대한 경비는 제공되지 않았다. 사역지로 돌아가지 않는다면 돌아가는 경비는 지급받지 않으며, 사업이나 여행으로 온 총대는 총회를 이용하지 말아야 하고 여비기금에서 여행경비를 지급받아서도 안 된다고 했다. 양 교단 조정위원회는(가능하면 5월 첫 주보다 늦지 않게) 기차나 기선으로 일찍 오는 경비를 위해 조정해야 할 것을 공지해 주었다.

제849문 보조 부대 경비기금(the Supplemental Contingent Expense Fund)은 무엇인가?

교단 연합 후 총회는 규모가 상당히 커져 처리할 회무가 많아서 대접하려는 초청이 많지 않게 되었다. 총대의 변경을 통해 총회의 규모를 축소하려는 다양한 계획이 있어 왔으나 각 노회들이 부결시켰다. 1877년 총회의 환영회에 참석하는 데 상당한 어려움이 있는데 그것을 해결하기 위해 각 노회는 총회 회계에게 교회 회원의 수마다 2센트씩 해마다 보내서 보조 부대경비기금을 마련해야 한다고 결정했다.

이 기금은 해마다 조정위원회가 분배해 주고 달리 기금이 충당되지 않으면 총대를 대접하기 위한 경비로 사용하기로 결정했다. 그리고 총회 재정위원회가 인정한 후에는 총회 회계가 조정위원회의 예산을 지불할 권한을 가지고 있다고 했다. 이것을 종종 환영기금Entertainment Fund이라 이름했다. 1882년 이 기금에 할당된 분담금은 교회 무흠 입교인당 1센트 30실링이었다.

제850문 치리회는 교회에 세금을 부과하듯이 총회 경비를 요구할 권한이 있는가?

어떤 치리회도 총회 경비를 확보하기 위하여 교회에 세금을 부과하듯 할 수는 없다. 총회 경비를 지급하기 위해서 각 치리회는 교회에 얼마 정도의 금액을 할당하겠지만, 교인들의 깨어 있는 양심에 따라서 자발적으로 헌금을 내는 것이 바람직하다. 이들은 교회 회무를 집행하기 위해 필요한 것을 드리는 것은 믿음에 기초한 것이라고 확신한다.

만약 각각의 노회가 자기들이 파송한 총대를 위해서만 총회 경비를 지불하기로 결정한다면, 총회는 그들에게 총회 경비를 위한 일반적인 금액을 기부하도록 요청할 수는 없다. 그러나 각 노회는 총회 총대 기금과 부대 기금을 위해 할당된 일정 비율의 금액을 지급할 것을 요청받을 때 진심으로 응해야 한다.

제851문 총회가 연기된 후에 발생된 여비를 청구할 수 있는가?

오직 총회만이 그러한 청구를 할 수 있다. 1878년 산타 페 노회에서 온 총대가 이전 총회 총대였는데 여비기금에서 154달러를 지불해야 한다고 했을 때 총회는 회계에게 그것을 지불하라고 했다.

제852문 여비기금과 환영기금의 잔고가 있으면 어떻게 처리하는가?

여비기금mileage funds과 환영기금entertainment funds의 잔고는 총회회계에게 상환되며, 내년도 회계 계좌로 넘어간다.

제853문 총대들은 총회록 사본을 받게 되는가?

모든 목사, 노회와 관련된 여비기금을 내는 모든 무담임 교회(허위 교회) 그리고 모든 총대 장로는 회의록 사본을 받을 자격이 있으며, 1880년부터 총회 공식 서기가 총대 장로들에게 총회록 사본을 송부하고 우편함 주소로 보낸다. 그리고 그가 대표하는 노회는 여비기금에 분담금을 헌금하는 것을 결정했다.

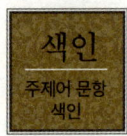

ㄱ — 문항번호

감독 74문
감독교회 633문
감리교회 636문
강도사 586문
강도사 권한 580문
강도사 인허 349, 565, 573문
개회 300문
결석 교인 267문
경비 기금 849문
고문관 812문
공개회의 286문
공동의회 278, 279, 280, 281, 591
　　　　593, 595, 667문
공식 서기 818문
교구학교 707문
교육부 556, 709문
교회 설립 34, 35, 39, 40, 4,1 42, 43,
　　　　409문
교회 재산 54, 55, 56문
교회 폐지 410문

교회개척위원회 750문
교회의 일치 30문
교회정치 198, 199, 200문
교회회원 248문
권서 731문
권징 24, 194, 195문
금식 175문
기관목사 93문
기도 142, 144문

ㄴ — 문항번호

낙태 183문
노회 구성 314문
노회 권한 324, 345, 350, 397, 404
　　　　405, 406, 407문
노회 성수 322문
노회 탈퇴 411문

ㄷ — 문항번호

다른 교파　158, 164, 202, 272, 301,
　　344, 356, 365, 594, 656, 671문
담임목사　83문
담임목사 청빙　589문
당회　216문
당회 결의　218문
당회 권한　233, 237, 239, 247, 270,
　　273, 282문
당회 성수　219, 220, 221문
당회 소집　285문
당회 책무　232문
당회록　292, 293, 294, 295, 296,
　　297, 398, 399, 402문
당회장　222, 227, 228문
대부모　163문
대회　426, 440문
대회 권한　438문
동사목사　85, 231문

ㅁ — 문항번호

면직목사　394문
면직장로　111문
목사 고시　612, 616문
목사 사례　600문
목사 사면　657문
목사 사직　379문
목사 사택　601, 791, 794문
목사 장립　351문
목사 장립과 위임　607, 626문
목사 직무　75, 78, 79, 80, 81, 82,
　　95문
목사 청빙　621, 640, 641, 642문
목사 탈퇴　384문
목사 투표　596문
목사 해임　664문
목사 호칭　73문
목사후보생　235, 346, 547, 559문
목양　637, 638문
목회구제기금　760문
목회수습생　548문

무임목사　88, 315문
무임장로　109, 110, 534문
무흠교인　246, 249, 554문
미조직 교회　45, 46, 47문

ㅂ － 문항번호

변호인　241문
부목사　87, 226문
분별권　5문
분파　491문
비치명부　298문

ㅅ － 문항번호

사도　59문
사도직　64문
상비부　682문
상설 서기　820문
상소　325, 327, 328, 339문
상소 절차　330, 332문

상소통지서　331문
생계유지기금제도　781문
생활비　602, 603, 666문
서기　289, 290, 291, 813, 816, 817문
서기 선출　823문
서약　620, 647, 648, 650문
선교　672문
선교부　684, 692문
선교사　92문
설교　150, 151, 152, 577문
성가 영창　148문
성경　717문
성례　140, 153, 154, 178문
성서공회　718문
성찬　130, 168, 169, 170, 173, 174문
세례　155, 156, 162, 167문
세례 대상자　159문
세례 효능　157문
세례방법　166문
소원　326문
소책자협회　722문

속회 418, 837문

순회선교사 94, 680문

시무년도 131문

신앙서적 716문

신임장 264문

신학교 561, 575문

심방 274문

ㅇ — 문항번호

악기 147문

악수례 528, 625문

약혼 185문

언권회원 288문

여비 844, 846문

여성교육 715문

여성분과 779문

연합 목적 303, 304, 305문

예배 275문

예배의식 134문

예식서 143문

예언자 66, 67문

요리문답 187, 188, 189, 190, 571, 578문

요리문답 교사 191문

원로목사 86, 225문

원리 1문

원리 선언 2문

원총대 835문

위임 361문

위임식 645, 646, 655문

위탁판결 329문

유색인종 765문

유아세례 160, 161문

은퇴목사 96문

이명 254, 256, 259, 269, 581, 582문

이명목사 89문

이명증서 253, 255, 257, 258, 260, 263 370 376문

이명증서 규정 261문

이혼 182문

인문교육 566문

임시 서기 821문
임시목사 84, 224문
임시회 416문
입회 266문
입회허가서 262문

ㅈ — 문항번호

자선 상비부 796, 798문
자유 4문
장로 본분 101문
장로 선거 517문
장로 선출 102문
장로 임직 106문
장로 장립 520문
장로 직분 100, 104문
장로 치리회 107문
장로 투표 105문
장로 피선거권 103문
장로 회장 810문
장로교 역사회 801문

장로회정치 201, 461문
장로회 정치 원리 3, 7, 9, 11, 13, 17, 20, 23문
장립과 임직 521문
장립식 354, 360, 617, 623, 627문
장애자 목사 758문
재정 117문
재판 229, 244, 245문
재판 절차 386, 391문
재판국 338, 473문
재판회록 333, 334문
전도국 693문
전도목사 91, 676, 677문
절제 상설위원회 789문
정직목사 395문
제사장 77문
조합교회 634문
종신제 545문
주일 176문
주일학교 276문
주일학교 교재 724문

증인　242, 243문
지교회　33, 36, 37, 38문
직분　72문
직원　18, 19문
진리와 선　12문
집사　113문
집사 선출　546문
집사 임직　126, 133문
집사 직무　116, 120, 121, 122, 127문
집사 치리회　128, 129문
집사 투표　125문
집사회　132문
징계　271문

총대　283, 284, 829, 830, 838문
총대 기금　845문
총대 파송　317문
총회　458문
총회 결의　477문
총회 속회　501문
총회 임시회　503문
총회록　852문
최종심의회　472문
축도　197문
출교　165문
출판부　726, 729문
출판위원회　728문
치리권　21, 22문
치리장로　97, 98, 99, 531문
치리회　196, 206, 211, 234문
치리회 권한　207문
치리회 벌　208, 209문
치리회 종류　214, 215문
침례교회　635문

ㅊ — 문항번호

찬송　145, 149문
찬양대　146문
천서　841문
천서위원　839문
청빙서　363, 605, 609문

ㅌ — 문항번호
통상직원 68문
통합안(신·구파) 486문
특별당회 217문

ㅍ — 문항번호
포도주 172문
표준문서 15문
피빙목사 90문
피택 집사 123문

ㅎ — 문항번호
학습교인 192문
항존직 69, 108, 115, 530문
해벌절차 210문
허위교회 320, 383, 587, 670, 825, 828문
헌금 118, 119, 193, 277문
헌법 614문
헌법적 규칙 494문
혼례 179, 180, 181, 184문
혼례 광고 186문
홀사모 756문
회원권 265문
회장 803문
회장의 권한 804문
회중 48문

완역판
교회 정치문답 조례

초판1쇄 • 2011년 9월 5일
초판3쇄 • 2016년 10월 14일

지은이 • J.A 하지
옮긴이 • 배광식, 정준모, 정홍주

편집 • 대한예수교장로회총회 교육출판국
제작 • 대한예수교장로회총회 교육출판국
발행 • 대한예수교장로회총회

주소 • 서울 강남구 영동대로 330
전화 • (02)559-5655~6
팩스 • (02)564-0782
인터넷서점 • www.holyonebook.com

출판등록 • 제1977-000003호
ISBN 978-89-8490-482-8 03230

ⓒ2011, 대한예수교장로회총회
※잘못된 책은 바꾸어 드립니다.